高科技
创业公司
金融与会计

[美] 弗兰克·J. 法博齐 著　　邱志刚　董琦　陈贞竹 译

ENTREPRENEURIAL
FINANCE AND ACCOUNTING
FOR
HIGH-TECH
COMPANIES

格致出版社　　上海人民出版社

序

　　在普林斯顿大学，我们将创业行为定义为"通过具有一定风险的行动和可以进行价值创造的组织来发起变革"。将创业的想法付诸实践，需要一系列能力，其中一些会在课堂中有所涉及，而另外一些则需要在实践中获取。本书将书本知识和现实实例相结合，对创业金融提供了一个平衡且有深度的介绍，而创业金融对于所有企业家都是一个必须掌握的知识领域。

　　本书的作者弗兰克·法博齐是一位知名的企业家、教育家，一位在金融理论与实践以及债券市场方面的大师级人物。弗兰克在 2013—2014 年度被聘为普林斯顿大学凯勒工程教育创新中心（Keller Center for Innovation in Engineering Education）的客座教授（James Wei Visiting Professor）。2014 年他教授的春季课程"创业金融"吸引了大量学生。该课程重点聚集于初始创业资金的外部融资，着重强调了一系列关于创业企业的关键问题，例如如何制定融资方案，初创企业不同阶段的备选融资渠道与融资载体，如何沟通商定这个过程中的金融交易，如何对初创企业进行估值，以及创业投资的退出策略。除此之外，它还涵盖了一些帮助创业与风险投资成功的其他重要问题，例如价值链位置、市场营销、成本结构、重点合作伙伴与资源以及公司治理。

　　为了说明弗兰克的课程多么地受学生欢迎，我们稍加列举一些学生的评价："真的太棒了！课程内容对于我未来的职业路径充满了帮助，在课堂外与法博齐教授会面对于我的创业投资也非常有益，他的课程鼓励了我积极参与同创业相关的活动。""法博齐教授讲述清晰，对于该领域理解颇深。""法博齐教授无论在课内还是课外，都为我们提供了极大的帮助。"

本书整合了上述课程的主要内容，以供广大师生和富有追求的创业投资者学习参考。

蒋濛（Mung Chiang）

电气工程系阿瑟·罗格朗·多蒂教授

凯勒工程教育创新中心总监

普林斯顿创业委员会就职主席

普林斯顿大学

前　言

　　关于创业的研究包括几个领域。 首先是企业家的背景特征、行为模式（尤其是他们对风险的态度）及其开创新企业的动机。 第二个研究领域是技术创新与创业之间的联系，以及由此对经济增长、生产率和就业带来的影响。 创业战略是第三个研究领域，其重点关注由于资源有限和相对于老牌企业的市场竞争劣势，所导致企业家面临的独特挑战。 关于市场营销、生产战略的研究是第四个领域。 评估公司治理结构的相对优势和劣势是创业研究的第五个方面，该领域着重于探讨企业的所有权控制，以及随着公司成长，资金来源对于控制权的影响。 最后一个领域是融资问题，包括可替代的融资工具、资金来源、企业在各个发展阶段的融资战略，以及诸如财务规划和会计问题等相关主题。

　　市面上有一些书可以很好地概述上述主题。 然而，在本书中，我们将重点关注与高科技企业有关的重要财务主题，以及企业家在企业发展的各个阶段中所需要理解的问题。 本书介绍了创业的基本原理、与筹资相关的法律和税务问题、各类融资工具、资金来源、财务规划和预算，估值问题以及资本预算决策。 本书中描述的财务主题也涉及与创业战略和公司治理结构有关的问题。

　　本书中关于财务会计的部分共有四章。 为什么有必要涵盖会计？ 约翰 W.麦金利（John W.McKinley）和罗伯特 · J.埃利斯（Robert J.Ellis）在一篇题为《企业家也需要会计：在创业课程中涵盖财务和管理会计的案例》[1]的博客中，提出了一个

---

[1]　John W.McKinley and Robert J.Ellis, "Entrepreneurs Need Accounting Too: The Case for Inclu-ding Financial and Managerial Accounting in an Entrepreneurship Curriculum," http://blog.cengage. com/wp-content/uploads/2014/05/Winter-2014. McKinley. Ellis_. Entrepreneurs-Need-Accounting-Too.pdf.

将会计纳入创业课程的有力案例。虽然学生可能会回答说会计是不必要的，因为他们可以聘用一个会计师来提供这样的服务，但麦金利和埃利斯提出了为什么企业家"比其他任何非会计专业都需要更多会计知识"的动机。

学生不愿意学习会计的原因是对学科内容的误解，以及一些大学的商学院没有意识到非会计学毕业生在现实世界中是如何应用会计的。人们可以通过记录业务交易最后形成财务报表的机制来教授会计。诸如"借""贷"等术语在讨论中占主导地位。对许多非会计专业而言，会计学的机制虽然对想要成为会计师的人而言很重要，但这既不令大多数人感到兴奋也不十分实用。很多学生认为理解这些是不必要的，因为他们可以聘请某人来记录商业交易，并创建财务报表形成一个有效的结果。但是对企业家而言，会计的一个重要方面是如何利用会计师创建的财务报表来评估企业的经济前景，并做出影响企业经济效益的关键决策，以及了解财务报表的缺陷。会计的这一方面被称为"财务报表分析"，在无需了解商业交易借贷记录的情况下，这些方面就显得十分重要。正如沃伦·巴菲特（Warren Buffet）所说：

> 你可以将财务报表视为一个系统报告，介绍公司成功或失败的情况。当你想要拥有一个公司时，没有什么比这更重要的了。也就是说，这家公司如何盈利，其目前的价值是多少。①

因此，本书的前四章专门用于理解企业家应该获得的财务报表知识，以及这些信息对于了解创业公司业绩的作用。第5章将介绍财务报表分析的基本原理。

有关创业公司财务和会计方面的书有不同的介绍方法。一种方法是假定读者具有财务管理、财务会计和管理会计的基本知识，然后在此基础上构建框架。另一种方法是假设读者没有任何商业相关课程的背景，并尽量涵盖为理解书中讨论的广泛问题所必需的基础知识。根据我在普林斯顿大学凯勒创新与创业中心开发的创业金融课程的经验，它受工程学、经济学和社会科学专业的人所喜欢。我在这里遵循的方法是假设读者不了解商业课题。我们在本书里将包含这些东西。

---

① Stig Brodersen and Preston Pysh，*Warren Buffett Accounting Book：Reading Financial Statements for Value Investing*（Saxonburg，PA：Pylon Publishing，2014），26.

概述

全书由 18 章和两个附录组成。

- 第 1 章: 本章属于介绍性章节, 共涵盖了三个主题: 与新企业相关的风险、创业公司失败的原因以及融资阶段。

- 第 2 章: 新企业的成功取决于创始团队管理成本和风险的能力, 增加公司的收入和利润的能力, 以及管理与利益相关者的关系的能力。 公司创始团队如何执行这些任务的方式将在商业模式中有所阐述, 这是第 2 章所涉及的三个主题中的第一个。 公司的商业计划描述了创始人计划如何执行商业模式, 这是在本章中讨论的第二个主题。 退出计划是本章讨论的第三个主题, 包括创始团队在考虑将所有权转让给其他企业或其他投资者时必须经历的三项活动:（1）过渡计划,（2）退出战略计划, 以及（3）继任计划。

- 第 3 章: 创业公司的创始人可以选择几种形式的商业组织。 本章首先概述不同形式的商业组织, 然后描述创始人在选择商业组织形式时应该考虑的非税因素, 并理解每种形式的商业组织如何达到不同的目标。 其次, 描述在决定商业组织形式时应考虑的税收因素。 对于想要合并的创始人, 本章还简要描述了在选择合适的时机和地点时要考虑的因素。

- 第 4 章: 创业公司的创始团队和核心员工之间的公司股权分配是一个关键问题, 因为它对公司权益价值潜在升值的分配以及对公司未来发展方向的控制都有影响。 本章包括两个主题:（1）在创始人中分配权益时需要考虑的因素, 以及被普遍称为"发起人股份"的发行;（2）各种创业公司可以用来使创始人和关键员工的利益与公司的利益一致的股权激励, 并解释了影响公司提供各类激励计划的主要税收条款。

- 第 5 章: 筹集资金时, 创始人必须遵守证券法。 在本章中, 我们将讨论美国联邦证券法有关筹资的两个主要议题: 资金募集规则和申请公司需要同美国证券交易委员会提交的内容。

- 第 6 章: 创业者在风险发展的不同阶段可获得的资金来源是本章的主题, 包括对首次公开发行的讨论。 公司早期融资包括种子轮和第一轮, 在种子轮中, 创始人试图为产品或服务的开发提供资金, 融资渠道包括信用卡、供应商、小企业管理局、天使投资者、超级天使、种子加速器、孵化器和众筹平台。 大量种子轮融资的最常见来源是天使投资者。 历史上，扩张阶段融资的主要来源是传统风险投资公司、企业风险投资公司和在线风险投资基金。 正如本章所解释的那样，提供扩张融资的最新进入者是机构投资者（共同基金和对冲基金），这使得公司可以推迟上市、合并或被收购以获得大量的资本注入。

- 第 7 章：公司的资本结构是创始人决定用来为公司融资的权益和债务结构的综合。 对于创业公司而言，股权（或股权型债务）通常是资本结构的最大组成部分。 本章包括在任何首次公开发行之前发行的普通股、股本摊薄证券（可转换优先股和可转换债券）以及可带来发行普通股的金融工具。 正如本章所解释的，创业公司中的大多数投资者相较于普通股，更倾向于股权稀释证券。 本章还讨论了募集资金时使用的关键条款，以及筹集额外股本的投前和投后计算方法。

- 第 8 章：公司的财务报表提供了企业经营、融资和投资活动的总结。 财务报表中包含的信息被当前和潜在的投资者使用。 有四张基本财务报表：资产负债表、损益表、现金流量表和股东权益报表。 本章是财务会计四章的第一章，涵盖财务报表的目标和基本原则。

- 第 9 章：本章中解释和说明的是资产负债表，也被称为财务状况表。 资产负债表是公司资产、负债和权益的报告，一般在会计季度或会计年度结束时编制。

- 第 10 章：本章的主题是损益表或利润表，总结了公司在一段时间内（一个会计季度或一个会计年度）的经营业绩。 本章描述了损益表的关键组成部分，以及收入的不同指标：普通股股东可获得的收益、综合收益和每股收益（基本和摊薄）。

- 第 11 章：现金流量表和股东权益表是本章的主题。 现金流量表提供了公司的现金流量摘要，包括经营活动现金流量、投资活动现金流量和融资活动现金流量。 股东权益表，也被称为股票持有者权益表，报告连续两年内股东权益的变化。

- 第 12 章：本章介绍了财务报表中的财务比率。 这些衡量指标提供了对公司盈利能力的解释，创始团队利用其资源的效率，以及公司对债务的依赖及其偿还债务的能力。 本章讨论了如何结合所有这些财务比率来解释公司的收益。

- 第 13 章：本章的主题是商业计划的一个组成部分：财务计划。 财务计划阐述了公司预计的财务状况、现金流量、净收入和外部融资需求。 首先是预测公司的收入或销售额；然后使用该预测创建预算，对公司的资金需求进行定量分析。 由于财务规划需要销售或收入预测，因此描述了这样做的方法。 财务计划的最终目标是基于预算预测公司的损益表和资产负债表，以及存在偏差的预算金额，来识别是否可能实现某些里程碑。

- 第 14 章：盈利计划是本章的主题，它要求创始团队做出涉及引进新产品、制定生产量、产品定价和替代生产过程选择的经营决策。 为了提高做出最佳决策的可能性，创始团队必须了解成本、收入和利润之间的关系。 本章讨论的工具，即盈亏平衡分析和本量利分析，将这种相互关系考虑在内，并可为创始团队提供有用的决策指导。 利润计划的关键是了解公司的成本结构；为此，本章解释了生产成本的性质。

- 第 15 章：创始人和关键员工获得的金融期权形式的奖励在初创公司中很常见。 本章解释了金融期权的投资属性及其价值的确定。 本章所描述的概念和原则将在后面的章节中用于制定资本项目决策（即对资本项目进行估值），并评估公司拥有的和作为收购候选资产的实物资产所提供的管理灵活性。

- 第 16 章：在本章中，我们将描述评估私人公司的问题和方法。 本章首先介绍私人公司价值标准的各种定义：公允市场价值、公允价值、有序清算价值、内在价值和投资（或战略）价值。 然后解释上市公司和私人公司之间的差异，并回顾可供使用的替代评估方法以及何时应该基于公司业务发展阶段来使用替代评估方法。 通常情况下，最困难的估值是早期或盈利前公司的估值。 本章中强调了从业者（天使投资者和风险投资家）提出的用于评估盈利前公司的各种方法。

- 第 17 章：企业的创始团队必须能够评估潜在的投资项目，以确定执行哪些项目是值得的，哪些项目从经济角度来看没有吸引力，哪些项目可能会提供有吸引力的回报但应该推迟执行。 涉及此类项目收购的决定被称为资本预算决策，这是本章的重点。 虽然一些资本预算决策可能是对企业的潜在成功没有重大影响的常规决策，但是会存在一些决策影响公司目前产品和服务的供应、未来的市场地位或者将来会扩展推出新产品。 本章提供了对通常用于制定资本预算决策的方法的批判性评估。

- 第 18 章：对私人公司和潜在资本项目进行估值时，公司的创始人必须考虑现有资产或作为收购候选的资产所带来的相关风险和管理灵活性的价值。 传统的估值模型确实允许将风险纳入公司或资本项目的估值，但未考虑到管理灵活性的价值。 这种评估管理灵活性的方法，被称为实物期权法，是本章的主题。 这一方法利用了第 15 章中所述的期权原则。 实际上，在做出资本预算决策时，创始人可以通过两种方式来应用实物期权法：（1）以概念的方式，即创始人使用实物期权法考虑资本项目可以为创始人提供的灵活性，而不用试图量化资本项目可能创造的期权的价值；（2）试图量化可能从资本项目中创造的实物期权的价值。 本章将介绍如何使用实物期权法的两种方式。
- 附录 A：本附录提供了优步（Uber）的简要案例研究，描述了其商业模式及其各个里程碑（扩张里程碑、创新里程碑和融资里程碑）。
- 附录 B：在本附录中，对私人公司估值的收入法和市场法被运用于真实世界的公司——Tentex。 企业价值和权益价值都得到估计。 该案例研究清楚地表明，在实践中应用评估方法需要大量的假设，并且需要使用其参数和输入必须被估计的金融模型。

每章末尾都有本章所涉及的要点列表。

致谢

本书的起源是我于 2014 年春季学期在普林斯顿大学凯勒创新与创业中心任教的企业融资本科课程。 由于所招收的学生具有不同的学术背景，我为每个主题都准备了材料，然后对这些材料进行了扩展和修订，以创作此书。 我很感谢选修此课程的学生和 Changle Lin（课程的助教），他们在早期的草稿中为我提供了有用的反馈意见。 关于优步的附录 A 是该课程中一组学生的案例作业的一部分。 在附录的脚注中，我对这些学生进行了说明。

特别感谢凯勒中心主任蒋濛（Mung Chiang）教授聘请我教授课程。

第 16 章和附录 B 是与马萨诸塞州韦克菲尔德 Axiom Valuation Solutions 的主席兼共同创始人斯坦利·J.费尔德曼（Stanley J.Feldman）博士合著的。 作为该公司的首席估值官，费尔德曼负责完成其已签署的估值报告和估值分析系统，他的任务是撰写有价值的见解，以便能够以反映评估中涉及的实施问题的方式来呈现，而不是完全基于估值理论的方法，后者可能省略估值过程中的困难。 对他及其员工的协助，我表示感谢。

当第一次考虑扩充课程材料以编写一本书时，我在麻省理工学院出版社与收购主题的编辑简·麦克唐纳（Jane Macdonald）讨论了这个项目。 在对本书的各种提纲和草稿提供反馈后，她向我提供了一份出版合同，并在接下来的 18 个月中继续支持这项工作。 感谢她的耐心和鼓励。

关于作者

弗兰克·J.法博齐是法国 EDHEC 商学院的金融学教授，也是 EDHEC 风险研究所的成员。 在加入 EDHEC 之前，他曾在耶鲁大学和麻省理工学院担任过金融学教职。 自 2011 年以来，弗兰克先生一直是普林斯顿大学运筹学和金融工程系的访问学者和客座教授，以及 James Wei 企业家访问教授。 作为贝莱德（BlackRock）一系列封闭式基金和股票流动性复合体的受托人，他撰写了许多财务管理方面的书籍，包括《资本市场：工具、机构和风险管理》（麻省理工出版社，2016 年）、《财务报表分析》（Wiley， 2012，第三版）、《项目融资》（Euromoney， 2012，第八版）、《完整的 CFO 手册：从会计到责任》（Wiley， 2008）和《财务管理和分析》（Wiley， 2003）。 他是 CFA 协会授予的 2007 年 C.Stewart Sheppard 奖的获得者以及 2015 年 James R.Vertin 奖的获得者。 2002 年，他入选固定收益分析师协会名人堂。 弗兰克从纽约市立大学获得经济学和统计学学士及硕士学位后，在纽约市立大学获得经济学博士学位。 他拥有注册会计师（CPA）和特许金融分析师（CFA）执照。

目 录 Contents

1 导 论

本书聚焦于企业家在创立和运营一家新的高科技公司时会遇到的各种财务问题。本章涉及以下三个主题：创业公司风险、创业失败的原因，以及融资阶段介绍。

创业公司风险

高科技初创企业在本质上是有风险的。也就是说，尽管创业者对创业成功充满信心，但失败的概率很高。

创立一家高科技企业要对产品或服务的开发和商业化的可行性进行严格分析，这将成为该企业的"产品"(offering)。创业者应该基于新企业发展面临的相关风险以及这些风险对新企业的影响来进行分析。在找出与高科技初创企业相关的风险时，一个主要困难是创业者对业务不够熟悉，无法提前发现风险。正如美国前国防部长唐纳德·拉姆斯菲尔德(Donald Rumsfeld)于2002年在北约总部比利时布鲁塞尔举行新闻发布会上谈论恐怖主义时所说的：

> 并没有真正的"已知"。有些事情我们知道自己知道。也有一些事情我们知道自己不知道，这叫"已知的未知"。但是也有一些是"未知的未知"，即我们不知道自己不知道。所以当尽力将所有信息汇集在一起时，我们会说这基本上是我们看到的情况了，但这仅仅只是"已知的已知"加上"已知的未知"。①

---

① 见 http://www.defense.gov/transcripts/transcript.aspx?transcriptid=3490。

即使可以提前确定所有相关的风险,创业者们也可能缺乏评估这些风险发生概率的能力,这反映在对计划的产品及其商业可行性的分析中。通常,对于高科技领域的创业公司而言,企业家或创始团队中至少有一名成员是科学家或工程师。虽然许多商业问题可能不在科学家或工程师的专业知识范围内,但是这些人应该熟悉科学实验的原理,以便找出知识中的不对等,提出假设,基于假设构建测试,进行实验,以及评估和解释实验结果。无论该实验是旨在分析产品的可行性还是评估产品潜在市场的特性,如消费者接受度等,原则应该都是相同的。唯一的不同是,测试产品的性能是否满足预期规范和测试产品是否具有市场以使用专门的实验方法。在市场分析中,市场专家可能会使用一些科学家或工程师并不熟悉的技术。

所有与新企业相关的风险的测试都应该在成本效益的基础上进行。因此,先要有第一轮测试,如果初始测试的结果符合假设,再接着进行其他测试。要进行多少轮测试将取决于前期测试结果的可信度。事实上,早期测试可能带来产品实质上的改变或主要改进。

风险评估的概率问题

在评估假设及其影响时,人们期望可以运用在 MBA 课程中学过的决策理论原则,这需要评估不利于新企业发展的事件的发生概率。遗憾的是,在课堂练习中评估概率要容易得多,错误的概率可能导致作业分数不高,而在现实世界中,新企业的破产会影响利益相关者的福利。

首先,尽管在这本书中"风险"(risk)和"不确定性"(uncertainty)可互换使用,但两者还是有区别的,经济学家弗兰克·奈特(Frank Knight)1921 年在《风险、不确定性和利润》(*Risk, Uncertainty and Profit*)一书中对其进行了解释。在不断变化的经济环境中,企业家创造收益的新机会不断涌现。然而,这些机会与对未来的一知半解相伴而行,这可能影响企业的获利能力。奈特认为,"风险"一词应该被用于企业家不知道某一事件的结果,但拥有信息(或可获得的信息)来准确测量结果的可能性(赔率或概率)。相反,"不确定性"应该被用于所有用来估计某一事件可能性的信息都不存在的情况。因此用奈特的话来说,这种事件的可能性"不容易测量"。事实上,奈特将这种不确定性的概念与企业家实现的利润联系起来,他写道:

利润来自对事物绝对的不可预测性,来自如下事实:人类行为不能被预测,而对其概率的计算是不可能且毫无意义的。①

其次,暂不考虑奈特所认为的不确定性意味着一件事不能被测量这一观点,假设存在这样一项技术,它可以引出关于某些未知量的专业知识,并根据这些信息构建概率分布。诱引技术(elicitation techniques)已经被政府机构用来评估恐怖袭击的风险,被保险公司用来评估对新型风险投保的风险,以及被监管机构用来评估核设施的安全性。虽然没有关于诱引技术表现如何的实证证据,但当决策者面临不确定性时,它们仍然是有用的。然而,在没有确定所有风险的情况下,诱引技术不能用于新企业的风险评估。

什么是最重要的不确定性

克拉克·吉尔伯特(Clark Gilbert)和马修·艾林(Matthew Eyring)指出,关键问题在于最重要的不确定性是什么,他们强调这个问题应该在决定是否创立新企业的早期阶段解决。②在解决这个问题时,他们提出了三类不确定性:破局风险(deal-killer risk)、路径依赖风险(path-dependent risk)和高投资回报率风险(High ROI risk)。③

吉尔伯特和艾林所说的破局风险是指如果问题不得到解决,会破坏新企业的发展。这一风险往往会出现在意外的灾难性事件发生后,因为在决定创业时没有考虑该事件或者企业家认为该事件发生的可能性很小。接着上面提到的拉姆斯菲尔德的话:"每年,我们会发现更多未知的未知。"

吉尔伯特和艾林指出路径依赖风险是指企业家做出了错误的决策,导致企业的资产浪费。在路径依赖决策的管理理论领域有大量的文献。基本上,它探讨的是在当前市场条件下,即使过去的情况可能不再与手头的决定相关,经理必须做出的决定会如何受到其过去所做决定的限制。我们将在第 18 章中讨论与路径依赖风险相关的主题"实物期权"(real options)。实物期权涉及项目选择,为创始团队在管理业务增长方面提供选择或灵活性。

破局风险和路径依赖风险的识别通常涉及昂贵的支出和大量的管理时间,从而考虑潜在的解决方案。不需要付出大量资源(金钱和时间)就可以解决的风险被称为高投资回报率风险。针对这三种风险,吉尔伯特和艾林写道:

---

① Frank H.Knight, *Risk, Uncertainty, and Profit* (Boston: Hart, Schaffner, & Marx, 1921), 311.
② Clark G.Gilbert and Matthew J.Eyring, "Beating the Odds When You Launch a New Venture," *Harvard Business Review*, May 2010, 93—98.
③ 我们在这里对风险和不确定性不加以区别。

没能发现破局风险,你就注定了会面临风险。未能警惕路径依赖风险,你就大大提高了在进入市场之前用光资金的几率,或者太晚进入市场。无法有序地解决高投资回报率风险,你就会将暂时的挫折变成不可逾越的障碍。①

正如吉尔伯特和艾林在其文章开头所述,"聪明的企业家不是牛仔——他们是有条理的风险管理者"。可以用有序的方式处理上述风险,而不浪费新企业的大量资源。他们建议设计有针对性的实验来确定破局风险或路径依赖风险。针对性实验的目的是测试企业家对风险做出的假设,以及避免企业家可能有的偏见。吉尔伯特和艾林给出了三个实验的例子:在开始销售新的便携式设备之前测试电池寿命,在进行全面的药效测试之前检查药物的毒性,以及在全国各地开展在线学习计划之前测试带宽和连接性。②

深入了解新公司面临的风险: 市场、技术、运营和财务

风险来源可以分为四类:市场风险、技术风险、运营风险和财务风险。为了持续发展,企业家必须能够识别风险,并且必须具备技能和创造力以减少这些风险的不利影响。从股权投资者的角度来看,随着下文所述的各类型风险减少或减轻,新公司的价值会增加。

在每种类型的风险类别下列出的风险,都可以归于由吉尔伯特和艾林确定的三种风险类型之一:破局风险、路径依赖风险和高投资回报率风险。

市场风险必须清楚界定新企业的产品市场。一旦根据行业部门和目标客户确定市场,就必须考虑以下市场风险:

- 产品不会被市场接受的风险。
- 市场规模和预计增长不足以使新企业充分发展的风险。
- 无法完全打入市场的风险,导致新企业无法盈利。
- 即使产品被市场接受,它在不久的将来会过时的风险。
- 进入壁垒高,以致难以在现有市场中进行竞争的风险。
- 进入壁垒低,因此在市场被我方产品覆盖之前,销售相关产品的未来新企业或

① Gilbert and Eyring, "Beating the Odds When You Launch a New Venture," 95.
② Ibid., 96.

现有企业的竞争将削减市场份额的风险。

● 受监管批准的产品销售可能会受到法规意外变更产生不利影响的风险。

上述市场风险不能被消除,但可以仔细调查。正如接下来将讨论的,新企业的商业模式解决了市场风险,其中创始人提出了公司的价值主张。企业的商业计划是应对市场风险可能产生的各种不利影响的蓝图。第 2 章将讨论一家企业的商业模式和商业计划。

技术风险(也称为产品开发风险),医药公司也称之为临床风险,是指已有的商业想法或已经开发的原型不能成功地转换成商业产品。技术风险包括以下几方面:

● 技术不能运行的风险。

● 该技术达不到消费者在购买商品时所信任标准的风险。

● 该技术不受法律保护的风险。

● 该技术导致产品生产成本对于目标市场或客户来说不合理的风险。

● 技术或其组件的专利可能遭受侵权的风险。

● 受监管的产品不能获得监管批准的风险。

上述技术风险可以通过进一步的研究而减轻,例如通过目标实验,在保护技术免受侵害或其他人声称新技术侵犯专利时提供法律意见等。

运营风险来自商业运营,包括以下几方面:

● 生产成本高于预期的风险。

● 交货时间长于预期的风险。

● 产品材料超出预期成本,无法盈利的风险。

● 拥有专业技能的工人短缺的风险。

● 对于外包工作,承包商不能按预期执行,提供质量差或有缺陷的产品,阻碍产品生产的风险。

● 分销系统的成本高于预期的风险。

● 损失核心员工的风险,尤其是对竞争者而言。

● 创始人之间的冲突妨碍运营的风险。

财务风险包括以下部分:

● 企业家或创始人可能损失所有投资,甚至私人财产的风险。

● 由于不能获得短期融资,公司面临现金短缺的风险。

● 客户没有能力履行其义务的风险。

- 公司在不同发展时期无法筹集相应资本的风险。
- 公司将会破产的风险。
- 公司无法找到满意的退出策略的风险。

创业公司失败的原因

了解创业公司尤其是高科技初创企业的失败率是很有帮助的。有许多关于失败率的统计数据,其中有些会使企业家对创办一个新企业的前景感到兴奋,另一些则会使企业家对成功创立一个新企业感到非常担心。

在研究失败率时,首要问题是定义什么是失败,一些常见定义有:

- 清算全部资产,导致投资者损失大部分或全部投资;
- 未达到预期的投资回报率;
- 未达到商业计划中的预测或其他指标。

人们可以合理地假设,创业公司失败率的数据来源可能是参与新公司融资的实体——风险投资公司。这些公司投资于早期初创企业,我们将在第 6 章进行详细讨论。美国风险投资协会(NVCA)是一个代表 450 多家风险投资公司的组织。根据《华尔街日报》,风险资本家指出,一个普遍的经验法则是,只有 30％至 40％的创业公司完全失败,30％至 40％的获得原始投资回报,10％至 20％的产生实质回报。[1]根据 NVCA 的估计,只有 25％至 30％的创业公司失败。换句话说,有 70％至 75％的公司都会成功。胜算不小! 然而也有其他研究对创业公司的失败率给出了不同的看法。

另一项研究表明,无论失败的定义是什么,一家新企业获得成功的可能性都不大。哈佛商学院的史克尔·高希(Shikhar Ghosh)对 2 000 家接受风险投资(从 2004 年到 2010 年,至少 100 万美元)的公司进行了研究,不同含义的失败所对应的失败率如下:[2]

- 清算全部资产,导致投资者损失大部分或全部投资:30％至 40％;
- 未达到预期的投资回报率:70％至 80％;
- 未达到预期指标:90％至 95％。

---

① Deborah Gage, "The Venture Capital Secret," *Wall Street Journal*, September 20, 2012, http://online.wsj.com/news/articles/SB10000872396390443720204578004980476429190.

② Carmen Nobel, "Why Companies Fail—and How Their Founders Can Bounce Back," Word Knowledge, Harvard Business School, March 2011, http://hbswk.hbs.edu/item/6591.html.

要怎样解释 NVCA 报告和高希研究中关于失败率的差异呢？在接受采访时,高希提出了产生差异的几个原因。①第一,风险投资家倾向于强调成功,避免谈论失败。正如高希指出的,风险投资家"非常安静地埋葬他们的死亡"。第二,失败率偏低是因为,许多风险投资公司被亏损出售,而风险投资家将其归类为"收购"。第三,通常风险投资家为创业公司提供的资本足够其生存几年,这些公司需要几年后才会失败。第四,虽然有风险投资支持的公司停业,但它们作为法律实体仍继续存在,高希称之为"行尸走肉"。

宋、宋和帕里(Song,Song,and Parry)的一项研究调查了 1991—2001 年间创立的 539 个新企业的成败情况。他们使用的数据库(VENSURV)由密苏里大学堪萨斯分校创业与创新研究所开发,收集了企业生存状况和各企业推出的首个产品的信息。②关注新企业推出的首个产品是因为,该产品对于建立新企业的声誉和吸引必要资源至关重要。宋、宋和帕里研究的数据库中的新企业领域涉及电话和无线通信设备(49)、消费电子产品(169)、游戏和玩具(110)、计算机和软件产品(107),以及家庭相关产品(104)。

如果在产品商业化两年之后,产品性能超过新公司的预定目标,则"首个产品"被归入成功行列。用来确定成功的指标在新企业的商业计划中有所阐述(例如,盈利率和销售等指标)。对于被认为是成功的新企业,它必须满足两个标准:(1)创始人和投资者必须获得投资回报;(2)商业计划中规定的预定目标得到满足。在数据库中的 539 家新企业中,176 家(32.65％)被归为成功的。

宋、宋和帕里发现,不到一半的公司能够维持超过两年。这一发现毫不奇怪,因为它与其他研究的结果一致。他们调查的另一个因素是经济衰退是否会导致更高的失败率。初创时期的经济环境对失败率的影响已经成为讨论的焦点。具体来说,问题在于经济衰退时期建立的企业和繁荣时期建立的企业在失败率上是否有所不同。讨论如下:一方面,在衰退期间,企业家可能会受益于竞争的削弱和生产成本的降低;另一方面,这些期间的筹款能力可能会减弱。

关于新企业的成功和其推出的首个产品的成功,有几个有趣的发现。第一,当一家企业的首个产品"以创新为基础,服务新兴市场需求,并进入具有成熟行业技术标

---

① Ghosh, quoted in Nobel, "Why Companies Fail."

② Lisa Z. Song, Michael Song, and Mark E. Parry, "Perspectives on Economic Conditions, Entrepreneurship, First-Product Development, and New Venture Success," *Journal of Product Innovation and Management* 27, no.1(January 2010):130—135.

准的市场"时,首个产品和新企业的表现都是最好的。①第二,当基于创始人的想法创建产品时,首个产品更易成功,创业公司绩效更高。第三,最可能成功的首个产品符合技术发展和客户需求。

高斯特认为创业公司经常失败的主要原因是,创始人和投资者在执行商业计划时没有意识到这些计划中的关键假设是错误的(本章前面强调的一点)。在实验中他发现,企业家在战略上都较为单一,而不是采取平衡的策略,他们试图让新公司只关注技术或只关注销售。当创始人拒绝相信产品没有需求或需求不足时,就出现了导致初创企业失败的市场问题。也就是说,价值主张并不令人信服。

此外,企业家的策略通常不能使他们灵活地应对商业潮流。(这种风险是前文提到的路径依赖风险的一种形式。)正如高斯特指出,"他们做事的方式不允许他们改变,他们没有采用广泛的可能性来创立公司"。他举了 Webvan 公司(1999—2001 年)的案例,该公司的创始人可能想法很好,但试图过快地实现增长。在对网上杂货零售服务的需求进行分析之前,Webvan 就已经在美国各地购买了仓库。

高斯特指出,虽然许多创业公司失败是因为创始人无法获得融资,但是各种失败,无论规模,其主要原因均是资金太多。过多的资金使创始人有意或无意地忽视在执行操作中存在的各种错误,进而无法找到原因并纠正错误。

企业发展阶段

有多种方式来描述企业所处的阶段。描述企业阶段的动因有两方面。首先,创始人可获得的融资来源将取决于企业所处何种阶段。在第 6 章中,我们将从公司发展阶段的角度描述可获得的融资来源。其次,我们有意于在企业发展的不同阶段对其进行估值。我们将在第 16 章和附录 B 中讲述应该怎么做。

里程碑

投资者通常会观察一家公司的里程碑。里程碑(milestones)是指投资者希望看到的重要事件,它们能作为证据证明该企业已经解决了前面所述的一个或多个主要风险。实现关键的里程碑增加了企业成功的可能性,从而使得企业的估值增加。

---

① Song, Song, and Parry, "Perspectives on Economic Conditions, Entrepreneurship, First-Product Development, and New Venture Success," 130.

可以作为公司融资计划结构的关键里程碑的例子包括(但不限于):

● 组建核心管理团队成员;

● 组建核心技术人员;

● 表明可以克服技术障碍;

● 构建原型,获得潜在客户的积极反馈;

● 通过销售确认客户有效性;

● 将产品运送给客户并收到付款;

● 与一家成熟的公司建立战略合作关系,通过增加销售或降低生产成本来增加成功的可能性;

● 表明销量正在上升;

● 证明营销策略可以有效地在成本效益的基础上获得客户;

● 证明业务可以实现规模经营;①

● 赚取足够的收入,以便实现盈亏平衡;

● 获得利润。

业务发展和融资阶段

下面我们将根据美国注册会计师协会(AICPA)的分类讨论一家私人控股公司的发展阶段。②如第16章所述,这种分类也有助于选择评估私营公司的方法。我们将在第6章更详细地解释可用资金的典型来源,在第7章讨论各个阶段可获得的融资类型。

使用AICPA分类,六个阶段如下:

第一阶段:在这个阶段,企业的特点有:创始人有想法,但没有获得产品收入;可能的产品开发正处于初始阶段。这个阶段可以被描述为预商业化阶段(precommer-cialization stage)或上市前阶段(premarketing stage)。在技术方面,该公司使用早期技术(early-stage technology):尚未商业化的技术,并且还没有跳出画板(即仍停留在实验室实验)。事实上,基本研究没有完成,也没有对商业可行性进行评估。每个新的高科技产品都需要充足的预商业化阶段。对于一些公司来说,创始人还没有决定法律架构,因为在这个阶段,还没有做出决定正式成立公司。因此,在这一阶段,创始

---

① 我们将在第14章中讲述拓展业务。

② AICPA, *Valuation of Privately-Held-Company Equity Securities Issued as Compensation*(New York:AICPA, 2004).

人的融资需求量可以根据以下成本而发生变化:(1)进行商业可行性研究,(2)构建原型,(3)测试和验证产品,(4)评价市场潜力,以及(5)提交法律文件以保护所开发的知识产权。在这一阶段的早期融资是种子轮融资(seed capital financing),这一阶段的后期融资是第一轮融资(first-round financing)或A轮融资(series A financing)。

第二阶段:这一阶段的特点是没有产品收入,但开支相当大。产品开发已经开始,创始团队正在应对新的商业挑战。在这个阶段,第二轮或第三轮融资来自风险投资者。同时,创始人还需要进一步制定指导企业发展的管理战略,以便新企业除了增加资本外,还能开发专业技术和发展关系(合作伙伴关系),这些资源可以由风险投资者等人提供。

第三阶段:通常来说,这一阶段企业仍然亏损,因为它不产生收入,但在产品开发方面取得了重大进展,例如完成其产品的alpha和beta测试。该企业通过实现其他关键里程碑事件,例如聘用管理团队等,进一步提高其价值。

第四阶段:虽然在这个阶段企业仍然在亏损,但通常已经实现了产品的里程碑事件,并且通过第一次订单和发货对客户有效性进行了验证。因此,产生了一些收入。新企业目前可以被视为处于扩张阶段,因为在这个阶段,企业必须扩大业务,希望改善生产流程,改进产品,并投资于更昂贵的营销工作。该公司在现阶段已经实现了足够多的非财务里程碑事件,从而可以考虑首次公开发行(IPO)的可能性。

第五阶段:这一阶段的产品收入总的来说能使企业实现关键的财务里程碑事件,例如企业运营实现盈亏平衡,获得利润或较好的现金流。在这个阶段可能会出现某种类型的退出——可能是以IPO或出售公司的形式。

第六阶段:如果在该阶段没有退出,则公司会具有足够强翔实的财务和运营记录,使其有极大的可能性进行收购。

上述只是对业务发展和融资阶段的一般性描述,不可以一概而论。不同的企业具有不同的收入增长率和产品开发模式,因此它们有不同的资本需求,不会完全符合上述阶段。即使是在风险投资者当中,这些书中所反复描述的步骤也会有许多不同。例如,一家新企业在建立起产品原型之前可能不会进行我们之前说的种子轮融资。为这家新企业提供融资的一些风险投资者可能会将这种投资划分为种子轮融资。然而,另一些风险投资家可能将其划分为早期启动融资。重要的不是这些步骤,而是要明白在企业发展中需要何种类型的融资。在第16章中,我们将讨论对私营公司进行估值的各种方法,进一步解释这六个阶段中的每个阶段所适合使用的各种方法。

本章重点

- 在决定成立高科技企业时,企业家应对公司发展和预期产品的商业化可行性进行严格的分析。
- 创业者面临的主要困难就是确定初创高科技企业的风险。
- 虽然术语"风险"和"不确定性"通常可以互换使用,但它们有一个区别:"风险"是指企业家不知道给定事件的具体结果,但有信息可以准确预测结果的可能性,而"不确定性"是指企业家所了解的信息不足以预测事件的可能性。
- 虽然诱引技术会获得事件发生的概率,但并没有实证证据证明它是如何表现的。
- 有三种不确定性:破局风险、路径依赖风险和高投资回报率(ROI)风险。
- 风险来源可分为四类:市场风险、技术风险、运营风险和财务风险。
- 在评估创业公司的失败率时,必须首先确定什么是失败。一些常见的定义包括:(1)清算全部资产,导致投资者损失大部分或全部投资;(2)未达到预期的投资回报率;(3)未达到商业计划中的预测或其他指标。
- 实证表明,(1)当一家企业的首个产品"以创新为基础,服务新兴市场需求,并进入具有成熟行业技术标准的市场"时,新企业及其首个产品都能达到最优表现;(2)当基于创始人的想法创建产品时,首个产品更易成功,创业公司绩效更高。
- 实证表明,最可能成功的首个产品需要符合技术发展和客户需求。
- 创业公司经常失败的主要原因是:(1)创始人在执行商业计划时没有意识到计划中的关键假设是错误的;(2)企业家的策略不能使他们灵活地应对商业潮流。
- 有多种描述企业发展阶段的方法。
- 投资者在评价公司状况时会观察它的里程碑。里程碑是指投资者希望看到的重要事件,它们能作为证据证明该企业已经解决了前面所述的一个或多个主要风险。
- 实现关键的里程碑事件增加了企业成功的可能性,从而使得企业的估值增加。
- 虽然对于公司发展阶段没有标准的定义,但重要的不是如何划分这些阶段,而是要明白在企业发展的不同阶段需要何种类型的融资。

延伸阅读

创业公司失败

"135 Startup Failure Post-Mortems," *CB Insights*, August 17, 2015, https://www.cbinsights.com/blog/startup-failure-post-mortem.

"The R. I. P. Report—Startup Death Trends," *CB Insights*, January 18, 2014, https://www.cbinsights.com/blog/startup-death-data.

Ritholtz, Barry, "Postmortems for Startup Failures," *Bloomberg View*, June 10, 2015, http://www.bloombergview.com/articles/2015-06-10/learning-lessons-from-failures-of-tech-startups.

"Startup Business Failure Rate by Industry," Dun & Bradstreet Reports, July 5, 2015, http://www.statisticbrain.com/startup-failure-by-industry.

Yaghmaie, Bo, "A Case Study of Startup Failure," *TechCrunch*, September 16, 2015, http://techcrunch.com/2015/09/16/a-case-study-of-startup-failure.

里程碑

Espinal, Carlos Eduardo, "Setting Appropriate Milestones in an Early-Stage Startup," *Seedcamp*, November 11, 2013, http://seedcamp.com/resources/setting-appropriate-milestones-in-an-early-stage-startup.

"The 5 Most Important Milestones for New Entrepreneurs," *Internet Business Mastery*, undated, http://www.internetbusinessmastery.com/the-5-most-important-milestones-for-new-entrepreneurs.

业务发展和融资阶段

Benebo, Opubo G., "Founding the Business Entity: Stages of Venture Startup," *GB-Analysts Reports*, last updated August 18, 2014, http://www.gbanalysts.com/Reading%20Room/The%20Entreprenuer/newVentureDev/venstartupstgs.html.

"Equity Financing Stages for Startups," *Go4Funding*, undated, http://www.go4funding.com/articles/equity-financing-stages-for-startups.aspx.

Hofstrand, Don, "Financing Stages for Start-up Businesses," Iowa State University, April 2013, https://www.extension.iastate.edu/agdm/wholefarm/pdf/c5-91.pdf.

Lee, Terence, "Startup Stages: A Comparison of 3 Models," https://www.techinasia.com/startup-stages.

National Venture Capital Association, *National Venture Capital Association: Yearbook 2013*, appendix F(Stage Definitions).

欧亚公司

Gleeson, Alan, "Guest Post: Why Europe Lags the U.S. in Technology Startups," *TechCrunch*, September 17, 2010, http://techcrunch.com/2010/09/17/guest-post-why-europe-lags-the-u-s-in-technology-startups.

Shim, T. Youn-ja, ed., *Korean Entrepreneurship: The Foundation of the Korean Economy*(New York: Palgrave Macmillan, 2010).

"Why Don't More Europeans Want to be Entrepreneurs?", January 11, 2014, http://www.debatingeurope.eu/2014/11/23/why-dont-more-europeans-want-to-be-entrepreneurs/#.VgMiosxAIT0.

"Why Startups in Europe Don't Have the Needed Support" January 29, 2015, http://businessculture.org/blog/2015/01/29/startups-in-europe.

Zhang, Marina Yue, and Mark Dodgson, *High-Tech Entrepreneurship in Asia: Innovation, Industry and Institutional Dynamics in Mobile Payments*(Cheltenham, UK; Northampton, MA: Edward Elgar, 2007).

2 商业模式、商业计划和退出计划

新企业是否成功取决于其管理成本、增加收入和利润的能力,是否能有效地管理风险,维护与利益相关者的关系(即雇员、客户、投资者和供应商)。公司的商业模式会阐明公司创始人将如何执行这些任务,这也是本章涵盖的三大主题中的第一个。第二个主题是公司的商业计划,描述创始人如何计划执行商业模式。最后,本章将讨论退出计划。

商业模式

商业模式非常重要,但目前对何为商业模式尚未有明确定义。已提出的定义都比较抽象,很少考察如何将定义转化为切实可行的方案,或是成功实施的蓝图。此处将讨论一些有建设性的商业模式定义,以及模式对应的组成部分。

有大量的文献讨论过商业模式"是什么"或"不是什么"。亚历山大·奥斯特瓦德(Alexander Osterwalder)2004年在瑞士洛桑大学完成的博士论文对这一概念进行了扎实的文献综述,并提出了商业模式的以下定义:

> 商业模式是一个概念性的工具,包含一组元素及其相互之间的关系,并叙述公司的盈利逻辑。它是公司提供给一个或几个客户群体、公司及其架构的合作网络的价值,并营销和传递这种价值与关系资本,以便产生持续的收

入来源。①

亨利·切斯布洛（Henry Chesbrough）和理查德·S.罗森布罗姆（Richard S. Rosenbloom）从执行功能的角度描述了商业模式：②

（1）它阐述价值主张（即为用户创建的价值主张）。

（2）它识别一个市场分段（即对其有效用户的识别）。

（3）它具体化了产生收入的机制。

（4）它定义了必要的价值链，以及需要什么资产来支持公司在价值链中的位置。③

（5）在给定的价值主张和价值链结构下，它估算从生产产品或提供服务中能够实现的成本结构和潜在利润。

（6）通过识别潜在的互补性因素和竞争对手，它描述了企业在价值网络中的位置。

（7）它制定了企业将获得针对其对手的竞争优势，并维持这一优势的竞争战略。

在他们的书《商业模式新生代》（*Business Model Generation*）中，亚历山大·奥斯特瓦德和伊夫·皮尼厄（Yves Pigneur）写道："商业模式描述了一个组织是如何创建、交付并捕捉价值的。"④之后他们继续提到，商业模式中的九个基本模块可以用来解释企业如何生成利润。这种商业模式模板，被他们称为商业模式画布（Business Model Canvas），能够引发创业者的思考，为业务发展提供有效的指导模型。商业模式画布的基本模块如下：⑤

（1）主要合作伙伴。

---

① Alexander Osterwalder, "The Business Model Ontology: A Proposition in a Design Science Approach"(PhD diss., University of Lausanne, 2004).

② Henry Chesbrough and Richard S. Rosenbloom, "The Role of the Business Model in Capturing Value from Innovation: Evidence from Xerox Corporation's Technology Spinoff Companies," *Industrial and Corporate Change* 11, no.3(2002):529—555.

③ 价值链包含企业及其工人从产品概念提出到终端使用的全部活动范畴。这些活动包括产品设计、生产、营销、分销和售后客服。在迈克尔·波特（Michael Porter）1988 年的著作《竞争论》（*On Competition*）(哈佛商学院出版社，波士顿)中，从特定行业的价值链角度来定义价值。他认为，当一个公司有效地执行其活动链，产品将会增值，而非由于产品成本进而造成损失，这对于公司获得竞争优势至关重要。

④ Alexander Osterwalder and Yves Pigneur, Business Model Generation: A Handbook for Visionaries, Game Changers, and Challengers(Hoboken, NJ: John Wiley & Sons, 2010).

⑤ 商业模式的这个模板最初由奥斯特瓦德在《业务模型本体论》（*The Business Model Ontology*）一文中提出。

① 你的主要合作伙伴/供应商是谁？

② 合作的动机是什么？

(2) 主要活动。

① 你的价值主张需要哪些关键活动？

② 在分销渠道、客户关系、收入流等方面,哪些活动是最重要的？

(3) 价值主张。

① 你向客户提供什么核心价值？

② 你满足客户的哪些需求？

(4) 客户关系。

① 目标客户期望同你建立什么样的关系？

② 如何从成本和形式层面将客户关系纳入你的业务？

(5) 客户细分。

① 你为哪类客户创造价值？

② 谁是你最重要的客户？

(6) 主要资源。

① 你的价值主张需要哪些资源？

② 在分销渠道、客户关系、收入流等方面,什么资源是最重要的？

(7) 分销渠道。

① 你的客户希望通过哪些渠道接触？

② 哪些渠道最有效？渠道成本几何？如何将这些渠道整合到你和客户的工作日程中去？

(8) 成本结构。

① 在你的业务中什么是最昂贵的？

② 哪些关键资源/活动最为昂贵？

(9) 收入流。

① 你的客户愿意为哪方面的价值付费？

② 他们最近支付了什么,如何支付？他们偏好如何支付？

③ 每个收入流对总收入有多大的贡献？①

---

① 参见 http://canvanizer.com/new/business-model-canvas。

图 2.1 展示了商业模式画布的模板，其中每个框代表九个基本模块中的一个。

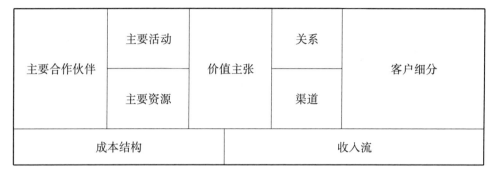

图 2.1　商业模式画布的原理

资料来源：修改自 http://canvanizer.com/new/business-model-canvas。

表 2.1 以表格形式展示了九个基本模块，这与沃尔玛、谷歌、推特和领英的商业模式画布有所不同。

表 2.1　使用画布基本模块的建议商业模式：沃尔玛、谷歌、推特和领英

基本模块	沃尔玛	谷歌	推特	领英
主要 合作伙伴	1. 商品供应商 2. 大型消费品公司	1. 分销合作伙伴 2. 开放手机联盟 3. 原始设备制造商（适用于 Chrome 操作系统设备）	1. 搜索供应商 2. 设备供应商 3. 媒体公司 4. 移动运营商	1. Equinix（用于数据中心设施） 2. 内容供应商
主要活动	1. 供应链管理 2. 线上线下相结合	1. 研发—创造新产品，改进现有产品 2. 管理大型 IT 基础架构	平台开发	平台开发
主要资源	1. 零售和物流基础设施 2. 综合型 IT 基础设施 3. 库存	1. 数据中心 2. 知识产权和品牌	推特平台	领英平台

基本模块	沃尔玛	谷歌	推特	领英
价值主张	1. 每天低价 2. 一站式购物 3. 战略商品单位——杂货、硬件、娱乐、保健、服装和家居	1. 网络搜索、gmail、Google+ 2. 通过谷歌关键字(Adwords)投放目标广告 3. 通过广告联盟(Adsense)扩展广告 4. 显示广告管理服务 5. 操作系统和平台——Android、Chrome 6. 托管基于网络的谷歌应用	1. 保持联系 2. 新闻和事件 3. 定向营销 4. 推特应用	1. 专业身份管理 2. 识别和联系合适的人才 3. 抵达目标受众 4. 通过应用程序界面(API)和窗口小部件访问领英数据库内容
客户关系	1. 社区商店 2. "清洁、快速、友好"的座右铭	1. 自动化(如有可能) 2. 大型账户的专用销售		1. 同侧网络效应 2. 横向网络效应
分销渠道	1. 超级中心、折扣店、社区商店 2. 沃尔玛和线上山姆俱乐部	1. 全球销售和支持团队 2. 多产品销售团队	1. 网站、桌面应用、移动应用程序、短信 2. 推特应用程序界面(API)	1. 领英网站 2. 现场销售
客户细分	1. 美国沃尔玛 2. 国际沃尔玛 3. 山姆俱乐部	1. 互联网用户 2. 广告客户及机构 3. 谷歌网络成员 4. 手机设备持有者 5. 开发商 6. 企业	1. 用户 2. 企业 3. 开发商	1. 互联网用户 2. 招聘人员 3. 广告客户和营销人员 4. 开发商
成本结构	1. 劳动力成本 2. 存货成本	1. 流量获取成本 2. 研发成本(主要是人员)	1. 雇员 2. 服务器	1. 网站托管费用 2. 市场和营销

基本模块	沃尔玛	谷歌	推特	领英
成本结构	3. 实体和 IT 基础设施	3. 数据中心运营 4. 分包和材料成本、行政费用		3. 产品开发 4. 一般管理费用
收入流	1. 商品销售 2. 会员收入	1. 广告收入——通过谷歌网站 2. 广告收入——通过谷歌网络成员 3. 企业产品销售 4. 免费	1. 授权数据流 2. 推广账户 3. 推广推文 4. 推广热搜词汇 5. 分析	1. 免费产品和高级订阅 2. 招聘方案 3. 市场方案

资料来源：Walmart：http://api.ning.com/files/9Pd0Ofg5hVb0KIRhlZ92fMEGQ8PfvqE2i3qemPlqUtKaDva9hMr2MX8GwqZvwLb0lA3I9PPI7TkHI2UPJMICwUDlEmnYMAA-/Business-ModelCanvasMomandPopStoresandWalmart.pdf；Google：http://bmimatters.com/2012/03/29/understanding-google-business-model；Twitter：http://bmimatters.com/2012/02/18/understanding-twitter-business-model-design；LinkedIn：http://bmimatters.com/2012/05/16/understanding-linkedin-business-model。

商业模式的三个重要组成部分

上文描述的两个商业模式表明了其中三个关键组成部分，具体如下：

（1）市场：客户和客户群；

（2）提供产品或服务的价值主张；

（3）盈利能力：收入来源和成本结构。

市场：客户和客户细分　虽然"产品市场"一词经常在商业模式和向潜在投资者的报告中出现，但该词的定义却过于宽泛。公司的命脉是其客户，因此，进行客户细分至关重要。市场划分有三大好处。首先，它识别出了最小和最具效益的客户，从而确定目标客户群。其次，客户细分可以识别被竞争对手忽视的一部分客户，也就是所谓的"利基市场"。最后，因为不同客户群体存在不同的需求，进行细分将更容易确定是否需要为每类客户量身定制产品。

在最广义的层面上，市场细分从客户的类型开始：企业和组织或个人消费者和家庭。前一个细分，称为企业对企业细分，可以根据行业（如医疗保健、技术、制造）、私人实体和公共实体、国内与国外实体进行分类。第二个客户群,称为企业到消费者细分,可以根据人口统计要素(如年龄、性别、家庭收入或地理区域等)进行分类。

计算机制造商如何细分客户的示例,如表 2.2 所示。①

表 2.2 计算机制造商如何进行客户细分的示例

用户或市场细分	为满足其需求所提供的功能
家 庭	通用软件和教育软件、基本游戏、DVD 播放器、"安全"访问互联网、每个家庭成员的电子邮件账户
小型或家庭办公室	商务软件、传真、宽带上网、高质量打印、文件扫描和复制
专业使用	为应用程序专业配备的硬件和软件,如设计或数字图像处理、打印和存储
游 戏	多媒体游戏、宽带上网、高品质显示、声音、特殊外围设备如操纵杆、强大的处理器

商业模式中还涉及与客户群体的关系,以及产品如何被传递到各客户群的渠道。客户关系还包括公司计划如何与客户长期打交道。

不同的客户群拥有不同的渠道,需要不同类型的关系。每一种都应在商业模式中进行描述。渠道是指企业与目标客户群交流或分销产品的手段。沟通渠道是让客户(及潜在投资者)了解公司产品及价值主张的方式。销售渠道是客户购买产品的途径,也是公司计划在购买后提供客户支持的手段。

所提供产品或服务的价值主张 确定目标客户群后,企业必须在商业模式中描述为各个客户群提供的产品和服务。这要求不仅仅是列一张表,描述所提供的功能,还必须以非技术方式向每个客户群清楚地解释价值主张。通过回答以下问题,价值主张阐述了该公司向每个目标客户群能够提供的独特优势:

- 企业将要带给目标客户群的价值;
- 产品将如何解决或缓解客户群面临的问题;
- 产品与竞争对手的不同之处。

价值主张应该简明扼要。高科技初创企业通常会提供一份产品技术描述——科学家和工程师可以看懂。然而,创业者往往不会想要从具有专业背景的人身上获取资本。所以,价值主张应重点关注产品提供的优势,以及客户群将如何受益于该技术,而

---

① 该表的数据来源于"Segment Your Customers," InfoEntrepreneurs.org,2009,http://www.infoentrepreneurs.org/en/guides/segment-your-customers。

不是技术的独特之处。例如,当客户群是企业对企业时,受益点可能是通过更有效的操作来提高利润或投资回报的能力,这种操作将降低制造成本,或提供更便宜的产品。

本章后面会进一步讨论价值主张,它是商业计划的一个组成部分。

盈利能力:收入来源和成本结构 企业的利润来源于其收入和成本之差。所以商业模式必须解释各种预期收入的来源和生产产品的成本。

收入来源 公司的收入来自以下一个或多个来源:产品或服务销售、使用费、许可费、订阅费、租赁付款、特许权使用费和融资费用。收入来源不仅需要预测可销售给各客户群的单位数量,还应包括产品的售出价格。这显然是一个同时出现的问题,因为可出售的产品单位将取决于预估的产品价格。

成本结构 成本结构涵盖各种类型的成本,包括固定成本和可变成本。每种类型的成本都可以进一步细分。规模经济和经济运行的潜力值得关注。规模经济的概念是,当产品产出增加时,生产单位产品的平均成本反而减少。产品的"可扩展性"(scalability)是指实现规模经济的能力。一个相关的概念是范围经济。范围经济通过生产多种不同产品,降低产品的平均成本,进而节省成本。例如,销售多个产品相对于单个产品而言,可以降低平均营销和服务成本。

是否与非竞争对手和竞争对手达成合作或联盟,这些举措与收入、成本息息相关。达成合作可能会改善分销渠道,从而更有效地交付产品,增加收入或节省成本。如果与供应商关系良好,则可以确保长期供应的可能性,避免因供应不足或资源价格波动影响未来盈利能力。如果与其他组织合作,则可以共同开发新产品或服务,以减少未来的研究和开发成本。

成本结构也应该从价值主张的角度来考虑。在商业模式中,当与竞争对手的产品相比,价值主张是提供低成本产品时,那么重点就在于成本结构如何使成本最小化。由成本结构驱动低价格的价值主张被称为成本驱动结构。商业模式的另一个极端是成本结构由价值主张决定,产品是溢价产品。这种情况下的成本结构称为价值驱动结构。其他商业模式的成本结构处于这两个极端之间。

为什么商业模式需要改进

商业模式并不是商业发展中只用准备一次的文档。例如,IBM 的商业模式在公司悠久的历史中已经改变了许多次。其产品和服务组合随时间而变化,包括办公设备销售、大型计算机销售、个人计算机销售、IT 服务和企业社会责任("绿色")咨询。

我们可以从下面 IBM 公司 2012 年的公司年报中一窥其商业模式。

> 公司的商业模式旨在实现两个主要目标：通过商业洞察和 IT 解决方案，帮助客户提升创新性、高效性和竞争力，从而实现商业价值的成功；并为股东提供长期价值。商业模式已经通过对能力和技术的战略投资而得到发展，这些改变以向客户提供的价值为基础，具有最佳的长期增长和盈利前景。

商业模式是非常灵活的，适应不断变化的市场经济环境。公司已经剥离了商品化业务，如个人计算机和硬盘驱动器，并通过在商业智能和分析、虚拟化和绿色解决方案等高价值领域进行战略投资和收购，巩固了其地位。此外，公司已经转型为全球一体化企业，提高了整体生产力，并推动投资，参与全球增长最快的市场。因此，公司绩效较几年前进一步提高。

未能修改商业模式：DVD 租赁的案例

百视达（Blockbuster）公司和电影画廊（Movie Gallery）的例子说明了如果不修改过时的商业模式，将会带来灾难性的后果，这两家公司都成立于 1985 年。两家公司都参与了家庭视频业务，客户可以通过访问公司的视频租赁商店选择和租借电影。收入来自 DVD、VHS 电影和视频游戏的租金。如果未能在指定日期退还商店的视频将收取滞纳金。

这两家视频租赁公司在 20 世纪 90 年代都有过首次公开募股（IPO）（百视达在 1999 年，电影画廊在 1994 年）。尽管由百视达和电影画廊开发的品牌已经分别成为视频租赁业务中的前两大公司，但它们的商业模式存在缺陷：客户要去实体店取影碟，然后将其送回店里，这对客户而言是非常不方便的，并且未能及时退回视频的客户对于需要缴纳的滞纳金很不满意。1997 年左右出现了几个可以在互联网上提供订阅服务的公司，提供视频租赁，其中最著名的是网飞（Netflix）——百视达在当时可以5 000 万美元收购）。

网飞的商业模式提供的服务消除了不便之处：即顾客要到视频商店，并且必须通过邮政服务寄送 DVD 来支付任何拖欠费用，对客户可以保留租赁的时间长度没有限制。对于此服务，网飞每月收取一定的费用。百视达最终也采取了网飞的商业模式，并且允许客户将 DVD 选择送还到其任意一个视频商店。当网飞提供在线视频服务时,百视达也是这样做的(百视达的全访问计划)。电影画廊不仅必须与网飞竞争,还必须与百视达修订后的商业模式竞争。最后,这两家视频租赁公司未能迅速适应其商业模式,最终都申请破产(2011年9月百视达申请破产,2007年10月电影画廊申请破产)。

重新思考商业模式的原因

以下是公司可能重新思考其商业模式的一些原因:

- 引入与公司现有技术竞争的新技术;
- 来自新成立或成熟公司的新竞争;
- 消费者改变了购买习惯或需求;
- 影响公司产品的监管条例有所变化;
- 公司产品的商品化;
- 引进新技术可以降低生产成本;
- 使用更具成本效益的新分销渠道。

例如,遵循传统模式提供硬件产品或软件包的高科技公司被迫应对基于云计算的企业带来的挑战:软件即服务、平台即服务,或基础设施即服务的云计算企业。埃森哲(Accenture)的一项研究报告说明,当企业提供产品的方式发生巨大变化时,很难去评估其对商业模式的影响。[1]根据对正在运营或构建云计算企业中的30家公司的40位高管进行访谈,该研究认为,目前人们尚不清楚这些新的云计算商业模式的复杂性如何,又是如何对公司的每一个功能产生影响。

普华永道(PricewaterhouseCoopers,PwC)健康研究所2013年的报告发现医疗技术公司(涉及诊断、一次性医疗产品、医疗设备、多样化生命科学、可植入设备和其他领域)必须彻底改变其业务模式,以保持竞争力。[2]该研究基于对30多位高层管理人员的访谈,以及2013年夏天对超过35家医疗技术公司进行的调查。总计有50家公司参与研究。普华永道的结论是,公司需要创新并适应不断变化的市场,以防御新的

---

[1] Accenture,"Where the Cloud Meets Reality: Scaling to Succeed in New Business Models," http://www. accenture. com/SiteCollectionDocuments/PDF/Accenture-Where-the-Cloud-Meets-Reality.pdf♯zoom=50.

[2] PwC Health Research Institute,"Medtech Companies Prepare for an Innovation Makeover," October 2013.

市场成员。例如,研究发现,至少有18家医疗技术公司进入了市场,正在推动技术创新。研究说明,在探讨医疗技术公司改进现有商业模式时必须看到,在新的医疗保健环境中,医疗器械的价值不仅在于所开发的产品或服务,而且在于:

> 虽然临床疗效必不可少,但今天医疗技术的真正价值是公司能够为客户提供信息、服务和其他帮助,以解决其一系列问题,例如改进诊断、提高手术室效率、缩短住院时间、远程监测患者、让人尽可能少去医院。[①]

然而研究发现,其中只有一半公司使用新的社交媒体、移动设备、分析和云技术等方式与客户和患者进行交流,管理并远程监控他们的健康状况,只有11%的公司积极地将新的社交媒体、移动设备、分析和云技术融入其业务模式。此外,虽然研究结果强调需要发展伙伴关系,但研究报告的参与者指出,这种合作关系很难实施。事实上,虽然研究中的公司表示他们与客户或外部合作伙伴一起工作,但只有不到三分之一的产品和服务是如此。

商业计划

商业计划(business plan)描述了如何执行商业模型,并说明了产品计划、营销策略、管理团队以及公司的财务状况和资金需求。该计划长短均可。长度通常取决于业务的复杂性和竞争环境。新产品业务部门的商业计划可能比业内现有产品部门的改进版商业计划更长。

商业计划可以单独用作内部文档,也可以分发给要求的外部各方,如潜在的关键员工、股权投资者和贷款人。商业计划建议模板的来源众多,如美国小企业管理局(U.S. Small Business Administration)。

正如本节所述,如何开发商业计划的组成部分比其他各方面更加需要交代清楚。商业计划的组成部分非常重要,如果没有这些组成部分,投资者将不愿意提供资金,潜在客户将不愿意与新公司在可能需要的关键产品方面开展业务,货物和服务在增加信贷方面将受到阻碍。首先,商业计划必不可少地需要吸引关键个人加入公司,这

---

① PwC Health Research Institute, "Medtech Companies Prepare for an Innovation Makeover," 2—3.

些人可能会在其他公司享受很好的待遇。在新企业的不同发展阶段需要筹集的资本金额将在商业计划中得到估算。

商业计划的基本组成部分是对经营理念、销售产品的市场以及公司的财务预测和当前财务状况的描述。这每一个组成部分中又具有若干必须覆盖的元素。

商业计划的经营理念（business concept）是公司的愿景。公司产品的市场包括识别潜在客户、到达这些客户所需的营销渠道，以及竞争环境。公司目前的财务状况和财务预测涉及公司的流动性、其当前和预测的收入和利润潜力，以及其当前资金和预期的未来资金需求。

商业计划始于执行摘要（executive summary），它强调了商业和商业计划的关键方面。这是解释经营理念的地方。商业计划很可能被分发给外部人员，因此执行摘要必须足够有趣，以便投资者能够继续阅读文件。事实上，通常在筛选潜在投资对象时，投资者不会阅读整个商业计划。相反，他们会由中间人（例如，律师或会计师）给出执行摘要。由于执行摘要只有几页长，因此准备这一部分商业计划时创始人需要简化他们对业务的想法。

执行摘要之后的部分主要描述以下内容：

- 业务的性质；
- 产品和服务；
- 市场细分或客户定位；
- 行业的竞争性；
- 营销计划；
- 供应商和服务提供商；
- 管理团队；
- 财务计划；
- 风险。

下面我们解释各个部分强调的内容。在不降低商业计划其他部分重要性的前提下，我们将对各部分进行简要讨论。本书的主要重点是财务计划，将在第 14 章中讨论。风险已经在第 1 章中描述。

业务性质

本节描述了业务的历史及其运行方式。本节中包含的信息包括以下内容：

- 公司开展业务的时间；
- 商业组织的法律形式，以及可能随着业务增长而改变这种形式的任何计划；
- 业务的位置，以及位置对于竞争者、市场或分销是否重要及其原因；
- 到目前为止业务的成就；
- 关键伙伴关系或战略安排。

在下一章中，我们将讨论创业者可以选择的商业组织的法律形式。

产品和服务

本节提供了对公司产品的非技术描述。创始人有时很难向外人描述高技术性的产品。在准备这部分时，创始人必须意识到，如果文档是提供给潜在的资金来源方，他们可能缺乏理解产品或服务的重要技术的能力。一个简单的解决方案是提供包含技术细节的商业计划的附录。除了对产品的描述外，商业计划的这一部分还应包括给客户提供的优势(价值主张)和定价策略。

市场细分或客户定位

市场细分或客户定位应进行明确定义。另外，还应当提供当前和潜在市场的数据。如果无法对目标市场进行清晰描述，这对于外部人员(潜在投资者和供应商)了解市场营销计划(将在稍后讨论)、潜在收入和收入增长以及利润前景没有任何帮助。

创始人所犯的一个常见错误是过于宽泛地描述市场的美元规模，试图使潜在收入听起来具有吸引力，即使公司仅成功地捕获一小部分市场。此外，关于市场规模的信息来源应该是可靠的。下面是一个例子。

假设 2008 年，一组从事乳腺癌治疗研究的科学家决定利用他们的发现和专利开办一家公司。在收入方面，癌症治疗市场是第二大医药市场(仅次于心血管药物市场)。2008 年 7 月，BBC 的一项研究①("癌症治疗：技术和全球市场")称，全球癌症治疗市场价值 473 亿美元，预计到 2013 年将超过 1 166 亿美元[复合年增长率(CAGR)为 12.6%]。②此信息可以作为市场规模的描述。然而，这也可能成为一个误导，有两

---

① BCC Research, "Cancer Therapies: Technologies and Global Markets," May 2008, http://www. bccresearch. com/marketresearch/healthcare/cancer-therapies-market-hlc027b. html. BBC 研究 (BBC Research)是一家市场预测公司。

② 此信息和以下内容取自 BCC 研究——"Cancer Therapies: Technologies and Global Markets"。

个原因。首先,创始人的目标市场是特定类型的癌症治疗,具体来说,是四种主要类型之一:化疗、激素治疗、靶向治疗和免疫治疗。每种类型的市场是不同的,并有不同的预测增长(例如,靶向治疗:2007 年为 229 亿美元,到 2013 年其 CAGR 为 24.7%;化疗:2007 年为 131 亿美元,其 CAGR 为 2013 年的 11.2%)。此外,创始人的市场不是统称的癌症治疗,而是乳腺癌治疗。该市场部分在 2007 年占据了整个市场 26.0% 的份额,并创造了 106 亿美元收入。BCC 研究预测 2008 年的市场份额将增加到 124 亿美元,2013 年将为 265 亿美元(即 CAGR 为 16.4%)。在描述市场规模时,需要关注的是乳腺癌治疗市场,市场可能需要根据治疗类型进行更细致地完善。

行业的竞争性

产品的市场行业结构描述应包括行业的竞争性和进入壁垒。过于乐观的创始人常常认为仿佛不存在竞争对手或者竞争很小。即使当前的竞争条件是有利的,确定是否存在进入壁垒对于评估行业的潜在进入者和销售相关产品的成熟公司都至关重要。

营销计划

由于在商业计划的前面部分中已经确定了产品、目标客户或市场细分以及竞争对手,现在可以解释创始团队计划如何到达目标客户。这是营销计划,描述了公司计划如何通过广告(例如,直接发邮件、互联网、期刊)、促销活动(例如贸易展览)和公关活动来抵达目标市场。为了帮助理解营销计划,应当对产品或服务的潜在购买者会呈现出的购买习惯进行解释。应突出展示不同于竞争对手营销策略的任何设备或策略。应提到公司如何评估其营销计划的影响。

供应商和服务提供商

在生产其产品时,公司需要获得投入。这些投入包括通用产品或服务,在某些情况下,这些产品或服务会供给不足。确定供给不足时期的替代供应商对于避免生产瓶颈非常重要。因此,必须描述对可能暂时供不应求的投入品的替代战略。此外,一些产品可能需要一家公司与其他公司的服务合同,这称为分包商。例如,产品可能由分包商进行初始装配或保修工作。分包商的短缺将阻碍销售。

管理团队

管理团队负责商业运营的所有阶段。应提供管理团队中不同群体的介绍及其经历信息。在最开始,应该说明需要填补的职位数量以及公司计划如何招聘具有必要管理技能的人员。除了管理团队,还应确定公司期望使用的任何顾问或咨询。例如,一个高科技公司可能招聘一位世界级的专家作为公司及其产品的发言人。

财务计划

财务计划涵盖广泛的数据。它通常包括(如果可用)现行的财务报表,这将在第9、10 和 11 章中讨论。第 12 章中讨论的各种财务比率,包括盈利能力、资产效率、投资回报率和流动性,在商业计划的这一部分也会有所提及。此外,还包括财务报表的预测。例如,对损益表的预测将需要对其每个组成部分的预测,包括来自每个来源的收入和不同类型的成本。如何进行预测将在第 14 章中进行讨论。综合预测模型还将提供有关现金需求和随时间推移所需的筹资金额的信息。

风险

公司可能遇到的风险以及如何解决这些风险应在商业计划的这一部分中得到确定。第 1 章描述了这些风险。

商业模式与商业计划

美国小企业管理局(SBA)解释了商业模式和商业计划之间的区别如下。商业模式提供了业务本身及其初始的商业想法。SBA 认为商业模式是公司的"基础"。相反,它将商业计划描述为业务的"结构"。它详细地阐述了业务的细节。

我们可以通过查看本章中描述的商业模式的三个组成部分来了解两者之间的区别:

(1)市场:客户和客户群;

(2)所提供产品或服务的价值主张;

(3)盈利能力:收入来源和成本结构。

这些组成部分都没有说明公司计划如何实现商业模式中提出的商业想法。

相比之下,商业计划更详细地解释了目标客户以及公司计划如何向这些群体销售:营销计划。商业模式中的价值主张告诉我们向客户提供什么样的价值。然而,它并没有告诉我们市场的竞争和进入的障碍。商业模式中的盈利能力提及了收入和成本结构,但是商业计划更具体地描述了收入和成本结构。例如,关于成本,商业计划将描述成本的不同组成部分(例如劳动力和原材料)和成本的不同属性(例如,固定、可变和半变化)。商业计划将考察潜在的盈亏平衡水平,以及公司产品的潜在可扩展性。

退出计划

本章将以退出计划和与此类计划相关的问题结束。一项研究发现,在大多数小型私营公司中,约一半的首席执行官会制定退出计划。[①]

退出计划的组成部分

退出计划有以下三个组成部分,创始团队必须考虑将所有权转让给另一个商业实体或其他投资者:(1)过渡计划,(2)退出策略计划,以及(3)继任计划。我们主要关注退出计划的第二部分,即退出策略计划。

过渡计划(transition planning)　过渡计划包括几个活动。第一,提高业务的价值,使其对潜在买家具有吸引力。这样做的策略在本书各章节中都有所描述。第二,创始团队必须能够与其保留的中介机构(例如,投资银行家和商业经纪人)合作,以推动准备法律文件和执行尽职调查的过渡进程。第三,参与过渡计划的创始团队成员需要了解潜在买家在公司寻找哪些财务指标。为此,应当理解我们在第8章到第11章讨论的金融概念。

退出策略计划(exit strategy planning)　创始团队的每个成员都有其个人的退出意向。[②]"退出意向"是指创始团队的成员在未来某个日期离开创业团队的想法。一般来说,其目的可能纯粹是财务性质,也可能是同时想获取金钱和留下个人功绩。创

---

①　D. Dahl, "A New Study Says Most Small Biz CEOs Lack Succession Plans," Inc. Magazine, 2005, http://www.inc.com?criticalnews/articles/200502/exit.html.

②　社会心理学领域的计划行为理论已被应用于企业家退出策略,并预测意图将是一个重要因素。这得到经验证据的支持。对于这些研究的综述,参见:Teemu Kautonen, Marco van Gelderen, and Erno T. Tornikoski, "Predicting Entrepreneurial Behaviour: A Test of the Theory of Planned Behaviour," *Applied Economics* 45, no.6(2013):697—707.

始人的退出目标还包括将业务留给下一代创始团队。大量的研究考察了将私营商业公司传递给下一代家族企业成员的策略。这些研究发现,能否成功转让退出企业取决于非财务因素,包括企业家与家庭成员之间的关系,以及家庭成员在转移之前参与企业的程度。

退出意向通常由创始团队的成员在公司的早期阶段制定,并将对创始团队在处理关键业务决策时产生影响。退出意向通常与创始团队成员决定进入创业公司的原因相联系。[1]

实证研究发现,创始人的退出意图和结果之间有一个明确的联系。[2]将企业家的实际退出与退出意向(基于六个退出路径)进行比较,唐·R.达第安(Dawn R. DeTienne)和梅丽莎·S.卡登(Melissa S.Cardon)发现,70%的人根据他们的预期路径退出。[3]他们还发现,尽管9%的创始人表明他们最可能的退出原因是收购,但这些企业家退出往往是IPO或独立出售的结果。其余21%的企业家在达第安—卡登研究中对他们的公司进行清算,而不是按他们报告的最可能的路径退出。这些发现为企业家的退出意图和实际的企业退出行为之间存在高度相关性提供了经验证据。

退出策略包括:

● 公司首次公开募股(IPO);

● 公司销售/收购公司;

● 合并公司;

● 清算公司。

在第6章中,我们将讨论IPO,在第13章中我们将讨论创始人在收购他们公司时所考虑的问题。作为退出战略规划的一部分,创始人将考虑所得税后果和房地产税后果。这最好去咨询税务会计师或税务律师。

继任计划(succession planning) 企业的潜在买家想知道创始团队如何处理在转移或售卖业务之后离开企业的团队成员的替换问题。创始团队一些成员的离职可能会受到潜在买家的欢迎,因为他们对企业的价值可能不再重要。然而,在少数高科技

[1] Dawn R.DeTienne, Alexander McKelvie, and Gaylen N.Chandler, "The Impact of Motivation, Innovation and Causation and Effectuation Approaches on Exit Strategies," paper presented at the Academy of Management Annual Meeting, Boston, August 2012.

[2] Kautonen, van Gelderen, and Tornikoski, "Predicting Entrepreneurial Behaviour."

[3] Dawn R.DeTienne and Melissa S.Cardon, "Impact of Founder Experience on Exit Intentions," *Small Business Economics* 38, no.4(2012):352—374.

公司,创始团队的关键成员对公司未来的成功和发展至关重要。如何处理潜在买家认为的关键成员的替代问题,这被称为继任计划。

与退出策略相关的问题

卡尔·温伯格(Karl Wennberg)和唐·达第安认为,与退出计划策略相关的以下关键问题,将影响企业家能否成功退出:[1]

- 对于有退出策略的企业家,他们如何成功地实现退出?
- 企业家追求的退出策略是否随着时间的推移而发展变化?
- 对企业有长期影响的退出策略在多大程度上影响企业家的决策?

关于第一个问题,一些研究人员认为,有策略性的退出计划将确保成功退出。由于创业公司中企业家面临大量风险,最初的退出策略很难实现,这表明退出策略将随着时间的推移而发展。因此,企业家应该灵活调整,并且将建立一个成功的企业作为其主要目标。

企业家退出

企业家退出一直是几个研究的焦点。目前已经详细叙述了两种类型的退出:个体企业家的退出(自主创业退出)和创业公司从市场退出(组织退出)。

一些研究提供了"企业家退出"(entrepreneurial exit)的定义。[2]它包括以下内容:

- 企业家离开公司的决定;[3]
- 从一个特定市场中移除公司的决定;[4]

---

[1] Karl Wennberg and Dawn R. DeTienne, "What Do We Really Mean When We Talk about 'Exit'? A Critical Review of Research on Entrepreneurial Exit," *International Small Business Journal* 32, no.1(2014):4—16.

[2] 参见:Wennberg and DeTienne, "What Do We Really Mean When We Talk about 'Exit'?"。该文对企业家退出做出了出色的研究。

[3] 参见:David S. Evans and Linda S. Leighton, "Some Empirical Aspects of Entrepreneurship," *American Economic Review* 79, 3(1989), pp.519—535, and C. Mirjam van Praag, "Business Survival and Success of Young Small Business Owners," *Small Business Economics* 21, no.1(2003):1—17.

[4] Will Mitchell, "The Dynamics of Evolving Markets: The Effects of Business Sales and Age on Dissolutions and Divestitures," *Administrative Science Quarterly* 39, no.4(1994):575—602; Philip Anderson and Michael Tushman, "Organizational Environments and Industry Exit: The Effects of Uncertainty, Munificence and Complexity," *Industrial and Corporate Change* 10, no.3(2001):675—711.

● 决定停止公司、关闭公司或申请破产。[1]

例如,达第安根据企业家决定离开企业的选择,定义了企业家退出:"私有企业的创始人离开他们帮助创建的公司的过程;从而在不同程度上从企业的主要所有权和决策结构中离开。"[2]埃里克·斯坦(Erik Stam)、罗伊·瑟瑞克(Roy Thurik)和彼得·范德茨旺(Peter Van der Zwan)将企业家退出定义为"决定退出创业生涯"。[3]

企业家应该有退出策略计划吗?

如前所述,退出计划有三个组成部分。过渡计划至关重要,尤其是其中如何提高公司价值的一些举措。在没有过渡计划的情况下,创始人只有两种选择:一种是如果没有愿意收购企业的实体,只能清算;另一种是破产,这是债权人强加给公司的一种选择。继任计划必不可少,因为如果创始团队的一个或多个关键成员由于任何原因离开公司,则需要确保业务将持续。缺少继任计划可能妨碍过渡计划的执行。

组成退出计划的退出策略计划又是什么? 设计退出策略计划是退出计划的重要组成部分吗? 一些初创公司的顾问认为这个部分很重要,因为它为创始人提供了一个目标。此外,有人认为投资者会向创始人询问的第一个问题是:"你的退出策略是什么?"

另一方面,一些投资者和创业公司的观察家认为,企业家在创建公司时过于注重退出策略。这种观点认为,虽然通过 IPO 或出售来获得一家成功企业的相关收益很重要,但创始人的重点应该是发展业务,并为包括创始人在内的当前投资者带来有吸引力的回报。与其他公司举措相比,优先退出策略可能阻碍实现这一目标。例如,为了在 IPO 期间提高短期盈利能力而实施短期成本削减政策,可能对长期盈利能力和公司声誉产生不利影响,同时也邀请了竞争对手进入市场。另一方面,专注于产品开发和业务增长将在创始人决定退出业务时产生更广泛的有吸引力的机会。业务的注意力应该针对客户,而不是投资者——即使是成熟的公司,当他们更关注短期财务业

---

① Javier Gimeno, Timothy B.Folta, and Arnold C.Cooper, "Survival of the Fittest? Entrepreneurial Human Capital and the Persistence of Underperforming Firms," *Administrative Science Quarterly* 42, no.4(1997):750—783.

② Dawn R. DeTienne, "Entrepreneurial Exit As a Critical Component of the Entrepreneurial Process: Theoretical Development," *Journal of Business Venturing* 25, no.2(2010):203—215.

③ Erik Stam, Roy Thurik, and Peter Van der Zwan, "Entrepreneurial Exit in Real and Imagined Markets," *Industrial and Corporate Change* 19, no.4(2010):1109—1139, at 1113.

绩时,也面临这样的问题。

因此,如果退出计划的其他两个组成部分得到正确执行,那么创始人在成功启动后自然会获得收益和选择的权利。制定"纸上"退出策略的唯一原因是想要获得资本提供者的投资,他们总是会问:"你的退出策略是什么?"正如罗伯特·X.克林格里(Robert X.Cringely)写道:

> 如果不是遇到要求苛刻的投资者,退出问题被问到的频率很低,因为许多公司创始人已经在做他们喜欢的事情,并且可以以此谋生。①

虽然有企业家有明确的退出策略,但许多企业家创建一个新的公司时,并没有对他们想要实现的最终退出结果给出很多想法。正如克林格里所说:

> 拉里·埃里森(Larry Ellison)的退出策略是什么? 拉里没有退出策略。
>
> 史蒂夫·乔布斯(Steve Jobs)、戈登·摩尔(Gordon Moore)、鲍勃·诺伊斯(Bob Noyce)、比尔·休利特(Bill Hewlett)、戴夫·帕卡德(Dave Packard),或1 000个其他公司创始人也没有,即使他们的名字不是家喻户晓。
>
> 迈克尔·戴尔(Michael Dell)的退出策略是什么? 戴尔正试图让他的同名公司私有化——退出——想要回到他原本的公司。
>
> 赛富时(Salesforce.com)的马克·贝尼奥夫(Marc Benioff)没有退出策略。网飞的瑞德·哈斯廷斯(Reed Hastings)也没有。你知道杰夫·贝佐斯(Jeff Bezos)在亚马逊没有退出策略。
>
> 比尔·盖茨(Bill Gates)没有退出策略,直到运营微软不再有趣,所以他选择退出。我认为对于任何这些创业者来说都是一样的,只要工作仍保有乐趣,他们就会继续下去。②

当然,时间飞逝,随着公司成功实现其目标,退出策略变得重要。原因是,由于筹资类型、美国联邦证券法和税收(所得税和遗产税)导致的问题变得重要,创始人将就

---

①②　Robert X.Cringely,"The Exit Trap," May 7, 2013,http://www.cringely.com/2013/05/07/the-exit-trap.

企业的各个方面做出决策。

例如美国联邦证券法的影响,我们将在第 5 章讨论。在创建脸书(Facebook)时,马克·扎克伯格(Mark Zuckerberg)没有退出策略。即使脸书在 2012 年 5 月 IPO 之后,似乎他依然没有任何这样的策略,虽然 IPO 是本章前面提到的退出策略之一。扎克伯格甚至拒绝其他形式的退出,例如被谷歌、微软或雅虎收购。直到美国联邦证券法的一项特殊规定迫使脸书做公开发行,而该法律也就此发生变化。更具体地说,如第 5 章所解释的,一旦公司拥有超过指定数量的股东,它必须遵守某些联邦证券法。脸书的股东超过这个数字,因为股票被授予了员工,所以扎克伯格必须遵守法律,并实行了 IPO。

对于退出策略计划,我们的结论是,对于投资者询问企业家其退出计划可能是什么的反应,如哈米德·索贾因(Hamid Shojaee)在一篇题为《没有退出策略是你的最佳战略》(*No Exit Strategy Is Your Best Strategy*)的文章中建议的那样:"我没有退出策略。我计划建立一个我想永远拥有的公司、一家使人感到非常震惊的公司。如果我成功了,我相信会有买家为公司的每一股排队。"①

然而,随着初创公司的成长和 IPO 后上市交易,如果企业的控制权从创始人手中转向非创始投资者、首席执行官和首席财务官,投资者将决定业务的退出策略,以及向关键成员和董事会提供合同薪酬和股权选择,以决定公司的命运。创始人的原始意向消失了,被财务指标和目标所取代。公司的永久性不再是要考虑的因素。

本章重点

- 商业模式是一个概念性的工具,它阐述了公司计划如何实现可持续的收入流并赚取利润,同时描述了公司为潜在客户提供的价值。
- 商业模式画布包括商业模式的以下基本模块:主要合作伙伴、主要活动、价值主张、客户关系、客户细分、主要资源、分销渠道、成本结构和收入流。
- 基本上,商业模式应包括的三个关键组成部分是:(1)市场(即客户和客户细分),(2)所提供产品或服务的价值主张,以及(3)盈利能力(即利润来源和成本

---

① Hamid Shojaee, "No Exit Strategy Is Your Best Strategy," January 19, 2011, http://azdisruptors.com/blog/2011/1/19/no-exitstrategy-is-your-best-strategy.html.

结构。)

- 需要通过不同的渠道接触不同的客户群体,并需要面对不同类型的客户关系,商业模式中应描述此信息。

- 价值主张通过回答以下问题,阐明公司将向各目标客户群提供的独特优势:(1)公司将向目标客户群提供的价值,(2)解决或减轻客户群所面临的问题,以及(3)产品不同于竞争对手提供的产品。

- 价值主张不仅被包含在商业模式中,而且是商业计划的一个组成部分。

- 商业模式必须解释预期的各种收入来源和生产产品的成本,从而确定潜在利润。

- 关于成本结构,商业模式应描述规模经济和运营经济的潜力。

- "规模经济"是指随着产出增加,生产单位产品的平均成本降低,称为产品的"可扩展性"。

- "范围经济"是指生产多种不同产品带来的平均成本降低。

- 企业的成本结构应该根据其价值主张来考虑。

- 如果商业模式的价值主张是生产与竞争对手的产品相比更低成本的产品,则重点在于使成本最小化的成本结构。由低价格的价值主张驱动的成本结构被称为成本驱动结构。

- 如果商业模式的价值主张是生产高价值产品,则成本结构被称为价值驱动成本结构。

- 由于以下一个或多个原因,商业模式会被修订:引入与公司当前技术竞争的新技术;增加新公司或成熟公司的竞争;改变购买习惯或客户需求;影响公司产品的条例有所变更;公司产品的商品化;引入可以降低生产成本的新技术;以及使用更具成本效益的新分销渠道。

- 商业计划是一个内部文件,描述创始人计划实施商业模式的方式。

- 商业计划描述产品计划、营销策略、管理团队,以及企业的财务状况和资金需求。

- 商业计划是公司的愿景,在其中创始人描述了公司产品的市场、接触这些客户的营销渠道以及竞争环境。

- 公司目前的财务状况和财务预测包括公司的资产流动性、其当前和预测的收入和利润潜力,以及其当前资金和预期的未来资金需求。

- 商业计划的执行摘要突出了业务的关键方面,并描述业务的性质、要提供的产品和服务、市场细分或目标客户、行业的竞争性、营销计划、供应商和服务提供商、管理团队、财务计划和风险。
- 创始团队在考虑将所有权转让给另一个企业或其他投资者时,必须考虑退出计划的三个组成部分:(1)过渡计划,(2)退出策略计划,以及(3)继任计划。
- 退出策略包括公司的首次公开募股(IPO)、出售公司或收购公司、公司合并以及公司清算。
- 两种类型的退出包括个体企业家的退出(自主创业退出)和新的创业公司从市场退出(组织退出)。
- 企业退出包括:(1)创始人离开公司,(2)企业退出特定市场,(3)企业关闭或申请破产的决定。

延伸阅读

商业模式

Amit, Raphael, and Christoph Zott, "Creating Value through Business Model Innovation," *MIT Sloan Management Review* 53(Spring 2012):41—49.

Amit, Raphael, and Christoph Zott, "The Fit between Product Market Strategy and Business Model: Implications for Firm Performance," *Strategic Management Journal* 29(2008):1—26.

Casadesus-Masanell, Ramon, and Joan E.Ricart, "How to Design a Winning Business Model," *Harvard Business Review*, January—February 2011, 101—107.

Chesbrough, Henry W., "Why Companies Should Have Open Business Models," *MIT Sloan Management Review* 48(Winter 2007):22—28.

Eyring, Matthew J., Mark W.Johnson, and Hari Nair, "New Business Models in Emerging Markets," *Harvard Business Review*, January—February 2011, 89—95.

Gronum, Sarel, John Steen, and Martie-Louise Verreynne, "Business Model Design and Innovation: Unlocking the Performance Benefits of Innovation," *Australian Journal of Management*, 2015, doi:10.1177/0312896215587315.

Johnson，Mark W.，Clayton M.Christensen，and Henning Kagermann，"Reinventing Your Business Model," *Harvard Business Review*，December 2008，51—59.

Magretta，Joan，"Why Business Models Matter," *Harvard Business Review* 6 (May 2002)：86—92.

Sinfield，Joseph V.，Edward Calder，Bernard McConnell，and Steve Colson，"How to Identify New Business Models," *MIT Sloan Management Review* 53(Winter 2012)：85—90.

Teece，David J.，"Business Models，Business Strategy and Innovation," *Long Range Planning* 43(2010)：172—194.

Zott，Christoph，and Raphael Amit，"Business Model Design and the Performance of Entrepreneurial Firms," *Organization Science* 18(2007)：181—199.

Zott，Christoph，Raphael Amit，and Lorenzo Massa，"The Business Model：Recent Developments and Future Research," *Journal of Management* 37 (2011)：1019—1042.

商业计划

"Build Your Business Plan," U.S. Small Business Administration，http://www.sba.gov/tools/business-plan/1. "Free Sample Business Plans," *Bplans*，http://www.bplans.com/sample_business_plans.php.

Parsons，Noah，"How to Write a Business Plan," *Bplans*，http://articles.bplans.com/how-to-write-a-business-plan.

退出计划

Alton，Larry，"5 Common Business Plan Mistakes That Torpedo Startups," *Entrepreneur*，July 29，2015，http://www.entrepreneur.com/article/248705.

Cairns，Chris，"Planning Your Exit Strategy：Why Tech Businesses Need to Think Ahead," GrowthBusiness.co.uk，January 21，2015，http://www.growthbusiness.co.uk/comment-and-analysis/2477662/planning-your-exit-strategy-why-tech-businesses-need-to-think-ahead.thtml♯sthash.kJLavYC1.dpuf.

Corporate Exit Strategies：Selecting the Best Strategy to Generate Value，PricewaterhouseCoopers, February 2012, http://www.pwc.com/us/en/transaction-services/ assets/pwc-corporate-exit-strategies.pdf.

DeTienne, Dawn R., and Karl Wennberg, eds., *Research Handbook of Entre-preneurial Exit*(Northampton, MA: Edward Elgar, 2015).

Gardner, Alison, Kara Greenblott, and Erika Joubert, "What We Know about Exit Strategies," *C-Safe*, September 2005, http://reliefweb.int/sites/reliefweb.int/files/resources/A02C7B78FB2B408B852570AB006EC7BA-What%20We%20Know%20About%20Exit%20Strategies%20-%20Sept%202005.pdf.

Jenkins, Anna, John Steen, and Martie-Louise Verreynne, "Entrepreneurial Exit: Who, What or to Where? Regional Relocation as a Form of Exit," in DeTienne and Wennberg, eds., *Research Handbook of Entrepreneurial Exit*, 246—264, doi: 10.4337/9781782546979.

Osterwalder, Alexander, "3 Ways Untested Business Plans Are Worse Than a Waste of Time," *Entrepreneur*, July 22, 2015, http://www.entrepreneur.com/article/247341.

Robbins, Stever, "Exit Strategies for Your Business," *Entrepreneur*, undated, http://www.entrepreneur.com/article/78512.

3 选择商业组织的形式

创业公司的创始人可以选择各种形式的商业组织。在选择商业组织的形式时，创始人要考虑很多因素。有时创始人必须做出选择，而"最佳"形式尚不存在，此时，他也必须做出哪怕不是那么"明智"的决定。

本章综述了美国不同形式的商业组织。然后，本章描述创始人在选择商业组织形式时应该考虑的非税务因素，以及每种形式的商业组织或能否实现不同的目标。之后将转向应该考虑的税务因素。最后，对于想要进行合并的创始人，我们将简要回顾在选择合并状态时要考虑的因素。美国以外的商业组织形式及其税务处理因国家而异，此处不做讨论。但是，美国企业创始人考虑的要素可以为其他国家所借鉴。

商业组织的形式

在美国有五种以营利为目的的商业组织形式：[1]

- 独资；

- 普通合伙制；

- 有限合伙制；

- 公司制；

- 有限责任公司。

我们将简要讨论这五种形式的商业组织。下一节将更详细地讨论选择商业组织

---

[1] 商业组织的其他形式是信托公司和非营利实体。

形式时要考虑的因素。

独资

商业组织的最简单形式是独资企业。这种形式的商业组织与下面讨论的其他组织之间的关键区别在于,一个人同时拥有公司的所有权和管理权。

普通合伙制

普通合伙制通常用于两个及以上的个人达成共识,建立以营利为目的的企业。合作伙伴签署特定协议来管理他们的职责和责任,如何分配利润和损失,如何分割负债,以及一旦终止合伙将如何分配资产。签署书面合伙协议较为合理。然而,普通合伙协议也可以通过口头形式达成。

美国《统一合伙法》(*Uniform Partnership Act*,UPA)提供了关于普通合伙关系的规则。UPA 是一个已经在各州大面积施行的示范法,但各州的合伙关系法律可以在很大程度上偏离 UPA。为普通合伙制定的准则可以在合伙协议中做出一定限度内的修改。如果合伙协议未能涉及之后出现争议事项的规定,则由 UPA 管辖。由于 UPA 可能不会规定合作伙伴在签署合伙关系时最初表达的意图,因此签署书面合伙协议至关重要,它能够被用来解决许多潜在冲突。由此,合伙协议应该由书面而非口头形式缔结,因为如果协议是口头的,UPA 将会规定如何处理各种争议事项。

有限合伙制

有限合伙是一种合作形式,它在某些方面与普通合伙不同,并且具有公司提供的一个关键优势。与普通合伙一样,它有合伙人。然而,合伙人被分类为普通合伙人或有限合伙人。有限合伙企业中的普通合伙人同样面临着承担无限责任的风险,我们将在本章后面讨论。相比之下,有限合伙人有一个类似公司的投资特点:他们在无限责任前受到保护。此外,有限合伙人不参与合伙的商业活动。

公司制

美国各州都有一项基本法规,规定形成公司实体需要具有以下属性:(1)它具有法人资格;(2)由董事会管辖;(3)由股权投资者(即股东)共同所有;(4)股东承担有限责任；(5)允许可转让股份。各州制定的公司法规定了公司的创立、组织和解散。许多州根据美国《示范商业公司法》(*The Model Business Corporation Act*)制定了自己的公司成立法规。

虽然不同州法规之间的基本属性根本上是相同的，但各州对公司的性质、职责规定仍存在一定的差异。当描述在选择一种形式的业务组织要考虑的因素时，我们会讨论以下两个属性。"法人资格"是指一个公司被视为一个法律"人"，可以起诉和被起诉，不同于其股东。公司治理是指可以指导或控制公司以实现其目标和目的的一套系统、原则和程序。目标和目的是为公司增加长期价值，使所有股东受益。董事会监督公司的运作，以便完成目标和目的。

除了州法律之外，还有关于证券发行的美国联邦法律。我们在下一章讨论这些法律。

州备案要求 寻求合并的创始人必须严格遵守国家法律。如果不这样做，则公司被重新分类为合伙。通常，州法律要求提交以下文件：

- 预组织股票认购，该协议是以规定的价格购买所形成公司的股票数量。
- 公司章程，其中列出了新公司的详细信息，包括公司名称、业务目的、营业地点、授权股份数量、股票类别(如果有不止一个类别)、公司的存续(固定或永久)期限，以及董事会的名称和地址。
- 公司规定，它定义了：公司的目的，如何管理其商业事务，以及股东、董事会和公司官员的职责、责任和义务；股东所有权；如何选择和除名公司管理人员和董事会成员；年度会议计划。

每个州可能需要额外的申报材料。此外，各州还可能要求举行董事会的组织会议。

C公司和S公司 有两种类型的公司，即C公司和S公司。在本章后面，当我们讨论在选择商业组织形式时要考虑的所得税因素时，将讨论两种类型的公司之间的区别。具体来说，除非出于联邦所得税目的，公司选择是S公司①，否则它是C公司。人们可以认为C公司的缺点是对净收入进行双重征税，因为它在公司层面征税，然后对分配给股东的部分再次征税。当公司选择其所有净收入只在股东层面进行税务处理时，即成为S公司。虽然税法对寻求资格获得S公司身份的公司在某些方面施加了限制，但前文提到的公司其他属性是相同的。

---

① S公司这一名称来自税法章节，允许公司的成立按照下一部分所述的要求进行征税。

有限责任公司

美国各州设有创立有限责任公司（limited liability company，LLC）的法规，这是一种将合伙企业的税务待遇与公司的有限责任属性结合起来的商业组织形式。LLC可以有一个或多个所有者。LLC的所有者称为"成员"，而非股东或合伙人，对成员参与管理公司没有任何限制。

与公司一样，它要求到各州进行文件备案。文件包括公司章程和等同于公司规定或合伙协议的经营协议。

选择商业组织形式的非所得税因素

在选择一种商业组织形式时，创始人必须考虑商业和个人因素，然后对其进行评估，为每个因素赋予适当的权重。衡量各因素之后创始人方能做出最佳选择。

虽然对所得税的考虑是重要的，但在公司的早期阶段可能有更为重要的非税务考虑。非税务因素包括：

- 维持特定商业组织形式的形成成本和运行支出；
- 防止无限责任；
- 业务的连续性；
- 管理和操作控制；
- 筹集资金的能力；
- 转让所有权权益的能力。

形成成本与运行支出

任何形式的商业组织都需要形成公司的成本，以及运营成本，以保证公司的持续运转。

对于独资企业，由于没有创建公司所需的法律手续，形成成本极低。独资企业不需要一个必须由律师创建的独家私有协议。在美国州内经营和获得许可证相关的任何费用因州而异。该业务可以以所有者的名义或以虚构名称（即"从事……相关的商业活动"）运营。

与独资企业一样，组建普通合伙企业不涉及任何法律手续。虽然没有要求书面合伙协议由合伙人准备然后签署,但创始人还是应当审慎一些,雇用律师起草相关文件。除了合伙协议的成本,申报费用是微不足道的。另外还有其他很小的维护成本。

正如我们在上一节对有限合伙的描述中所提及的,这种形式的商业组织是由州法律创建的。因此,各州将要求提交有限合伙证书以进行备案,增加了普通合伙企业的形成成本。

在公司这种商业组织形式下,必须向企业成立所在州提交大量文件。准备要提交的文件也会涉及费用问题;这些文件包括但不限于最初的组织文件,其中列出了公司治理信息、董事会的规模、股东的投票权,以及可能出售的证券和授权股票的数量。除了准备这些文件的法律费用外,还有申请费。如果公司符合第 5 章所述的向美国证券交易委员会(SEC)提交的资产规模要求,那么即使在未来某一时间内不会发行证券,也必须准备这些文件。制定特别协定,例如限制出售股票、复杂的资本结构问题或特定时段的应急预案,同样可能增加形成的费用。

公司还会产生运营成本。根据公司注册的状态,每年续期许可证以在州内开展业务时,通常需要缴纳年费或其他类型的费用。每年准备公司会议记录、董事会会议记录以及采购法律咨询服务,以确保公司符合州的各项法规。这些只是州费用;其他费用与年度 SEC 文件相关。

防止无限责任

在决定创办企业时,创始人最关注的一个问题是,为公司及其运营提供资金而可能产生的债务(例如,欠供应商和员工的费用),应向税务机关缴纳的税务,以及产品或服务失败而造成的金钱损失,不在保险或其他协议范围内。创始人当然不会天真到认为可以完全避免损失个人资产。事实上,潜在的投资者或贷款人会将创始人的资产风险看作创始人对于企业成功是否具有信心的一个标志。如果投资者担上了亏本的风险,则他们想确定创始人至少感觉到同等的经济痛苦。

然而,可能无限责任的风险不仅仅涉及创始人。这也是外部投资者的一个考虑因素。潜在的外部投资者想知道创始人在管理新企业过程中的行为是否会导致外部投资者的损失超过其初始投资。因此,考虑到个人资产损失的可能性,商业组织形式的选择对于创始人和新投资者而言至关重要。

商业组织提供无限责任或有限责任。有限责任意味着通常投资者将承受的损失金额限于投资金额。限定词"通常"用于描述有限责任,这是因为管理层还可能犯下一些错误导致无法防止无限责任。美国有一些提供责任保护的商业组织,它们在鼓励投资方面发挥重要作用,因为它限制了企业所有权所涉及的风险。

独资企业和普通合伙企业是以无限责任为特征的商业组织形式。与普通合伙相比,在有限合伙中,有限合伙人承担有限责任。然而,有限合伙中的普通合伙人承担无限责任。公司和有限责任公司承担有限责任。

各类公司和有限责任公司关于有限责任的一般性声明受三个重要限制。第一,如果创业公司试图寻求有限责任保护,那么业主通常必须为外部借款人提供个人贷款担保。负债不限于投资金额,它的上限为已知金额:投资金额加上贷款协议中保证的金额。第二,在业务过程中由欺诈或犯罪行为引起的责任不受商业组织的有限责任条款的保护。有限责任的第三个限制源自公司法中称为"面纱原则"的内容,我们将在下面讨论。

面纱原则 在某些情况下,法院会忽视商业组织的有限责任保护,并坚持公司的股东或董事会个人对因企业管理有严重不当行为时而产生的某些债务负有法律责任。对于有限合伙企业的普通合伙人也是如此。

法院在特定情况下免去公司(或有限合伙)的有限责任保护,这种情况被称为面纱原则。它受州法律管辖,因此因州而异。在许多情况下,法庭上面临一个挑战,即是否"穿透公司面纱",这要考虑母公司和子公司之间的关系。这些关系可能在公司发展的后期阶段与创始人有关。对于一个小公司,法院可能调查以评估是否穿透公司面纱的问题涉及确定:(1)公司开始时是否资金不足,或者公司只是一个空壳公司;(2)公司未能维护国家法律规定的适当账簿和记录;或(3)管理层为私利滥用公司形式,进而获得有限责任保护。

关于上述第一个原因,一般来说,如果一个公司没有活跃的业务,并且通常只在名称上作为另一个公司业务运营的载体,就被称为空壳公司。空壳公司确实有合法的商业理由存在。但遗憾的是,它们常常与欺诈行为有关,例如逃税、洗钱、虚构的商业方案以及其他骗局。即使不存在骗局,如第9章所解释的,当公司成立时,存在一个票面价值或州定价值来确定公司的普通股价和法定目的的优先股票价值。以低于票面价值或州定价值购买新股本意味着资本不足,这也为股东和其他因受到损害而向法院申请有限责任保护的人提供了依据。

至于第三个原因,公司形式被滥用以获得有限责任保护,主要有两种途径:通过工具(或统治)和不当目的。工具理论(或统治理论),更常被称为分身理论(alter ego theory),认为如果一个公司只是个人行为的延伸,那么公司的活动和个人的活动实际上彼此无法区分,则公司应被视为单一个人,不存在有限责任。也就是说,在公司的情况下,分身理论会考虑公司和股东之间是否有界限。法院认为,只要以公司名义进行的交易仅用于个人业务,以获得对个人责任的保护,公司就是公司股东、公司高管和董事会的替代。在一些州,法院对有限责任公司采取了分身理论,但这不适用于有限合伙制。仍然可以认为,对于由一个或几个个体主导的有限责任公司,在法庭诉讼中这种理论的应用可能是困难的。不当目的这一途径之前已经讨论过:有限责任的商业形式不能使用有限责任来保护欺诈行为或在其他方面获利。

业务连续性

虽然存在合同协议规定可以由另一个人接管业务(家庭成员或关键雇员),但对于独资企业而言,法人的死亡会终止该业务。

各州管辖普通合伙人的法律各不相同。然而,关于企业的连续性,大多数州法律规定,除非合伙协议另有规定,否则合伙在如下条件下解散,如合伙人的死亡、合伙人的破产,或自愿退出或非自愿除名合作伙伴。解除合伙关系只意味着解除合伙人之间的关系。企业本身可能继续或计划停业。在后一种情况下,合伙关系按照合伙协议中规定的条款进行,合伙协议涉及资产的分配。合伙协议应阐明如何评估合伙人在死亡、自愿退出或被除名的情况下的股份。

与普通合伙企业不同,在有限合伙企业中,公司的连续性不受有限合伙人的死亡或退出的影响。如果普通合伙人死亡或退出,只要有一个普通合伙人仍然存在,就对连续性没有任何影响。

在业务连续性方面,公司是最有利的商业组织形式。除非正式解散,否则公司得按公司章程中的规定永久存续,不论任何股东的死亡或离开。股东有两种方式来解散公司。第一是股东投票,第二是司法解散。后一种方法通常用于股东之间有解散争议的情况。

管理和运营控制

显然,管理和运营控制不是独资企业的问题。在普通合伙企业中,如果合伙协议没有另外规定,则所有合作伙伴在企业管理方面享有平等权利。此外,在需要对公司业务进行投票时,除非合伙协议对每个合伙人给予不同数量的票数,否则每个合伙人都有一票。如果要给予不同数量的票数,则通过每个合伙人做出的相对资本贡献进行评估。考虑到不同业务类型或其他一些经验因素,合伙协议可以规定合伙人具有不同类别的不同投票权。例如,合伙企业可以有高级和初级合伙人,只有前者拥有投票权。一些合伙人可以被指定为负责不同类型业务的管理合伙人。投票事项通常秉承少数服从多数的原则。也有例外情况:如果投票的事项超出了合伙协议可能涵盖的范围,那么可能需要做出一致的决定。

合伙关系为业务增长的不同阶段提供了业务灵活性。例如在最初几年运作时,一些合伙人可能有专门人才,但可能缺乏足够的资金来促进合作,而另一些合伙人可能资金充足却缺乏人才。随着业务增长,开始接纳额外的合伙人,他们的业务责任可以通过协议限制,而不干扰各方的目标和目的。合伙协议应规定允许新合伙人加入伙伴关系的程序。如果合伙人被允许出售其股份,则合伙协议应指明其他合伙人在允许退出合伙人出售给外部人之前是否有优先权。

因为有限合伙人由普通合伙人管理和控制,所以也是由他们来管理业务。通常,有限合伙人不参与管理业务,但他们有权决定谁将管理合伙。

对于公司,日常管理是公司管理人员的责任。这些义务在公司章程和条款中已经有所规定。公司董事的选择和其职责的划分由董事会授予,董事会由股东投票选举产生。如第9章所述,公司控制可以由创始人通过建立不同的股东类别来实现,每类普通股具有不同数量的投票权。

筹集资金的能力

在第6章和第7章中,我们的重点将分别是可用资金的来源和金融工具的类型。筹资最有限的商业组织形式是独资企业。在这里,企业家受到个人资源以及家庭成员和朋友的资源约束,也受限于获得银行贷款或其他信用贷款的能力,例如可以从信用卡获得的(谨慎使用的)信用额度。

从独资企业转变为普通合伙企业,筹资上的约束条件大体相同,但创始人可以利用更多的个人资源、家庭成员和朋友来获得资金合作伙伴的现金或财产。一些具有技术能力的潜在合作伙伴实际上可能没有个人资源可供参与。相反,对于这些合伙人,最有效的合伙关系贡献是其无形贡献(即其专门技能、专利或商标),这些贡献使得其他合伙人减少了获得这些无形资产的资本需求。

在有限合伙企业中,由有限合伙人提供资本投资。出售有限合伙利益的程序与我们下面描述的公司类似。对于有限合伙企业中的普通合伙人,美国财政部一度要求普通合伙人至少贡献合伙企业资本的1%。该要求已被删除。有限合伙人可以认捐其个人资产、提供必要的技术技能或以专利的形式提供一些捐款。一般合作伙伴的贡献问题非常重要,因为有限合伙人想要看到普通合伙人能够承担多少的"风险共担"(skin in the game)。

根据美国联邦证券法,企业结构为企业增长时提高股本和债务资本创造了重要优势。再次,筹资必须满足美国联邦证券法的要求,下一章会详细讨论。公司类型的选择对于发行股票十分重要。S公司中只能有一类股票。虽然可以同时存在有投票权和无投票权的股票,但如果存在清算,则不能有一类股票在分配情况下优先接收股息或收益。其他限制包括股东人数,不得超过指定数目(75 或 100),并且可能被禁止拥有股份的情况(例如,不总是允许外国所有权)。

转让所有权权益

公司的创始人可能希望在未来某个时间将公司的全部或部分所有权转让给另一个实体。所有权权益的转移可能是引进新的非家庭成员或一个/多个家庭成员的结果。对于希望引入合伙人但继续业务的独资企业来说,这涉及改变业务形式,以允许一个能够适应多种所有权权益的商业组织。

在由公司创始人组成的普通合伙企业中,创始人的所有权权益包括其在资产和负债中所占的比例。根据合伙协议,创始人的所有权权益可以自由分配或转让。[1]如前所述,其余合伙人有权在出售合伙股份时首先提出拒绝。转移合伙人的大部分所有权权益可能需要终止当前的合伙关系,并建立新的合伙关系。

在对合伙协议中所有权权益转让没有任何限制的情况下,有限合伙人对有限合伙企业的权益可自由转让。然而,根据美国证券法,可能存在一些限制有限合伙人权益自由转移的条款。这将取决于有限合伙取得权益的情况。如下一章所述,根据联邦证券法,所有权权益必须在美国证券交易委员会(SEC)或注册管理机构注册,或必须申请豁免。该豁免可能限制所有权权益在特定时间(通常为 9 个月)内的转移。

---

[1] 一般来说,"转让"是指将一人的财产所有权(即财产的利益和权利)转让给另一人。

对于公司(C 公司或 S 公司)而言,所有权转让可以通过向其他投资者出售股权来完成。但是,必须遵守第 4 章中讨论的证券销售的 SEC 或州注册申请要求。

出于各种原因,公司创始人可能会想要限制共同创始人或投资者转让其所有权权益,但这不符合证券法的要求。在这种情况下,可以通过使用限制性协议(合伙协议或股东协议)来处理。动机可能是防止向创始人认为不可接受的一方出售所有者权益。然而,此类协议可能会减弱公司对投资者的吸引力。此外,从税务角度来看,所有权转让的限制也可能产生不利影响。例如,对于公司而言,对所有权转让的限制可能使其无法享受更为有利的税收选择,例如公司成立上被视为 S 公司对待。

所得税考虑

现在我们从非税务因素转向税务因素。新的企业风险实体必须考虑两个主要的税务结构:公司和税务流通实体。

公司被视为法人。因此,C 公司负责向联邦、州和地方各级政府提交所得税申报表,然后根据报告的净收入支付应缴纳的税款。(如果有经营损失,如后所述,该损失可以转回或结转。)因此,公司层面会产生税务。然而,这不是所得税负债的结束。向股东分配的任何净收入都将在个人股东层面再次征税。因此,从所得税的角度来看,C 公司的主要劣势是对净收入的双重征税。

对于使用 C 公司形式商业组织的大多数创业公司,其在早年的运营中产生的是损失,而不是净收入。因此,在企业运营的初期,股息支付而导致的收入双重征税并不是创始人的现实考量。即使在其公司生命的后期阶段,大多数(如果不是全部)净收入也可能被保留(即没有收入分配给股东),成为公司增长所需的内部资金。

使用税务流通实体可以避免双重征税。对于税务流通实体而言,只有一层税收,因为企业的净收入不在企业实体层面征税,而是流向所有者,然后在个人税务级别征税。显然,独资经营者是作为个人征税的。对于合伙企业,净收入的份额被分配给每个合伙人,然后在个人层面对其份额征税。一般合伙关系、有限合伙制和有限责任公司都是税务流通实体。

税法甚至允许公司通过选择作为流通实体征税来避免双重征税。更具体地说,如果税法规定的要求得到满足,则成立公司的创始人可以向国税局提出"S"成立。这使公司成为一个 S 公司,从而使其成为税务流通实体。作为税务流通实体,S 公司的净收入不在公司层面征税,而是"流通"给股东,然后他们以各自的个人所得税税率纳税。应当指出,无论是否将净收入分配给股东,所得税都由股东按照 S 公司的净收入按比例分摊的份额支付。

虽然从税务角度来看,税务流通实体似乎比在实体一级征税更有利,但实际情况并非总是如此。这里有两个原因。首先考虑 C 公司的净亏损而不是净收入,通常正如新公司早期的情况一样。损失在税法中被称为"净经营亏损"(net operating loss, NOL)。如果所有者个人无法抵消该年度个人层面的收入,那么流向个人的 NOL 可能没有任何价值。税法规定个人或公司实现的 NOL 结转时间长达 20 年(这被称为NOL 结转),以减轻未来的税务负担。20 年后,不能使用 NOL。对于在过去两年中已经有净收入的 C 公司,NOL 可以退回(并且被称为 NOL 扣除),以抵消该净收入,从而立即退税。①任何未回收、未使用的 NOL 都可以结转。如果个人想要提出 NOL 扣除,则需提交某些税务申报。②如果个人的税率低于 C 公司的税率,则从 NOL 获得的利益较少。

C 公司为什么比 S 公司更为有力,另一种情况是在产生净收入时,必须分配现金以支付所有者的净收入份额,以便所有者能够按照所分配的净收入纳税。例如,假设C 公司的净收入为 100 万美元,不将该净收入分配给股东。公司净收入的所得税将是100 万美元和企业所得税税率的乘积。现在考虑一个 S 公司下相同的情况。我们知道,对于 S 公司,100 万美元的净收入不会在公司层面而是在个人层面上征税。假设这个 S 公司的被动股东拥有所有权权益,100 万美元净收入中的 10 万美元被分配为收入。如果没有现金股息形式的净收入分配,被动股东可能会发现自己难以满足个人纳税义务。此外,这将阻止其他潜在被动股东对公司进行投资,他们同样会关注这些情况。

选择成立有限责任公司的州

无论创始人居住在哪里或业务在哪里进行,创始人都可以选择任何一个州来建

---

① 如果适用于净收入的税率相对于实际或预期的未来税率较低,那么这可能不是在前两年中使用 NOL 结转的最佳利用率。

② 有关这方面的讨论,请参阅 Robert L. Venables III, "Mitigating the Results of a Failure to Carry Back a NOL", Tax Adviser, August 2011, http://www.aicpa.org/publications/taxadviser/2011/august/pages/clinic-story-06.aspx?action=print。

立有限责任公司。每个州都有自己的法规,用于成立公司和合伙关系。

　　这方面的相关专家认为,创始人决定成立公司或合伙企业的地方可能是企业经营之处(即实际所在地),即被称为其母州(home state)的地方。这是因为该地可以提供最简易的安排,并且最具成本效益。然而,在其他州成立有限责任公司也可能产生更多利益。在吸引公司和有限责任公司方面最成功的两个州是特拉华州和内华达州。在纽约证券交易所上市的公司中有一半在特拉华州注册,该州的商业组织普及程度可见一斑。内华达州近年来则颁布了鼓励商业的法律。最后,应当与专门处理此类事务的律师协商,选择在哪一个地区组建商业组织。

　　让我们来看看特拉华州成为最佳选择的原因。首先,该州有良好的公司法。特拉华法院的裁决往往更有利于公司管理层和董事会。特拉华州有一个专门针对公司法问题的法院,即不使用陪审团的法院,法院法官专门从事公司法,而不是涉及非商业事务的广泛的法律问题。合并的灵活性也很重要。在形成过程中,特拉华州提供最为灵活的相关合并法规。没有最低资本要求,如果速度是一个重要考量,特拉华州同样能提供快速的并入过程。

　　税务考虑非常关键,这些税收不仅仅是区域内公司所得的所得税。例如,特拉华州规定:(1)不对在特拉华州成立的公司征收州企业所得税,只要其不在州内交易;(2)有利于具有复杂资本结构和/或大量授权股份的公司的税收要求。特拉华州有特许税(franchise tax)。内华达州不征收企业所得税,也没有州年度特许税。

　　当公司在其成立州之外的任何地区开展业务时,它被称为"外来公司",这是一个具有误导性的术语,因为它表明该公司仿佛是一个非美国实体。术语"外来"仅仅是指该公司没有在其成立州开展业务。作为一家外来公司,各州对公司在该州经商的特权征收年度税。

小企业注意事项

　　上述理由适用于已处于后期发展阶段的新企业,那么对于小企业是否也同样适用? 美国小企业管理局在其出版物中提出了这个问题。[1]根据美国小企业管理局的论述,如果一个小企业预计有不到 5 个股东或成员(且是有限责任公司),则最佳策略

---

[1]　Caron Beesley, "Which is the Best State to Incorporate Your Brick and Mortar or Online Business?," blog post, April 17, 2013, http://www.sba.gov/community/blogs/which-best-state-in-corporate-your-brick-and-mortar-or-online-business.

是选择其实体公司(财产、股东、员工)所在地。相较之下,在特拉华州或内华达州成立的公司"麻烦大于收益",美国小企业管理局就为什么选择母州(即企业经营所在的州)提供了如下解释:

- 即使你选择税收友好的内华达州,如果你在家乡经营或做生意,仍然需要对来自母州的收入缴纳营业税。
- 如果你在注册的州没有实际地址,需要雇用并支付该州的注册代理作为法律代表。
- 如果在母州之外注册,需要同时在母州(如果你想在那里做生意)和注册州申请外来资格。这意味着双重的文书工作、申请费、税收、甚至罚金(如果你不经意地跳过这一重要步骤)。你甚至会在你的母州增加税务责任,因为你在那里注册为外来实体。你也需要同时满足两个州的年度报告要求。
- 如果在母州之外注册,将受到注册州关于公司法律的约束。这些法律可能与你所在州的法律不同(在许多地区,各州法律可能有很大差异)。这可能导致复杂的后果。即使你遇到最简单的法律纠纷,也可能需要在注册州法庭上出席。
- 作为"外来"企业,在你注册并实际位于的任何一个州或两个州开设商业银行账户时,你可能会遇到困难。

美国小企业管理局的结论是:

> 除非你打算在内华达州或特拉华州交易业务,否则在这些州注册很少有长期优势。是的,税法和商业便利性乍看之下抓人眼球,但从本质上你会发现,从长远来看,小企业在本州发展更为经济和省时。

本章重点

- 在美国,商业组织的五种营利形式是独资、普通合伙制、有限合伙制、公司制和有限责任公司。
- 独资企业与其他形式的商业组织之间的主要区别在于,一个人同时拥有和管理公司。
- 普通合伙制是指两个或多个个人签订协议,规定合伙人的职责和责任、如何分配利润和合伙人之间的损失、如何分割负债以及终止合伙时资产将如何分配。
- 有限合伙企业与普通合伙企业的不同之处在于,普通合伙人管理实体,承担无限责任,有限责任合伙人有限责任,不管理业务。

- 公司是一个实体,其形成由每个州管辖,具有以下属性:(1)它具有法人资格;(2)由董事会管辖;(3)由股权投资者共同所有,投资者被称为股东;(4)股东承担有限责任;(5)允许可转让股份。

- 公司治理是指为了实现其目标和目的,指导或控制公司的一套系统、原则和程序,董事会监督其运作,以实现其目标和目的。

- 公司可以是C公司或S公司。两者之间的区别在于它们如何处理所得税。C公司的缺点是对净收入进行双重征税,因为它在公司层面征税,然后对分配给股东的任何部分再次征税,而S公司的所有净收入仅在股东层面征税。

- 除非出于联邦所得税目的,公司选择成为S公司,否则它是C公司。

- 有限责任公司是在州法律下成立的实体,将合伙企业的税务待遇与公司的有限责任属性结合起来;它可以有一个或多个所有者。

- 创始人在选择商业组织形式时考虑的非税务因素包括:(1)维持商业组织形式的形成成本和运行支出,(2)防止无限责任,(3)业务连续性,(4)管理和运营控制,(5)筹集资金的能力,(6)转让所有权权益的能力。

- 税务因素受所选税务结构的影响:公司或税务流通实体。

- 由于公司是"法人",C公司的主要缺点是它在公司层面征税,将净收入分配给股东时在股东个人层面时再次征税(导致收入双重征税)。

- 因为在创业初期使用C公司形式的公司产生的是损失而不是净收入,股息支付导致收入双重征税并不是创始人的现实考量。

- 在公司的后期阶段,大多数(如果不是全部)净收入可能被保留(即没有收入分配给股东),成为增长所需的内部资金。

- 为了克服收入的双重征税,创始人可以根据美国税法选择成为税务流通实体。

- 税务流通实体只有一层税收,因为企业的净收入不在企业实体层面征税,而是流向所有者,然后在个人税务级别征税。

- 对于合伙企业,净收入的份额被分配给每个合伙人,然后在个人层面对其份额进行征税。普通合伙企业、有限合伙企业和有限责任公司都是税收流通实体。

- 如果税法规定的要求得到满足,公司可以向国税局提交"S"成立,作为流动实体征税,其收入不在公司层面纳税,但"流通"到股东,他们按各自的个人所得税税率交税。

- 税法允许个人或公司实现的损失(称为净经营亏损,NOL)结转长达20年,以减少未来的税务负债。20年后,不能使用NOL结转。
- 对于在过去两年中拥有净收入的C公司,可以扣除NOL以抵消该净收入,从而立即退税;任何未回转、未使用的NOL可以结转。
- 税收流通并不总是对创始人有利。
- 流通选举可能不利于创办人的一个原因是,当C公司出现NOL时,在创业初期,NOL流向创始人,他们可能没有任何价值,因为创始人作为所有者不能抵消该年的个人收入水平的NOL。
- 在有净收入的情况下,C公司可能比S公司更有利的另一个原因是,必须分配现金以支付所有者的净收入份额,以便所有者能够在所分配的净额上缴纳税收。
- 选择成立有限责任公司的创始人可以选择任何州,每个州都有自己的公司法和合伙法。该决定应与专门处理此类事务的律师协商后做出。
- 在吸引公司和有限责任公司方面最成功的两个州是特拉华州和内华达州。
- 税务考虑对于选择哪个州去建立商业组织是很重要的,这些税收不仅仅是公司在成立州内要缴纳的所得税。
- 当公司在其成立州以外的其他州开展业务时,它被称为"外来公司"。

延伸阅读

Klein, William, John Coffee, Jr., and Frank Partnoy, *Business Organization and Finance: Legal and Economic Principles*, 11th ed. (New York: Foundation Press, 2010).

Klein, William, J. Ramseyer, and Stephen Bainbridge, *Business Associations: Agency, Partnerships, LLCs, and Corporations* (New York: Foundation Press, 2015).

Paterson, T., *Business Legal Structures: An Entrepreneur's Handbook* (Create Space Independent Publishing Platform, 2012).

Rosen, Cory, "A Primer on Limited Liability Companies," in *Equity Compensation for Limited Liability Companies*, 2nd ed., ed. Teresa Y. Huang, David R. Johanson, Samuel W. Krause, et al. (Oakland, CA: National Center for Employee Ownership, 2013), 1—8.

4 创始人股票和员工股票期权

创业公司的股权分配是一个关键问题,因为它对公司未来预期的股权分配和发展方向的控制有重要影响。在确定如何在创业公司创始人和关键雇员之间分配股权时,需要考虑很多重要因素。但是,股权分配不是创始人必须一次性做出的决定。随着公司发展壮大,股权将会被用来吸引和激励关键员工。除此之外,创始人之间如果关于股权分配公平性存在争议,那么这不仅会成为公司成长的主要障碍,还可能是一家公司失败的关键因素。

本章有两大要点。首先,本章将描述在创始人之间进行股权分配时需要考虑的因素。发放给创始团队成员的普通股通常被称为"创始人股票"。然后,本章将讨论一家创业公司可以采用的各种股权激励计划,以保证创始人和关键员工的利益同公司利益保持一致。为了更好地展现每个激励计划的相对优势和劣势,本章还将介绍不同的激励类型对应的关键税收条款。

创始人股票

创始人股票是指分配给创业团队初始阶段的创始成员的一类普通股票。严格来讲,尚未对创始人股票做出法律上的定义。创始人股票通常以限制性股票的形式分配,这是一种股权补偿计划,之后在讨论各类股权激励计划时将会进一步描述。

对创始人授予任何股权激励计划都是有条件的,如果创始人决定离开公司或未能履行职责,则这样做可以保护创始团队其他成员和投资者的利益。创始人必须满足的这套条件,被称为该公司的股份兑现要求(vesting requirements)。当我们解释不同的员工薪酬计划时,将更详细地描述何为股份兑现要求。

创始人之间的股票分配

通常,为了尽快建立一家公司,个人会同意平等分配公司份额。在公司成立初期,创业公司没有收入,这种安排通常是令人满意的,并不会导致创始人之间的争议。但是,一旦产生收入,初创公司价值增加,创始人之间会开始争议每个人的贡献多少,影响士气,并且阻碍公司的成长。因此,一些人认为,创始人之间采取平等所有权份额对于维持公司增长并不是最佳方案。然而,这不是一个普遍的观点,相当一部分企业家认为平等所有权是恰当的。①

接下来我们要考虑一些决定性因素。这些因素不仅仅决定了创始人收到的股本金额,还决定了一个人能否被视为创始人,而非关键员工,去接受创业公司价值增长所带来的其他收益,这不仅仅包括创始人股票。②有一点请牢记在心,虽然我们一直在谈论创始人的股票分配,但重要的不是股票数量,而是股权的百分比。

想法提出者 通常,一个提出产品或服务想法的人,会认为他的贡献足以保证自身获得创始人股票。但对立的观点通常会认为单单一个想法不足以保证如此回报,更为重要的是想法的执行。也就是说,价值是从组建公司、建立管理团队、收集资源以及将产品商业化的过程中产生的,而不是单单依靠提出一个想法。

同时这还涉及想法是否新颖且独特。例如,在信息技术领域,关于新产品或服务的想法并不多见。以脸书的情况为例。当时有好几个社交网站,如聚友网(MySpace),它们的创始人与脸书创始人马克·扎克伯格持有相似的想法。然而,正是因为扎克伯格具有执行能力,他把脑子里的想法付诸商业化。③

另一个例子是电灯照明。电灯的发明通常归功于托马斯·爱迪生(Thomas Edison)。然而,电灯这一想法最早于19世纪初由英国某医学研究机构气动实验室的科

---

① Joel Spolsky, "Equity for Startups," https://gist.github.com/isaacsanders/1653078.
② 没有特定公式来计算创始人应该分得多少股票,但很多人尝试建立相关的计算公式模型。最有名的就是阿兰·雷诺(Alain Rayhnaud)提出的联合创始人权益计算器(Co-Founder Equity Calculator),具体可查阅 http://www.sfu.ca/~mvolker/biz/equity.htm。
③ "What Every Founder Needs to Know about Equity," Forbes, April 5, 2012, http://www.forbes.com/sites/dailymuse/2012/04/05/what-every-founder-needs-to-know-about-equity.

学家汉弗莱·戴维(Humphrey Davy)提出。很多科学家想利用戴维的想法和发现将电灯照明商业化。然而,只有托马斯·爱迪生成功地做到了。

因此,在决定是否应该对"原始"想法进行股权分配时,人们可能会倾向于不对试图成为创始人的个人进行任何分配。如果带来发明的想法已经获得专利,而不是一个原始想法,那么情况就比单纯提出想法的阶段更进一步。然而,专利的存在本身仍然需要商业化和其他商业方面的努力。对于投资者来说,即使有专利,风险依然很大。例如,美国专利和商标协会报告说,在已经生效和执行的 150 万件专利中,只有大约 3 000 件具备商业可行性。①倒不如暂不考虑所有权的分配,而是在专利持有人和创业公司之间达成一项特许安排。如果专利持有人在产品建立和商业化的过程中继续与公司合作开发基于专利的产品或服务,这时再以股权的形式对其贡献进行补偿。

低于市场报酬 高风险方能带来高回报,创业公司的创始人应当为承担对应风险而得到相应的回报。在初期就开始为公司工作的员工都会领一部分工资。是否将这一部分人视作创始人,可以通过其是否接受低于市价——即他们可以在其他地方获得的报酬(即他们的机会成本)——的薪资水平来进行评判。例如,如果软件工程师或医药科学家每年在另一家 IT 公司或实验室工作可以多赚 10 万美元,也就意味着这个人每年都在为公司贡献同等金额。如果没有差别,就不能将其视为创始人。

有些人认为,即使在创业公司和在其他地方工作获得的公平市场价值之间有差别,创始人股份也不应该就此分配。相反,可以通过可转债的形式进行补偿。

大部分的争论是,有专业技能的员工在创业公司初期就应该获得创始人股票,因为他们的技能是高度专业化的。然而,其贡献的价值只能通过就业市场的公平市场价值来衡量。这些专业技能可能只对该创业公司重要,而对其他公司不重要。在这样的条件下,很难说该不该进行创始人股票分配。如果专业技能能够与知识产权进行匹配,那么各部分的重要性就能独立衡量,进而决定是否进行创始人股票的分配。

一部分个人为创业公司全职工作,而其他人保留当前职位,只为创业公司兼职工作。反对将创始人股票分配给兼职人员的观点认为,兼职员工唯一的风险是放弃了如果在其他地方做同样工作所获得的工资。这种情况下,可转债就可以对其进行公

---

① Karen E.Klein, "Avoiding the Inventor's Lament," *Business Week*, 2005.11.10.

平补偿,不需要分配创始人股票。

一些创业公司会雇用律师帮助保护创始人的权利。为了节省现金流或者避免支付法律服务,雇用的律师常常被给予一些股权报酬。通常情况下,并不能保证分配给其创始人股票。在这种情况下,法律顾问的适当补偿,以可转债的形式给出,具体金额则由所提供服务的货币价值决定。

多余资本的贡献 有些人对创业公司做出的资本贡献可能远远超过所谓创始人的贡献。关于资本贡献的处理,有两种思路。第一个是应当公平一些,创始人股票根据相应的贡献进行分配。第二是额外的、高于其他创始人提供的贡献,通过可转债的形式进行补偿。

实物资产的贡献 如果个人提供实物资产(如设备或房地产),上述关于资本贡献的原则同样适用。如果实物资产被给予创业公司,那么它的公平市场价值应该得到确定。如果提供给创业公司使用的实物资产没有成本或者仅有名义成本,则应当评估公平市场价值,以确定可转债的金额。

声誉贡献 有些人因为他们在行业中的声誉而得到创始人股票。例如,一家制药公司可能邀请一名杰出的研究员或诺贝尔化学奖得主加入其董事会或成为研究顾问。又或是一家初创公司可能邀请知名的投资者加入董事会。其目的在于希望这样的个人可以给创业公司增加价值,因为他们可以增强公司在潜在投资者眼里的权威性,帮助获得潜在的战略合作伙伴或者战略关系。

当然,很难估算具体要给予何等数额的所有权。这一部分个人面临的风险似乎很小。然而,事实并非如此。这些获得报酬的个人面临两个主要风险。首先是声誉风险。如果某个与其相关的创业公司倒闭了,这可能会损害个人声誉。其次是诉讼风险。处于董事会层面的个人会面临各种各样的法律诉讼。例如,创业公司的产品可能会对客户造成损害,他们可以寻求法律赔偿。为了降低这样的诉讼风险,公司可以为董事和高管购买保险。但对于大多数创业公司来说,要么根本不会购买此类保险,要么只是名义上进行覆盖。

未来表现 预期的未来表现是一个难以衡量又至关重要的因素——个人能为提高公司未来价值做出多少贡献。如果上述任何一个因素符合这一标准,都应当为其分配创始人股票。为了合理分配创始人股票,保证公司达到绩效目标,股份兑现要求机制应运而生,这项机制与公司绩效挂钩。

股份行权计划

本章后面提及的每个股权激励计划,都存在分配普通股股票的情况。获得所分配股票的个体被称为被授予人。被授予人可以是创始人或雇员。被授予获得普通股股票的日期称为授予日。授予股票有两种形式,即授予股票本身或提供收购股份的选择权。限制类股票奖励和限制类单位股票奖励是提供给被授予人直接收购股份机会的两类股权激励计划。股票期权计划是另一种股权激励计划,授予被授予人以指定价格收购股份的选择权。

大量股权激励计划不要求立即获得股份或收购股份的选择权。取而代之的是一个股份行权计划。这一计划指定被授予人可以在何时获得股份或期权。股份兑现计划可以基于从业时间、业绩表现来制定,有时两者都会纳入考虑。

例如,股份行权计划可以向被授予人做出如下要求,如果其在未来四年内一直为公司工作且公司达到一定的销售额,被授予人在未来四年内就可以获得 10 000 股公司普通股。股份兑现计划可以规定,如果满足上述条件,则被授予人每月可以获得 10 000 股股票的 1/48。如果(假设)受益人在第三年结束时离开公司,那么将只能被授予 7 500 股股票,其余 2 500 股被称为未兑现股份。

行权计划还将明确如何处理未兑现股份。最后的结果可能是简单地没收股票,或者公司的董事会可能会选择以一定的价格回购未兑现股份。

创始人股票的股份兑现要求

创始人股票的股权激励计划最常见的形式是限制类股票奖励。之后将会解释,通过限制性股票奖励,创始人被赋予股份所有权,而公司则被赋予回购未兑现股份的选择权。相反,对于后面提及的其他计划,股份兑现要求是给予被授予人购买股票的权利。也就是说,对限制类股票而言,创始人被授予股票,而公司是被授予在特定情况下回购股票的选择权,比如创始人离开公司或未能履行职责。公司的回购权有效地保障了公司可以没收创始人的未兑现股份。回购价格应当由公司商定,通常以创始人购买股份支付的名义价格执行。

提供给创始人股份的同时赋予公司回购权,这样做的目的是双重的。首先,它符合创始人与公司的利益。给予关键员工股权激励具有同样的动机。其次,它可以防止创始成员团队和投资者离开公司。如果没有股份兑现要求(即直接授予股权给创始人,但公司没有回购权),离开公司的创始人依然可以维持其在公司的股权。创始人的离开代表他未能满足股份兑现要求,这意味着董事会可自行决定是否以初始面值回购限制类未兑现股份。例如,某创始人拥有 10 000 股面值为 0.001 美元的未兑现股份,公司就可以 10 美元的价格将其购回。

典型的股份行权计划(即当公司失去回购一定数量股份的权利时)规定如下。相当数量的股份应立刻兑现。股份余额通常按月按比例计算。例如,如果三年行权,那么每个月有 1/36 的股份得到兑现。在行权期完全结束时,创始人不能放弃股份(即公司已经没有权利回购任何股份)。

有条款会规定在特定环境下允许加速执行限制性股票奖励。加速行权意味着任何未兑现股份都将得到兑现(即公司不能回购被授予的任何股份)。导致加速行权的两个最常见的条件,一是无故终止对创始人的雇用或所有权控制发生改变。无故终止是指创始人(或任何雇员)被解雇的理由与不端行为无关。[①]所有权的改变可以表现为出售业务或与另一家公司合并。如果股权兑现协议规定两者中的某一情况可以触发加速行权,这被称作"单触发器"。如果两个事件必须同时发生才能使得加速行权,则被称为"双触发器"。

创始人尤其需要注意的是,经董事会(可能包括所有创始人)同意的投资者可以变更股份行权计划。当寻求外部资金时,投资者为了在创始团队主要成员离开时保障自身,会倾向避开加速股份兑现的条款。作为董事会与新投资者之间谈判的一部分,后者可能设法重构股份行权计划中的条款,例如加速股份行权条款,以换取投资。各创始人之间的股份行权计划可以各不相同。

创始人可能希望在 IPO 之前出售其股票。这个情况应该作为公司成立时创始人协议的一部分纳入考量。通常,当有新一轮融资时,创始人会要求回购其股份,并且创始人想要使用新投资者募集的部分资金来购买股票。这可以由董事会和新投资者的协议完成。然而,新投资者会关注他们的资本投入是否会减少创始人的股权。即使创始人股份回购协议在出售股份时就已达成,仍然会就应以怎样的价格回购股票产生争议。通常,董事会聘请估值专家来为此估值。

---

① 相反,有原因的终止指的是创始人(或者员工)做的事情对于其与公司的关系产生了不可修复的影响。

▼ 06.0 股权激励计划的税收处理

美国税法中的各种规定都要在制定股权激励计划时纳入重要考量。税法承认股权激励计划是一种补偿形式。它规定当一个人被授予获得公司股权的机会时,应确认其收入数额以及处理办法。美国税法第83节涉及股权激励计划中股份行权计划的补偿问题。更具体地说,被授予人所关注的三个税务问题是:

- 股权激励计划的补偿应在何时纳税?
- 有多少补偿需要纳税?
- 收入中有一部分可能是以资本利得的形式获得,那么是作为普通收入征税还是优惠税收待遇(即降低税率)征税?

在创业公司,如果被授予人面临来自股权激励的大额纳税义务,则被授予人必须有足够的资金支付该笔税收。由于股份不公开交易,被授予人必须拿出现金,而不能依赖于出售股票。

关于上述第三个问题,根据美国税法,出售股票产生的利得不同于普通收入的税收待遇。具体来说,短期资本利得作为普通收入征税(正如补偿一样交税),而长期资本利得按照优惠税率(即少于对普通收入征收的税)进行征税。但税率可能会发生变化,如2015年普通收入和长期资本利得的最高税率为39.6%和20%。因此,受益人希望任何资本利得都被视为长期资本利得。资本利得被视为短期或长期收益由持有股票的时间决定。如果持有不到一年,它是短期资本利得;如果持有一年或以上,则是长期资本利得。

当讨论不同的股权激励计划时,我们会发现要回答以上三个问题,某些日期至关重要。在限制性股票奖励和限制性股票单位中,这些重要的日期包括授予日期(grant date)、行权日期(vesting date)和处置日期(disposition date)。在股票期权计划的情况下,还有一个日期:执行日期(exercise date)。

授予日期是获得股票或股票期权的日期。行权日是基于行权安排,股票或股票期权被兑现的日期。在股票期权计划下,执行日期是被授予人决定行使购买股票权利的日期。处置日期是被授予人实际出售股份的日期。

股权激励计划中与股权补偿相关的另一个重要税务问题是股票的公允市场价值。因为一家创业公司的股票没有公开交易,这就需要给股票估值。为处理好估值问题,董事会将聘请估值专家来执行通常所称的普通股的"409A估值",之所以这样称呼,是因为这是美国税法第 409 节要求的估值方法。第 16 章会讨论与估值相关的问题。

股权奖励计划

创始人和员工有两类奖励计划:股权奖励计划和现金奖励计划。股权奖励计划(equity award plans)包括限制类股票奖励、限制类股票单位奖励和股票期权奖励。这些计划通常涉及发行普通股。一些公司的奖励计划不止一个。例如,IRobot 公司就拥有这三种类型的股权奖励计划。在本节中,我们将讨论这些计划。

相较之下,现金奖励计划是基于股票的价值执行,但并不涉及发行股票。通常以现金的形式进行补偿,授予与股份价值相当的现金。基于股权价值的两种最常见的现金激励计划形式是共享增值权和虚拟股票。共享增值权和虚拟股票都是奖励计划,不授予股票,而是授予基于公司股票价值获得现金的权利。

限制类股票奖励

如前所述,如果以限制类股票形式授予创始人股票,则会有条款来保护创始团队的其他成员和投资者,以防创始人决定离开公司或不能履行职责。如果没有这个回购权,那么离职的创始人没有做出贡献,也能从股票增加的价值中获益。

创始人必须满足的一系列条件被称为公司的股份兑现要求。当讨论关键员工其他类型的薪酬时,也将参考这些要求。严格来说,限制类股票作为一种提供给关键员工的激励形式,和其他形式的股票所有权是有区别的。对于这些其他形式,兑现股份还要求被授予人满足其他的要求。

由于新成立的公司往往只是一个想法,每股的公允市场价值是零。然而,在发行创始人的股份时,通常规定面值为每股 0.001 美元。当该公司业务投入运营,董事会可以将创始人股票授予当前或新雇用的关键员工。随着时间的推移,公司价值上升。创始人往往在公司股票毫无价值时接受创始人股票,接受限制性股票奖励的员工则不同,他们的接受行为往往出于税务目的,股票价值成为对其的补偿。

限制类股票奖励的税务处理　让我们来看看一个获得限制类股票奖励的创始人的税务处理案例。如前所述,涉及激励补偿计划税务问题的部分在美国税法第 83 节。由于获得限制类股票的创始人没有采取任何行动,在兑现股份时(即行权日期),

美国国税局(IRS)将该股票作为收入处理。税务部门将根据股票的公允市场价值和创始人为限制类股票支付价格之间的差额计算纳税额。

人们可能认为,如果创始人不在股份兑现时售卖限制股,就不会产生这样的收入。但是,根据美国税法第83节,情况并非如此。例如,假设有一位获得100万股限制类股票的创始人,当公司成立时,这些股份在授予日期的价值等于其名义值。假设授予的限制类股票票面价值为0.001美元,所有股票立即兑现。对创始人的补偿则是由美国国税局根据股票的公允市场价值和在兑现时支付的金额之间的差额计算而来。创始人可以说,这100万股价值为0,但是IRS将公允市场价值定为每股0.001美元,因此所有股份的公允市场价值为1 000美元。因为创始人并没有为股份支付任何费用,根据美国税法,创始人必须将1 000美元作为收入,并在授予年份相应缴税。①

让我们进一步修改假设,以更好地反映授予限制类股票给创始人的真实情况。假设某一年的1月1日,公司以限制性股票的形式授予创始人100万股股票,其中10万股被立刻兑现,剩下的股票在36个月平均分配兑现。也就是说,创始人还需兑现90万股股票的1/36,即每月25 000股股票。立即兑现的10万股将被视为纳税对象,因为它产生了100美元(100 000×0.001美元)的补偿。整个100万股不被视为收入,因为是公司仍保留回购未兑现股份(90万股)的权利。也就是说,收入的确认发生在兑现日期,而不是在授予日期。

到年底,创始人将再增加30万股(25 000股/每月×12个月)。在没有任何条款规定的情况下,其实际收入取决于股票的公允市场价值。假设在每个月底,公允市场价值估计如下:开始的6个月该公司没有市场价值,从第6个月开始每股0.05美元,因为该月出现了一个重大里程碑事件。然后作为税收对象的收入是前6个月期间被兑现的15万股,相当于150美元(15万×0.001美元),但在过去6个月中兑现的15万股将带来7 500美元(150 000×0.05美元)的收入。因此,虽然创始人受益于股票的增值,应税所得额是基于股票兑现日期的较高估值,而不是授予日期时100万股股份的估值。所以在第一年,创始人的收入为在年内兑现的40万股股份(即必须确认为收入的金额),即7 750美元(=100美元+150美元+7 500美元)。

让我们再进一步计算接下来两年的情况,假设在第二年和第三年的1月都出现

---

① 我们从这里的税收处理可以看出,为什么创业公司会有一个很低的公开价值。这里的公开价值指的是公司董事会聘请的估值专家对公司的估值。

了里程碑事件,使得每股股票的公允市场价值大幅增加。具体来说,我们假设在第二年1月,股票的公允市场价值增加到每股0.30美元,在第三年增加到每股0.50美元。第二年的收入为90 000美元(300 000×0.30美元),第三年是150 000美元(300 000×0.50美元)。需要注意创始人必须拥有足够的资金来支付每年相应的纳税义务。这可能很难做到,因为股票通常是不流动的,难以出售,因而很难产生足够的现金流来履行支付义务。从税收的角度来看,这种情况对创始人是不利的,因为从授予日期到兑现日期其股票有所增值。

幸运的是,美国税法中有一个规定允许推迟确认股票兑现时的收益。相反,当股票被出售(即处置日期)时才确认收入。这条是税法条款第83(b)条,是由创始人提交给美国国税局的文件中的一个选择权,它允许对限制类股票因出售而带来的收入征税,而不是在股票被兑现(即被转移到创始人时)时征税。该条要求,在授予日期,被授予人必须确认收入,于是收入在限制类股票被授予的这一年就被视为普通收入(即作为创始人的补偿部分)。

下面来说明如果创始人选择了第83(b)条,我们该如何在三年内处理这100万股票。如果选择了第83(b)条,所授予的100万股票将在授予年份纳税。税收对象为1 000美元(=1 000 000股×0.001美元)的收入。当股份兑现时,根据股份行权计划,不需要确认收入。相反,在之前的例子中,任何由于实际出售股票价格高于0.001美元而带来的收益将被视为收入。然而,这笔收入将被视为资本利得。如果持有股票一年以上(从兑现到卖出),那么该资本利得将被归类为长期资本利得,其税率低于普通收入。此外,受益人可以使用卖股票带来的利得来纳税。

必须在限制类股票被授予的30日之内做出选择。首先,看起来第83(b)条选择权对创始人并不有利。但事实并非如此。潜在好处可能是在授予日当天,限制类股票的公允市场价值将接近购买股票的价格。这样不产生收益。即使在授予日当天,公允市场价值略高于收购价,应纳税额也可能很小。创始人要冒的风险就是创业公司将在限制类股票兑现时增值,因此转归资本利得的时间可能推迟,要一直等到创始人出售股票。

第83(b)条也存在风险。如果股价不上升,同时在授予日交税,那么交了税也没有抵消更多的益处。要理解这种风险,不妨假设并未授予创始人限制类股票,而是给了公司运营四年后聘请的财务官(CFO)。如果CFO被授予100万股限制类股票,规定的价格为每股0.001美元。进一步假设在授予日CFO股票的公允市场价值为每股

0.10 美元。如果按照第 83(b)条规定,CFO 就必须把 100 万股按公允市场价值作为普通收入,在授予年份进行纳税。因为股票的公允市场价值为 10 万美元(100 万股×0.10 美元),CFO 选择第 83(b)条将会导致应纳税所得额(普通收入)为 10 万美元。简单起见,假定税率为 35%,纳税额为 35 000 美元。CFO 将承担这 35 000 美元的部分甚至全部风险,原因有二。首先,当股票的公允市场价值为 0 时,CFO 一年后离开公司,35 000 美元的应纳所得都将损失。税法没有条款规定由 CFO 这样的纳税人来弥补这一损失。如果创始人决定离开以及没收未兑现的限售股,也会发生同样的不良后果。其次,即使 CFO 仍然留在公司,并且所有的 100 万股都被兑现,股价可能跌破 0.10 美元,因此得到的实际补偿可能低于 10 万美元。例如,假设这些股票的公允市场价值下降,股票售价为每股 0.01 美元。获得的收益只有 1 万美元,这低于第 83(b)条规定下的征税额。

这和在第 83 条下对限制类股票进行税务处理有什么关系呢? 一旦创始人的股票兑现并被出售,首要问题就是确定股票的持有期限。在我们前面的例子中,如果创始人的限制类股票今天被兑现,然后马上出售,确定持有期限的相关日期有哪些? 需要明确这些日期才能确定资本利得是短期还是长期。当然,我们知道股票出售的日期。但是,什么是股票被确认卖掉的日期呢? 答案取决于是否选择第 83(b)条。如果没有第 83(b)条,购买日期是股票兑现日。任何收益都将被视为资本利得,它是长期还是短期利得取决于处置日期。相反,如果选择第 83(b)条,购买日期就是授予日期。在我们的例子中,如果创始人使用第 83(b)条,任何初始收益都将被视为普通收入,要定期征税;即任何增值都被视为在持有期间的资本利得。

限制类股票单位奖励

在我们对限制类股票奖励的讨论中,创始人或关键员工被授予股票,但在兑现之前都不能出售。因此,还会发行普通股。限制类股票单位(Restricted stock unit, RSU)奖励类似于限制类股票,被授予(按单位计算)创始人或关键员工,但没有股票发行。基本上,RSU 代表公司普通股的假定份额。在公司董事会的决定下,当股份单位需要兑现时,RSU 可以普通股票或现金形式支付。

RSU 奖励的每个单位允许被授予人收到特定数量的股份。通常它是单位普通股的一个份额;但也有例外。由于持有的是限制股单位而不是实际的股份,被授予人没有权利获得股息,也不具有投票权,尽管董事会可能会支付给 RSU 持有人股息,但相较之下,限制类股票的持有人在得到董事会认可后一定会收到股息,并且拥有持有期内的投票权。

与限制类股票奖励类似,RSU 受制于是否兑现。兑现的安排与业绩挂钩,试看下例:亿滋国际公司(Mondelēz International,Inc.)董事会人力资源和薪酬委员会于 2012 年 12 月授予其首席执行官艾琳·罗森菲尔德(Irene Rosenfeld)限制类股票单位。其提交给 SEC 的报告显示,

> 这种与业绩挂钩的限制类股票单位只有发生下列情况才会得到兑现:当股票比授予日期的公允市场价值增值 20% 时,兑现 25%;增值 30% 时,兑现 37.5%;增值 40% 时,兑现 37.5%。每一个限制类股票单位都代表了获得普通股的一种可能。在任何情况下,限制类股票单位都不会在授予日起 3 年之内得到兑现。如果在授予日起 6 年之内或首席执行官艾琳·罗森菲尔德退休一年之前,没有实现上述三种情况,罗森菲尔德就要放弃所有的未兑现股票。如果符合要求,股票兑现,罗森菲尔德在其退休之后还可以作为执行官享受这些股份带来的收益至少一年。①

限制类股票单位奖励的税务问题　对于被授予人,限制类股票奖励和 RSU 奖励在税务处理上存在差异。被授予限制类股票的人有股票的所有权,因此从所得税的角度,其公允市场价值就是员工薪酬。被授予限制类股票奖励的人可以选择第 83(b)条来推迟确认当股票兑现时产生的收入。对于持有限制类股票单位的税务处理是完全不同的,因为 IRS 认为 RSU 是全价值型股票授予,并在兑现之时按照全部价值征税,而不是在授予日期征税。参考我们前面说明限制类股票奖励的税收待遇的例子,假设一个关键员工在三年前被授予 100 万股的 RSU。如果是限制类股票,兑现价和股票在授予日的公允市场价值与是否选择第 83(b)条有关。如果是 RSU,它仅仅是在执行 RSU 之时产生收入,而不是在授予的时间。对受限制股份单位不存在第 83(b)条选择权。

从授予公司的角度来看,RSU 在被授予时不产生税收问题。然而,当 RSU 开始兑现时,公司都可以在员工薪酬中扣除等额的股票公允市价。

---

① 参见 http://www.sec.gov/Archives/edgar/data/1103982/000118143112066452/rrd364331.htm。

决定是否授予限制类股票或 RSU 的一个关键因素就是股票的公允市场价值。对于初创企业，其公允市场价值为名义价值，此时授予限制类股票奖励将产生最小的税务后果。相反，如果公允市场价值变高，则对持有 RSU 的被授予人有税收优势。除了税务问题，还有公司控制权的问题。由于限制类股票奖励受益人拥有股票，被赋予投票权，公司的控制权会有一些让步。而持有 RSU 并不代表拥有股票的所有权，公司控制权也不受损害。

股票期权计划

创业公司可能会提供核心员工普通股票期权计划，而不是通过限制类股票或者 RSU 来吸引新员工。合适选择员工股票期权计划，有可能会对公司的收入产生有利的影响。这是因为补偿金并不被视为费用，而是记录在财务报表的脚注中。

公司授予雇员普通股票期权的工作原理如下。在期权指定的年份，员工有权利（但不是义务）以固定的价格购买该公司一定数量的普通股。通常情况下，该员工购买普通股票支付的固定价格是在期权授予日的公允市场价值。该价格被称为授予价（grant price）。普通股票期权提供的好处是，如果公司运行良好，普通股价格上涨，员工可以通过行使期权来获得收益。未来的某一天，员工以授予价购买股票，然后在市场上可以更高的价格出售这些股份。

对于年度股票期权计划，员工每年都被授予股票期权，直至该计划改变。通常情况下，股票期权计划受制于行权计划表。就是说，计划指定一段时间内，受益人不得行使期权。这一段时间被称为执行期（vesting period），它可长达数年，直到股权计划全数被执行。一旦执行期结束，该期权完全被执行，被授予人可以行使期权。对于新雇用的重要个人，股票期权可以立即执行。

兑现限制类股票和通过股票期权行权之间存在一些差异。对于前者，其股份由员工所有，但该公司有回购未兑现股份的权利。对于股票期权计划，员工被授予期权会随着时间变化，这些期权给予员工在不同的时间点购买股票的权利。正因如此，在税收待遇上两者也是有区别的。

股票期权的行权基于行权计划表，一般如下：有一段时间，员工不执行任何期权。这一时期被称为执行"悬崖"期。例如，执行"悬崖"期可能是一年。在此之后，每年都按比例行权。每年兑现的是期权，而不是股票。

股票期权激励与非法定股票期权计划　公司可以提供不同类型的股票期权计

划。最普遍的两类是股票期权激励与非法定股票期权计划。每种类型都对被授予人和授予公司产生重要的税务影响,对于公司而言还有产生财务核算的影响。许多公司会同时采用这两种类型的股票期权计划。

股票期权激励:对于股票期权激励(incentive stock option,ISO),员工的期权在股票卖出之前,都允许推迟普通股升值实现收益带来的纳税。从税收的角度来看这对员工有好处,但对于公司并没有好处。这是因为,ISO 产生的价值并不属于减免税款的开支(如员工薪酬),这大大提高了该公司 ISO 计划的成本。美国税法规定了股票期权获得 ISO 计划资格必须满足的规则。①

如果特定情况满足,就可以执行有利于被授予人的税收待遇,当期权被执行时,资本利得可以被推迟确认。例如,假设一个员工作为 ISO 计划的一部分,被授予 1 万份期权,4 年每年执行 25%。同时假设行权价为 0.50 美元,当期权被执行时,股票的公允市场价值也是 0.50 美元,期权可在 6 年内行使。在未来 4 年年底,假设股票公允市场价值增加,使得其价值超过 0.50 美元。这 1 万份期权的价值,将等于股票的公允市场价值与行权价之间的价差乘以 10 000。然而,对于一个 ISO 计划,这些价值并不被纳入税收。假设在 6 年内,当股票的公允市值为每股 2.50 美元时,被授予人就会执行所有的 10 000 份期权。受益人会获得一个包含税收的每股 2 美元(公允市值 2.50 美元与行权价 0.50 美元之间的差额),或者说 10 000 股带来的总计 20 000 美元的资本利得。只有当股票被出售,这些利得才得到确认。假设被授予人行使期权 3 年之后,被授予人出售这些股票,此时的公允市场价值为每股 6.50 美元。所以现在,被授予人获得了一个包含税收的每股 6 美元(卖价 6.50 美元与行权价 0.50 美元之间的差额),或者说 10 000 股带来的 60 000 美元的资本利得。因此,任何资本利得的确认都可以从执行和行权日期推迟到出售日期。此外,资本利得将被视为长期资本利得,而不是普通收入,在征税时享有一个较低的税率。

税法规定了要实现这一特殊税务处理必须符合的条件。请注意,在我们的例子中,授予日当天的行权价和公允市场价值至关重要。其理由是,如果行权价低于公允市场价值,那么出于税收考量,被授予人已赚取的收入等于两个价格之差乘以股数。同时还要满足持有期限的要求。被授予人必须持有该股到行使期权之后一年,在授予日期之后至少两年。如果这些以及其他条件都满足,被授予人出售股票才是"合格

---

① ISO 只能被授予员工,而不能授予供应商或者其他第三方。

的安排"。

期权的行使可能无法满足这两个持有期限的要求。在这样的情况下,受益人出售股票是"不合格的安排"。对于不合格安排的税务处理如下:行权日的公允市场价值与行权价之间的差额将被视为普通收入。当股票最终被出售,出售价格与公允市场价值之间的差额将被视为资本利得。并根据持有期限,来确定是长期还是短期资本利得。

到目前为止,我们已经从税收的角度看过了 ISO 计划对被授予人的影响。对于公司来说,如果被授予人满足了"合格的安排"的要求,那么该公司就不享受与期权相关的税前减免。相反,对于"不合格的安排",公司在被授予人行使期权时获得减税减免。扣除的税收额度就是期权数量乘以行权价和授予价格之间的差额。

第 8—12 章关于财务报告产生的影响。对于 ISO 计划,公认会计准则要求,该公司估算期权的公允市场价值,并把该金额作为费用体现在收支表中(见第 10 章)。关键还是确定期权的公允市场价值。

非法定股票期权计划:非法定股票期权计划(non-qualified stock option plan,NSO)简单来说就是,要么企业不符合 ISO 的税法要求,或者更可能的情况是,ISO 计划相对于 NSO 存在一些劣势,干脆选择不创建 ISO。从公司的角度,NSO 计划的优点是,出于税收考量,当被授予人行使期权时,公司可以扣除行权日股票公允市场价值与行权价格之间的差异带来的费用。当然,这对于被授予人来说不利,因为在税收上这种差异被视为普通收入,需要相应缴税。编制财务报告时,NSO 和 ISO 计划的处理是一样的。

公司授予的普通股期权与交易所交易期权(exchange-traded options) 公司授予的普通股期权与交易所交易的期权有很多差异。后者被称为交易所交易期权,在第 15 章介绍金融期权时会更详细地对其进行探讨。对于交易所买卖的股票期权,交易有两方:期权买方和期权卖方。常见的普通股期权是一种协议,据此,卖方赋予买方与其交易的权利。买方可以在指定日期之前或在指定日以指定价格买入或卖出普通股。指定的价格被称为敲定价格或执行价格。指定的日期被称为到期日。期权买方为得到这种权利而支付给期权卖方的价格称作期权费或期权价格。交易所交易的普通股期权通常为 100 股。期权买方和期权卖方都可以在市场上自由出售。

期权卖方可以授予买方两种权利的一种。如果卖方授予买方购买普通股的权利,则这样的期权被称为看涨期权(call option)。如果卖方授予买方出售股票的权利,则该期权被称为看跌期权(put option)。在这里我们的重点是普通股的看涨期权,因为这是公司授予员工股票期权时给予的同等经济权利。

来看一个交易所交易普通股期权的例子,考虑在 3 月 26 日交易的苹果公司的普通股看涨期权。苹果公司那一天的普通股价格为 548 美元。那一天市场上有很多看涨期权。这里的"很多"是指不同行权价及不同到期日期的期权。为了便于说明,我们就用一个期权来阐述:即在 2016 年 1 月 16 日到期的看涨期权,行权价为 500 美元。期权的买方被授予以每股 500 美元从期权卖方买 100 股苹果公司普通股的权利。这种权利在 2016 年 1 月 16 日之前有效。在 2015 年 3 月 26 日,买方需要支付 87 美元给卖方(即期权价格为 87 美元)。由于该期权标的是 100 股,期权的买方将支付 870 美元。

现在我们了解了交易所交易期权,看看通过公司授予购买的普通股期权与交易所交易期权有什么区别。首先,交易所交易的期权,出售股份的公司并不作为交易对手。而对于员工股票期权计划,该公司是期权的卖方。其次,交易所交易期权中买方支付给卖方期权费。当公司授予员工期权时,并不需要收取期权费。最后,对于交易所交易期权,双方可以在市场上交易。但是,员工股票期权不能在市场上进行交易,公司也不可以交易其负有的义务。一旦行权,员工就可以行使其权利。

合伙企业和有限责任公司的股权薪酬奖励

到目前为止,我们的重点一直是公司授予股权进行激励。正如第 3 章所述,一个公司的创始人可以选择其他形式的企业组织,包括合伙企业(普通合伙企业、有限合伙、有限责任合伙)和有限责任公司。在讨论合伙企业和有限责任公司如何处理联邦所得税时,我们提到过这些企业组织形式都是在投资者层面征税,而不是在公司层面。也就是说,合伙企业或有限责任公司的收益被传递给了投资者,所以在授予股权薪酬时的税收处理是类似的。

合伙企业中股权奖励的类型主要有合伙权益,以及之前提到的三种股权奖励计划类型。对于合伙企业,期权是合伙权益,并且期权只能通过 NSO 计划来授予(即 ISO 计划不适用合伙企业)。

在合伙企业中股权激励最常见的形式是合伙权益,其中包括资本利得和利润的收益。限制类股票奖励和限制类股票单位很少被使用。合伙权益期权所获得的税收待遇并不优于利润收益,尽管它们具有类似的经济特性。因此,利润收益,相比于合伙权益期权,是一种更好的股权激励形式。与其他形式的股权激励计划类似,它有一个行权计划表。

可用于股权激励的合伙权益有两种形式:资本收益和利润收益。对于资本收益(capital interest),受益人可以获得按合伙清算中的收益分配的收入。相比之下,利润收益(profits interest)限制了参与清算中的利益进行分配,而只是把授予日开始产生的所有利润按比例分配。

如前所述,为选择股权激励计划作税务考量时,必须考虑到美国税法第 83 条。合伙企业和有限责任公司时在做出股权激励计划时面对着比公司更为复杂的税收规定,并且法规本身仍有许多问题亟待解决。

本章要点

- 对于创业公司来说,股权分配对该公司股权价值潜在升值的分配和公司未来发展方向的控制产生影响。

- 在公司启动的初始阶段分配给创始团队的创始人股票,通常是以限制类股票的形式进行。

- 股份兑现要求是强加给授予创始人的股权激励计划的,它用来保护创始团队的其他成员和投资者的利益,以防创始人离开公司或不履行职责。

- 决定给予创始人多少股权激励的因素包括:(1)谁提出了公司的理念,(2)是否愿意接受低于市场价格的补偿,(3)多余资本的贡献,(4)实物资产的贡献,(5)声誉的贡献,(6)未来期望的贡献。

- 对于具有实物资产贡献、多余资本贡献和接受低于市场价格补偿的情况,在进行公允估值之后有两种处理办法,要么根据估值给予创始人股票,要么转为可转换债券。

- 股权激励计划要求授予普通股的购买权,受益个人(创始人或员工)称为被授予人。

- 被授予人通过股权激励计划获得的股份,可以是股票,也可以是股票的购买权。

- 限制类股票奖励和限制类股票单位(RSU)是提供给被授予人直接获得股票份额机会的两种股权激励计划类型。

- 股票期权计划是另一种类型的股权激励计划,给予被授予人以指定的价格收购股份的权利。
- 许多股权激励计划会引入一个行权计划,使得受益人直接获得股份,或者获得收购股份的权利。
- 该行权计划规定了被授予人获得股份或购买股份权利的时间。
- 行权计划是基于员工受雇用的连续性和/或业绩表现制定的,并规定了如何处理未行权的股份。
- 对于创始人股票,股权激励计划的最常见形式是限制类股票。创始人被授予全部股份的所有权,但该公司保留回购未兑现股份的权利;实际上,该公司的回购权利代表可以没收创始人未兑现的股份。
- 在没有保留公司回购权利的情况下,不直接给予创始人股票的原因如下:(1)它使得创始人和公司的利益相关联,(2)它保护了创始团队的成员以及投资人,以防团队任何一个成员离开公司。
- 如果没有股份兑现要求,离开公司的创始人依然持有其在该公司的股权。
- 可以制定特殊条款,允许在特定条件下加速执行限制类股票奖励。
- 创始人股份回购协议提出了将创始人股票卖回给公司的机制。
- 由于美国税法承认股权激励计划是一种补偿形式,因此在制定股权激励计划时应该考虑税法中的条款。
- 美国税法第 83 条提到了被授予人需要面对的三大税收问题:(1)股权激励计划带来的补偿应在何时纳税,(2)补偿中有多少应纳税,(3)收益是以一般收入还是资本利得进行征税。
- 从税收角度看,股权激励计划有三个重要日期,分别是授予日期、行权日期和处置日期。股票期权计划还有一个重要的日期是执行日期。
- 股权激励计划中另一个重要的税收问题是股票的公允市场价值。董事会通常会聘请专家来通过被广为接受的"409A 估值"方法对股票进行评估。
- 如果被授予人在股权激励计划中承担了较大的纳税义务,被授予人必须有足够的资金支付这些税款,不能依靠出售不上市交易的股票纳税。
- 给予创始人和员工的激励计划包括股权奖励计划和现金奖励计划。
- 股权奖励计划——限制类股票奖励、RSU 奖励和股票期权奖励——将会带来潜在普通股的发行。

- 现金奖励计划——最常见的两种方案是共享增值权利和虚拟股票——可能会涉及股票的价值,但不一定涉及股票的发行。补偿通常是现金形式,但也可能是给予与现金等价的股票份额。

- 限制类股票奖励,给予被授予人收购股份的权利,或免费给予创始人或员工股票。当需要购买股票时,价格可以是公允市场价值或折扣价值。

- 对于限制类股票奖励,如果满足特定条件,授予公司的董事有购买限制类股票的权利。

- 在已被授予限制类股票的创始人没有采取任何行动时,美国税法将在该股票被兑现时确认收入,收入为该股票的公允市场价值和创始人为限制类股票支付价格之间的差额。

- 根据美国税法第83(b)条,也就是创始人向美国国税局提交的选择条款,允许在限制类股票出售时而非兑现之时对收入征税。

- 美国税法第83(b)条规定,在授予日期,被授予人必须确认收入。此外,在限制类股票被授予的年份,该收入被视作普通收入。

- 使用美国税法第83(b)条的风险在于,如果股票不升值,当税收在授予日被征收时,税收的支付就没有抵消更多的收益。

- 限制类股票单位(RSU)代表公司假想的普通股份额,每个单位允许被授予人获得指定数量的股票(一般一单位代表一股普通股)。

- 与限制类股票奖励类似,RSU 也受到执行条款的限制。

- 当单位股票得到兑现时,RSU 是以普通股股份还是现金的形式支付,完全由公司董事会决定。

- 从被授予人的角度来看,限制类股票和 RSU 的税收待遇有差别。对于前者,被授予人有股票所有权,并且在所得税方面,其公允市场价值就是员工薪酬,而员工可以在股票兑现时,提交第83(b)条选择条款来推迟收入的确认。另一方面,出于税收目的,RSU 奖励被视为全价值型股票授予,并在行权时对全部价值征税,而不是在授予之时,因此 RSU 也不适用于第83(b)条。

- 从授予公司的角度来看,RSU 是在行权而非授予时产生税务问题。

- 当 RSU 行权时,公司可以扣除等同于被授予人收到股票的公允市场价值的补偿。

- 对于初创企业,其公允市场价值为名义价值,采用限制类股票将产生最小的税务影响。如果公允市场价值很高,RSU 奖励就有税收优势。

- 出于留住关键员工和吸引新员工的目的,股票期权计划成为提供限制类股票或 RSU 以外的另一种方式。

- 由公司授予的股票期权赋予被授予人选择在指定年份里的权利(而非义务)去 以固定价格购买特定数量的公司普通股。

- 股票期权计划授予收购普通股的价格通常是期权授予日当天的公允市场价值。

- 虽然股票期权计划通常受到行权计划表限制,但它和限制类股票的兑现要求不 同,因此也导致了不同的税收待遇。对于限制类股票奖励,其股份由员工所有, 但该公司保留了回购尚未兑现股份的权利。对于股票期权计划,被授权者的选 择权利随着时间发生变化,而这些选择权给予被授予人在不同的时间点购买该 股票的权利。

- 股票期权的执行基于行权计划表,里面包含了一段不执行任何期权的时间,被 称为执行"悬崖"期。

- 最普遍的两种股票期权计划包括激励股票期权计划和非法定股票期权计划。它 们之间的差异对被授予人、授予公司以及公司的财务审计有重要的税务影响。

- 对于股票期权激励计划,允许被授予人在卖出股票之前都可以延期缴纳因股票 增值获得收益所带来的税收。

- 对于非法定股票期权计划,从公司的角度来看,相对于股权激励计划的优势是 出于税收目的,当被授予人行使期权,获利于公允市场价值和行权价之间的差 额时,公司可以扣除这部分费用。

- 公司三种类型的股权激励同样适用于合伙企业,最常见的形式是合伙权益,其 中包括资本收益和利润收益。

- 对于合伙企业,期权是合伙权益,而期权只能在非法定股票期权计划下授予。

- 在合伙企业中很少使用限制类股票奖励和 RSU。

- 合伙权益期权所获得的税收待遇不如利润收益,但两者具有类似的经济特征。 因此,对于合伙企业的利益期权,利润收益是最理想的股权激励方式。

延伸阅读

Adams, Joseph S., and Barbara Baksa, *Equity Alternatives*: *Restricted Stock*,

Performance Awards, *Phantom Stock*, *SARs*, *and More*, 13th ed. (Oakland, CA: National Center for Employee Ownership, 2015).

Johanson, David R., Rachel J. Markun, and Samuel W. Krause, "Equity Interests in Limited Liability Companies," in Teresa Y. Huang, David R. Johanson, Samuel W. Krause, et al., *Equity Compensation for Limited Liability Companies* (LLCs), 2nd ed., 27—48 (Oakland, CA: National Center for Employee Ownership, 2013).

Johanson, David R., *Model Equity Compensation Plans* (Oakland, CA: National Center for Employee Ownership, 2008).

Rodrick, Scott, "Unrestricted Stock Grants and Stock Purchase Plans," in Corey Rosen, Pam Chernoff, Elizabeth Dodge, et al., *The Decision-Maker's Guide to Equity Compensation*, 2nd ed., 27—54 (Oakland, CA: National Center for Employee Ownership, 2011).

Rosen, Corey, "Restricted Stock Awards and Restricted Stock Units," in Rosen, Chernoff, Dodge, et al., *The Decision-Maker's Guide to Equity Compensation*, 2nd ed., 55—66.

Rosen, Corey, "Deferred Compensation Issues," in Rosen, Chernoff, Dodge, et al., *The Decision-Maker's Guide to Equity Compensation*, 2nd ed., 125—134.

Rosen, Corey, "Designing an Equity Incentive Plan," in Huang, Johanson, Krause, et al., *Equity Compensation for Limited Liability Companies* (LLCs), 2nd ed., 9—26.

5　筹资和美国证券法

寻求募资的企业家必须遵守美国联邦和各州的证券法。下一章将讲述企业家可选用的不同类型资金,第 7 章中将讨论资金来源,而在此之前,本章将研究美国联邦证券法制定的与筹资相关的两个主要议题:资金募集规则和公司必须向 SEC 提交的文件。

什么是证券?

企业家可以通过不同类型的金融合同或合约来筹集资金。它们包括但不限于:普通股、优先股、债券、票据、可转让股份、合伙利益、贷款、允许购买普通股的期权类型合约、投资合同、公司成立之前的认股证明、参与分红的合约。我们倾向于将前三种(即普通股、优先股和债券)视为"证券",因此,通常认为所谓的美国"联邦证券法"仅涉及这些类型的金融合同。但事实并非如此。它的范围更为广泛,并涵盖上述所有金融合同或合约。

1946 年的美国最高法院案件(SEC 诉 W.J.Howey 公司)中采用了涉及佛罗里达州柑橘园土地销售合同、土地保证契据和作为土地使用权的合同,来确定交易是否属于"证券"交易的范围。法院裁定,佛罗里达州的交易是"投资合同",因此属于证券,并声明:

> 《证券法》中的投资合同是指一个人将其资金投资于合营企业的合同、交易或计划,并且仅仅通过发起人或第三方的贡献实现预期利润。

在这项决定中,最高法院还表示,股票是通过正式合约、实物资产或名义利率的形式得到证明,这一点并不重要。

美国联邦证券法

募集资金的企业家必须遵守美国联邦政府和适用州规定的证券法。我们现在重点谈联邦证券法,它以 1933 年《证券法》为起点,后者又被称为"证券真实法"(truth in securities law),以及之后的 1934 年《证券交易法》。联邦政府认识到在 1929 年 10 月的华尔街崩溃和随后的大萧条时期,联邦监管证券交易十分必要。随着这两项法案的通过,联邦政府对证券交易的立场从时任总统富兰克林·罗斯福所说的"提醒买家,让买方谨慎"(caveat emptor)原则转变为"提醒卖家,让卖方谨慎"(caveat vendor)的原则。管理这两项法案规定的责任归属于 SEC。

美国《证券法》规定证券发行人向 SEC 提交注册声明。这一行为针对发行人首次发售证券的情况,有两个基本的目标。首先,要求向公众发售证券募集资金的实体必须向投资者提供证券的相关财务和其他重要信息。这是通过发行招股说明书来实现的,该招股说明书"全面、公正地披露了州际、国外商业以及通过邮件销售的证券的性质"。其次,《证券法》禁止在出售证券时有欺骗、虚假陈述等舞弊行为。虽然《证券法》的主要重点是证券的初始分配①和这些证券的登记,但是《证券交易法》涉及二级市场,包括向投资者定期汇报财务信息,以及处理在首次或者再次出售证券时发生欺诈和失实陈述行为的情况。

随后的立法修改了向公众发售证券的规定。21 世纪初对融资有影响的主要法例包括:(1)2002 年的《萨班斯—奥克斯利法案》(Sarbanes-Oxley Act),其中包括加强发行人财务披露和打击企业与会计欺诈行为的规定;(2)2010 年 7 月签署的《多德—弗兰克华尔街改革和消费者保护法》(Dodd-Frank Wall Street Reform and Consumer Protection Act),提出了更进一步的披露和透明度要求;(3)2012 年 4 月颁布的乔布斯法案(Jumpstart Our Business Startups Act),通过最小化监管帮助企业在公开市场筹集资金。下面会更详细地讨论乔布斯法案。

---

① 证券法定义了证券的"分配",它不仅作为证券的首次销售,而且涉及将大量股票投入公开市场的交易。更具体地说,SEC 条例 M 的第 100 条将分配定义为"证券发行,无论是否根据《证券法》进行注册,它与普通交易的区别在于发行量的大小和特别销售条例的存在"。

美国除联邦证券法外,还有各州的证券法,就企业家如何筹集资金做出规定。州法律也被称为"蓝天法"(blue sky laws),每个州都有一个负责监管州内证券销售的监管机构。每个州都是北美证券管理员协会(NASAA)的成员,尽管它缺乏执行法律的权力,但各州可以制定并推行证券法。大多数州证券法的基础是 1956 年美国《统一证券法》(Uniform Securities Act)。由于这一条例很广泛,且法律因州而异,因此在此不再提供有关州证券法的讨论。

企业家从投资者那里募集资金时必须遵守这些法律。防止欺诈是美国联邦和州证券法的主要目标之一。联邦证券法中的反欺诈条款(antifraud provisions)适用于所有证券的发行人,无论发行人是否需要向 SEC 登记注册出售的证券。违反这些反欺诈条款可能会导致 SEC 执行以下的一个或多个处罚:在规定的时间段内实施经济处罚、刑事指控和禁止筹款。此外,还可以提出私人诉讼,为可以证明受到欺诈的投资者提供经济补偿。企业家可能会认为,对记者的无辜声明、行业会议中发布的声明或互联网上的发帖都可能被 SEC 视为违反反欺诈条款。此外,确定在新的证券发行和定期报告中披露哪些重要事项,这对企业家而言并不容易。

试图通过证券交易来募集资金的企业家必须向 SEC 登记注册或获得登记豁免。绝大多数登记豁免禁止公司从事 SEC 提及的、与发行证券有关的公开劝诱或公开广告方式。这种禁令涵盖报纸或互联网上的广告。

虽然我们在这里的讨论重点是发行证券的证券法要求,但如果证券在证券交易所上市或者总资产超过 1 000 万美元,一类股权证券由(1)2 000 人以上或(2)500 名以上的非认可投资者持有。(本章稍后将定义何为认可投资者。)企业家可能仍需要成为 SEC 报告公司,并根据美国《交易法》规定提交某些证券的注册。对于员工有获得普通股的权利或持有普通股权的创业公司,具体量化持有证券人数十分重要。但是,SEC 不会将以证券作为补偿计划、其交易豁免于美国《证券法》的一部分人包括在内。被列为 SEC 报告公司的公司必须遵循报告的要求。

关于公开劝诱和公开广告方式的规定

在 2013 年之前,美国禁止采用公开劝诱或公开广告方式发行债券。SEC 出台的502(c)条例对何种类型的活动构成公开劝诱和公开广告提出了指导意见,并提供了通常会被 SEC 视为公开劝诱的一些例子,包括报纸和杂志上的广告,通过电视和广播宣传,以及为公开劝诱邀请与会者参与研讨会。

此外,SEC 在稍前提供的解释性指导中,确认公开媒体(例如无限制网站)的其他用途也可能构成公开劝诱。尽管存在这样的一般性指导,但裁决是否构成公开劝诱和公开广告的方式依然棘手,因为它是一个判定上的问题,可能会归结为 SEC 调查的回应。事实上,SEC 一直认为公开劝诱是一个特例的问题。

然而,近些年来初创企业与其他公司通常会进行市场实践,就其业务和产品或服务进行沟通。这些做法和论坛包括启动比赛、分享社交媒体信息、举办示范日、参加天使小组会议的筛选会、举办路演。有观点认为这些做法只是沟通而不是筹款,所以不应该被视为公开劝诱。是否构成公开劝诱,这一点由 SEC(可能以及法院)决定。

SEC 在谈及如何避免构成公开劝诱时,其重点一直放在发行人、代理商或代理人(例如经纪人或安置代理人)和潜在买家之间存在“预先存在的实质性关系”。之所以要研究是否存在已有的实质性关系,是为了确保在提出报价之前,潜在买家在财务和商业事务方面有足够的知识和经验,能够评估潜在投资的优点和风险。SEC 认为这样的关系应当基于发行人对潜在买方状况的实际了解或熟悉程度,而不仅仅是潜在买方的一般特征(例如,买方是获得良好薪酬的专业人士或高净值人士)。

虽然公开劝诱和公开广告方式的禁令可以通过一定手段得到豁免,但 SEC 的规定仍严重妨碍了企业家的筹资能力。合格公司为避免公开劝诱和公开广告方式的禁令,最常用的豁免手段是条例 D 的第 506 条。这一规定允许发行人从无限数量由 SEC 定义的(稍后会做一步解释)“认可投资者”中募集无限量的资本,并且还可以从不超过 35 个非认可投资者手中筹资。

不过,直到 2013 年 7 月,SEC 才通过了一套新的规则(如下所述),宣布某些情况下公开劝诱和公开广告方式禁令无效,但引入了可能阻碍从某些类型投资者筹款的规则。

解除对公开劝诱和公开广告方式禁令的规定,是 2012 年 4 月通过的乔布斯法案的结果,后者的目的在于刺激美国经济复苏,使公司更容易找到投资者,从而通过扩大就业机会来刺激经济发展。乔布斯法案规定,SEC 根据细则第 506 条解除了对公开劝诱和公开广告方式的禁令,前提是:(1)所售证券仅限于认可投资者,(2)证券发行人采取“合理步骤”来验证证券的所有买家是认可投资者。细则第 506 条是原证券法一部分,但规定禁止公开劝诱和公开广告方式的新规定是细则第 506(c)条。乔布斯法案中的这一规定是制定规则,以便发行人采取合理步骤验证证券买家,履行 SEC 的责任,这为企业家如何合理确认他们征求的是认可投资者提供了指导。因此,尽管乔布斯法案规定中没有限制公司可以劝诱购买证券的人,但限制了证券购买人的身份。

如果一家创业公司希望根据细则第 506(c)条向 SEC 提交备案,它还需要符合 SEC 提出的一套复杂原则,即什么构成"合理步骤",以确保公司正在招揽认可投资者。然而,SEC 提供了以下非排他性的方法清单,可以满足合理步骤的要求,以验证潜在投资者是认可投资者:

- 审查关于买方收入的任何 IRS 表格副本,并获得买方在本年度可能继续获得必要收入的书面陈述。
- 收到注册经纪人、SEC 注册投资顾问、执照律师或注册会计师的书面确认,该实体或个人采取合理步骤验证购买者的认证状态。①

第二种方法基本上要求认证由第三方完成。此外,投资者必须定期重新认证(例如每季度)。可以履行认证职能的第三方是律师、会计师和财务顾问。然而,这增加了创业公司的成本。正如天使投资协会(Angle Capital Association,最大的认可投资者组织)总裁戴维·维里尔(David Verrill)所言,这种方法为筹资过程增加了不必要的费用,因为天使投资者通常对初创公司已有了解,因此,再次聘用律师、会计师或财务顾问就显得多余了。正如他所指出的,天使投资者通常比第三方更了解这些情况。关于第三方验证者,维里尔表示:"我们不需要他们,不想为他们付钱,也不想将不必要的第三方引入一个几乎没有欺诈的系统。我们希望每一分钱都给创业公司,而不是一些不必要的第三方。"2013 年 7 月 24 日的《华尔街日报》刊登了《如果不得不向公司复制其报税单的情况下,有多少人会购买股票?》(*How many people would buy stock if they had to give the company copies of their tax returns?*)一文,维里尔描述了这些问题。②

乔布斯法案还指示 SEC 修改《证券法》细则 144A。正如后文所述,对于 SEC 登

① 见 http://www.sec.gov/news/press/2013/2013-124-item1.htm。
② David Verrill,"SEC Rules Will Clip the Wings of Angel Investors," *Wall Street Journal*, July 24, 2013. 这篇文章也被戴维·维里尔刊登在天使投资协会网站的博客上,"Why is the ACA Making a Big Deal about the SEC Ruling on General Solicitation?," http://www.angelcapitalas-sociation.org/blog/why-is-the-acamaking-a-big-deal-about-the-sec-ruling-on-general-solicitation. 另请参阅天使投资协会董事会成员和天使联盟主席丹·罗森(Dan Rosen)的以下文章::"Why Angels Are Making a Big Deal about the SEC's New Rules on Advertising Investment Opportunities," *Venture Beat*, July 28, 2013, http://venturebeat.com/2013/07/28/why-angels-are-making-a-big-deal-about-the-secs-new-rules-on-advertising-investment-opportunities。

记的非公开证券发行享有私募豁免资格。这种注册豁免适用于将证券转售给被称为合格机构买家(qualified institutional buyers，QIBs)的大型机构投资者。在乔布斯法案通过之前，细则144A规定只向QIBs提供证券。而根据新细则第506(c)条，对细则144A进行了修订，只要证券仅出售给卖方认为是QIBs的人，就可以向非QIBs的投资者进行募股。

尚不确定细则第506(c)条能否帮助初创企业筹集资金。我们在讨论SEC注册时各种不同形式的豁免时要关注的问题是，虽然在出售证券时，可以满足豁免条件，但如果单一买方采取后续行动(例如在特定时间段之前转售证券)或者有投资者不符合豁免条件，就可能导致豁免失效，并且发行人违反《证券法》(即发行人未正确注册证券)。由于证券尚未注册，SEC可能会命令发行人向所有投资者回购证券。因此，早期阶段的公司应该关注细则第506(c)条下的申报。

什么是认可投资者和QIBs？

从前后文的讨论可以看出，SEC认定为向认可投资者和QIBs提供的证券产品，实质上是对某些证券法律的潜在豁免。下面我们提供这些投资者的非法律上的定义。SEC提供了两种更广义的标准清单以确定这两种投资者的类型。

存在个人认可投资者和机构认可投资者。根据《证券法》条例D，个人认可投资者(individual accredited investor)是符合某些年收入或净值门槛的个人。在撰写本文时，认可投资者是年收入超过200 000美元(或加上配偶年收入超过300 000美元)或个人净资产至少为100万美元的个人，其投资者的主要住所不在净值的计算范围内。一些为天使投资者的个人认可投资者投资于初创公司。机构认可投资者(institutional accredited investor)包括银行、保险公司、共同基金和风险投资基金等实体，后者是发展后期初创公司的主要投资者。

认可投资者的标准不是由SEC决定的。相反，美国国会已经授权美国会计总署(General Accounting Office，GAO)确定个人符合认可投资者资格的规则。2013年7月，GAO发布了一份关于可归类为认可投资者的替代标准的报告。[①]在该报告中，GAO建议SEC考虑替代标准，包括报告中建议的标准，这有助于确定个人承担风险

① General Accounting Office, "Securities and Exchange Commission: Alternative Criteria for Qualifying as an Accredited Investor Should be Considered," GAO-13-640, July 18, 2013.

的能力,并评估与投资私人投资相关的风险。例如,在 GAO 进行的调查中,市场参与者建议增加流动性投资要求或使用投资顾问作为替代标准。

合格的机构买家是一个庞大的复杂组织,主要负责管理大规模的投资组合,至少有 1 亿美元的证券;它们被证券市场监管机构所认可,比起传统的公开投资者,需要更少的发行人保护。QIBs 包括广泛的实体,其中包括银行、保险公司、共同基金、员工福利计划以及完全由认可投资者拥有的实体。

豁免理由

基本上有五种常见的豁免可以用来避免 SEC 注册:

- 州内发行豁免;
- 私人发行豁免;
- 条例 A;
- 条例 D(细则 504、505、506);
- 认可投资者豁免。

但关键在于,即使企业家能够获得豁免资格,联邦证券法下的反欺诈条款仍然适用。此外,企业家几乎总是需要向潜在投资者提供某些信息。这些披露的细节数量和内容取决于适用证券机构规定的注册或豁免的特殊要求。

州内发行豁免 由于美国国会认识到小型地方企业获得融资的必要性,但仍希望保护投资者免受欺诈,美国《证券法》中有一节允许在一个州(即州内)内对出售证券提供豁免。因此,这项豁免也被称为"州内发行豁免"。此项豁免对可以筹集的金额或投资者的数量没有限制。

豁免一般可以根据证券本身被免除注册[即"豁免证券"(exempt security)]和涉及出售豁免证券的交易进行分类。与之后描述的其他豁免方式不同,这种州内豁免只是豁免案例的一种,因为它是豁免证券。

为符合这一豁免,必须满足以下三个条件:

- 发行人必须在证券发行的州注册;
- 发行人必须在发行证券的州进行大量业务;
- 证券的发行和最终发售只是对该州真正的居民。

第一个条件看起来很简单。而最后两个条件不容易得到满足,但也妨碍了企业家在区域、国家或国际层面上经营,影响其寻求最广泛的潜在投资者的经营和决策。

关于第二个条件,如果公司在州内开展重大业务,同时在州外也存在大额收入,就可能需要通过一些数字手段来符合这一要求。第三个条件是所有的销售都限于真正的州内居民,而非向州外投资者提供,这在发行之时能够得到满足,但最终可能在后续交易中被买家违反,使得证券丧失豁免状态。更具体地说,如果豁免证券的买方在发行后的短时间内将其转让给州外人,那么企业家可能由于未能及时注册证券而违反美国《证券法》。SEC 设定 9 个月作为证券不能被转售给州外人员的期限。企业家可以通过在原始合同中禁止此类交易来减少向州外人员转售证券的可能性。

为了使企业家能够更容易地享受州内发行豁免的权利,SEC 采用了"安全港规则"(safe harbor rule,第 147 条)。一般来说,安全港规则提出了一套要求,如果满足这些要求,则获得符合某些标准的资格。然而,不符合安全港规则并不意味着不符合资格。在第 147 条的情况下,如果要求得到满足,证券将有资格获得州内发行豁免;不符合规则并不意味着企业家无法获得州内发行豁免。

寻求使用州内发行豁免的企业家必须熟悉发行证券的州的注册和监管要求。

私人发行豁免 根据证券法,私人发行豁免(private offering exemption),也被称为非公开发行豁免(nonpublic offering exemption)和私募豁免(private placement exemption),豁免注册发行人不涉及"任何公开发行的交易"。为符合豁免条件,证券买方必须满足以下三个要求:

- 必须(1)能够根据其财务和业务经验评估证券的投资风险和属性(即"成熟投资者"),或(2)能够承担与证券相关的经济风险。
- 他们必须能够访问通常在注册证券中提供的信息类型。
- 他们必须同意不向公众转售或分发证券。

通过私人发行豁免寻求豁免的企业家必须认识到,不可以出现公开的广告宣传方式或投资者的公开劝诱。另外,一如针对州内发行豁免所提出的,如果证券被提供给一个不符合上述第一个条件的人,或是在发行后转让证券,企业家也将违反《证券法》。

已经制定了客观标准以供依据,如果满足,则符合私人发行豁免的条件。SEC 条例第 506(b)条中规定了这些客观标准,这是条例 D 的一部分。

SEC 要求提供的文件

在美国,试图通过出售证券筹集资金的企业家必须(1)向 SEC 注册证券,或(2)拥

有注册豁免的资格。SEC 规定,无论国内外公司都必须提交某些声明和文件,除非确定有豁免资格。文件包括:

- 注册声明;
- 10-K 报告;
- 10-Q 报告;
- 8-K 报告;
- 代理声明;
- 表格 3、4 和 5;
- 附表 13D 和附表 13G。

SEC 对于那些被称为"较小报告公司"的公司采用了特殊规则。①SEC 细则第 405 条规定了一家公司要成为较小报告公司,需符合以下标准:

- 对于普通股正在上市的公司,在最近第二季度的最后一个营业日,其流动资金必须低于 7 500 万美元。
- 对于普通股未上市的公司,自注册声明提交之日起 30 天内,流动资金必须少于 7 500 万美元。
- 对于公众持股量大于零的公司,在最近一个完整的会计年度中(且该年度有经过审计的财务报表),年收入必须低于 5 000 万美元。

有资格成为"较小报告公司"的公司必须采用与其他国内公司相同的商业形式,并向 SEC 提交报告。但是,注册声明和定期报告中所包含的信息可能不同。换言之,信息被缩放以反映小公司及其投资者的特征和需求。

注册声明

表格 S-1(Form S-1)是计划发行新证券的公司的初始注册申请。该备案也称为美国《1933 年证券交易法》下的注册声明",要求包括以下信息:②

- 封面和摘要信息;

---

① SEC 曾经提到"小企业发行人"(small business issuers),并对属于这个类别的公司提出特殊规定。较大的公司采用了新的规则,SEC 现在称之为"较小报告公司"。属于"较小报告公司"类别的公司是在新规则制定之前被认定为"小企业发行人"的公司,以及大多数符合 SEC 所称的"非加速申请人"(non-accelerated filers)资格的公司。

② 这些报告要求在 SEC 的条例 S-K 中有所规定。

- 风险因素；

- 所得款项用途；

- 确定发售价格和股权稀释（dilution）；

- 销售股东及业内人士；

- 分配方案；

- 法律诉讼和赔偿；

- 董事、执行人员、出资人和管理人员；

- 证券简介；

- 业务描述；

- 财产及财务报表说明；

- 管理层对财务状况和经营成果的讨论与分析；

- 相关关系和相关交易；

- 普通股权市场和相关股东事宜；

- 行政薪酬、工作人员和董事的补偿金以及其他发行和分配费用；

- 发行和分配费用；

- 未注册证券的近期销售。

需要列入 S-1 的财务报表如下：

- 最近两个财政年度的审计资产负债表。（如果公司存在少于一个会计年度的情况，在提交注册声明之日起 135 天内的审计资产负债表可以接受。）

- 经审计的最近一次提交审计资产负债表日期之前的三个会计年度的收入和现金流量表，或公司成立以来的短期现金流量表。

- 公司会计年度结束后注册之日起 135 天以上的当前时期的中期财务报表。[①]

10-K 报告

根据美国联邦证券法，上市公司需要定期披露信息。这样的报告就是 10-K 表，或简称为 10-K，必须由除小企业发行人以外的国内发行人按年度提交（我们下面讨论定期提交的其他报告）。10-K 必须在公司会计年度结束后 90 天内向 SEC 提交。

---

① 如第 8 章所述，这些声明提供的信息有限，且未经审计。

10-K 由以下部分组成：

- 业务摘要（business summary）：对公司业务（包括国际业务部门）、商业部门、历史、营销、研发、竞争和员工的综合概述。

- 管理层讨论与分析（management discussion and analysis，MDA）：提供管理层关于以下内容的讨论：(1)有助于理解公司经营过程的收入和费用的重要组成部分，(2)公司的财务前景，(3)帮助调节前几年财务业绩与本年度业绩的信息，(4)关于表外合约的其他信息，以及披露合同义务的表格。

- 财务报表：包括根据 GAAP 编制并经独立注册会计师审计的四项主要财务报表（资产负债表、损益表、现金流量表和股东权益变动表）。

此外，还需要提供其他章节，用于披露公司的管理团队以及公司面临的任何法律诉讼。

应该指出的是，"10-K 表年报"和"向股东提交的年报"之间经常存在混淆。前者与后者的不同之处在于，向股东提交的年报是当公司举行年会选举董事时，必须发送给公司股东的报告。

10-Q 报告

10-Q 表格，简称为 10-Q，是 SEC 要求的另一个需要一直提交的文件。它必须在公司会计季度结束后 35 天内提交。虽然 10-Q 类似于 10-K，但是需要的详细信息更少，财务报表未经审计，但须经过审查。所需信息包括：(1)财务报表；(2)MDA；(3)关于市场风险的定量和定性披露；(4)法律诉讼；(5)管理和程序。

8-K 报告

8-K 表格是在发生某些事件的情况下公司需要提交的文件，在财务报表中一般不会出现这些信息。这些事件包括：

- 破产或接管；
- 完成资产的收购或处置；
- 注册人认证会计师的变更；
- 变更注册人的控制权；
- 会计年度变动；
- 暂时停止注册人员工福利计划下的交易；

- 修改注册人的道德条款或放弃遵守道德条款；
- 公平披露信息法规；
- 董事或主要人员的离职，董事选举或主要人员的任命；
- 未注册的股权证券销售；
- 对证券持有人的权利进行重大修改；
- 修订公司章程；
- 订立实质性的协议；
- 终止实质性的协议；
- 创建直接财务义务或在资产负债表外合约下的义务；
- 加速或增加直接财务义务或资产负债表外合约下的义务的事件；
- 与退出或处置活动有关的费用；
- 物质性障碍；
- 通知除名或不符合上市规则或标准，或转让上市；
- 未注册股权证券的销售；
- 对以前发行的财务报表或相关的审计报告或完成的中期审查不负责任。

表格 8-K 必须在特殊事件发生的 4 个工作日内提交。

以下是 8-K 申请的一些例子：

- 推特公司（Twitter）于 2013 年 9 月收购 MoPub 公司（移动广告创业公司）后，提交了 8-K 表格。该收购发生在推特宣布公司上市前几天。因此，推特不得不通过 8-K 报告披露此次收购的财务报表。

- 2013 年 6 月，苹果公司（Apple）提交 8-K 表格，披露以下五项：（1）"离任董事或部分职员；选举董事；任命某些职员；对某些职员的薪酬措施"；（2）"以绩效为基础的股权"；（3）"以 CEO 领导为范例"；（4）"绩效考核与股东调整"；（5）"2011 年度 CEO 权益变动"。

- 2014 年 3 月，环球数字解决方案公司（Global Digital Solutions）提交了 8-K 表格，提供三项关于提议交易的信息，其中包括收购雷明顿户外公司（Remington Outdoor Company）的意向书。

- 2014 年 3 月，Zayo 集团在宣布收购数据中心、带宽和托管服务提供商 CoreX-change 公司后，提交了 8-K 表格。经修订的财务报表和其他披露已在 8-K 中提供。

● 2014年3月,机器人外骨骼先驱 Ekso Bionics 控股有限公司提交了 8-K 表格,披露了两家公司的加入,并扩大其销售和营销策略。

代理声明

公司发布的代理声明(proxy statement)提供有关股东需要投票的事宜的信息①和管理层的建议。这些事宜包括高级管理人员的薪酬及职员和董事的股权。

例如,2013年4月26日,脸书的代理声明中包含以下内容:

● 5.年度会议上哪些业务将会进行投票?

计划在年度会议上投票的业务项目有:

● 提案一:选举8名董事;

● 提案二:本代理声明所披露的公司高管人员薪酬计划是不具约束力的顾问性投票;

● 提案三:对于提案二中顾问性投票的频率,同样进行不具有约束力的顾问性投票;

● 提案四:截至2013年12月31日的会计年度,批准安永会计师事务所为我们独立注册会计师事务所。

6. 董事会如何建议我对这些提案进行投票?

● "支持"每名候选人的选举;

● "支持"我们指定执行官的薪酬计划;

● "支持"以每三年一次的频率,对指定执行官的薪酬计划进行咨询性投票;

● "支持"批准了安永会计师事务所作为截至2013年12月31日的会计年度的独立注册会计师事务所。

表格3、4、5

有关企业内部人员(即高级职员和董事)以及任何受益所有人(即持有公司股票超过10%的所有者)和所有权如何随时间变更的信息,可以参阅表格3、4和5。

表格3是由董事、职员或高级管理人员向 SEC 提交的初始报告,需符合以下要

---

① 州法律确定哪些情况需要投票。

求:(1)在履行职务后 10 天内,或(2)不迟于注册声明的生效日期。表格 3 中报告的信息是,文件提交人所持有的公司股票数量,以及该人员在公司担任职位或 IPO 之时以何种形式持有。此外,持有超过公司 10% 注册股本证券的人士必须提供表格 3 备案。这个申请需要在 10 天之内。

在相关交易发生之日后第二个工作日结束之前提交表格 4,报告股权变动情况。而在一年内尚未报告表格 4 交易的人员,必须在表格 5 中报告任何此类交易。

附表 13D 及附表 13G 报告

SEC 将公司的"受益拥有人"(beneficial owner)定义为直接或间接共享投票权或投资权(出售证券的权利)的任何人。附表 13D,通常被称为"受益所有权报告"(beneficial ownership report),必须在一个人或一些人获得超过 5%(这一数额被认为是重大所有权)的受益所有权的情况时,在购买后 10 天内提交公司注册股本证券的投票情况。附表 13G 与附表 13D 类似,但要求的资料较少,而取得股份的一方只须是出于任一目的,或具有改变或影响发行人控制权的被动投资者。

本章要点

- 寻求募资的创业团队必须遵守美国联邦和各州的证券法。
- 每个州都有自己的法律,简称蓝天法,以规范州内的证券销售。
- 在美国联邦层面,关于筹资的关键法规是 1933 年《证券法》。
- 《证券法》有两个基本目标:(1)要求通过向公众出售证券来募资的实体向投资者提供有关所提供证券的财务和其他重要信息,(2)禁止在出售证券时存在欺骗、虚假陈述和其他欺诈的行为。
- 另一个主要的美国联邦立法是 1934 年《证券交易法》,涉及二级市场,在首次或再次出售证券时,向投资者定期汇报财务信息,以及汇报是否存在欺诈和失实陈述情况。
- 有关融资的《证券法》的修订是:(1)2002 年的《萨班斯—奥克斯利法案》,其中包括加强发行人财务报告及打击企业和会计欺诈行为的规定,(2)《多德—弗兰克华尔街改革和消费者保护法案》,要求更进一步的披露和透明度,以及(3)乔布斯法案(the Jumpstart Our Business Startups Act,JOBS Act),通过最小化

- 监管要求,帮助企业在公开市场上筹集资金。
- 美国联邦证券法中的反欺诈条款适用于任何证券的发行人,无论发行人是否需要向 SEC 登记证券。
- 违反反欺诈条款可能会使 SEC 执行以下一个或多个处罚:在规定的时间段内实施经济处罚、刑事指控和禁止筹款。
- 创始人对向记者的无辜声明、行业会议的声明或互联网上的发帖保持高度敏感,SEC 可以将其视为违反反欺诈条款。
- 按照规定必须向 SEC 注册证券,但如果满足某些要求,则可以取得 SEC 注册豁免。
- 绝大多数拥有注册豁免资格的公司禁止从事 SEC 提及的与发行证券有关的公开劝诱或公开广告方式。
- 同时,合格公司为避开公开劝诱和公开广告方式禁令,最常用的豁免理由是条例 D 的第 506 条。这一规定允许发行人从无限数量的"认可投资者"中募集无限量的资本,并且还可以从不超过 35 个非认可投资者手中筹资。
- 2013 年 7 月,SEC 通过了一套新的规则,取消了某些情况下的公开劝诱和公开广告方式禁令,但也引入了一些可能阻碍向特定类型投资者进行筹资的规定。
- 2012 年的乔布斯法案要求 SEC 根据第 506 条取消关于公开劝诱和公开广告方式的禁令,这使得创始人更容易寻找投资者,取消禁令的前提是:(1)证券的出售仅限于认可投资者,(2)证券发行人采取"合理步骤",核实证券所有买家均为认可投资者。
- 由于乔布斯法案没有限制公司劝诱谁购买其证券,但限制了有权购买证券的投资者的身份,这种限制会妨碍企业筹款。
- 乔布斯法案还指示 SEC 修订非公开发行证券的私人发行豁免在 SEC 进行注册的相关规则。
- 了解有关企业家融资的美国联邦证券法,了解认可投资者与合格机构投资者之间的区别很重要。
- 根据美国《证券法》,个人认可投资者是符合某些年收入或净值门槛的个人。机构认可投资者包括银行、保险公司、共同基金和风险投资基金等实体。
- 合格机构买家(QIBs)是一个庞大的复杂组织,主要负责管理大规模的投资组合,至少有 1 亿美元的证券;它们被证券市场监管机构所认可,比起传统的公开投资者,需要更少的发行人保护。

- 可用于避免 SEC 注册(但仍然受反欺诈条款管辖)的豁免包括州内发行豁免、私人发行豁免、条例 A、条例 D 以及认可投资者豁免。

- 如果没有豁免,则需要向 SEC 提交的文件包括注册声明,10-K 报告,10-Q 报告,8-K 报告,代理声明,表格 3、4 和 5 以及附表 13D 和附表 13G。

- 对于分类为"较小报告公司"的公司,制订了特别的备案规则。

延伸阅读

Casey, Neil P., Lori S.Smith and Merritt A.Cole, "General Solicitation and (Public) Private Placements: Navigating the Minefield Planted by New and Proposed SEC Rules," White and Williams Securities Alert, September 11, 2013.

Cunningham, Michael M., *The JOBS Act: Crowdfunding for Small Businesses and Startups* (New York: Apress, 2012).

Palmiter, Alan R., *Examples & Explanations: Securities Regulation*, 6th ed. (New York: Walters Kluwer Law & Business, 2014).

Rapp, Robert N., "How to Apply Blue Sky Laws to Securities Offerings," Law 360 (November 14, 2013), http://www.law360.com/articles/488533/how-to-apply-blue-sky-laws-to-securities-offerings.

6　融资来源

现在我们知道了创业者在筹资阶段必须遵循的美国联邦法律,本章将介绍融资来源。在此之前,我们先简要介绍融资的阶段和周期,包括 IPO。

融资准备阶段

在第 1 章中,我们介绍了商业发展和融资的六个阶段。为了描述公司因收购、兼并或 IPO 引起的清算前不同的资金来源,我们可以将这六个阶段简化为两个更宽泛的融资阶段:早期融资阶段和扩张融资阶段。

早期融资包括第 1 章所述六个阶段中的第一阶段。它可分为两轮:种子轮(seed round)和第一轮。在种子轮,创始人为产品或服务(即创业产品)的开发寻求资金。通常,预期产品的商业化尚未发生,因此这个融资阶段有时被称为预商业化融资阶段。除行政费用外,这一阶段的主要费用为开发客户群、开发产品原型和进行市场测试。对于高科技创业公司,可能需要聘请技术人员,如工程师、科学家和软件开发人员。对于投资者来说,这是一个风险最大的创业阶段,因此要求最大的回报。

在早期,创始人会通过各种方式取得资金,包括从个人储蓄中获得的现金、对有价值的房屋进行再融资以收回资产、通过房屋的二次抵押贷款、兑现人寿保险、个人银行贷款(而不是商业银行贷款)等。一些创始人开始创业时,可能仍然受雇于其他公司,并用他们的薪水支持创业。创始人对这些资金源的使用被称为自我融资(boot-strap financing)。该阶段的其他资金来源也可能为家人或者朋友的资产。

当这些资金来源都穷尽之后,种子轮的资金就来源于以下一种或多种了:

- 信用卡；

- 供应商；

- 小型企业管理贷款；

- 天使投资者和天使团体；

- 超级天使；

- 种子加速器；

- 孵化器；

- 众筹平台。

种子轮融资的最常见来源是天使投资者。我们将在下文中描述以上所提及的每一种来源。

第一轮融资通常被称为 A 轮系列融资（Series A round）或简称 A 轮融资（A financing）。在这个阶段所能达到的里程碑是产生收益，这一阶段通常不会产生盈亏平衡或盈利的情况。虽然存在风险，但第一轮投资者仍然相当可观，其数量少于种子轮投资者。A 轮中最常见的资金来源就是风险投资，本章稍后将进一步叙述。

在种子轮阶段，除非有充足的抵押品或有足够的资产提供个人担保，否则创始人一般难以从银行获得债务融资形式的贷款。而创业启动阶段也没有足够的现金流量作为证明以帮助公司获得商业贷款。但是，一旦某家创业企业获得了来自风险投资的第一轮融资，就会有专门的银行和非银行实体愿意提供这种贷款。这些贷款被称为风险债务（venture debt），并以认股权证的形式向贷方提供股权酬金（equity kicker）。

扩张阶段融资（expansion-stage financing）包括在第 1 章中所述的商业发展的最后五个阶段。它的目的是基于企业营销战略，通过扩大生产和发展客户，来发展业务。这里的融资包括过桥贷款、二轮融资（也称为 B 轮融资）、第三轮融资（也称 C 轮融资）等。如果公司在经过几轮融资后没有清算活动，额外的几轮融资则是必要的了。

如本章后文所述，作为一个新的投资者团体，机构投资者的进入允许企业通过 IPO 为公司募集大量资金，公司不需要扩张上市。

尽职调查

对于初创公司提出的资金需求，潜在投资者将对其进行尽职调查（due diligence

process）。在此过程中潜在的投资者会评估创始人在演示过程中对公司问题的回应，并考察创始人提供的书面信息。当投资者是投资团体的一部分时，作为基金候选人所获得的有关风险投资的信息和评估将与投资团体中的其他成员共享。

在尽职调查过程中，潜在投资者将询问创始人创业的相关业务和法律事宜。关于业务，投资者会需要获得如下信息：

- 创始人的背景：投资者将希望知道创始人的教育经历、创业管理相关经验，以及创始人以高级职位进行协助其他业务活动的记录。
- 商业模式：投资者会想知道企业是否具有可扩展性、分销渠道、价值主张以及创始人退出策略。
- 历史表现：由于可能会受到年数的限制，营业收入和开支不一定表示未来运营情况，但必须提供企业自成立以来的历史业绩。该历史业绩包括财务会计信息。因为投资者需求不同，财务会计信息不需要按照 GAAP 进行编制。其他可接受的会计方法也能够满足投资者的需求。[①]
- 管理团队：投资者将关注组织的结构，特别是管理团队（创始人和关键员工）。
- 目标市场：投资者将想知道创业公司的目标市场、预期的市场增长和竞争程度。考察预期市场增长和竞争的信息，这将使投资者了解到创业者所提供的信息是否过于乐观，因为他们试图使创业成为更有吸引力的投资机会。

法律信息对于高科技创业公司的投资者尤为重要，因为业务可能与知识产权（专利、版权、商标、域名和其他所有权）高度相关。投资者所要求的与法律事务相关的信息包括：例如，任何潜在的、待决的以及正在进行的诉讼，或任何许可或专利侵权等信息。对于受政府实体监管的初创企业，投资者想知道当前以及未来的监管调查或政府举措。投资者还想知道是否有任何重要的税务事宜。尽职调查过程的法律审查部分通常由投资者的律师进行。

种子轮融资的来源

前文中我们列出了种子轮融资的来源。在本部分中，我们将对每种来源进行详细阐述。

---

① 其他可接受的会计方法将在第 8 章中讨论。

信用卡融资

在此阶段,信用卡(谨慎使用的前提下)似乎是一个特别重要的资金来源。密歇根大学罗斯商学院的塞缪尔·泽尔(Samuel Zell)和罗伯特·H.卢里(Robert H. Lurie)创业研究所的董事总经理蒂莫西·法利(Timothy Faley)表示,大约一半的创业公司都是靠信用卡资助的。[①]此观点也得到了其他人的支持。例如,商业金融解决方案(Business Finance Solutions)的所有人山姆·撒克(Sam Thacker)认为,尽管银行家曾经将信用卡融资视为企业的负面信贷事件,但在 20 世纪 90 年代后期,这种融资来源越来越受欢迎。到 2007 年已经成为普遍形式了。[②]

最出名的信用卡融资大概就是谷歌的创始人了。20 世纪 90 年代中期,斯坦福大学计算机科学系的博士生、谷歌的创始人拉里·佩奇(Larry Page)和谢尔盖·布林(Sergey Brin)在前两年通过谨慎使用信用卡为公司募得资金。仔细观察消费限额,可以发现他们使用信用卡购买二手电脑和开源软件。[③]另一个例子是电子游戏《吉他英雄 3》(Guitar Hero Ⅲ : Rock of Legends of Rock)的设计师黄忠彦(Charles Huang),他在 2007 年用信用卡资助其公司 RedOctane。[④]

信用卡融资是债务融资的一种形式,具有使用债务的风险。其优点是信誉良好的创始人可以轻松获得多张具有良好信用额度的信用卡。与必须按计划偿还的贷款不同,信用卡持有人的定期义务是偿还根据未偿还贷款余额所设定的最低到期金额。在选择信用卡时,个人不仅要考虑收取的利率,而且还要考虑由信用卡发行方确定的最低到期金额。例如,一些银行可以将该数额计算为新余额的 1%,再加上财务费用和滞纳金。其他银行可能收取余额的 2%,或 1%加上所有利息和任何滞纳费用的较大者。[⑤]由

①　Timothy Faley, quoted in Anne Field, "7 Ways to Finance a Startup," FSB Magazine, October 18, 2007, http://money.cnn.com/2007/05/03/magazines/fsb/raising.money.fsb.

②　"Finance Your Start-up with Credit Cards? Google Did," CreditCards.com, April 27, 2011, http://smallbusiness.foxbusiness.com/finance-accounting/2011/04/26/finance-start-credit-cards-googledid.

③　Tom Ehrenfeld, *The Startup Garden: How Growing a Business Grows You* (New York: McGraw-Hill, 2002).

④　"Finance Your Start-up with Credit Cards? Google Did."

⑤　See Analisa Nazareno, "Understanding How Credit Card Minimum Payments Are Set," Credit-Cards.com, December 17, 2008, http://www.creditcards.com/credit-card-news/minimum-credit-card-payments-1267.php.

于正在获得信贷额度,利息仅按扣除的金额收取。

供应商融资

通过供应商为购买设备、生产所需的材料和生产所需的服务进行融资被称为供应商融资(vendor financing)或贸易信贷(trade credit)。供应商提供有吸引力的贸易信贷条件,可能获得的潜在利益是刺激销售。与此同时,供应商也以其提供的贸易信贷条件进行竞争。贸易信贷的运作过程如下。假设公司的创始人从供应商处进行购买,卖方可以给创始人指定的时间段进行付款,如果在指定的时间内付款,创始人可以从发票价格中享受折扣。创始人有权享受折扣的时间段被称为折扣期(discount period)。一旦折扣期过后,公司必须支付完整的发票价格。

贸易信贷条款通常被表示为"x/y,净 z",其中 x 是折扣百分比,y 是折扣期间的天数,z 是全额付款的天数。例如,如果公司根据贸易信贷条件为 2/15(净额 45)从 10 万美元的供应商进行购买,则这意味着如果在第 15 天付款,创始人可以享受 10 万美元的 2% 的折扣(2 000 美元)。因此,向供应商的付款将为 98 000 美元。如果在第 15 天之后的任何时间付款,则必须全额付款,并且规定必须在第 45 天之前完成付款。

如果不采取折扣,则供应商融资成为另一种债务融资形式,虽然没有明确的利率,但也带有成本。相反,在使用这种形式的债务融资之前,应该估计隐性利率,并将其与其他替代形式的债务融资进行比较。隐性利率可以用下面的例子来确定。如果不采取 2 000 美元的折扣,创始人在 30 天内实际上借了 98 000 美元。(请注意,该公司不是借款 10 万美元。)借款 30 天的费用为 2 000 美元/98 000 美元(或 2.04%)。有不同的方法来年化 30 日利率,为了保持简单,我们此处乘以 12。因此隐性利息成本为 24.48%。

请记住,贸易信贷是供应商的重要竞争工具。一些供应商为了鼓励企业,可能愿意与创业公司合作以提供更多的贸易信贷形式。

小企业贷款

美国小企业管理局(SBA)是由美国政府在 1953 年制定的《小企业法》下创立的独立机构。其任务是"向小企业提供资助、咨询、帮助和保护小企业利益,保护自由竞争企业,维护和加强美国的整体经济"。[1]

---

[1]　http://www.sba.gov/about-sba/what_we_do/mission.

虽然"SBA 贷款"一词可能表明 SBA 是贷方,但事实并非如此。贷款由参与银行和其他贷方提供。企业家通过这些贷款实体来获得贷款。SBA 对大多数贷款进行担保。

SBA 有适用于各种用途的贷款方案:(1)开展和扩大业务,(2)救灾贷款,(3)出口援助贷款,(4)退伍军人社会贷款,以及(5)专项贷款。高科技创业企业家的相关贷款计划是用于启动和扩大业务的贷款项目。在这一类别中,有三个贷款计划:

- 基本 7(a)贷款计划;
- 认证发展公司 504 贷款计划;
- 小额贷款计划。

基本 7(a)贷款计划   基本 7(a)贷款计划[7(a)贷款]是最常被用于开展、获取或扩大业务的计划。[1]这笔贷款并不面向企业家,而是面向其企业。因此,贷款的资格取决于企业而不是企业家。7(a)贷款的最高可用金额为 500 万美元。

虽然 SBA 没有具体说明哪些类型的企业符合资格,但确定了符合条件的某些特征。其必须满足如下条件:

- 运作目的为盈利;
- 符合 SBA 对小企业的定义标准;
- 在美国或其属地参与或计划参与商业业务;
- 有合理的投资权益;
- 在寻求金融援助之前,使用了其他可替代的资金来源,包括个人资产;
- 能够证明进行贷款的需要;
- 将资金用于良好的商业目的;
- 不对美国政府承担现有债务责任。[2]

SBA 也注明了不具备贷款资格的企业。

7(a)贷款的到期日根据偿还贷款的业务能力、贷款收益的目的、贷款资金的使用寿命三个因素而定。购买设备贷款的期限最长为 10 年,房地产为 25 年。募集资金用于流动资金运作时,期限不得超过 7 年。信用额度和短期贷款可用于季节性营运资金需求。

贷款可以使用固定或可变(即浮动)利率。虽然贷款人收取的利率受到 SBA 规定

---

① 有关基本 7(a)贷款计划的信息可前往 SBA 网站。
② http://www.sba.gov/content/7a-loan-program-eligibility.

的最高利率限制,但7(a)贷款的利率是借款人和SBA批准的贷方之间的谈判结果。还涉及要向SBA提供的担保支付费用(即担保费)。费用不是以贷款金额为准,而是根据SBA担保的金额。这笔费用由贷款人支付,贷款人可以选择将其转嫁给借款人。

SBA提供的最大担保是贷款额的85％,最高为15万美元,贷款额超过该额度的将下降到75％。由于7(a)贷款最高为500万美元,意味着最高担保金为375万美元。

固定利率贷款本金和利息的偿还按月进行,全部分期偿还。这意味着借款人每个月支付本金和利息,本金还本付款足以偿还贷款到期日借款的全额。由于可变利率贷款的利率有所变动,必须建立不同类型的还款时间表。那么就有可能建立月度付款制度,在指定的时间段内只需支付利息,在此之后,每月支付包括利息和本金偿还。7(a)贷款可能不是气球贷(balloon loan,即仅每月支付利息,无本金偿还),借款金额在到期日支付。

通常企业家可能寻求的银行贷款是由某些资产(被称为抵押品)担保的贷款和个人担保。每个7(a)贷款都得到充分保障。但是,SBA并不能以没有提供足够抵押品为理由拒绝贷款申请,尽管抵押品不足会成为唯一的不利因素,所有的业主在20％或以上的股权都必须提供个人担保。SBA下的参与贷款人可以要求拥有人所有权不足20％的业主提供个人担保,并可以对所有者的个人资产要求处置权。

认证发展公司504贷款计划 认证发展公司504贷款计划(或更简单地说,504贷款)仅为获得固定资产(设备和房地产)提供贷款。企业家可以使用这种类型的贷款进行"实体"融资。贷款利率是固定的。贷款有三个部分:(1)10％,由借款人承担;(2)50％,由银行合伙人提供;(3)40％,由认证发展公司(Certified Development Company, CDC)提供。CDC提供商是一家涉及504贷款的独特实体,一家为了促进当地社区小企业发展而提供贷款的非营利公司。

小额贷款计划 小额贷款计划为企业提供短期贷款,用于营运资金及库存、用品、家具、固定装置和机械或设备的融资。贷款金额不能超过35 000美元。

天使投资者和天使团体

在创始人用尽个人资产与家人和朋友的资金来源之后,在风险投资家开始提供资金之前,早期资金的主要来源就是所谓的天使投资者(angel investors)。[1]如前一章

---

① "天使投资者"这个词最初是指为百老汇戏剧制作提供资金的富人。

所述,天使投资会对 SEC"认可投资者"定义下符合资格的个人投资。天使投资者是通常投资在 15 万到 200 万美元的富有个人。所使用的融资工具是可转换票据,下一章将介绍何为可转换票据。

除了提供资金外,天使投资者还提供战略性规划建议,协助团队建设,并提供平台联系,以发展关键伙伴关系和进一步筹资。在美国有大约 27 万活跃的天使投资者。[①]据估计,2012 年,天使投资者在 67 000 多家创业公司中投资了约 230 亿美元,占这些企业近 90% 的外部资本。与风险投资(VC)公司投资的创业公司数量相比,尽管风投投资了 270 亿美元,但天使投资者提供了大约 20 倍的资金。[②]虽然风险投资家有许多值得称道的成功案例,例如协助苹果、美国在线、亚马逊、脸书和谷歌进行初期融资,但在种子轮阶段,这些公司都依赖天使融资。

天使团体 自 20 世纪 90 年代中期以来,天使投资者通过组团或关系网投入了大量资金。一些团体专门从事特定行业的投资,并可能将其投资限制在该国特定地区。拥有创业计划的商学院已经形成了校友的天使团体,投资数额通常至少在 25 000 美元。[③]

天使投资协会(Angel Capital Association)是一个支持美国职业天使社区并提供天使投资者目录的贸易协会,据报道,在美国和加拿大,有 330 个天使团体积极参与创业活动。[④]根据 2013 年第一季度的光环报告(Halo Report),天使资源研究所与硅谷银行以及 CB Insights 公司(一家数据调研公司)合作,每季度发布一份关于天使投资者投资活动的报告,72% 的天使团体交易集中在三个部门:互联网、医疗保健和移动公司,这三个部门收到天使团体投资金额的 64%。[⑤]光环报告还提供了以下数据:(1)投资中位数为 68 万美元,但当天使团体与其他投资者共同投资时,中位数为 150 万美元;(2)前期货币估值(即天使融资前的估值)为 250 万美元;(3)天使团体在本国约完成 81% 的交易。

天使投资者组建天使团体来共同评估和投资创业公司有如下四个好处。第一,

①② http://wwangelcapitalassociation.org/blog/why-is-the-aca-making-a-big-deal-about-the-sec-ruling-ongeneral-solicitation.

③ http://www.businessweek.com/articles/2012-07-02/mba-startups-find-alumni-angels-with-money-to-burn.

④ http://www.angelcapitalassociation.org.

⑤ http://www.angelresource.org/en/Research/Halo-Report.aspx.

汇集资金可以投资于更多的创业公司,理论上可以通过多元化降低风险。第二,信息收集和订立合约的成本可以由小组成员共享。第三,天使团体成员之间多样化的专业知识,减少了可能带来潜在优质投资的关键因素被忽视的风险。第四,一群富有的个人,而不是一个人,更有可能产生更多的交易。

从天使投资者的角度来看,参与天使团体(即成为一个其成员)的缺点是需要时间上的承诺。会员必须参加活动,特别是参与交易的筛选。

让我们来说明硅谷最古老的种子基金组织——"硅谷天使帮"(Band of Angels)——的使命、组成和审查过程。该团体成立于1994年,拥有150多名成员。[1]成员包括高科技公司的前任和现任高管,例如赛门铁克(Symantec)、罗技(Logitech)和美国国家半导体等公司的创始人。考虑到其成员在高科技领域的多元化专业知识,自1994年以来,"硅谷天使帮"已投资约2.25亿美元,投资分布高科技行业的254家公司:互联网/网络服务、软件、网络/电信、生命科学/生物技术、半导体、电子/工业。没有针对非高科技创业公司的投资。在"硅谷天使帮"提供种子资金的254家公司中,有10家完成IPO,54家被收购。

该天使团体的交易标准声明如下:

> "硅谷天使帮"主要专注于具有强大团队、专有技术和广阔市场的种子阶段高科技公司。我们投资的范围是30万美元到75万美元,但往往还有联合组织的200万—300万美元。团体最大的投资是330万美元。估值取决于很多因素,但很少有公司成功地从团体中获得超过500万美元的估值。

审查启动投资候选人的正式程序如下。每个月,"硅谷天使帮"将考虑三个由交易筛选委员会选出的初创公司,委员会每个月都会筛选50多家初创公司。委员会7名成员服务12个月。被选中的成员将代表各种高科技类别,如半导体、软件、互联网、生命科学和网络/电信。

按照网站显示,审查和选择过程是:

> 如果您向"硅谷天使帮"提交方案,它将被转交给预选委员会审查。该委员

---

[1]　这里的信息源自2013年9月"硅谷天使帮"网站上的介绍:http://www.bandangels.com。

会由包括生命科学、半导体、软件和互联网在内的各个高科技类别的专家组成。该委员会每月审查近 50 个计划,并选择 6 个邀请进入交易筛选委员会。如果您的计划被选中,将被要求以标准形式递交,并在每个月的最后一个星期三参加会议。在那里,6 个"天使帮"成员(每个主要学科中的一个)将向您询问有关公司的问题,询问时间为 15 分钟,以更好地了解书面材料。然后,该委员会选择三家优胜公司和一名次优胜者,向"天使帮"的全体成员演示。

一旦选定了三家公司,流程如下:

三个被选定的公司将在每个月的第二个或第三个星期三的每月晚餐会上向全体天使成员进行演示。在筛选和演示的两周,天使团体将为公司提供增值准备服务。与选定的服务提供商协调,团体将帮助公司进行其书面和口头演示,准备团体晚餐。这些晚餐将在下个月第二个或第三个星期三举行;一般 40 人出席晚餐。每个公司都有 10 分钟的时间,之后是 5 分钟的问答环节。

后续程序如下:

团体成员进行直接投资;没有法律上的资源汇集。然而,在晚餐的两周内,大多数出席晚餐的公司将安排与有兴趣的会员进行跟进会议,他们可能会向公司询问其他问题。这也提供了一个汇集个人天使组织的机会,以便评估公司、协商条款和执行投资。

为了解这个过程的竞争程度,提供如下数据:每年共考虑 700 多笔交易。而 2012 年,只有 13 家初创公司被选中供资。

天使投资者和创业表现　一项研究调查了天使投资者在成长、生存和获得后续资金方面为高增长创业公司提供资金的作用。[1]研究的四个主要发现如下:

- 创业公司是否成功可以在很大程度上通过天使投资者在初期演示期间以及后

---

[1]　William R. Kerr, Josh Lerner, and Antoinette Schoar, "The Consequences of Entrepreneurial Finance: A Regression Discontinuity Analysis," Harvard Business School Working Paper 10—086, 2010.

续尽职调查表现出的感兴趣程度进行预测。

- 如果有天使投资,初创公司更有可能存活 4 年以上。
- 如果天使投资者提供资金,创业公司更有可能获得天使团体以外的后续资金注入。
- 如果有天使投资者资助,创业公司更有可能在初创业绩和后续成长方面有所改善。

此外,研究发现,资本可能不是天使团体为创业者提供的最重要因素。相反,它可能提供的最有价值的是关于如何建立商业联系的建议。

天使投资者获得的回报 对于天使投资者能否从投资企业处获得有吸引力的回报,这一问题各方意见存在分歧。①正如威拉姆特大学的罗伯特·威尔班克(Robert Wiltbank)写道:

> 投资界似乎默认天使投资者是莽撞的。传统观念认为,他们对过于早期的企业进行了鲁莽的投资,其中大部分注定要失败。每当他们接近成功的时候,精明的"专业"投资者就会开始介入,把它们压下来,赢得真正的回报。此外,天使面临选择问题:所有最好的企业家和机会自然会引向最好的风险投资基金,只为天使投资者留下"废料"。②

威尔班克和沃伦·伯克尔(Warren Boeker)调用了最全面的可用数据,对在 2007 年完成的天使投资回报进行研究。③他们对团体附属天使投资回报的调查结果如下:

- 3.5 年后平均回报为投资的 2.6 倍。
- 近 48％的退出投资提供的回报大于天使团体的投资额,换言之,另外的 52％出现亏损。

---

① Andy Racheff, "Why Angel Investors Don't Make Money ... And Advice for People Who Are Going to Become Angels Anyway," TechCrunch, September 20, 2012, http://techcrunch.com/2012/09/30/why-angel-investors-dont-make-money-and-advice-for-people-who-are-going-to-become-angels-anyway.

② Robert Wiltbank, "Angel Investors Do Make Money: Data Shows 2.5× Returns Overall," TechCrunch, October 13, 2012, http://techcrunch.com/2012/10/13/angel-investors-make-2-5x-returns-overall.

③ Robert Wiltbank and Warren Boeker, "Returns to Angel Investors in Groups," November 1, 2007, http://ssrn.com/abstract=1028592.

● 有 7% 退出投资的回报超过投资额 10 倍。

以上发现针对个人投资的回报。威尔班克和伯克尔在观察天使投资者投资组合时发现,只有 39% 的投资组合出现了亏损(与个人投资 52% 的数据相反)。总体而言,调查结果似乎并非远远不如本章中描述的其他风险投资家。

拉蒙·P.德根纳罗(Ramon P.DeGennaro)和杰拉尔德·P.德怀尔(Gerlad P.Dwyer)在亚特兰大联邦储备银行主持对预期的投资回报进行了研究。[1]他们在 1972—2007 年间收集了 588 个样本,其中包括在 2007 年底完成的 419 项投资(即退出投资)[2],结果发现在市场平均持有期为 3.67 年的条件下,天使投资者可以期望获得超过无风险收益率 70% 的回报。[3]这与风险投资者的情况大致相同。[4]

超级天使

虽然风险投资者主要投资于第一轮融资,但也有风险投资公司提供种子轮融资。这些公司被称为超级天使(super angels),以私募股权公司(私募股权公司的介绍,将在稍后章节与风险投资有关的内容中提到)的形式建立。它们与传统的风险投资公司不同,因为超级天使可以提供的投资数额更少。

股权众筹平台

众筹(crowdfunding)是从大量小额投资者中募集创业资金的做法。通常这些资金是通过互联网筹集的。通常有两种形式的众筹:回报(捐赠)众筹和股权众筹。[5]我们在这里重点介绍股权众筹(equity crowdfunding),即允许投资者获得创业公司的股权。

任何有意于募集股权资本的创业公司都必须遵守 SEC 和各州规定的关于招揽投资和广告业务的联邦证券条例,这一点已经在第 5 章有所讨论。在 2012 年 4 月 5 日

[1] Ramon P.DeGennaro and Gerald P.Dwyer, "Expected Returns to Stock Investments by Angel Investors in Groups," Working Paper 2010—2014, Federal Reserve Bank of Atlanta, August 2010, https://www.frbatlanta.org/research/publications/wp/2010/14.aspx.
[2] 数据来源于 Angel Investor Performance Project。
[3] 净回报率是内部收益率,我们在第 17 章讨论估价时的盈利能力指标。
[4] John H.Campbell, "The Risk and Return of Venture Capital," *Journal of Financial Economics* 75(January 2006):3—52.
[5] Tanya Prive, "Crowdfunding:It's Not Just for Startups," *Forbes*, February 6, 2013, http://www.forbes.com/sites/tanyaprive/2013/02/06/crowdfunding-its-not-just-for-startups.

之前,股权众筹并不利于资金筹集。然而,乔布斯法案的规定使得创业公司募集资金成为可能,从而使股权众筹成为可能。从那时起,众多的股权众筹平台开始出现。

将股权众筹作为种子资金来源,其增长潜力几何? 对此各方都给出了预测。Massolution——一家提供众筹业界报道的公司——预计 2015 年全球众筹市场将达到 344 亿美元。该预计是基于全球 1 250 个众筹平台得出的。考虑到全球众筹市场的增长,Massolution 对 2013 年的预测数额只有 51 亿美元,而这一预测已经实现。①

种子加速器

种子加速器为创始人提供了在高科技行业中推广公司的工具。他们通过提供种子阶段融资来换取创业公司的小额股权。加速器的资金数额从 2 万美元到 10 万美元不等,可以换取公司的 2% 至 10% 的股权。资金以可转换票据的形式投放,天使投资者也使用这一相同工具,具体将在下一章描述。

对于正在考虑使用种子加速器的创始人来说,他们的关键是获得进入机会,需要的不仅仅是资金,还有接触其他潜在投资者、短时间的培训、临时办公室和专家团队。通过为创始人提供指导,种子加速器帮助创始人做好准备向潜在风险投资者介绍其产品或服务。在项目结束时(即从项目毕业),创始人在面向潜在投资者和媒体之前,会有一个"演示日"(demo day)。

西北大学的叶尔·霍希堡(Yael Hochberg)和克里斯滕·卡马斯(Kristen Kamath)是美国种子加速器排名项目(National Seed Accelerator Rankings)的共同管理者,他们的报告为选择种子加速器的创始人提供了有用信息。霍希堡和卡马斯为各个种子加速器进行排名,这些种子加速器通过提供小额补贴来换取股权、办公空间和不到一年的培训课程,并在演示日结束。他们用于排名的六个标准包括:

- 合格的融资活动:合格融资发生在创始人毕业后 12 个月内;创始人必须至少筹集 35 万美元。
- 合格的退出:创始人至少有 100 万美元的 IPO 或收购。
- 在顶尖风险投资家中的声誉:这一指标是基于与风险投资公司的访谈回应。
- 校友网络:网络由创始人从项目中毕业的创业公司数量来衡量。

① "Global Crowdfunding Market to Reach ＄34.4B in 2015，Predicts Massolution's 2015CF Industry Report," Research report by Massolution.

- 股权获得：这取决于创始人为获得津贴并参与该计划必须向加速器授予的创业公司的股权百分比。
- 补贴：向创始人提供资金，以支持创业者在项目期间的活动费用和创始人的生活费用。

根据以上标准和当时的合格加速器，2013 年（进行排名的第三年）美国各大种子加速器的排名（2014 年 3 月 10 日发布）见下表。①

1. Y Combinator	6. Alpha Lab(tie)	11. BetaSpring
2. Techstars	6. Capital Innovators(tie)	12. BoomStartup(tie)
3. Angelpad	8. Tech Wildcatters	12. ERA(tie)
4. Mucker Lab	9. Surge	12. JumpStart Foundery(tie)
5. Launchpad LA	10. Brandery	15. Dreamit

霍希堡和卡马斯的报告对行业的未来发展提供了两大进一步的见解。首先是医疗保健、能源、大数据、云计算和服务等具体行业的专业化趋势。其次是与成熟公司的加速器计划的合作。他们引用的例子是微软与加速器 TechStars 的合作伙伴关系：为引导创业者使用 Kinect for Windows 平台开发应用程序进行指导。

孵化器

另一种帮助企业家并提供类似于种子加速器的服务的方案是孵化器。企业家利用孵化器计划来发展自己的想法和商业业务。因为孵化器为企业家提供类似种子加速器的支持，通常种子加速器和孵化器的术语可互换使用。但是，两者之间有几个区别。

与通常持续不到 12 个月的种子加速器提供的项目相比，孵化器项目通常需要3—5 年才能完成。因此，种子加速器的启动速度通常比孵化器快，而且加速业务发展

---

① http://yael-hochberg.com/rankings.htm. 2012 年排名如下：1—Y Combinator；2—TechStars Boulder；3—KickLabs；4—i/o Ventures；5—Excelerate Labs；6—AngelPad；7—TechStars NYC；8—TechStars Boston；9—Launchpad LA；10—500 Startups；11—DreamIt Ventures；12—TechStars Seattle；13—NYC SeedStart；14—Entrepreneurs Roundtable Accelerator；15—The Brandery. 参见 http://yael-hochberg.com/Accelerator%20Companion%20FINAL.pdf.

对于实现种子加速器的财务目标非常重要：帮助创业者获得天使或风险投资，从而实现加速器的投资回报。为了实现这一点，种子加速器不像孵化器，前者能够为他们计划中的初创公司提供更好的媒体曝光。

孵化器计划中初创企业的指导通常不如它能提供的另一个资源重要：创始人的工作空间。这对于生命科学行业的创业公司尤其重要。几家公司可能会分享同一个工作空间，这让企业家有机会与其他企业家进行互动并建立关系。

最后，如上文所述，种子加速器从作为其计划一部分的初创公司获取少量股权。而孵化器通常会收取设施的租金、每月费用或会员费用代替股权。

一个例子是圣地亚哥的扬森实验室（Janssen Labs），这是强生公司外部研发机构的一部分，该引擎于 2012 年初开业，为医疗保健行业的独立创业公司提供了 4 万平方英尺的设施。如其网站所述：

> 扬森实验室在短期内提供各种高端基础设施，包括独特的台面、模块化的湿式实验室单元和空调，允许公司只需支付其需要的空间，并在有资源的时候可选择快速扩大其空间。位于扬森实验室的公司也可以访问核心研究实验室、专业资本设备和共享行政区。此外，扬森实验室还设计了一个全年课程，旨在在持续商业化的过程中帮助创新者。扬森实验室是一个开放的创新模式，而空间协议并不给予扬森公司任何权益，公司也不需保证与扬森在未来有联系；但该模式旨在提早开启交流，并与医疗创新者建立长期关系。①

上市前融资

直到 2010 年，扩张融资的主要来源都是传统的风险投资公司、企业风险投资公司和在线风险投资基金。近些年来，共同基金和对冲基金等机构投资者也开始为创业公司提供融资。

风险投资者

根据美国风险投资协会（National Venture Capital Association，NVCA）的统计，

---

① https://www.janssenlabs.com/about/overview.

风险投资公司是"专业的风险资本机构管理者,可以支持最具创意和前景的公司"。①
投资于创业企业的资金以股权形式出现。这些投资通常是根据初创公司达成的预定
里程碑,每两年进行一次或多次投资。股权投资通常缺乏流动性,直到公司成熟才产
生价值,而这通常在公司成立后5—8年才会发生。

　　风险投资公司通常在私人公司中拥有股权,这与投资私人公司的私募股权投资
公司有什么不同? 风险投资公司通常被认为是投资于创业公司的、特殊类型的私募
股权公司。②相比之下,典型的私募股权投资公司投资于正在寻求私有化或目前表现
不佳但具有巨大回报潜力的成熟公司。风险投资公司与私募股权投资公司之间投资
回报率的一个重要差异在于后者会利用杠杆。

　　2015年,风险投资额约为591亿美元,用于资助下列阶段(按NCVA分类):种子
阶段为2%;早期阶段为34%;成熟阶段为27%;扩张阶段为37%。591亿美元中,对
2 620家信息技术公司投资了421亿美元,对664家医疗/生命科学公司投资109亿美
元,且对420家非高科技公司的投资额达61亿美元。在风险投资公司2015年投资的
九个行业中,有一半集中在两个行业:软件行业(40%)和生物技术行业(13%)。③

　　根据NCVA的数据,通常只有10%提交给风险投资公司的商业计划会被认真考
虑,只有1%提交的商业计划最终得到资助。

　　由于是对创业公司进行长期投资,风险投资公司的合伙人将积极参与被投资公
司的各个方面。至少,这表现在风投公司在董事会获得一个或多个席位参与公司
治理。

　　风险投资公司创立的投资组合被称为"风险投资基金"(VC fund),其形成过程如
下。通常,有限合伙④由风险投资公司组成。在有限合伙关系中,有普通合伙人和有

---

① National Venture Capital Association, "Venture Capital：101：What Is Venture Capital?," http：//
www.nvca.org/index.php?option＝com_docman&task.从监管的角度来看,有人担心,根据《多
德—弗兰克法案》,风险投资基金、对冲基金和私募股权投资公司需要向SEC提供某些信息。幸
运的是,对于风险投资公司,SEC在2011年提供了一个避免此要求的风险投资基金的规定。
SEC将风险投资基金定为"合格投资"的投资基金。合格投资主要是指投资私营企业的股份。
然而,风险投资基金被允许在不合格投资中投资20%。它可能不会显著使用杠杆。
② 每年《福布斯》都会发布世界排名前十的私募公司和私募投资者。福布斯榜在这里指大富翁名单
(Midas Lists)。
③ 数据来源:figures 5.0, 6.0, and 7.0 in *National Venture Capital Association Yearbook 2016*, pre-
pared by Thomas Reuters。
④ 商业组织的合伙形式在第3章中有所讨论。

限合伙人。前者管理投资组合,负有无限责任,后者不参与投资组合中的选择,并负有限责任。对于风险投资基金,风险投资公司是普通合伙人,有限合伙人是外部投资者,他们给予风险投资公司风险投资的承诺。因此,投资者既不投资于资本风险投资公司,也不投资于个人风险投资,而是投资于特定的风险投资基金(即投资组合)。

风险投资公司创建的风险投资基金的投资者是机构投资者、家族办公室和高净值资产人士。机构投资者包括养老基金、保险公司、资助会和基金会。家族办公室是管理富裕家庭财务和私人事务的实体。

当风险投资公司获得足够的投资者承诺时,就可以创建风险投资基金。投资者向风险投资公司提供现金,风险投资基金的普通合伙人将对该公司分析师选定的企业进行投资。因为会有多轮融资,所以在未来几轮将准备一定数额的储备金。风险投资基金的回报通过 IPO 上市后,被另一家公司收购或与另一家公司合并实现。

尤因·马里恩·考夫曼(Ewing Marion Kauffman Foundation)①基金会的私募股权董事、前风险投资家戴安娜·马尔卡希(Diane Mulcahy)在 2013 年 5 月号《哈佛商业评论》(*Harvard Business Review*)发表一篇文章,其中解释了她认为的关于风险投资家的一些迷思。②她打破这六大迷思的动机是"帮助公司创始人对行业及其附属有更现实的感知"。穆卡伊提出的六个迷思是:

迷思 1:创业公司的主要资金来源是风险投资家。

迷思 2:投资创业公司时风险投资家面临的风险很大。

迷思 3:大多数风险投资家提供宝贵的咨询和指导。

迷思 4:风险投资公司产生的回报是惊人的。

迷思 5:风险投资基金越大越好。

迷思 6:风险投资家是创新者。

在对迷思 1 的讨论中,马尔卡希指出,(1)风险投资基金为不到 1% 的美国公司提供资金,(2)与数量不断增加的天使投资者不同,风险投资行业正在收缩。迷思 2 很清楚:是风险投资基金的投资者正在接受与创业公司投资相关的风险,而不是风险投

---

① 该基金是美国最大的私募股权基金之一,规模达 20 亿美元。

② Diane Mulcahy, "Six Myths about Venture Capitalists," *Harvard Business Review*, May 2013, https://hbr.org/2013/05/six-myths-about-venture-capitalists.

资基金中作为普通合伙人的风险投资公司。并不是所有的风险投资公司都花费相同的时间来为创业公司提供建议和指导(迷思 3)。这意味着创始人必须通过尽职调查选择一家风险投资公司,以便他所选择的公司能提供预期的指导。至于迷思 4,关于回报业绩,我们稍后再进一步讨论。实证证据并不支持风投投资产生了惊人的回报这一观点。经验证据也不足以支持风险投资基金越大越好(迷思 5)。特别是,有证据显示,当风险投资基金的规模增长超过 2.5 亿美元,业绩将会下滑。最后,马尔卡希认为,风险投资家可能为具有创新观点并需要将之商业化的创始人提供资金,但风险投资公司的管理在过去 20 年中并没有创新(迷思 6)。她总结道,尽管风险投资家未来将在创业公司融资方面发挥重要作用,但随着新兴资金来源的出现,风险投资行业正在萎缩。

美国以外的企业风险投资　2014 年,安永会计师事务所的一项调查显示,2014年风险投资基金投资了全球 6 507 笔交易中的 867 亿美元,平均交易规模为 1 670 万美元。根据研究,在美国、中国和欧洲,风险投资公司的资金金额最高。

在欧洲,欧盟已经强调了风险投资的重要性,它们可以作为初创企业和小公司银行融资的替代方案。欧盟委员会(EC)在其出版物和监管计划中强调,风险投资基金不仅在提供银行融资的替代方案方面扮演重要角色,在风险投资者提供的非财务支持方面也有重要作用。在评估风险投资者对中小企业的影响时,欧盟委员会的结论是:"依靠风险投资融资的中小企业比没有风险资本支持的中小企业更好。"

虽然风险投资基金参与了欧洲市场,但欧洲以外的非银行融资创业公司的市场参与程度更高,如风险投资基金。问题在于,欧洲风险投资基金规模相对较小,这是实现规模经济的障碍,阻碍了高科技公司专业风险投资基金的发展。为了克服欧洲风险投资市场增长的障碍,欧盟于 2015 年 9 月批准了一项行动计划并制定措施,使风险投资公司能够使用单一法规在欧盟成员国上市。这项被称为"欧洲风险投资基金"(European Venture Capital Funds)的举措,要求在风险投资公司将该标签用于投放市场的基金之前,需要满足某些规定。更具体地说,基金经理必须证明较大的投资比例(投资者收到资本的 70%)被投资于年轻的创新公司。据预计,这些可被风险投资基金获得的投资资金将对投资者产生更大的吸引力,从而实现数量的增长。更进一步,将有大额的风险投资基金转化为专业行业的资本,如高科技领域。

在东南亚,风险投资行业正处于起步阶段。新加坡正试图成为东南亚的"硅谷"。例如,2013 年,新加坡高科技公司的风险投资额为 17.1 亿美元,超过其他东南亚国家

（同期中国为 34.6 亿美元）。在以色列，风险投资基金约为 10 亿美元，根据《2014—2015 年世界经济论坛全球竞争力年鉴》(*The World Economic Forum Global Competitiveness Yearbook 2014—2015*)，其在 148 个经济体中排名第九，在 2014 年"世界竞争力榜单"上位列第三。

企业风险基金

企业风险基金投资于在将来有潜力为本公司产品提供良好战略合作关系的公司。虽然我们将风险投资基金定义为扩张融资的来源，但它们实质上参与了早期融资的种子阶段。

企业风险基金的例子包括戴尔创业投资公司、谷歌风险投资公司、思科投资公司、礼来投资公司、强生投资公司、微软风险投资公司、英特尔投资公司和三星创业投资公司。根据 CB Insights 调研公司发布的《企业风险投资报告》(*Corporate Venture Capital Report*)，2013 年第三季度最活跃的企业风险基金是谷歌风险投资公司，其次是英特尔投资公司。[1]三星创业投资、SAP 投资和思科投资并列第三名。从企业风险资本家获得资金的好处是，它们为创始人提供了企业分销渠道和基础设施，以及潜在的战略合作伙伴。

在 2011 年上半年，传统风险投资公司由于全球金融危机而难以筹集投资资金，企业风险投资基金成为创业资金的重要来源。当时，企业风险投资基金提供了 11％的风险投资。[2]根据《企业风险投资报告》，2013 年第三季度，企业风险投资基金自 2011 年以来达到最高水平，其中 21 亿美元分布在超过 140 个投资项目。在所有风险投资方面，企业风险投资基金占 30％。随着企业资产负债表上的现金积累增加，传统的风险投资公司将难以筹集资金，预计这一趋势会继续下去。

来自企业风险投资基金的美元投资大于传统风险投资公司所提供的投资。根据《企业风险投资报告》，企业风险投资基金在 2013 年第三季度的平均交易规模为 1 700 万美元；风险投资总额的平均水平为 930 万美元。

对企业风险投资基金的母公司而言，潜在利益有三。[3]首先，相对于传统研发计

---

[1] Q3 2013 Corporate Venture Capital Report，CBInsights，October 24，2013，http://www.cbinsights.com/blog/corporate-venture-capital-q3-2013.

[2] Josh Lerner，"Corporate Venturing," *Harvard Business Review*，October 2013，86—94.

[3] 勒纳在《企业风投》(*Corporate Venturing*)一文中定义了这三个好处。

划,它可能更有助于母公司应对技术变革。哈佛商学院的乔希·勒纳(Josh Lerner)引用礼来投资公司作为企业风险基金帮助其母公司礼来公司(Eli Lilly)的例子,"赶上生物科学的快速步伐,以防化学专业技术无关紧要"。[1]其次,可以实现有吸引力的财务回报。再次,由于技术溢出,企业风险投资基金有可能为母公司的产品或服务提供新的动力。

根据对 1985 年至 2006 年间 796 家企业风险投资基金在生物制药行业的投资所产生的技术和财务回报进行分析,康贤成(Hyunsung Daniel Kang)和维克拉姆·南达(Vikram Nanda)报告的实证证据支持了第三个潜在利益。他们发现,归功于企业风险投资基金的技术进步确实增加了母公司的价值。然而,与技术对企业价值产生的正面溢出效应相反,他们发现其对财务回报影响不大。[2]

在线风险投资基金

2012 年 5 月,投资者俱乐部(Funders Club)发起了一个平台,允许经认证的投资者通过在线选择企业成为创业公司的股东。[3]发起时,投资者俱乐部拥有 5 000 名成员(即认可投资者)。他们向其成员提供两种类型的资金:由投资者俱乐部管理的单一公司基金和多公司基金。对于单一公司基金,该成员从提供有投资概况的初创公司列表中进行选择。相比之下,对于多公司基金,投资者投资于尚需要被决定的创业公司组合,其中公司的选择是基于投资者俱乐部投资委员会制定并由其执行的投资策略决定的。[4]

在建立时,5 000 个投资者俱乐部成员中有 500 个投资了约 250 万美元的 9 个不同的基金,投资者的典型投资范围从 2 500 美元到 25 万美元不等。可供投资的创业公司,即早期、中期和晚期私人美国技术公司,由投资者俱乐部投资委员会和投资者俱乐部专门小组每周预先筛选。经过筛选的创业公司通常由投资者俱乐部关系网络

---

[1] Lerner, "Corporate Venturing," 86.

[2] Hyunsung D. Kang and Vikram K. Nanda, "Technological Spillovers and Financial Returns in Corporate Venture Capital," Working Paper, Georgia Institute of Technology, March 2011, http://www.researchgate.net/publication/256016429_Technological_Spillovers_and_Financial_Returns_in_Corporate_Venture_Capital.

[3] 关于投资者俱乐部是否是注册经纪人以及是否必须在 SEC 上注册,出现了监管问题。投资者俱乐部驳斥了 SEC 采取的这一立场,认为 VC 是在线工作,而不是离线工作。2012 年 5 月,投资者俱乐部从 SEC 收到"不采取行动的信件",表示 SEC 不会建议执法行动。

[4] 两类基金的股东都是投资者俱乐部。

和合作伙伴确定。根据投资者俱乐部的数据,不到5%的企业被选中列入其网站供成员审核。使用网络平台,成员可以浏览预先启动的初创公司,查看其投资概况(包括创始人视频),并签署法律文件。成员也有机会在问答论坛上询问创业公司的创始人。在投资创业公司之后,为了让投资者保持更新状态,并且使他们进一步参与其中,创业公司将其与投资者沟通的方式确定在公司简介中。通常有几种沟通方式,如季度电子邮件更新或纳入"内幕投资者发行名单"(insider investors distribution list),以通知投资者重大里程碑、已经取得的进展和创业公司创始人的视频信息。

投资者俱乐部平台似乎有些类似本章前面所述的众筹。但是,二者有所不同,因为众筹中各方的投资者在个人的基础上投资一个公司。投资者俱乐部代替汇集个人投入的金额,然后创建一个风险投资基金,以投资于一家创业公司或创业公司组合。在这个意义上,这种投资方式与传统风险投资在创建风险投资基金方面所做的工作没有什么不同,应当被正确地命名为"在线风险投资基金"。为了避免选择初创公司时的潜在冲突,投资者俱乐部不向创业公司收取被纳入其平台的费用。

机构投资者:共同基金和对冲基金

在上市、收购或并购之前,为新企业提供扩张融资的最新市场进入者是机构投资者。这些投资者包括共同基金①和对冲基金。

像风险投资基金一样,这些机构投资者是集体投资的手段。这些集体投资的投资者拥有按比例分配的基金组合,由基金经理管理,该基金的经理购买和出售证券。投资组合每份额的价值或价格称为净资产值(NAV),等于投资组合的市场价值减去负债除以基金投资者拥有的份额数量。

共同基金家族的一些赞助商,如贝莱德财务管理(BlackRock Financial Management)、富达投资(Fidelity Investments)、普信(T. Rowe Price)、骏利资本集团(Janus Capital Group)以及惠灵顿资产管理公司(Wellington Management),都为创业技术公司投入了部分资金。据调研公司CB Insight透露,2010年共同基金和对冲基金在11

---

① 理论上有共同基金和封闭式基金。前者是开放基金。开放式基金和封闭式基金的结构存在差异。对于开放式基金,由于基金在每个交易日同意出售和赎回股票,因此每天可能发生的流通股数量有所变动。股票出售或赎回的价格在资产净值交易日结束时确定。对于封闭式基金,发行股份数量在发行时固定。封闭式基金的价格由市场决定,这一点同股票一样。封闭式基金的价格因此可以以资产净值或与资产净值不同的价格出售。尽管结构上存在技术差异,但通常将开放式和封闭式基金作为共同基金,我们将在讨论中加以论证。

家创业科技公司投资了 6.28 亿美元。在接下来的三年中,他们投资了 30 多笔交易。2013 年投资了 25 亿美元。①截至 2014 年第一季度,四家基金赞助商投资了 13 笔交易。②

由于对创业公司的投资被称为替代投资或简称为代投资,将基金资产的大部分投资于创业公司的共同基金则称为"替代"或"代"共同基金。一个例子是新视野基金公司(New Horizons Funds)。根据基金的招股说明书,该基金是一个"积极的股票基金,主要通过投资小型、快速成长的公司来实现长期资本增长"。该基金允许投资私人公司。其 2013 年报显示,早期公司占投资组合持股量的三分之一。2009 这个基金曾投资推特。

共同基金参与创业公司的一个例子是 Apptio 公司。Apptio 成立于 2007 年,开发了基于云的商业软件应用,"帮助企业将技术支出与业务成果相结合,并将 IT 流程自动化,如成本透明度、基准测试、回拨/扣费(show back/charge back)、运营效率和规划"。该公司在 2007 年夏季,从两家风险投资公司和天使投资者处获得了 700 万美元的融资。在 2012 年 5 月,经过两轮融资,Apptio 的投资者共有四家风投公司。2012 年 5 月,Apptio 获得了 5 000 万美元的第四轮融资(D 轮融资),其融资来源不仅是现有的风险投资公司,而且有普信集团,该公司获得了其赞助的几个共同基金的股份。一年后,即 2013 年 5 月,在 4 500 万美元的 E 轮融资中,Apptio 的现有投资者中新增了共同基金骏利资本,以及另一个未命名的机构投资者。

上市之前的后期扩张融资通常不会涉及机构投资者高达数亿美元的大型交易。高科技创业公司创始团队的优势是,他们可以推迟上市(即进行 IPO),以便上市时在成长性和品牌影响方面有更良好的记录。这些机构投资者的动机是获取上市前的估值。例如,在 2014 年第一季度,有消息称爱彼迎(Airbnb)公司已经通过机构投资者参与募集了约 4.5 亿美元。除了推特的 IPO 之外,没有技术创业公司在上市时高于这个数额。

---

① "Hedge Funds and Mutual Funds Increase Investment Pace to Private Tech Companies," *CB Insights*, January 7, 2014.

② Kristen Grind, "Mutual Funds Moonlight as Venture Capitalists: Firms Are Pushing into Silicon Valley at a Record Pace," *Wall Street Journal*, April 20, 2014, http://www.wsj.com/articles/ SB10001424052702304626304579509494155922018.

首次公开募股

随着私人公司融资需求的增长,创始人可以将目标转向公众以满足其股权需求。公共资金是通过首次公开募股(IPO)获得的。IPO长期以来被视为退出策略的金杯。然而,如第2章所述,并非所有创始人都将上市作为其退出策略的。对于一些创始人来说,IPO是获得充足资金的必要来源,这些资金可能无法来自传统的资源方,包括天使和风险融资。然而,如上所述,市场上的新玩家——机构投资者——已经使一些公司没有必要过于着急地进行IPO。机构投资者可以大量注入资金,使创始人能够在不需要公共资金的情况下进行扩张,从而使公司延期上市。

上市的决定始于同公司财务顾问的讨论,以确定公司是否适合上市以及市场情况是否适合上市。财务顾问知道投资者获取上市股份时会考虑什么。例如,在某些行业,公司可能只能通过展现强劲且具有悠久历史的财务业绩才能上市,这包括收入和盈利能力。然而,对于某些高科技行业的公司,短时间的潜在业绩增长就已经足够了。此外,创始人必须确定其股份的交易地点(即交易所或场外交易市场)。对于在证券交易所上市的公司,需符合交易所规定的上市要求。关于时机,市场情况可能会使上市时公司面临股票价值较低的情况。这种不利条件将鼓励公司推迟上市,直到市场状况改善。

第5章介绍了通过普通股发行募集资金的规定,此处不再赘述。

上市的好处

上市公司有两个主要优点。第一,公开上市的普通股为创始人所拥有的股份以及投资者和拥有股权的雇员提供了流动性。对于希望通过建立公司创造的价值来收获或兑现现金的一些创始人,IPO使这一目标得以实现。

第二,创始人可以使用股票作为一种货币形式,这使他们可以进行收购以扩大业务,并通过提供股票期权来吸引关键的高管人员。股份是一种货币形式,因为股票具有市场价格,当需要聘用关键人员时,股票使得交易中关于股票价值的谈判不再必要。创始人寻求收购的目标公司和创始人想要吸引的关键员工,都可以通过观察股票的市场价值来明确他们可以提供的东西。

另外还有两个上市的优势。一是上市公司有更多的渠道获得银行贷款和债券融资等其他融资来源。二是公开上市的公司通常被认为比私人公司更有声望,可以为公众和供应商提供更多的信息曝光,也可以提高公司在公共投资界的曝光程度。

上市的缺点

也有一些因素使公开上市对创始人的吸引力减小。第一,上市公司必须遵守第 2 章中所述的 SEC 报告公司的监管要求。在 IPO 相关的初始成本(法务、会计和银行费用)以及交易所收取的上市费用之外(如果是选定的交易场所),仍然存在其他投入成本。由于 2002 年出台了《萨班斯—奥克斯利法案》,上市公司的成本也有所增加,例如条款第 404 条规定,一家公司对财务报告必须有一定的内部控制。第二,创始人撰写公司报告,必须定期向公共投资者提供信息,这存在着隐含的成本。

失去保密性通常被认为是私人公司公开上市的第三个缺点。上市公司的招股说明书,及其 10-K 表格中的报告,需要披露创始人可能认为对其经营和业务战略高度敏感的信息。私人公司则不需要披露,但报告公司需要披露的信息包括关于产品、客户、研发和管理策略的信息。

上市会导致决策的控制权和业务的灵活性潜在降低,这是上市的第四个劣势。当创始人失去控制权时,主要决定(甚至是次要决定)需要股东批准,这可能带来成本高昂的代理投票,批准也需要相当长的时间。董事会可能不再由创始人控制,但主要股东集团应将超过的多数股份出售给公众。当然,如下一章所述,可以出售有限投票权的普通股,但这会使普通股对投资者的吸引力降低,导致股票估值下降。此外,并非所有创始人都能够发行有限投票权的股份。

最后,IPO 之后,继续经营公司的创始人对于股东和金融界预期的目标财务指标(如每股收益和每股收益增长)都有压力。这个期待通常意味着创始人必须将重点从建立一个更强大的公司转向实现短期财务目标,这可能导致牺牲长期绩效。

发行方式

创始人必须在与财务顾问协商后做出如何向公众发行股票的决定。这需要传统的承销安排和拍卖流程。

传统承销流程　IPO 发行股票的传统过程中涉及通过投资银行向公众发行股票。投资银行作为经销商可以通过两种方式之一进行发放。第一种方式是购买公司的普通股,然后分配给投资者。这被称为承销股份,投资银行被称为承销商(underwriter)。当投资银行同意以定价购买发行人的股份时,承销安排被称为公司承诺

(firm commitment)。投资银行承诺承担的风险是在承销安排中,从公司购买股份所支付的价格可能低于向公众出售股份所收到的价格。相比之下,在尽力承销安排(best-effort underwriting arrangement)中,投资银行只承诺运用其销售股票的专长;它不会从公司购买股票。

普通股承销所得的费用是投资银行向公众提供股票的价格与投资银行向公司支付的价格之间的差额。这种差异称为总价差(gross spread)。许多因素都会影响总价差的大小。

几项研究考察了上市公司总价差的规模。1995—1998 年期间,对于中小型IPO,陈轩基(Hsuan-Chi Chen)和杰伊·里特(Jay Ritter)的一项研究发现,其总价差为 7%。[1]里特对 1999 年到 2013 年 IPO 的后续研究发现,虽然有一些例外,但是中小型 IPO 的总价差仍然保持在 7%。[2]大型交易的价差远远低于 7%[3]:脸书在 2012 年一项价值高达 160 亿美元的 IPO 上有 1.1% 的总价差,推特在 2013 年的 100 亿美元IPO 上大幅扩张到 3.25% 的价差,而在 2008 年的 179 亿美元上市中为 2.8%。

典型的承销交易涉及很大的资本损失风险,单一投资银行单独承担风险,这将使银行面临丧失其大部分资本的风险。为了分担这一风险,创始人选择的投资银行将会把一组公司纳入承销协议,称为承销集团(underwriting syndicate)。然后,差价将在主要承销商和承销集团的其他公司之间进行分配。主承销商管理交易。在一些情况下,多名承销商可能会担任主承销商,在这种情况下,主承销商被称"共同领导"或"共同管理"交易。

要实现总价差,所有股票必须以计划的售价卖给公众,这通常需要大量的营销努力。承销投资银行试图将股票出售给投资者客户群。为了增加潜在的投资者基数,主承销商将把包括在承销集团内部的公司,以及其他不在集团内的公司,进行销售组合。

拍卖流程 有些公司选择了另一种方式向投资大众分配 IPO 股票。在拍卖流程

---

[1] Hsuan-Chi Chen and Jay R.Ritter,"The Seven Percent Solution,"*Journal of Finance* 55,no.3 (2000):1106—1132.

[2] Table 10 in Jay R. Ritter,"Initial Public Offerings:Updated Statistics," December 4, 2014, http://bear.warrington.ufl.edu/ritter/IPOs2013Statistics.pdf.

[3] Table 10 in Ritter,"Initial Public Offerings:Updated Statistics." The Twitter gross spread was reported by Telis Demos,"Twitter Squeezes Banks on IPO," *Wall Street Journal*, October 13, 2013.

(auction process)中,公司宣布发行股票,感兴趣的团体提交密封投标,以收购拍卖的股份。从 20 世纪 90 年代中期开始,技术行业的几家公司使用这种形式的 IPO 发行,其中包括雅虎、Overstock.com 和谷歌。

我们先讨论拍卖的机制,以及赢得投标者必须支付的价格是如何确定的。然后我们再看一下传统 IPO 与拍卖的相对优缺点。

假设 IPO 将发行 3 000 万股,投标和股份数量如表 6.1 所示。

表 6.1 拍卖流程展示

投资者	每份竞标价(美元)	竞标总数	剩余分配数量
A	50.00	3 000 000	27 000 000
B	48.00	3 000 000	24 000 000
C	46.00	7 000 000	17 000 000
D	44.00	5 000 000	12 000 000
E	42.00	2 000 000	10 000 000
F	40.00	2 000 000	8 000 000
G	38.00	2 000 000	6 000 000
H	36.00	2 000 000	4 000 000
I	34.00	2 000 000	2 000 000
J	32.00	3 000 000	0
K	30.00	4 000 000	0
L	28.00	3 000 000	0
M	26.00	4 000 000	0
N	24.00	5 000 000	0

表 6.1 中的第一列显示了以第二列显示价格出价的所有出价者。所以"A"代表所有出价 50.00 美元的投资者,他们总共投标的股票数量是 300 万美元。由于有 3 000 万股待配发,这意味着剩下的股份数(最后一列)是 2 700 万股。对于投资者"I",出价为 34.00 美元,只剩下 200 万股。投资者"J"以 32.00 美元的价格在剩下的 200 万股中竞标 300 万股。所以以 32.00 美元的价格,市场已经出清(即总股数都将被出售)。

那么问题就是中标者(投资者"A"到"J")将支付什么价格。价格将是最低中标者支付的 32.00 美元。也就是说,所有投标者都支付单一价格。这种类型的拍卖被称为荷兰式拍卖(Dutch auction)。所以,虽然投资者"A"以每股 50.00 美元的价格出售 300 万股,但每股只需支付 32.00 美元。投资者"K"至"N"将不会收到股份。在剩下 200 万股中竞标 300 万股的投资者"J"将被分配多少呢? 所有出价 32.00 美元的人都将获得相应的配置。例如，如果投资者以 32.00 美元的价格出价 3 000 股，该投资者只能被分配 2 000 股。对于我们假设的上市发行人，在任何费用之前可以被提取的金额为 9.6 亿美元。

2004 年 8 月，谷歌利用荷兰式拍卖上市，筹集了 27 亿美元。现在的问题是上市的最佳方法是什么：传统方法使用投资银行承销或进行荷兰式拍卖？让我们考虑推特在 2013 年 11 月 7 日的 IPO 情况，由该公司的投资银行家决定定价为每股 26 美元。以此为基础，该公司的估值为 152 亿美元。纽约证券交易所交易的开盘价为每股 45.00 美元，收盘价为每股 44.90 美元。以每股 45.00 美元的价格计算，该公司的估值为 318 亿美元。想想这些数字：投资银行家认为该公司的价值为 152 亿美元，市场认为这是 318 亿美元。有人的估值模型已经过时了！

传统 IPO 与拍卖的比较 当然，投资银行家认为，他们作为中介机构在 IPO 中直接购买股票，这为上市公司增加了价值，因为他们能找到基础的机构客户，使得发行人在承销费用调整后可能获得最高价格（收益）。然而，自 20 世纪 90 年代以来，对于何为好的承销，衡量的似乎并不是公司在 IPO 中的收益数额，而是发行时股价的上涨。例如，在推特案例中，定价明显低于市场在开盘当天所建议的（约 45 美元），导致推特的收益明显减少。受益人是那些有幸获得经纪人分配股份的人，主要是机构投资者。谷歌选择荷兰式拍卖的原因之一是它允许散户参与上市交易，这被认为更加"民主"。

投资银行家对传统承销流程的优势提出的一个论证是，参与承销流程的集团可以在发行后一段时间内对市场价格起到支持作用。这是因为在大多数这种承销中，投资银行同意稳定二级市场的价格，使其不低于卖给公众的价格。[1]

本章要点

- 早期融资包括种子轮和第一轮。
- 种子轮，有时被称为商业前融资阶段，在此阶段创始人寻求资助来开发产品或服务。

---

[1] 人们可能认为这是市场操纵。然而，根据 SEC 条例 10b-7，这是被允许的，SEC 规定了它认为能稳定市场的新发行活动以及其定义下的市场操纵。

- 在非常早期的融资中,通常主要的资金来源是创始人的个人资产。这种融资被称为自我融资。

- 在第一轮融资(或 A 轮系列融资)中,在这个阶段所能达到的里程碑是产生收益,这一阶段通常不会产生盈亏平衡或盈利的情况。

- 创始人通常很难在种子阶段获得银行融资(除非创始人有足够的抵押品或足够的资产提供个人担保),但是一旦获得一次融资,就有专业银行和非银行实体愿意以认股权证的形式向贷方提供包含股权激励的风险债务。

- 种子融资来源是信用卡、供应商、美国小企业管理局贷款(SBA)、天使投资者和天使团体、超级天使、种子加速器、孵化器和股权众筹平台,最常见的资金来源种类是天使投资者。

- 扩张阶段的融资是通过扩大生产和营销获取客户以扩大公司业务。

- 扩张阶段的融资包括过桥贷款、二轮融资(B 轮融资)、第三轮融资(也称为 C 轮融资)等。

- 如果公司在经过多轮融资后没有清算,则可能需要额外的融资。一个新的投资者团体或机构投资者的入场,使得企业可以筹集大量资金进行扩张,而不需要上市。

- 在考虑创业公司资助申请时,潜在投资者将进行尽职调查,包括评估创始人在与企业有关的业务和法律事项的演示中对公司问题的回应。

- 潜在投资者要求的业务问题涉及:(1)创始人的背景,(2)商业模式,(3)公司的历史表现,(4)管理团队,(5)目标市场。

- 法律事项包括,例如,任何受到潜在威胁、待决和现在的诉讼或任何许可或专利侵权的情况。

- 早期资金的主要来源是天使投资者,即通常投资在 15 万到 200 万美元之间,符合 SEC 对"认可投资者"定义的富有个人。

- 除了提供资金外,天使投资者提供战略性规划建议,协助团队建设,并提供联系平台以发展关键伙伴关系和进一步筹资。

- 天使投资者通常通过团体或关系网络进行投资,有四个原因:(1)这些团体能汇集资金,从而允许其投资更多的创业公司,理论上可以通过多元化降低风险;(2)降低信息收集和订立合约的成本;(3)这些团体可以利用集团成员的不同专业知识和经验来评估初创企业;(4)相比一个人,一群富有的个人更可能会吸引更多的交易。

- 风险投资家主要投资于第一轮融资,而提供种子轮融资的风险投资公司被称为超级天使,并设立私募股权投资公司。

- 众筹是通过一大批投资者投资小额贷款筹集初创资金的做法,通常在互联网上进行。

- 股权众筹是一种让投资者获得一家创业公司股权的众筹形式。

- 乔布斯法案的规定使得创业公司募集资金成为可能,从而使股权众筹成为可能。

- 种子加速器为创始人提供了机会,不仅可以以早期融资换取一定股权,也可以使其接触其他潜在投资者,获得短时间的培训、临时办公空间和专家团队等资源。

- 孵化器是指导企业家,并提供类似于种子加速器的服务的另一种方案,两者之间有以下区别:(1)孵化器计划通常需要3—5年才能完成,而种子加速器通常持续不到12个月;(2)孵化器计划中对初创企业的指导通常不如孵化器提供的另一资源重要,即为创始人提供工作空间;(3)种子加速器从初创公司中提取少量股权,而孵化器通常收取设施的租金、每月费用或会员费以代替股权。

- 扩张融资的主要来源是传统的风险投资公司、企业风险投资公司和在线风险投资基金。

- 风险投资公司以股权的形式投资创业企业,其投资通常按照是否达到预定里程碑来执行,通常每两年进行一次或多次。

- 风险投资公司通常被认为是投资于创业公司的特殊私募股权公司,与典型的私募股权投资公司相反。私募股权投资公司投资于寻求私有化或被视为暂时表现不佳但具有回报潜力的成熟公司。

- 企业风险资本家投资于有潜力与他们形成良好合作关系的创业公司。

- 共同基金和对冲基金等机构投资者是IPO、收购或兼并之前为新企业提供扩张融资的最新市场进入者。

- 机构投资者为大量扩张提供资金,使得新企业能够推迟通过IPO募集资金或被收购的时间。

- 公司的创始人可以通过股票上市,将筹资目标转向公众,以满足公司的需求。

- IPO受证券法规管理。

- IPO 的两个主要优点是：(1)公开上市的普通股为创始人所拥有的股份以及投资者和拥有股权的员工提供流动性，(2)创始人可以使用股票作为一种货币形式，允许他们通过提供股票期权来进行必要的收购，进而扩大业务并吸引关键高管。
- IPO 的缺点是：(1)公司必须遵守和承担与 SEC 监管备案要求相关的费用；(2)公司创始人在准备定期向公众投资者提供报告信息时，面临时间的隐性成本；(3)由于需要信息披露，公司面临丧失保密性的危险；(4)管理层面临压力，要按股东和金融界的预期目标实现财务指标，导致创始人将重点从建立一个更强大的公司变为以牺牲长期业绩为代价实现短期财务目标。
- 向公众发行普通股可以通过传统的承销流程或拍卖流程完成。

延伸阅读

天使投资者

Bryant，Tarvy，*The Entrepreneur's Guide to Raising Capital from Angel Investors*（Athens，GA：Deeds Publishing，2014）.

Ramdev，Vinil，*Insider Secrets to Raising Capital from Angel Investors*（Bangalore，India：Zaang Entertainment，2012）.

风险投资公司

Dotzler，Fred，"Raising the First Round of Venture Capital：What Founding Teams Should Understand," *Journal of Private Equity*，Winter 2012，9—12.

Lerner，Josh，Ann Leamon，and Felda Hardymon，*Venture Capital，Private Equity，and the Financing of Entrepreneurship*（Hoboken，NJ：John Wiley & Sons，2012）.

Metrick，Andrew，and Ayako Yasuda，*Venture Capital and the Finance of Innovation*，2nd ed.（Hoboken，NJ：John Wiley & Sons，2010）.

Ramsinghani，Mahendra，*The Business of Venture Capital：Insights from Leading Practitioners on the Art of Raising a Fund，Deal Structuring，Value Creation， and Exit Strategies*, 2nd ed.(Hoboken, NJ: John Wiley & Sons, 2014).

IPO

Draho, Jason, *The IPO Decision: Why and How Companies Go Public* (Cheltenham, UK: Edward Elgar Publishing, 2006).

Westenberg, David, *Initial Public Offerings: A Practical Guide to Going Public*, 2nd ed.(New York: Practising Law Institute, 2014).

7 通过股权和股权稀释进行融资

通过发行来募集资金的金融工具有两种:股票和债券。创始人决定用于筹集公司所需资金的股权和债务组合被称为资本结构(capital structure)。对于大多数上市的非金融公司,股权占资本结构的较大部分。对于创业公司,相比于公开上市的非金融公司,其股权(或股权型债务,equity-type debt)通常占资本结构的较大部分,尤其是在融资的早期阶段。因为可用的纯债务融资来源有限,关于创业公司的资本结构的决定(即应该通过股权融资多少,负债多少)通常被迫施加在创始人身上。"纯债务融资"是指不能被债权人转换成股票的债务。当一家创业公司进入后期,就有机会进行纯债务融资。

在本章中,我们将介绍 IPO 前的普通股发行,以及导致普通股发行的其他证券,简称为股权稀释证券(equity dilutive securities)。这些证券包括可转换优先股、可转换债券。创业公司的大多数投资者都喜欢股权稀释证券,其原因在本章有所描述。我们还考察了融资过程中相关条款的重要规定,以及一轮融资前后的估值计算。

普通股

股权证券代表公司的所有者权益。它可分为两大类:普通股和优先股。我们在这节的重点是普通股。下一节将讨论优先股。

公司普通股持有人有权按比例分配公司的收益。该公司,更具体地说,该公司的董事会决定将多少收益分配给普通股股东。当收益被分配给普通股股东时,该支付被称为股息(dividends)。创业公司通常不会支付股息,因为需要节约现金用于公司业务发展。通常,创业公司的普通股投资者并不期望收到股息股利作为投资创业公司时的收益形式,而是期待受益于所持股权的价格升值。

普通股股东被称为公司的"剩余"所有者。这是因为在破产的情况下,当公司解散且资产分配给公司的所有投资者时,这类股东只有在所有其他证券持有人获得其应得金额之后才能获得相应的分配。

普通股发行可以通过向公众出售证券来实现,如第 6 章所述,也可以通过私人配售进行发行。普通股还可以通过创业公司向创始人和其他关键员工授予奖励和期权来发行,如第 4 章所述。通过这种机制发行普通股,目的是补偿创始人和其他关键员工,而不是筹集资金。当然,当发行这样的普通股时,创业公司也是为了留存现金。

所有权和控制问题

当发行普通股股票获得融资时,公司所有权和控制权是否变化,这对创始人至关重要。关于所有权,在一轮融资后,他们会考察所有权百分比如何变化。控制权是指创始人在管理公司方面对战略规划和指导公司未来发展上的灵活性。提供公司治理方案的文件是股东协议。

在法律文件规定和公司组织文件中,对控制权有影响的是(1)投票门槛和(2)董事会组成。投票门槛规定了创始人希望进行某些举措时所需的赞成股东百分比。但是,如果公司能够发行具有双重投票权的普通股,它可能不只是所有权的百分比,而是投票百分比。许多创业公司已经从"一股一票"的常见结构,走向双重股份结构,其中每类股票的投票权数不同。创造具有不同投票权股票的动机,是允许公司的创始人通过控制最大普通股类别来控制公司投票权数。通常在一个双层结构中,这两类普通股票被称为 A 类股票和 B 类股票。从标签上,人们不能简单地辨别哪一类别的投票权数量较大。也就是说,没有行业规则会认为 A 或 B 有更多的投票权。

对董事会而言,控制权受董事会组成影响。因为这组人将会批准不能由股东投票产生的重大决定。创始人通常会寻求一个董事会席位,提供资金的投资者将寻求一定数量的董事会席位作为独立董事。失去董事会控制权将降低创始人在公司管理方面的灵活性。稍后在讨论证券发行的条款时,将会介绍这些规定。

历史上,公司的创始成员可以通过拥有数量不多但有投票权的股份来保持控制权。例如,新闻集团(News Corp.)首席执行官鲁伯特·默多克(Rupert Murdock)拥有不到1％的非投票股票(在市场上交易),但控制了40％的投票权股票。2004年,谷歌采用了双重结构,即A类和B类普通股。A类普通股每股有一票,而B类每股票数为10票。两位创始人拉里·佩奇和谢尔盖·布林以及当时的首席执行官持有B类股票。当谷歌上市后,A类股票以荷兰式拍卖方式出售。双重结构给予创始人和CEO三分之二以上的投票权股份。最近,谷歌寻求提供另一类没有投票权的C类股票。之后的诉讼反对这种做法,认为发行新型的C类股票,进一步巩固了创始人对谷歌的控制,同时允许公司获得额外收益。

脸书拥有与谷歌相同数量的双重结构:A类和B类普通股。首席执行官兼联合创始人马克·扎克伯格拥有的B类股票,允许其在2012年IPO出售A类股票后保留控制权。(脸书于2009年通过了双重结构。)在上市前提交给SEC(S-1备案)的文件中,脸书估计B类股东会在发行前有70％的投票权,并提醒道:"这一集中控制将限制您在可预见的将来影响公司事务的能力。"(IPO之后,扎克伯格拥有57％的投票权股份,但只有28％的公司所有权。)

虽然几家科技公司都采用了双重结构,但推特的联合创始人迪克·科斯特洛(Dick Costolo)和埃文·威廉姆斯(Evan Williams)并没有这么做。投资者拥有的每股股份与共同创始人的票数相同。推特的董事会确实有发行拥有特别投票权的优先股的权利。

可转换优先股

优先股(preferred stock)是一种结合了普通股和债券特点的混合型证券。尽管它具有债务特征,但被认为是一种股票,在资产负债表中显示为股东权益的一部分。不同于一般股东,优先股股东通常不具有投票权,但有一些情况例外,将在稍后描述。在创业公司的早期阶段,允许投资者如天使投资者和风险投资者将优先股转换为普通股,这是从普通股的价格升值潜力来寻求获利的投资者的首选股票。

对于投资者,优先股具有传达权利、优先和特权的条款。公司优先股股东拥有由公司董事会宣布的股息偿付权,该偿付相对于普通股东是有优先权的。优先股具有面值和股息率。不过,就像创业公司发行普通股一样,当投资者选择优先股时,由于公司需要节约现金,通常不支付股息。如第 9 章所述,普通股的面值除法律之外没有什么意义,而优先股的面值很重要。

下面讨论优先股的不同特征。

股息

面值与优先股股息利率一起确定了股息的数额,如果有足够的收入支付优先股股东,股息将会得到支付。例如,假设公司的优先股的面值为 100 美元,股息率为 6%。将 100 美元的面值乘以 6% 的股息率给出了公司同意支付的年度股息金额(在我们的例子中为 6 美元),即在普通股股东之前的需要支付给优先股股东的股息。

假设一家公司已发行优先股,票面总价值为 1 000 万美元,股息率为 6%,税后盈利(即支付债务人利息及其税款)为 100 万美元。这意味着当公司董事会的董事宣布派息,公司必须向优先股股东支付股利 60 万美元(1 000 万美元×6%),且必须在普通股股东收到股息之前完成支付。通常每季度付款一次,所以在我们的例子中,优先股股东每季度获得股息支付 15 万美元。假设董事会董事决定分配 80 万美元的股息,那么优先股股东会收到 60 万美元,普通股股东将获得 20 万美元。

公司没有法定义务向优先股股东支付股息。然而,在这种情况下,当没有支付股息时,通常会有一项规定限制公司管理。此项条款允许优先股股东有权选举一些成员进入发行人董事会。这被称为特定情境投票权(contingent voting rights),因为投票权是基于没有支付股息的情景下。尽管有这种不利影响,没有支付优先股股利并不造成法律后果,不像公司未能支付债权人利息一样可怕。若未能支付债权人利息,该公司有法律义务立即偿还本金(即偿还债务责任),否则可能导致破产。

如果优先股股东的季度股利支付不足,公司是否需要在未来季度弥补这个短缺呢?答案取决于在优先股票协议中的相关规定。优先股可以是累积或非累积优先股。对于累积优先股(cumulative preferred stock),该股息支付在其全额支付之前累积,因此普通股东直到到期前才能收到所有红利。在非累积优先股(noncumulative preferred stock)的情况下,任何季度股利支付不足都会造成损失。如前所述,初创公司通常不会支付股息。因此,通常由创业公司发行的优先股将会是累积优先股,未支付的股息计入优先股的面值。

清算偏好

如果发生清算事件,则面值是在普通股股东收到任何数额的清算之前,持有人有权获得的金额。清算事件(liquidating event)的定义在条款表(见下文)中。通常,它的定义更为广泛。也就是说,并不限于公司因破产而实际清算或解散。相反,它通常包括公司的出售或控制权变更。在实际情况中,如果有清算事件导致公司破产,初创公司通常不会有太多收益。并且,如后所述,投资者通常需要的优先股是给予投资者可转换为普通股权利的优先股,从而在公司成功时终止优先股。

创始人了解优先股股东的偏好至关重要,如果术语表中所述的清算事件发生,它会影响创始人在出售公司或更改控制权时收到的金额。的确,优先股东的优先权被认为是这个条款表中最重要的条款,之后才是关于公司投资前估值的谈判(见下文)。此外,它对后续的融资也有影响。

为进一步说明,让我们考虑一个公司出售的案例(一个清算事件),出售价格为2 200万美元(扣除与销售相关的所有费用),并假设出售前的资本结构如下:

优先股面值	500 万美元
债 务	200 万美元

一旦债权人获得了200万美元,所有股权投资者(优先股股东和普通股股东)可以获得2 000万美元。现在的问题是怎么样在优先股股东与普通股股东之间分配这2 000万美元。当有清算事件时,优先股股东不能获得上述任何超出其面值的收益金额,则表示优先股票为未参与的优先股(nonparticipating preferred stock,或"1×清算优先权")。(为了简化,我们会忽略优先股股东将反映的自发行以来已经累积的股息数额。)在我们的例子中,最后的收益分配如下:

优先股股东收益	500 万美元
普通股股东收益	1 500 万美元

创始人会尝试去谈判使优先股不参与的条款。相比之下,初创企业的优先股股东将设法参与清算,获得超出股票面值的收益。如果优先股股东有权利与普通股股东共享剩余清算收益,那么优先股被认为是参与类优先股(participating preferred stock)。根据优先股的面值大小,优先股参与权可以有不同的参与形式。例如,如果

优先股股东有权获得面值的两倍或三倍,就称为"2×清算偏好"和"3×清算偏好",则分配如下:

分配到:	2×清算偏好	3×清算偏好
优先股股东收益	1 000 万美元	1 200 万美元
普通股股东收益	1 000 万美元	800 万美元

刚刚描述的两种类型优先股的变种是其中存在参与权的问题,但是它被限制在一个特定的数额。这种优先股的形式被称为限制参与优先股(capped participating preferred stock)或部分参与优先股(partially participating preferred stock)。例如,假设在我们之前的例子中,优先股股东是有权利的,在清算期间平均分配最高达 800 万美元。这意味着优先股股东将获得 800 万美元,普通股股东将收到余额 1 200 万美元。

一旦确定了向普通股股东支付的收益金额,那么创始人和非创始人的分配也就确定了。例如,如果我们这个例子中的优先股股东支付了 500 万美元,以获得公司30%的股权,他们将有权享有普通股所有权的 30%,表 7.1 显示了创始人和购买优先股的投资者收到的收益(假设没有其他股权投资者)。需要注意,在优先股股东获得清算优先权前后,支付给创始人的金额有相当大的变化。

表 7.1　2 000 万美元收益的分配　　　　　　(单位:百万美元)

支付给	清算收益			
	不参与	2×清算偏好	3×清算偏好	最高限额 800 万美元
优先股股东	5	10	12	8
普通股股东	15	10	8	12
投资者(优先股股东)*	4.5	3	2.4	3.6
优先股股东总计	9.5	13	14.4	11.6
创始人	10.5	7	5.6	8.4

注: * 是优先股股东因为对公司的 30%股权投资接受的股票份额。

转换条款

经常授予一家创业公司投资者的优先股股票中的可转换功能,这通常会给予投资者转换优先股为公司普通股的权利。条款可能会对转换行为发生的时间有所限制。通常,如果某些事件发生,转换就是强制性的,例如 IPO。保护投资者免于稀释其潜在股权仓位的规定将稍后在我们讲到条款表时进行描述。

可转换票据

可转换票据(convertible note)通常在创业公司早期融资时发放给投资者,一般在A 轮融资之前。不同于可转换优先股作为一种股权形式,可转换票据是一种债务形式。可转换票据的持有人(1)有选择用票据交换股权的权利,或(2)如果有 A 轮融资,则自动转为股权。可转换票据持有人所收到的股票通常是优先股。

转换条款

我们先来看一个成熟公司发行的传统可转换票据。传统的可转换票据使投资者有权将票据转换为发行人普通股。可转换票据可以转换的普通股股数被称为**转换率**(conversion ratio)。通常,转换率在可转换票据有效期内是固定的。如果可转换票据的面值为 1 000 美元,转换率为 20︰1,这意味着投资者有权将票据转换成 20 股普通股股票。同样,投资者将为行使转换权换成的普通股支付的价格,称为**转换价格**,为每股 50 美元。

创业公司用于种子融资的可转换票据有两种不同类型。首先,在传统可转换票据的情况下,转换结果通常是优先股,而不是普通股。此外,优先股是可转换优先股股票。所以行使转换权给予投资者转换成证券的权利。反过来,投资者有权最终转换成普通股。因为可转换票据(债务)最终可能会导致普通股的发行,这是一种股权稀释证券的形式。

第二个差异是转换发生时优先股支付的价格。如果转换,投资者必须支付优先股的价格,由基于可转换票据规定的条款决定。可能会有一个转换折扣或转换估值上限。如下所述,这两种条款都是为了保护可转换票据投资者的利益,来弥补他们作为早期投资者承受的巨大风险。

转换折扣　初创公司的早期投资者购买可转换票据,是寄希望于如果创业公司表现良好,预期会产生有吸引力的回报,而且普通股价格会上涨。因此,在可转换票据发行时必须有规定,允许投资者因为承担了创业公司早期的风险而获得相应补偿,这个补偿应该比后面轮次进入初创公司的投资者获得的补偿更多。简单地说,相对后来的投资者,例如风险投资家对创业公司估值后购买优先股,可转换票据中的投资者希望能够以较低的价格购买这些优先股,因为他们是创业公司高风险的初始承担者。

转换折扣(conversion discount)允许可转换票据的投资者获得此项权利,它具体规定可转换票据投资者购买股票的价格相比于 A 轮投资者优先股所支付的价格要低多少。这里讲一下它的工作原理,假设转换折扣为 25%。

假设可转换票据资金为 30 万美元,利率为 10%。两年后,获得了风险投资基金的 A 轮融资,同时条款规定获得的优先股可以每股 1 美元购买。25% 的折扣意味着可转换票据投资者将支付每股 0.75 美元用于购买优先股,即我们在前文提到的转换价格。可转换票据投资者会收到多少优先股呢?因为可转换票据投资者有权转换面值(300 000 美元)加上应计利息(60 000 美元)[1],转换基于 360 000 美元进行。因为可转换票据将被转换的数额为 360 000 美元,每股优先股为 0.75 美元,所以优先股总数为 480 000 股(360 000 美元/0.75 美元)。

转换折扣不必在证券有效期内固定。相反,它可以结构化,使其随着时间的推移而增加,直到获得 A 轮融资。你可能会期望获得 A 轮融资所需的时间越长,可转换票据投资者面临的风险就越大,因此,就会有更高的转换折扣。这也是创始人尽快寻求 A 轮融资的动力,为了合理避免进一步的股权稀释。

一家创业公司不一定通过可转换票据一次性筹集到所有资金。在不同时间发行的可转换票据可能会有几个问题。每次发行的转换折扣可以不同,具体取决于不同时期吸引投资者的因素不同。例如,有兴趣购买可转换票据的早期投资者的转换折扣可能会更高,而不是后期的投资者。

有趣的是,与传统可转换票据的投资者从公司价值的上涨受益不同,投资者在创业公司的可转换票据,虽然也受益于估值的增加,但他们不希望看到它在 A 轮融资前增长。A 轮投资者的估值越高,他们将收到的优先股股票数量就越少。

转换估值上限 转换估值上限(conversion valuation cap)是可用于确定可转换票据持有人获得转换为优先股的权利时,必须支付的最大转换价格。这个规定给投资者的好处是,优先股可以比 A 轮投资者支付价格更低的价格支付。

为了说明,假设投资者拥有 30 万美元面值的可转换票据。转换估值上限为 600

① 年利率 10%,30 万美元的 2 年累计利息是 6 万美元,忽略复利。

万美元,该公司正在筹集 A 轮融资。进一步假设投前估值,具体方法会在稍后讨论,在优先股融资中是 800 万美元,面值为 1 美元。在融资之前,假设可转换票据的应计利息为 60 000 美元。600 万美元的转换估值上限是指,购买优先股的票据持有人的转换价格被调整到低于 A 轮投资者支付的股票价格。找到调整的过程是通过估值上限(在我们的例子中为 600 万美元)除以投前估值(例子中的 800 万美元)。在我们的例子中,它是 75%。这意味着可转换票据投资者会支付 A 轮投资者支付的优先股价格的 75%。因为投资者每股优先股支付 1 美元,可转换票据投资者只支付每股 0.75 美元。由于可转换票据投资者转换 360 000 美元(本金加累计利息),将获得优先股 480 000 股(360 000 美元/ 0.75 美元)。

请注意,使用可转换票据,不需要对普通股估值。因为债务只是贷款,所以不需要估价。因此,在发行时,转换价值将不需要估值,而是在下一轮融资中确定(A 轮融资)。

有权证的债券

股权稀释证券的另一种债务形式是购买认股公司普通股权证的债券。权证(warrant)是一种选择权的形式,授予权证持有人行使的权利,并获得指定的证券。通常这种类型的融资被用于一个公司的后期阶段,在几轮融资(即过桥融资)之间获得融资。

例如,一家公司可能会发行带有认股权证的可转换债券以购买最高达 15% 的普通股。这被称为"附 15% 认股权证的可转换债券"。假设这个可换股债务的面值是 500 万美元。这意味着该可换股债券的投资者拥有认股权证,有权购买 75 万美元(15%×500 万美元)的发行人的普通股。认股权证的行使价格由下一轮融资中投资者同意为普通股支付的金额决定。因此,重要的是投资者相信会有另一轮融资来确定转换价格。这就是为什么在融资的早期阶段这种融资方式使用较少。后面过桥融资时,公司已经经历了好几轮的融资。但是,为了增加可转换债务在早期融资中的使用,通常会为改进包含权证结构的可转换债券提出一些建议。[1]

---

[1] 参见 Paul A.Jones,"Seed Financing Option:Convertible Debt with Warrants," WTB News, December 7, 2009, http://wtnnews.com/articles/6889。

条款表

公司通过任何类型的融资工具筹集资金的条款（普通股、优先股和债务义务）由创始人和投资者谈判决定，并在意向书（letter of intent）中陈列。在金融行业的说法中，意向书被称为条款表（term sheet）。通常，这个条款表由律师编写，由其他律师审读。因此，大多数创始人将高度依赖法律指导和解释。互联网上提供了条款表模板。

条款表提供了双方商定的条款，阐明了确保各方（创始人和资本提供者或投资者）对交易的主要条款达成一致的基础。关于在条款表中包含的细节数量有两种意见。一方面，一些观点认为应当针对谈判结果中规定的条款产生详细的条款表；另一方面，有些人认为这些条款应该更多是广义的理解，细节应该在交易的最后阶段起草法律文件时确定。

无论提供的细节如何，当新投资者对公司进行尽职调查时，一个或多个条款应该进行进一步修改，或者由完全重新谈判得到。因此，由于主要条款是以广泛的参数形式呈现出来的，无论提供多少细节，条款表都不是法律文件，因此不具备法律执行效力。然而，这个条款表通常有两个要素，是用来对双方进行法律约束的：保密协议和所谓的"不挑选"（no-shopping）条款。

条款表中的约束条款

保密协议对于创始人是必要的，因为有关公司的战略或计划不公开的敏感信息可以提供给潜在的新投资者。创始人不希望向第三方披露此信息，比如竞争对手可能会利用这些信息获得收益。另一方面，投资者，例如风险投资家和银行家，可能会担心一个包含过度限制保密规定的条款表难以执行，因为他们的业务性质决定其可能在未来某个时候会与公司的竞争对手一起合作筹集资金。

涉及创业公司募集资金的交易对投资者而言是十分昂贵的。在投资者开展尽职调查过程中会产生法律费用和其他费用。因此，投资者想要确保创始人并没有为了更好的条件而参与其他潜在的投资者的交易。在条款表中，"不挑选"要求创始人在指定时间段，不寻求其他投资者提供的募集资金交易。创始人很难遇到对"不挑选"规定不做要求的投资者，只有在尽可能短的一段时间内谈判之后才可以寻求其他投资者提供资金。急切需要资金的创始人专注于对"不挑选"规定要求较低的谈判。

条款表的基本要素

在这里,我们简要地描述一个条款表的组成部分。证券或融资工具的条款表基本上分为三个部分:

（1）融资的说明；

（2）融资的条款；

（3）投资者保护性条款。

融资的说明　融资的说明包含了以下信息:

● 发行人；

● 证券类型；

● 投前估值；

● 发行量；

● 股数；

● 每股价格。

当发行的可转换优先股时,条款表将指定投前估值(稍后解释)。然而,如前所述,可转换票据将不会有此行为。

估值过程是复杂的,这在第16章中会有所解释。投资者将基于他们所使用的方法进行估值。在融资的后期阶段,公司会准备一份条款表来寻求合适的投资者,公司将提供自己的估值。

融资的条款　融资的具体条款包含以下方面:

● 可转换优先股股息的支付及可转换债券利息的支付；

● 分配清算收益中的优先清偿。

可转换优先股存在股息率的问题,这由投资者和创始人谈判决定,而可转换债券有利率问题。不同于标准可转换优先股和可转换债券由成熟的企业发行,当投资者是天使投资者或者风险投资者时,支付股息和利息的方式有很大的不同。例如,成熟公司发行可转换优先股的情况下,定期支付股息。早期融资的可转换优先股就不是这样的,股息要么是在清算时支付,要么由董事会宣布支付给普通股持有人。条款表将说明如何将股息支付给可转换优先股股东。

由于可转换证券允许投资者将优先股转换为普通股,因此需要设定相关的转换条款。这里需要处理两个问题。首先是每份可转换证券可以转换的普通股数量。条款表也描述了针对投资者的保护条款,避免创始人在未来的几轮融资中稀释投资者的股权仓位。这一规定,被称为反稀释条款(antidilution provision),将提出一个针对可转换证券的新的转换价格。

第二个问题涉及转换自身的权利。转换条款提供给投资者将证券转换成普通股的权利,而不是义务。因此,投资者可以选择是否将证券转换成股票(即将可转换证券转为普通股)。条款表中将说明这个选择权是可选的。然而,在某些情况下,投资者别无选择,只能转换。也就是说,在某些情况下会自动进行转换。例如,当公司 IPO 时会自动转换。

作为公司的清算结果,关于投资者和创始人之间的收益分配(包括拥有普通股的员工)将在条款表的第二部分说明。术语表将界定清算事件如何构成。通常清算事件包括公司的 IPO 或者兼并收购。

投资者保护性条款　发行条款包括保护投资者在初创公司的股权利益。还存在其他的保护性条款,适用于风险投资者对创始人提出超越了资金条款的要求。大多数这些权利都被包括在了投资者权利协议(investor rights agreement)之中。基本上,这些都是创始人与投资者签订的条款。它们包括以下内容:

- 未来的股票发行权利:这个条约允许投资者在创始人寻求发行普通股或任何稀释性证券之时,为维护在公司所占股权比例,可以第一时间拒绝的权利。
- 信息权利:该权利要求公司提供给投资者财务信息和其他报告。
- 监督权利:投资者有权知晓董事会会议的权利,并允许出席参加这些会议。
- 检查权:投资者被赋予检查公司财务会计信息的权利,并有在此过程中与本公司的相关高管讨论公司财务的权利。
- 赎回权:这将授予投资者对公司有赎回在指定价格买入的股权的权利。
- 注册权:此权利赋予投资者要求该公司竭尽全力促使证券在 SEC 获得注册的权利,这样投资者就能向公众出售股份。
- 投票权:投资者将寻求行使转换权后获得的普通股带来的相应投票权。
- 董事会成员:投资者有选择在投资者权利协议中规定的董事会成员数量的权利。

除了投资者权利协议以外,另一个包含在该公司的章程对投资者起保护作用的规定,就是共同销售权(co-sale right)。这项权利,也被称为追随性权利(tagalong right),允许投资者出售自己拥有的股份,享受和创始人相同的条款。通常,上述股份可以由投资者根据总持股比例按比例出售。投资者希望获得共同销售权,是为了减少创始人卖掉较大份额股份的动机,因为创始人会因此减少妥善经营公司业务的积极性。

赎回权 让我们更加仔细地研究一下赋予投资者的赎回权。投资者将寻求在协议中包括有要求公司选择回购其股份的权利。当这样的赎回权被允许,可能在指定年份之前都不能被允许执行(通常至少 5 年),以满足公司盈利或其他财务指标。更常见的规定是,当且仅当有过半数董事同意这一行动时,该公司才会赎回投资者拥有的流通股。公司赎回股票的时间长度会进行特别说明。例如,股票可能会分 3 年赎回。

从投资者的角度来看,引入这一权利的理由是,如果公司是成功的,但又没有达到本来可以达到的或者规定的价格点,则它为投资提供了下行保护。对于风险投资者,这种权利非常重要,因为已经投资了初创企业的风险投资基金寿命有限。如果风投基金在投资时的剩余寿命为 8 年,当风险投资投资到那个时候,初创公司没有退出就变得非常关键。

应当指出的是,即使给予投资者一个赎回请求或多数董事会投票赎回的权利,如果这一行动将导致公司无力偿债,从而对债权人的地位产生不利影响,该公司就无法在法律上被允许赎回股份。因此,任何授予投资者赎回的权利都有一个限制,即受各地区管理股东分配的法律的限制。

还有一种赎回权,通常被包含在投资者权利协议中,不需要多数董事会的同意,即使投资者没有要求赎回的权利。这种情况包括在"经营不善回购"权利中。如果该公司面临重大的经营不善状况,这一权利使投资者可以将拥有的股票期权立即赎回。重大经营不善意味着事件或事故对公司的业务产生显著的不利影响。这一授予投资者的权利被称为重大经营不善回购权。

尽管授予了清算权,但在实践中由风险投资者行使赎回权并不常见。在谈判清算权时,创始人会设法免除赎回权,如果这是不可能的,则使这些权利被行使之前,时间周期长度尽可能地长(至少 5 年)。关于重大经营不善回购权,创始人应该尽一切努力将关于投资者权利的条款排除在外。

投前估值和投后估值

投前、投后的概念似乎很容易理解。投前意味着投资之前投资者对公司的估值;

投后估值是做出投资后公司的估值。因此,如果一家公司在投资者希望投资 100 万美元前的估值是 300 万美元,则投前估值为 300 万,投后估值就是 400 万美元。这看起来很简单,但事实并非如此。接下来讲讲为什么。

投资者都知道,为了一个公司的成长,激励员工是指通过授予他们在未来某时刻以一个今天确定的价格购买股票的权利。如果创业公司运行良好,股票价格上涨并高于员工有权买入股票的执行价格,被授予股票期权的员工就能行使这些权利,实现利益。这些计划被称为股票期权计划,在第 4 章有过介绍。如果公司拥有股票期权计划,那么期权的行权将增加流通股数量,从而减少创始人新股发行的数量。事实上,没有设定这种激励计划的高科技创业公司是很罕见的。

融资回合的期权池和投后估值

在融资回合中投后估值的一个重要方面是期权池(option pool)。一个融资回合中的期权池指的是在公司发展过程中,为新聘用员工预留的股票数量。既然这仅仅是为未来被授予股票期权的员工预留的股票,那么期权池与寻求投资者筹集资金的初创公司的估值有什么关系呢? 投资者知道两件事情:(1)最终该公司将创造更多的员工股票期权;(2)授予员工股票期权的执行不仅仅会稀释创始人和现有投资者的股权,而且会稀释新投资者的股权。因为这一点,新投资者会考虑潜在稀释情况下的投前估值。

让我们用一个例子来说明。我们假设如下:

(1) 创始人有 100 万流通股。

(2) 没有授予员工股票期权。

(3) 忽略潜在的股票期权稀释,投前估值为 300 万美元。

(4) 公司正在寻求资金的新投资者要求公司 25% 的权益,投资 100 万美元。

(5) 新投资者希望期权池为投后估值的 15%。

(6) 购买的证券是可转换优先股,授予投资者转换证券为普通股的权利。

这里有两个问题。首先,什么是 15% 的期权池? 我们稍后解释。最重要的是,它是一个可以谈判的百分比。其次,这个比例将对投前估值、价格和所有权百分比有多大影响? 如后所述,其影响非常显著,这就是为什么需要创始人明白投资者是如何计算投前估值的。

回到之前的例子,创始人接触到了一个愿意投资 100 万美元的新投资者。由投资者指定的投前估值为 300 万美元。因为公司有 100 万股,所以在创始人看来投前估值为每股 3 美元。

这笔钱的投后估值为 400 万美元,这是投前估值和 100 万投资的总和。显然,投资后,创始人将拥有公司股权的 75%,投资人拥有 25%。

现在,让我们来看看期权池。由假设,新投资者希望有一个期权池,等于投后估值的 15%。期权池以及创始人的股票将因该公司引入新投资者 25% 的投资而被稀释。这意味着为了确定投前估值,期权池必须为 15%(即 20%×75%)。此外,这意味着新的投资处理股权分配决定投前估值是这样计算的:创始人拥有 240 万美元,可能会被授予股票期权的员工拥有 60 万美元。240 万元是真正的投资前估值,或有效投前估值。这个估值并不在条款表中表示。

当投资者做投资时,这种计算意味着创始人自己的股权而不是新投资者的股权被稀释,新投资者在投资后仍拥有公司 25% 的股权(400 万的 25%),还有 15% 将属于那些将被授予股票期权的人。因此,创业者拥有该公司的 60%,而不是 75%。

显示之前和之后的投资权益的表称为股权结构表(capitalization table, cap table)。下表显示了示例的股权结构。

	投　　前	占　　比	投　　后	占　　比
创始人	240 万美元	80%	240 万美元	60%
期权池	60 万美元	20%	60 万美元	15%
新投资者	—	—	100 万美元	25%
总　计	300 万美元	100%	400 万美元	100%

让我们看一下交易前每股的真实价格。由于创始人的真实估价为 240 万美元,总股数为 100 万股,每股价格为 2.40 美元。因此,不是每股价格 3 美元的估值,真正股价为每股 2.40 美元。

稍加分析可以得到期权池的股票数量。如果期权池总价值为 60 万美元,每股价格为 2.40 美元,然后用 60 万美元除以每股 2.40 美元,我们得到 250 000 股。

要看期权池大小的影响,下面来假设不是投后期权池的 15%,新投资者尝试谈判到 30%。这说明期权池的所有权益必须是 40%,这样它被稀释 25% 后,将有 30% 的投后股权。通过同样的计算,如上所述,投前估值 300 万美元,期权池的估值将是 120 万美元,创始人的估价为 180 万美元。按这样的假设,股权结构表见表 7.2。

表 7.2　稀释后股权结构

	投　前	占　比	投　后	占　比
创始人	180 万美元	60%	180 万美元	45%
期权池	120 万美元	40%	120 万美元	30%
新投资者			1.0	25%
总　计	300 万美元	100%	400 万美元	100%

如果创始人的估值是 180 万美元,这意味着交易前股价为每股 1.80 美元。期权池的股份数量,通过将期权池 120 万的估值除以每股 1.80 美元的股价得到 666 667 股。

本章要点

- 一个公司的资本结构是创始人决定用于公司融资的股票和债券的组合。
- 股权(或股权型债务)通常是非金融公司资本结构的最大组成部分,尤其是在融资的早期阶段。
- 股权证券代表公司的所有者权益,股权可分为两大类:普通股和优先股。
- 公司的普通股持有人有权收到按比例分配的公司盈利和股息。
- 对于创始人比较重要的是,当通过普通股发行获得融资时,在几轮融资之间对其持股比例和公司控制权的影响。
- 优先股是结合普通股和债务义务如债券的特征形成的混合证券。不同于普通股股东,优先股股东除了在某些特定情况下,通常不具有投票权。
- 在创业公司的早期阶段,优先股可允许投资者转换优先股为普通股,是投资者选择投资的一种方式。
- 优先股包括了投资者投资证券的传达权利、优先权和一些特权的规定。
- 优先股的面值是很重要的,因为如果有条款表中定义的清算事件发生,它通常与兼并或收购公司以及廉价出售公司的大部分资产都息息相关。
- 非参与优先股不允许当有清算事件发生时,投资者获得任何超过投资者的优先份额之外的收益。
- 参与类优先股可以让投资者与普通股股东一起分享以某种方式获得的任何剩余的清算收益。

- 有上限的参与类优先股(部分参与优先股)是一种可以参与,但有指定上限的优先股形式。
- 可转换优先股允许投资者将其转换成普通股。
- 可转换票据,通常在 A 轮融资之前的早期融资阶段发行给投资者,是一种债务形式。
- 可转换票据持有人享有可转换为股权的期权,或者如果有 A 轮融资,自动将其转换成股票的权利。
- 票据持有者通过转换获得的权益通常是优先股。
- 债务权证,通常是在公司发展的后期阶段使用,是股权稀释的另一种形式,其中权证授予了持有人收购指定数量普通股股份的权利。
- 公司用任何类型的方法募集资金的条款阐述在意向书中,更普遍地被称为条款表。
- 虽然条款表不是法律文件,但通常有两个要素在法律上对双方具有约束力:保密条款与"不挑选"的规定。
- 任何证券或融资工具的条款表基本上分为三部分:(1)融资的说明,(2)融资的条款,以及(3)投资者保护性条款。
- 投前估值意味着投资者投资之前对公司价值的估计。投后估值是新投资者投资之后的估值。
- 在融资回合中投后估值的一个重要方面是期权池。
- 一个融资回合中的期权池指的是随着公司的发展,预留给新员工的股票数量。
- 新的投资者会考虑到期权池对投前估值的潜在稀释效应,以确定真正的投前估值或有效的投前估值。
- 股权结构表展现了在投资前和投资后公司所有权的变化。

延伸阅读

Angel Capital Association, Angel Guidebook, appendix 11, sample 1, http://www.angelcapitalassociation.org/data/Documents/Resources/AngelCapitalEducation/Angel_Guidebook_-_Term_Sheet_1.pdf.

Barnett, Chance, "The Entrepreneur's Guide to Term Sheets and Equity Crowdfunding," Forbes, May 30, 2014, http://www.forbes.com/sites/chancebarnett/2014/05/30/the-entrepreneurs-guide-to-term-sheets-and-equitycrowdfunding

O'Hear, Steve, "A Term Sheet Written in Plain English? Put That in Your Silicon Valley Pipe and Smoke It," TechCrunch, June 30, 2013, http://techcrunch.com/2013/06/20/keep-it simple. "Sample Term Sheet," Startup Garage , September 11, 2014, https://thestartupgarage.com/tsgwiki/sample_termsheet.

Shontell, Alyson, "What a Straight Forward, Non-Jargony Term Sheet from a VC Looks Like," Business Insider, June 20, 2013, http://www.businessinsider.com/a-plain-english-term-sheet-venture-capitalist-2013-6 .

Wilmerding, Alex, Term Sheets & Valuations: *A Line by Line Look at the Intricacies of Term Sheets &Valuations(Bigwig Briefs)*, 1st ed.(Aspatore Books, 2006).

8 财务会计目标和准则

公司的财务报表概述了企业的经营、融资和投资活动。财务报表中包含的信息将递交给当前和潜在的投资者以及企业所需商品和服务的供应商查阅。公司现有股东(目前的股权融资供应商)是公司的所有者,并将使用财务报表中的信息来评估管理层的业绩,以确定是否继续对公司进行投资,或者出售其全部或部分权益,或者增加对公司的投资。潜在的新投资者,如风险投资者和天使投资者,将利用财务报表来评估创业公司的投资价值。该公司的潜在债权人(即该公司寻求借款的资本供应商)将使用财务报表来评估该公司偿还贷款的能力。商品和服务的供应商将在评估公司偿还能力后同意提供贷款,确保公司在未来能够及时偿还,其他债权人也是大致如此。账本的底线是财务报表提供了上述所有需要评估公司未来收益和现金流的财务信息。通过财务报表,现在和潜在的投资者以及公司管理层能够确定企业的运营效率,其可用资本能否被有效使用,未来的盈利能力如何增长,以及目前存在的财务问题、未来可能会出现的财务问题。

有四张基本财务报表:资产负债表、损益表、现金流量表和股东权益表。本章的重点是财务报表的目标和基本原则。资产负债表和损益表分别是第 9 章和第 10 章的主题。第 11 章涉及现金流量表和股东权益表。在我们的讨论内容中将不会解释如何起草这些报表,这是一项需要通过复式记账法来记录交易的繁琐工作。创业公司财务报表的编制通常由专门从事创业公司财务报表的外部会计师事务所完成。了解财务报表的编制方式对企业家而言并非必要。相反,重要的是企业家如何使用财务报表中的信息做出业务决策,并了解投资者如何评估公司。通过对财务报表的基本了解,我们将明白如何分析财务报表以提供有关创业公司业绩的信息。也就是说,只看财务报表中报告的原始数字不足以评估创业公司的表现；应当将四张基本财务报表的原始数据结合起来，这样做十分必要。这项任务被称为财务报表分析，是第 12 章的主题。

为筹集资金，企业向潜在投资者提供财务报表。在美国，可以根据具体情况使用两种财务报告框架：公认会计准则（generally accepted accounting principles，GAAP）和专用框架（special-purpose frameworks，SPFs）。在本章中，我们首先描述 GAAP，然后描述 SPFs。我们还将讨论公司创始人究竟如何选择使用哪一种框架。

在本章和下一章的财务报表介绍中，我们将使用四家上市公司的例子：苹果公司、百时美施贵宝公司（Bristol-Myers Squibb）、iRobot 公司和 MiMedx 公司。选择这四家公司的原因很简单：私营公司的财务报表不可得。而根据美国证券法，上市公司的财务报表需在年报中报告给股东。此外，财务报表也是 SEC 要求的 10-K 表中需要定期提交的一部分，其中包含的信息多于年报。

四张财务报表

在接下来的三个章节中，我们将详细描述必须为上市业务生成的四张财务报表。在这里，我们先对其进行概述，然后讲述根据 GAAP 编制财务报表的前提和准则。

资产负债表

资产负债表（balance sheet）也称财务状况表（statement of financial condition），如果是年度资产负债表，则显示公司会计年度最后一天的公司资产、负债和权益，如果是季度资产负债表，则显示会计季度最后一天的上述相关数据。公司的资产是管理层为公司经营的资源。资产如何融资（资助）？这就是负债和权益发挥作用，因为它们表明资金从哪里获得。负债代表公司借款的金额。公司的资产来源于公司的所有者（即股东，就公司而言）。由于公司只能从债务和权益中获得资金，所以有一个众所周知的会计公式：资产＝负债＋权益。

看看 2013 年苹果公司的资产负债表。截至 2013 年 9 月 28 日，苹果的会计年末，资产为 2 070 亿美元。负债和权益（显示为资产负债表上的股东权益）分别为 834.51 亿美元和 1 235.49 亿美元。可以看出，负债和权益之和等于资产。

现在看来似乎是一个简单的问题。无论出于什么原因，如果苹果想卖掉所有的资产，大概会得到多少钱呢？我们来看看资产负债表：资产价值是 2 070 亿美元。遗憾的是,这不是正确的答案。原因是资产负债表上显示的总资产如何解释取决于编制财务报表时使用的"规则"。这意味着在编制财务报表时应采用某些原则。我们将在本章后面讨论这些规则,然后可以了解到 2 070 亿美元的意义。

这是另一个似乎有一个简单答案的问题。通过查看资产负债表,我们可以确定在 2013 年 9 月 28 日苹果普通股的市场价值吗?资产负债表中的股东权益显示,价值为 1 253.49 亿美元。事实上,2013 年 9 月 30 日左右,苹果股价约为每股 480 美元,约有 93 920 万股。2013 年 9 月 28 日,流通股的近似价值(即市值)为 4 508.16 亿美元(每股 480 美元×9.392 亿股)。因此,股价市值远远超过资产负债表所列的股东权益。这种差异的原因在于建立股东权益的规则。

损益表

损益表(income statement)是公司在一段时间(如会计季度或会计年度)内的经营业绩的总结。损益表也称收益表、经营报表和收入损失表。本财务报表以公司的销售或相应的收入为开始。这看起来很容易理解。但是,当我们讨论公司在何时确认收入以便将其纳入损益表的相关规则时,会发现情况并非如此,具体原因将在第 10 章中解释。最后一行,即"底线"是公司的净收入(net income),这也表明了每股普通股挣多少,被称为每股收益(earnings per share)。

对于 2013 年的业务,苹果的净收入为 370.37 亿美元。按照损益表的净收入,公司的每股收益为两个值:40.03 美元和 39.75 美元。我们将在第 10 章中解释这些数字是如何得出的。

现金流量表

正如我们在本书的一些章节中所解释的,出于各种原因,公司的现金流至关重要。我们将在下一章中给出现金流的正式定义。现金流量表(statement of cash flows)是公司现金流的总结,其中包含公司收到和利用现金的信息。更具体地说,现金流量表有三个部分:经营活动产生的现金流量、投资活动产生的现金流量和筹资活动产生的现金流量。

股东权益表

股东权益表(statement of stockholders' equity),也称为股票持有人权益表(statement of shareholders' equity)，提供关于股东权益变动的概述。此外，还包括有关改变已发行股票数量行为的信息。此类行为包括公司回购股票，公司在该期间内提供的任何股票期权①，以及出售库存股②。财务报表的基本结构是将会计年度开始时每股股东权益报告的金额与本会计年度末报告的金额进行对账。

GAAP、财务会计准则

如果要对财务报表的查阅者有用，财务报表中包含的信息应具有三个重要的属性。信息是相关的，是可靠的，并以一致的方式呈现，使当前和潜在的投资者能够了解公司作为股权投资或资金借款人的投资优势，从而做出决策。

GAAP 是由美国和国外公认的会计机构授权设立的会计准则、规则和惯例框架。在美国，根据 GAAP 或符合美国证券法要求的私人公司的公认会计准则以及上市公司的公认会计准则，由财务会计准则委员会（Financial Accounting Standards Board，FASB）制定，体现在财务会计准则声明（Statement of Financial Accounting Standards，SFAS）中。FASB 是 SEC 指定制定会计准则的独立机构。在这里，我们讨论基于 GAAP 会计准则的财务会计手段；之后，我们将讨论 SPFs，以及在能够选择使用 GAAP 或 SPFs（即非 GAAP 财务会计）的前提下，公司管理层应如何评估和加权。

在美国以外，国际会计准则理事会（International Accounting Standards Board，IASB）设定了 GAAP。IASB 的会计准则被称为国际财务报告准则（International Financial Reporting Standards，IFRS），我们称之为非美国公认会计准则。美国正在转向 IFRS。幸运的是，一般来说，GAAP 和 IFRS 之间的相似点比不同点更多，因为对于大多数类型的交易，非美国 GAAP 遵循与美国 GAAP 相同的基本原则和概念框架。在有差异的地方，IASB 和 FASB 已经设立了委员会来解决具体会计处理事务方面的不同。SEC 鼓励 FASB 解决 IFRS 与美国 GAAP 之间的差异，因为它要求公司根据一套高质量的全球会计准则进行报告。IFRS 与美国 GAAP 一些存在差异的地方并没有那么重要。而在与高科技公司相关的重要领域，如处理研发成本方面，确实存

---

① 我们在第 4 章中讨论过股票期权。

② 库存股将在第 9 章中进行解释。

在重大差异。我们在将第 9 章中详述这个差异。

GAAP 假设

在记录财务交易和编制财务报表时,需要作出某些假设,遵守某些原则。这些假设和原则很重要,因为它们会影响财务报表用户对报告数字的解读。根据 GAAP 编制财务报表时,做出以下三项假设:

假设 1:单位货币假设(monetary unit assumption)。

假设 2:时间段假设(time period assumption)。

假设 3:持续经营假设(going-concern assumption)。

假设 1:单位货币假设 在美国,编制财务报表的货币单位为美元。考虑到通货膨胀的影响以及以下讨论的原则,必须以历史成本记录资产,在通货膨胀的环境中使用和解释这些价值可能会出现问题。

假设 2:时间段假设 年度财务报表的构建是为了涵盖公司选定的连续 12 个月期间的业务,这段时间被称为会计年度(fiscal year)。四个季度财务报表涵盖的三个月从选定的会计年度开始。当年度财务报表涵盖 1 月 1 日至 12 月 31 日期间,公司称有一个日历年(calendar year)。①

许多企业是高周期性的。通常情况下,一家公司选择其会计年度,以适应商业周期中的低点活动时期。苹果公司的会计年度是在 9 月的最后一个星期六结束的 52 或 53 个星期。其 2013 财年年底为 2013 年 9 月 28 日。由于商业周期活动的低点可能会被选为会计年度终了,年度资产负债表中报告的年终价值以及股东单位的“权益”说明可能不代表这一年的价值。

假设 3:持续经营假设 持续经营假设对于如何应用下一节中讨论的 GAAP 会计原则至关重要。假设一家公司将继续经营业务,就是说在正常的业务过程中,(1)公司预期以资产负债表上记录的金额实现资产支出,(2)公司预期偿还对债权人的债务。如果持续经营假设对于公司是无理假设,则下一章所述的资产负债表中的资产和负债的数额以及分类可能需要调整。这种调整将对收入、费用和权益的报告产生影响。在下一章中,我们将看到在资产负债表上对资产和负债的时间分类,这被称为

---

① IRS 似乎以不同的方式对税务报告使用“会计年度”。当纳税人选择任何连续 12 个月的日历年以外的时间段时,纳税人被认为正在使用会计年度。

流动和非流动项目。这个时间分类与一年及一年以上的时间框架有关。此时,持续
经营假设必须是正当的,分类才有意义。同样,GAAP 的历史成本、收入确认和匹配
原则仅在持续经营假设的背景下才有意义。

在编制财务报表时,审计师需要评估可能对持续经营假设的有效性提出疑问的
条件或事项。如果会计师认为,持续经营假设是不合理的,这一观点会在会计师的意
见(审计师意见)中表达,我们将在本章稍后讨论。

GAAP 原则

六项 GAAP 原则如下:

原则 1:全面披露原则(full disclosure principle)。

原则 2:保守主义原则(conservatism principle)。

原则 3:收入确认原则(revenue recognition principle)。

原则 4:成本原则(cost principle)。

原则 5:匹配原则(matching principle)。

原则 6:重要性原则(materiality principle)。

下面我们简要说明一下这些原则。

原则 1:全面披露原则　全面披露原则意味着,对于会计项目中的收入、费用和资
产的会计核算数字,需要是叙述性的,并且在财务报表的注释中应该提供额外的数字
披露。在没有完全披露的情况下,对财务报表的分析就无法完整。

原则 2:保守主义原则　对于某些交易,有必要在记录交易时做出评估。以下是
这一情况的两个例子。当公司购买设备时,必须估计其经济寿命。正如下一章所述,
原因是需要经济寿命来确定设备的成本如何随着时间的推移而分摊。分配给未来会
计期间的定期成本称为折旧(depreciation)。另一个例子,销售具有一年保修的产品
的公司必须根据保修合同的规定估算出售商品所需的维修或更换百分比。保守主义
原则意味着,当会计师使用公司管理层提供的可能发生的情况编制财务报表时,必须
做出最不乐观的估计。

原则 3:收入确认原则　收入确认似乎是商业组织中每个人都理解的东西,这一
点不应该被混淆。然而,依然有投资者涉嫌假交易下收入记录中的欺诈行为,或因为
公司的报告未能真正反映交易的经济性而带来了收入不正确认定,SEC 已经采取了
一系列行动对此类行为提出了诉讼。事实上,2010 年对 SEC 注册的 347 家公司在

1998—2007 年间涉嫌欺诈财务报告的研究发现,在 61%的案件(包括创业公司的案件)中,不正确的收入确认是欺诈性报告。①在 347 家公司中,有 20%来自电脑软硬件行业,11%来自医疗保健和保健品行业。

除了欺诈行为外,我们来看看为什么收入确认不像预期那么简单。来看这样一个例子。假设一家创业公司同意以 480 000 美元的价格向客户提供一年的服务。进一步假设:

- 创业公司在 2014 年 12 月 1 日与客户签订了交付服务协议;
- 在签署之日,公司收到全年服务费用 480 000 美元的支票;
- 公司在 2014 年 12 月提供全年的服务;
- 公司会计师必须编制 2014 年全年的财务报表(即会计年度财务报表的期间自 2014 年 1 月 1 日起至 2014 年 12 月 31 日止)。

虽然创业公司一年的服务收到了 480 000 美元,但服务期只有一个月,而不是 12 个月的合同期限。因此,该公司在 48 万美元中只赚取了 40 000 美元(480 000 美元/12)。然后,财务会计处理将显示公司 2014 会计年度的收入计为 40 000 美元。收入显示为公司损益表的一部分。那么未得到的支付余额 44 万美元呢?该金额成为公司的负债。

我们稍稍改一点。假设在签署协议时,创业公司同意客户 6 个月后开发票,但仍将在 12 月提供约定的服务。

鉴于上述说明,我们可以解释收入确认原则。根据 GAAP,如果满足以下两个条件,则可以确认收入:(1)收入实现或可实现;(2)收入已获得。如果收到现金(此例中收入已经实现),则满足第一个条件。如果满足某些标准,第一个条件仍然可以满足。除了欺诈性交易外,通常情况下,是否执行服务是可以清楚判定的。

由于在收入确认方面出现问题,SEC 的工作人员会提供确定收入确认的相关条件,介入裁定是否满足准则。具体是满足以下所有条件:

- 有说服力的证据表明存在合约。
- 已发生交货或已经执行了服务。
- 寻求收入确认的公司与客户之间建立的价格是固定的或可确定的。

---

① Committee of Sponsoring Organizations of the Treadway, Commission, *Fraudulent Financial Reporting 1998—2007:An Analysis of U.S. Public Companies*, 2010.

● 对所执行服务的任何未付款项的收缴是合理的。

回到我们的例子,如果在签订合同的时候收到了 480 000 美元,那么在 2014 年会计年度确认 40 000 美元的收入是正确的 GAAP 处理方法:收到现金并(假设)执行服务。在签署协议时没有收到现金,这种情况并不好确认,但在下一个会计年度(2015年)将会开具发票。上面列出的前三个标准都是满足的。然而,有关客户的信息不足以确定 40 000 美元的可收缴性。例如,假设客户是一家资金紧张、财务状况不佳的创业公司。那么要判定 40 000 美元是否应确认就会出现问题。更糟糕的是,可以想象一个欺诈行为,即一家公司进入虚假交易,早就知道不能满足服务协议的付款条件,但仍使用这些虚假交易来增加其收入。

收入确认原则通常在公司年报的脚注中予以说明。以下是百时美施贵宝公司2011 年财务报表的收入确认脚注:

收入确认

收入能被确认:存在有说服力的证据的合同;销售价格是固定和可确定的;可收缴性得到合理确定;所有权名义上和实际上的所有风险和报酬转移,一般在出货时进行转移。

但是,非美国业务的某些销售行为在买方收到之日起确认。见附注 3"联盟与合作",会进一步讨论与联盟有关的收入确认。根据情况变化(包括适用的医疗立法的影响)更新的历史经验、预期销售回报、折扣、回扣和预计销售津贴时能确认收入。这些规定确认为收入减少。

当新产品不是现有产品系列的扩展或者类似类别产品没有历史经验时,收入将推迟到退回权不再存在或有足够的历史经验来估计销售回报时再进行确认。

我们选择了百时美施贵宝公司作为案例,因为我们在下面说明匹配原则时,将会通过所谓的填塞分销渠道(channel stuffing)来支配收入。百时美施贵宝采用的正是这一做法。

因此,根据 GAAP,收入确认的规则可能看起来很简单,但如果收入得到确认,一些复杂交易可能仍有解释的余地。特别是在历史上,软件的收入确认是最困难的领域,因为它涉及一些棘手的问题。由于寻求支配收益的公司销售软件存在一些问题和不正当待遇,1997 年,会计当局就如何处理收入确认情况发布了指导。①杰弗里·所罗门(Jeffrey Solomon)总结了公司销售软件时可能使用的不同模式:(1)软件被许可为独立的打包产品;(2)软件捆绑硬件、其他软件,或存在后期合同支持;(3)软件单独作为服务出售。②可以根据客户的需求为客户开发软件,在这种情况下,通过软件开发商的可收费时间计算收入,这也适用于即插即用软件。会计规则适用于这些模型。此外,会计规则也可能适用于销售软件是产品中一个组件(即具有嵌入式软件产品)的公司。例如,最先进的移动设备包括主要的软件组件。因此,出售此类设备的电讯公司可能不得不遵循软件收入确认的会计规则。

当出售软件的合同涉及软件的捆绑,包括后期合同支持或任何其他服务(例如热线支持)时,必须确定捆绑包每个组件的公允市场价值。在这种情况下,财务会计准则以及在实践中如何执行这些准则都非常复杂,我们不在这里进行讨论。重要的是,如果管理层无法说服其审计人员遵守严格的准则,捆绑软件交易的部分收入很可能不会被确认,并且必须推迟,直到有令人满意的证据提交给审计师。

来看看这一情况可以多么复杂,在苹果公司 2013 年会计年报中,有一个详细的脚注(脚注在财务报表中很常见,是披露的一部分)用于处理收入确认,更具体地说,"具有多个可交付成果的合约的收入确认",这是捆绑销售的另一种方法。脚注如下:

> 对于包含硬件产品的多组件合约,硬件产品中包含对其产品功能至关重要的软件、与硬件产品的基本软件相关的未交付的软件组件、未交付的非软件服务,本公司将根据其相对销售价格为所有可交付成果分配收入。在这种情况下,公司使用层次结构来确定用于将收入分配给可交付成果的销售价格:(i)供应商特定的公允价值客观证据("VSOE"),(ii)第三方销售价格证据("TPE"),(iii)销售价格的最佳估计("ESP")。VSOE 通常仅在本公司单独出售交割品时存在,是本公司为该交割品实际收取的价格。ESP 反映了公司如果以独立方式定期出售组件的销售价格的最佳估计值。对于根据行业特定软件会计指导而进行的多组件合约,公司依据各组件的 VSOE 对所有可交付成果进行分配,如果 VSOE 不存在,则在不具备 VSOE 要素的情况下进行收入确认。

---

① 美国注册会计师协会,SOP 97-2 规则软件收入确认(Software Revenue Recognition)。

② Jeffrey D.Solomon,"Accounting Considerations for Start-Up Companies and the Angels Who Invest in Them," http://www.accountab.com/resources/articles/StartUpAccounting.htm.

这够清楚了？不太可能，但它确实表明，一个看似简单的交易——比如说出售iPhone——并不那么简单。此外，GAAP用于处理收入，这对于制定销售合同来实现预期收入的确认结果很重要。①

从最后一个例子可以看出，不仅是收入确认的时间，GAAP下的衡量标准也非常重要。

原则4：成本原则　正如下一章中详细讨论资产负债表时会说明的，财务报表中的信息确定了企业已经购买的资产。公司为资产支付的金额最初在资产负债表上显示。资产负债表中的金额将随时间而变化，但由于资产公允价值上升，金额不会有上调。有两个原因可能会导致出现下调。

首先，由于折旧或摊销，对某些类型资产的估价进行了下调，这将减少资产负债表上那些低于资产支出的金额。然而，即使是折旧或摊销数字也不反映资产下降的真实数额。相反，该金额由会计师使用一组特定规则进行确定，具体在第10章讨论。向下调整的第二个原因是资产负债表上记录的资产显著损失，这要求该资产在资产负债表上的账面价值减记至其公允价值。GAAP规定了如何测试资产的减值。

因此，资产负债表上显示的数额仅反映了折旧、摊销和任何损失下调的历史成本。因此，一家创业公司以100万美元从另一家公司购买专利，尽管该专利的最终市值估计为1亿美元，但将在资产负债表上显示为100万美元。（实际上，该金额将通过摊销减少。）

原则5：匹配原则　为了使损益表有意义，收入和费用在报表所涉期间必须适当匹配。也就是说，收入在其获得期间得到适当确认（参见收入确认原则），和产生收入相关的费用与这些收入能够正确匹配。

需要理解的是，在编制反映公司营业收入的损益表时，考虑何时将现金用于产生公司的产品（货物和服务），以及何时支付现金来购买产生收入所需的投入，可能会产生误导。也就是说，GAAP下的收入和费用不一定对应于现金的流入和流出。

在对收入确认原则的讨论中，我们采用了一个公司在其日历年的12月1日产生的480 000美元用于提供12个月咨询服务并以现金方式收受的例证。很明显，根据GAAP，只有40 000美元将被视为公司损益表的收入。假设该公司在上一个日历年

---

① 所罗门提供了关于如何建立销售合同和公司会计参与的优秀讨论："Accounting Considerations for Start-Up Companies and the Angels Who Invest in Them"。

度购买了耗资 300 万美元的设备,该设备用于为 480 000 美元的合同提供服务。为了公允地表示该公司在该日历年度的收入,有必要确定在该日历年的收入中使用设备的程度。这不是任意的。正如接下来的两章中所解释的,我们将提供有关损益表和资产负债表的更多细节,GAAP 有对应的规则来确定会计折旧的数额。

为了实现匹配原则,要求根据所谓的权责发生制(accrual basis of accounting)进行会计处理,而不是采用收付实现制(cash basis of accounting)或修定后的收付实现(modified cash basis of accounting)。按照收付实现制,当收到现金时确认收入,支付现金后确认费用。然而对于大多数企业而言,这显然不符合匹配原则。在会计核算的权责发生制下,收入确认如前所述,当收到或实现(可实现)时,费用在收入确认的期间得到确认。经修定后的收付实现制,也称为修订权责发生制(modified accrual basis of accounting)或混合会计基础(hybrid basis of accounting),融合了收付实现制和权责发生制的特点。基本上,收付实现制是涉及"实质性支持"的修改。虽然会计专业没有明确界定什么是实质性的支持,但交易记录认为有某种逻辑依据是应按权责发生制的原则处理某些交易。使用寿命长的高价设备的成本就是一个资产的例子,如果在修定后的收付实现制基础上为设备支付现金,则本会计周期不应在逻辑上视为费用。

获得预期收益期限为一年以上的资产时,在资产获得时,支付的价格作为适当冠名资产(appropriately titled asset)记入资产负债表。例如,它可以是"设备"。当会计师在购买节点创建资产时,称为会计师正在资本化(capitalizing)资产,而不是在支出资产。随着时间的推移,资本化后的资产将按照 GAAP 规则根据资产类型定期减值,如下一章所述:折旧、摊销或减值。

由于匹配原则,当采用权责发生制会计核算,而非收付实现制时,经常会导致收入和费用确定所产生的时间差异。发生的时间差异导致资产负债表上的"应计"和"递延"项目。时间差异有四种类型:应计收入(accrued revenue)、应计费用、递延收入(deferred revenue)和递延费用(deferred expense)。

应计收入是指在收到现金之前确认收入。这在之前已经解释过了,例如在 12 月发生 40 000 美元的服务,但是这笔款项的发票发生在下一个日历年。应计费用是在支付现金之前确认费用。如果延期,递延收入是收到现金后确认的收入,而递延费用是支付现金后确认的费用。

因为权责发生制依赖于公司在确定收入和费用确认时间的酌处权,因此有可能操纵收入。在对收入确认的讨论中,我们描述了操纵收入确认的时间是会计欺诈的主要表现之一。对费用的时间安排进行操纵也可能会发生类似的欺诈结果。操纵收入并不总是增加收入。为了达到投资者的期望,一家公司可以实现收益或收入的平衡。

通过收入平滑来操纵收入的三种最常见的方法是填塞分销渠道、使用拉入销售计划(pull-in sales schemes),以及使用收益"饼干罐"("cookie jar" reserves)。

填塞分销渠道是在牺牲未来会计年度的收益和收入的前提下,在当前会计周期提高收益和收入的计划。这种做法通常是一个地位足够强大的公司,强制其分销渠道公司提交订单,以订购比他们预期售卖更多的产品。订单在会计季度末发货,强制的公司同意接受货物退货,并向采购公司提供全额信贷。结果是,强制的公司可以报告更大的收益,从而在会计周期报告更高的收入。

SEC 有财务报告执行计划。确定不符合 GAAP 要求的收入确认时,对违规企业实行制裁。SEC 的处理包括对被指控参与填塞分销渠道计划的高管实行严重的财务罚款和民事诉讼。SEC 提出的四大最引人注目的执法行动分别针对百时美施贵宝公司、Sunbeam、Microtune 和讯宝科技公司(Symbol Technologies)。①

正如盛德国际律师事务所(Sidley Austin LLP)的两名律师所指出的,填塞分销渠道的做法"本身并不构成欺诈"。②但是,当填塞分销渠道误导投资者时,就可能构成欺诈。③如果出现了填塞分销渠道的情况,则应在财务报表中适当披露。例如,SEC 制裁柏树生物科学有限公司(Cypress Bioscience, Inc.)是基于下列两个理由:(1)未能披露大量销售收入的加速,而这是一项商业惯例;(2)未能讨论对未来会计周期的财务影响。

另一种增加收入和所得的做法是拉入销售计划。通过这种做法,现有订单将在未来会计季度发货给客户。当它应该发货时,并不会按计划运送订单并在未来的会

---

① 有关这些执法行动的讨论,请参见 George B. Parizek and Madeleine V. Findley "Charting a Course: Revenue Recognition Practices for Today's Business Environment"(Washington, DC: Sidley Austin LLP, 2008), http://www.sidley.com/files/Publication/fc85caf5-4e58-45e6-bc25 cc7ff9f7640c/Presentation/PublicationAttachment/f4ac4695-8da3-4e68-871ecc9cd27f0a23/Chart-ingaCourse.pdf。

② Parizek and Findley, "Charting a Course: Revenue Recognition Practices for Today's Business Environment," 1.

③ Garfield v. NDC Health Corp., 466 F. 3d 1255, 1261—62 (11th Cir. 2006).

计季度确认收入,而是订单提前发货,并在当前会计季度预订。

最后,还有所谓的收益"饼干罐"方案。在一个典型的"饼干罐"方案中,一家公司对某些费用做出了不适当的假设,夸大了收益良好(即盈利大于投资者预期的年数)的会计周期的费用。例如,保修费用可能被夸大,而在本会计周期确认为费用金额与应收取较低金额之间的差额将被放在"饼干罐"中。在未来的不如投资者预期那样好的会计周期中,该公司就陷入了"饼干罐",而没有收取会计周期的真实费用。

SEC 发现,当重组公司存在花费时,会出现收益"饼干罐"的做法。重组意味着重组公司的所有权、法规、运营或其他战略方面。重组费用可能很大,包括现金成本、资产注销、应计负债以及解雇员工时的遣散费用。例如,加拿大智能手机制造商黑莓(Black Berry)在 2013 年 10 月表示,截至 2014 年 5 月底,其重组成本将达到约 4 亿美元。重组是由于智能手机及其营销业务的变化,以及与减少 4 500 名员工相关的费用。产生重组费用的公司在决定哪个未来会计周期确认这些费用时,拥有很大的自由裁量权。上市公司可能倾向认定重组费用的很大一部分,因为公司愿意在本会计年度降低收入,以便在未来的会计周期看起来更有利可图。这被称为"巨额冲销"(Big-bath Charges)。

原则 6:重要性原则　按照 GAAP 实行的会计确认,在实施上述任何会计原则时,财务报表中将出现与用户无关的交易或实例。在这种情况下,重要性原则允许会计师不再严格遵守原则。例如,假设在第三会计季度的第一天,苹果公司为其研究人员预留了 6 000 美元,以支付一年中订阅了几种 IT 杂志的费用。匹配原则将要求每个月收取 500 美元作为费用(6 000 美元 / 12)。也就是说,对于第三和第四会计季度,每季度的费用为 1 500 美元。余额将在下一会计年度的前两个会计季度收取。不过,在苹果公司订阅时,以 6 000 美元收取全部费用,这并不会对一个 2015 年度收入达到 2 340 亿美元的公司的财务报表产生重大影响。

然而,对于交易或会计项目要达到多小的程度,以至于被视为不重要,这个问题没有明确的答案。会计行业认为会计师必须自行判断。人们会期望交易相对于公司规模的大小将是会计师在确定交易是否重要时考量的重要因素。

独立审计师和审计师报告

公司管理层负责财务报表中提供的财务信息的准确和完整性。更具体地说,公司的管理层有责任确保财务报表已经按照 GAAP 的标准编制和公布。管理层负责确保在 GAAP 规定下正确地做出某些估计和判断。在公司内部,该功能由内部审计师执行。

如果不进行独立分析以证明财务报表符合 GAAP,则财务报表的使用者不太可能接受财务报表具有公正性。独立分析由具有注册会计师资格(CPA)职工的独立会计师事务所执行。这些公司由董事会审计委员会保留,对财务报表进行审计,并提供意见或报告(稍后将讨论不同类型的意见)。独立审计师(或外部审计师)与内部审计师及董事会审计委员会合作,收集能够使管理层财务报表符合 GAAP 标准所需的信息。也就是说,虽然审计师提供了关于财务报表的意见或报告,但财务报表仍然是由公司管理层编制的。

审计意见(报告)

审计师对公司财务报表的审查结果可以提供四种可能的审计意见:无保留意见(unqualified opinion,或 clean opinion)、保留意见(qualified opinion)、否定意见(adverse opinion)和拒绝表示意见(disclaimer of opinion)。

无保留意见意味着审计师认为,财务报表是公允的,符合 GAAP 标准。例如,独立审计公司德勤会计师事务所(Deloitte&Touche)对 2012 年百时美施贵宝公司财务报表的无保留意见表示:

> 在我们看来,这些综合财务报表在所有重大方面都公允反映了 2011 年 12 月 31 日和 2012 年 12 月 31 日期间百时美施贵宝公司及其子公司的财务状况,以及其运营结果和各自的现金流量。至 2012 年 12 月 31 日止,其间的三年都符合美国普遍接受的会计准则。

审计师认为财务报表符合 GAAP 的财务状况、经营成果、现金流量情况时,除某些情况存在保留时,出具保留意见。认定保留意见的原因将由审计师予以确认和解释。这源于对 GAAP 的偏离,或独立审计师对公司持续经营的怀疑或审计范围的疑问。

当独立审计师认为根据 GAAP,财务报表不能反映公司的财务状况、经营成果和现金流量,将发布否定意见。当与 GAAP 有重大偏差时,会发布此意见。审计师无法就财务报表提出意见时,将发布拒绝表示意见。

如果独立审计师发表意见,但随后发现由于例如涉嫌非法活动而导致的严重错误,审计师将表明撤销意见(withdrawal of opinion)。

中期财务报表会计审查

年度财务报表必须经过审计,并附有独立审计师的意见。虽然中期财务报表(如季度财务报表)必须按照 GAAP 进行编制,但并不需要对其进行审计。会计师需要进行"审查",而不是审计。会计师进行的审查行为,不对财务报表是否公允并符合 GAAP 提供意见和依据。相反,审查的目的是提醒会计师是否需要对中期财务报表进行任何重大修改,以使这些报表符合 GAAP。

会计师对中期财务报表进行审阅时,不会使用引导审计的全套会计审计准则。审计要求:(1)通过检查、观察或确认对会计记录进行测试;(2)对公司内部控制进行测试,以评估其有效性;(3)回应询问时获得确凿证据。参与审查的范围主要包括执行分析程序,以及质疑负责财务会计事务的员工。虽然通过这些活动,审查可以帮助会计师确定影响中期财务信息的重要事项,但不能保证会计师可以确认审计中可能披露的所有重大事项。

对私人公司的非公认会计准则(NON-GAAP)

本章迄今为止描述的基于 GAAP 的财务报表的编制,适用于上市公司以及某些私人公司。中小型私营公司可以选择使用本章所述的 GAAP 会计或美国注册会计师协会(AICPA)规定的非 GAAP 准则会计。基于非 GAAP 准则编制财务报表的原则在所谓的 SPFs,更广泛地称为其他综合会计核算基准(other comprehensive bases of accouting, OCBOA)中阐述。SPFs 包括例如非 GAAP 会计基础,如使用收付实现制和修订的收付实现制,我们在本章前面已经讨论过。

AICPA 的中小企业财务报告框架(Financial Reporting Framework for Small- and Medium-Sized Entities,以下简称为中小企业的 FRF)允许中小型公司以非 GAAP 为基础编制财务报告,采用传统的会计原则(如历史成本原则)与应计项目会计报税方法的结合。①当为交易选择会计政策时,如下一章所述,中小企业的 FRF 为决策提供

---

① 协会还为中小企业发布了国际上的公认会计准则。

了相当大的灵活性,以便更好地满足目标用户对财务报表的需求。与 GAAP 的会计活动不同(在 GAAP 中,遵守披露原则至关重要,并要求公司披露相当多的信息),中小型企业的 FRF 情况并非如此。相反,该框架旨在提供更直观和非技术性的财务信息,鼓励公司在处理交易时进行专业判断。除了公司为最终用户提供更多定制化财务报表的能力外,另一个重要因素是相较基于 GAAP 编制财务报表,中小企业的 FRF 需要降低制定财务报表时的编制成本。

根据 AICPA 的规定,中小企业的 FRF 具有以下特点:

- **客观性**:框架没有偏见。
- **可测量性**:框架允许合理一致的测量。
- **完整性**:框架足够完整,不会忽略可能改变财务报表结论的相关因素。
- **相关性**:该框架与财务报表使用者相关。[①]

如何选择会计框架

虽然 GAAP 和 SPFs 提供的所有框架都能够产生可靠的财务报告,但是在选择会计框架时,公司必须考虑一些因素。基本上,选择归结于不同框架的属性,以更好满足财务报表使用者的需求。AICPA 为选择会计框架决策提供了三个部分的决策工具。[②]下面介绍会计框架决策工具。

决策工具的第一部分

第一部分需要公司管理层回答两个问题。第一个问题是:是否有需要基于 GAAP 的财务报表的报告要求(如监管、法律)? 例如,如果公司需要编制必须递交给 SEC 的财务报表,那么它必须使用 GAAP 报告,因为这是该监管机构规定的会计框架。那么如果第一个问题的答案是肯定的,那么流程停止,并且使用 GAAP 准则。

如果上述问题的答案是否定的,那么在决策工具的第一部分中要回答的下一个

---

① AICPA,"Financial Reporting Framework for Small- and Medium-Sized Entities,"2013,http://www. aicpa. org/INTERESTAREAS/FRC/ACCOUNTINGFINANCIALREPORTING/PCFR/Pages/Financial-Reporting-Framework.aspx, v.

② AICPA, "Decision Tool for Adopting an Accounting Framework," 2013.

问题是:公司是否在一个行业中运营,其中交易需要高度专业化的会计指导,而使用非 GAAP 框架达不到财务报告的目的? 答案肯定是使用 GAAP,流程以 GAAP 会计结束。如果答案是否定的,那么公司必须考虑其目前利用的会计框架是否满足预期财务报表使用者的需求,还是说另一个框架是否可以更好地满足这些需求。这又涉及使用决策工具的第二部分。

决策工具的第二部分

在考虑选择 GAAP 或 SPFs 时,决策框架的第二部分涉及公司管理层对以下三组考虑的评估和衡量:[①]

- 总体考虑。
- 与 GAAP 相关的考虑因素。
- 与中小企业会计框架的 FRF 相关的考虑。

关于选择会计框架的 AICPA 文件包括各组的注意事项列表。注意事项列表将不会在此全部复制。此处仅提供几个例子。

总体考虑因素 以下选择的总体考虑(逐字记录)由 AICPA 提出:

- 实体的性质和财务报表的目的。
- 财务报表的使用者及其对财务报告的需求。
- 现有贷款协议的要求和与实体使用会计框架相关的融资安排,以及对这些要求的谈判能力。
- 法律协议或其他合约,及其在编制财务报表时的有关影响。
- 会计框架中实现公允的呈现方式能否形成代表基础交易和事件的财务报表。
- 会计框架中的各种功能能否满足财务报表使用者的需求。
- 实体的短期和长期财务报告需求,以及这些因素如何影响会计框架的选择。

与 GAAP 有关的注意事项 可能表明公司更喜欢基于 GAAP 的财务报告的情况

---

① 实际上,这里没有讨论第四组,因为它涉及会计的税基。

包括：

- 实体计划扩大实体所有者权益或进行 IPO（即上市）。

- 该实体有重要的外国业务或计划，以显著扩大全球业务。

- 实体从事复杂交易（如复杂的金融工具）。

- 该实体与上市公司或与使用 GAAP 报告的其他实体有重大合作关系。

- 实体有意遵守上市公司标准或 GAAP。

- 该实体与上市公司竞争获得信贷。

- 实体计划将业务出售给上市公司、其他优先选择或需要 GAAP 报告的实体。

- 实体计划进入外国资本或债券市场。

- 实体在有特定会计规则的行业中运营。

- 实体财务报表的主要使用者无法直接访问管理层。

- 公允价值的会计行为对财务报表使用者有重要的实用价值。

- GAAP 中包含的主题和非 GAAP 框架中忽略的主题（如递延所得税会计或其他综合收益）与实体及其财务报表使用者高度相关。

可以看出，上述几种情况对于创业公司而言是高度相关的考虑因素。

与中小企业会计框架的 FRF 相关的考虑　AICPA 确定了为中小企业使用 FRF 的公司应具有以下特点：

- 实体业主和管理层无意上市。

- 实体可能是由所有者管理的；也就是说，它是一个关系密切的公司，拥有该实体控股权益的人员基本上是同一组经营公司的人。

- 实体的管理层和所有者依靠一套财务报表来确认其绩效、现金流量及其拥有的或所欠的资产。

- 实体不会涉及过度复杂的交易。

- 实体没有重大的外国业务。

- 实体财务报表的主要使用者可以直接接触实体的管理层。

- 实体财务报表的用户可能对现金流量、流动性、财务状况报表和利息报表有较大的兴趣。

- 当银行业者不只依赖于财务报表进行贷款决策，也依赖与财务报表无直接关系的可用抵押品或其他评估机制时，该实体的财务报表支持银行融资申请。

决策工具的第三部分

　　鉴于上述三个考虑因素的评估和衡量,公司在做出最终决定之前,继续与会计师事务所和适当利益相关者(如风险投资者或天使投资者)进行讨论。这是决策工具的第三部分。然后根据情况的变化和上述细节,定期审查做出选择。

本章要点

- 公司财务报表为现有和潜在的投资者提供了关于业务经营、融资和投资活动的总结。
- 四项基本财务报表为资产负债表、损益表、现金流量表和股东权益表。
- 根据情况,可以使用的两个财务报告框架是公认会计原则和专用框架。
- 资产负债表(财务状况表)显示公司在给定时间点的资产、负债和权益金额。
- 公司的资产是管理层所拥有的能用来经营公司的资源。
- 负债(即公司借入的金额)和权益(即所有者提供的金额)表明资产如何构成。
- 知名的会计等式是:资产＝负债＋权益。
- 损益表(也称盈余报表、经营报表和收入损失表)概述了公司在特定时期内(如会计季度或会计年度)的经营业绩。
- 一家公司的每股收益是每股普通股赚取的收益。
- 现金流量表,即公司现金流量摘要,包含公司收到的现金及其用途,涵盖三个部分:经营活动产生的现金流量、投资活动产生的现金流量和融资活动产生的现金流量。
- 持有人权益报表(股东权益报表)总结了股东权益变动。
- 美国公认会计准则(GAAP)是会计原则、规则和实践框架,由美国和国外的认可会计机构授权设立。在美国以外,国际会计准则委员会(IASB)设定了GAAP。
- 在记录财务交易时,为了编制财务报表,制定了影响财务报表使用者将如何解释报告数据的某些假设和原则。
- 按照GAAP编制财务报表的三个假设是:(1)单位货币假设;(2)时间段假设;(3)持续经营假设。
- 六个原则是:(1)全面披露原则;(2)保守主义原则;(3)收入确认原则;(4)成本原则;(5)匹配原则;(6)重要性原则。

- 实行匹配原则要求基于权责发生制为基础的会计核算,而不是收付实现制或经修订的收付实现制。

- 在收付实现制的基础上,收到现金后确认收入,支付现金后确认费用;对于大多数企业来说,这种方法不符合匹配原则。

- 在权责发生制核算的基础上,当收入获得或实现(或可实现)时确认收入,费用在收入确认的期间确认。

- 修定后的收付实现制,也称为修订权责发生制或混合会计基础,融合了收付实现制和权责发生制的特征。

- 由于匹配原则,当采用权责发生制而非收付实现制的会计核算基础时,经常会导致收入和费用确定所产生的时间差异。发生的时间差异导致资产负债表上的"应计"和"递延"项目。

- 财务报表中提供的信息的准备和完整性责任归于公司管理层。

- 由于财务报表使用者不接受不公允的财务报表,因此,由独立注册会计师(CPA)判断财务报表是否按照 GAAP 进行编制。

- 独立会计师事务所对财务报表进行审计,并提供可能是无保留意见、保留意见、否定意见和拒绝表示意见。

- 与必须经过审计、必须包括审计师意见的年度财务报表相比,中期财务报表(如季度财务报表)涉及对财务报表进行审查,审查的目的是提醒会计师是否需要对中期财务报表进行任何重大修改,以使这些报表符合 GAAP。

- 根据 GAAP 编制财务报表适用于上市公司和某些私人公司,但中小型私人公司可以选择使用 GAAP 或由美国注册会计师协会制定的非 GAAP。

- 专用框架,或称 SPFs,阐述了基于非 GAAP 来编制财务报表的原则。

- GAAP 和 SPFs 提供的所有框架都能够产生可靠的财务报告;然而,管理层在选择会计框架时必须考虑两个因素:(1)是否有规定必须使用基于 GAAP 的财务报表的相关监管或法律要求,以及(2)公司是否在一个行业中运营,该行业交易需要高度专业化的会计指导,而使用非 GAAP 框架达不到财务报告的目标。

延伸阅读

Peterson Drake, Pamela, and Frank J.Fabozzi, *Analysis of Financial Statements*,

▼
160   3rd ed.(Hoboken, NJ: John Wiley & Sons, 2006), chaps. 1, 2, 3, and 10.

Weil, Roman L., Katherine Schipper, and Jennifer Francis, *Financial Accounting: An Introduction to Concepts, Methods and Uses*, 14th ed. (Mason, OH: South-Western College Publishers, 2013), chap. 1.

Weygandt, Jerry J., Donald E.Kieso, and Paul D. Kimmel, *Financial Accounting*, 9th ed.(Hoboken, NJ: John Wiley & Sons, 2013), chap. 9.

9 资产负债表

如前一章所述,有四项基本财务报表:资产负债表、损益表、现金流量表和股东权益表。在本章和接下来的两章中,我们将介绍这些财务报表。本章的重点是资产负债表。

资产负债表,也称财务状况表(statement of financial condition),是关于公司资产、负债和权益的报告,一般在会计季度或会计年度结束时编制。如前一章所述,资产负债表由资产、负债和权益三部分组成。资产归公司所有,负债和权益表明公司如何融资。

我们将用两个公司资产负债表的实例来进行阐释:

- MiMedx 公司(代码为 MDXG):MiMedx 公司是一种小型再生组织制造商,经美国食品及药物管理局(FDA)批准,该公司生产的组织可用于治疗糖尿病足溃疡。表 9.1 显示了截至 2012 年 12 月 31 日的 MiMedx 公司资产负债表。截至 2012 年 12 月 31 日,其总资产为 35 182 608 美元。

表 9.1　截至 2012 年 12 月 31 日,MiMedx 公司及其子公司的资产负债表

(单位:美元)

资　　产	
流动资产:	
现金及现金等价物	6 754 485
应收账款净值	7 653 561
存货净值	3 022 784
预付费用及其他流动资产	657 961

续表

资　　产	
流动资产合计	18 088 791
物业和设备扣除累计折旧 2 279 840 美元	1 071 625
商誉	4 040 443
无形资产扣除累计摊销 4 848 756 美元	11 911 749
存款等长期资产	70 000
资产合计	35 182 608

负债和股东权益	
流动负债：	
应付账款	1 251 684
应计费用	3 743 934
其他流动负债	75 154
目前与关联方的信用额度	—
与收购相关的长期可转换债务的当期部分	—
流动负债合计	5 070 772
MiMedx 普通股的盈利能力应付负债	5 792 330
可转换高级担保票据	4 012 442
其他负债	299 762
负债合计	15 175 306
承诺和或有（附注 14 和 15）	
股东权益：	
优先股；0.001 美元面值；授权 5 000 000 股，发行和流通 0 股	—
普通股；0.001 美元面值；授权 130 000 000 股，发行 88 423 169 股，2012 年流通 88 373 169 股	88 423
额外资本实缴	89 627 601
库存股（50 000 股成本）	（25 000）
累计赤字	（69 683 722）
股东权益合计	20 007 302
负债以及股东权益合计	35 182 608

- iRobot 公司（代码为 IRBT）：iRobot 公司的业务包括设计和制造家庭护理机器人、政府和工业机器人，执行"战场侦察和炸弹处理，地方警察和第一反应人员的多线任务，以及需要长耐受时间的海洋任务"等工作。表 9.2 显示了截至 2013 年 12 月 29 日该公司的资产负债表，在该会计年度年末，iRobot 公司的总资产为 3.569 7 亿美元。

表 9.2　iRobot 公司截至 2012 年 12 月 29 日的合并资产负债表

（单位:千美元）

资　　产	
流动资产:	
现金和现金等价物	126 770
短期投资	12 430
应收账款,扣除 2012 年 12 月 29 日的 111 美元和 87 美元	29 413
未结算收入	1 196
存货收入	36 965
递延所得税资产	19 266
其他流动资产	11 518
总流动资产	237 558
物业和设备净值	24 953
递延所得税资产	8 610
商誉	48 951
净无形资产	28 224
其他资产	8 500
资产合计	356 796

负债、可赎回优先股和股东权益	
流动负债:	
应付账款	42 515
应计费用	16 527
应计薪酬	11 864
递延收入和客户预付款	6 257
流动负债合计	77 163
长期负债	3 816
承诺和或有事项(附注 11):	
可赎回可转换优先股,授权 5 000 000 股,无发行或未发行股份	
普通股,面值 0.01 美元,授权 100 000 000 股,发行和流通 27 781 659 股	278
额外资本实缴	199 903
留存收益	75 437
累计其他综合收益	199
股东权益总额	275 817
总负债、可赎回的可转换优先股和股东权益	356 796

▼ 资产
164

公司的资产是其资源。资产分类方法各不相同。一种方法是基于将资产转换为现金所需时间进行分类。当资产在一年或一个营业周期内可以转换成现金时，就被视为流动资产(current asset)。公司的运营周期(operating cycle)是通过销售收入将存货中的现金投资转化为现金所需的时间。大多数公司的运营周期不超过一年。非流动资产(noncurrent asset)或长期资产(long-term asset)是不符合流动资产分类的资产。

流动资产

在资产负债表上列报资产时，流动资产首先出现，然后是非流动资产。这样排序的原因是资产负债表上所列项目通常以流动性的高低顺序进行报告，最具流动性的资产首先列出，流动性最小的最后列出。

从 MiMedx 公司的案例可以看出，存在不同类型的流动资产：现金及现金等价物、应收账款、存货和预付费用及其他流动资产。MiMedx 资产负债表的脚注描述的前三个流动资产如下：

现金及现金等价物

现金及现金等价物包括原有期限在 3 个月以下的高流动性投资。

应收账款

应收账款代表已确认收入客户的应付金额。一般情况下，公司不要求抵押品或者其他担保来支持其应收款。

可疑账户的准备金是公司对现有应收款项可能发生的信用损失金额的最佳估计。公司根据历史经验、客户当前的信用度、客户集中度、应收账款余额年限以及可能影响客户支付能力的一般经济状况等因素确定这一数额。

库存

使用先进先出(first-in, first-out, FIFO)方法时，存货估值比成本或市场价格低。存货通过原材料、在制品(WIP)和成品阶段等生产进度和库存位置进行追踪。在企业资源计划(ERP)系统中，各种生产流程在工作订单关闭时，在制品中的劳动力和间接成本被吸收。历史收益和常规产能被用于计算生产费用率。

用于库存过期的储备金是考虑到库存缓慢减少，以及由于市场需求减少而不再需要库存等情况。

请注意上述摘录。首先，我们看到管理层必须评估的一个项目：应收账款。一家公司意识到并不是所有已经通过信用购买产品的客户都将付款。因此，必须对所谓的"可疑账户"进行估计。这就是为什么在 MiMedex 公司的资产负债表上该项目被称为"应收账款净值"的原因。其次，我们看到另外一个评估必须由管理层备案：过期库存。最后，有一些术语用于描述我们还没有涵盖的库存：先进先出、WIP（在制品，代表正在进行的工作）。

流动资产的第四类是预付费用。根据 GAAP，此类别包括预付保险、预付租金、预付广告、预付版税、预付利息和预付税。预付费用和递延费用之间有区别。前者是在成本费用之前少于一年的付款，被视为流动资产。递延费用是在成本费用之前一年以上的付款，被视为非流动资产。

iRobot 公司还有一个更长的流动资产列表，我们来看看这些类别。"现金及现金等价物"中的组成部分"现金等价物"，根据 GAAP 被定义为"可以随时转换为已知金额的现金的短期、高流动性投资，并且由于即将到期，因此其受利率波动影响的价值变动风险并不显著"。①以货币市场基金作为现金等价物的例子。iRobot 表明到期日不超过三个月，这是用于现金等价物的普遍到期日。在 iRobot 公司的例子中，所有现金等价物都以货币市场基金的形式持有。现金等价物根据上一章所述的历史成本原则，以历史成本的形式报告。

iRobot 公司的资产负债表上标有"短期投资"的流动资产与归类为"现金等价物"的投资不同。剩余期限超过三个月但少于一年的债券被归类为短期投资。该流动资产的报告处于公允的市场价值，而不是历史成本，这是历史成本原则的例外。机器人的短期投资是公司债券，以 1 298 万美元的价格购买，但公允市场价值（基于债券市场的价格报价）为 1 243 万美元。

iRobot 公司的资产负债表上显示的其他两个项目也出现在 MiMedx 的资产负债表上，它们分别是"未结算收入"和"递延所得税资产"。

---

① *Financial Accounting Standards Board Accounting Standards Codification*，paragraph 305-10-20.

非流动资产

有两种类型的非流动资产：实物资产和无形资产。

实物资产

实物资产[physical assets，也称为固定资产，(fixed assets)]包括财产、厂房和设备，通常在资产负债表上表现为财产和设备。就 iRobot 公司而言，其财务报表脚注 4 所示的财产和设备成本（百万美元）为：

电脑和设备	16.086
家具	2.762
机器	3.391
工具	10.147
租赁资产改良	15.758
为内部使用购买的软件	8.273
总厂房和设备	56.417

当购买固定资产时，需要按照花费的成本去进行记录，这些项目被称为总财产和设备（gross property and equipment）。对于 iRobot 公司，总财产和设备为 5 641.7 万美元。如上一章所述，创建资产的过程称为资产化。每年，财产和设备按照允许的折旧会计准则进行折旧。折旧是指实物资产在其使用寿命（或经济寿命）内的历史成本分配。这是上一章讨论的匹配原则所要求的。该年度的折旧额被视为费用，并列在下一章将要讨论的损益表中。

公司可以选择用于分配固定资产成本到资产预期寿命的方法。这种分配就是所谓的折旧。两种可替代方法是直线折旧法（straight-line depreciation method）或加速折旧法（accelerated depreciation method）。采用直线折旧法时，固定资产成本（减去预计扣除的金额）按照资产预计使用寿命计入当期损益。当采用加速折旧方法时，在较早的年份将采用较大的折旧率。如果公司选择使用加速折旧法，则可以选择两种方法：余额减少法和年数总和法。此处没有必要更详细地解释这些方法。重要的是，通过直线折旧，资产的预期寿命每年都将以相同的折旧额折旧，而采用加速折旧法，资产预期寿命较早年度的折旧率较高，后期则较少。

资产负债表中出现的"厂房和设备净值"（plant and equipment，net）也被称为"账面价值"或"置存价值"(carrying value)。由于历史成本原则,它并不是公允市场价值。净资产和设备的数额是初始收购之总金额与累计折旧之间的差额。也就是说,实物资产的累积折旧是每年所需折旧的总和。如上一章所述,通过为某些固定资产确定损失,金额进一步减少。

在其财务报表附注中,iRobot 公司表示,在任何期间均未记录减值损失。相比之下,MiMedx 公司则产生了减值费用。MiMedx 公司拥有生物材料平台技术,包括器件技术和组织技术。其中一种设备技术是 HydroFix®,该公司发现这一技术受损。具体来说,该公司表示:

> 由于我们的 HydroFix® 相关产品的目标市场有限,我们不期望在此产品线的销售额上有明显的扩张,因此我们确认了 2012 年的减值准备,并降低了 HydroFix® 资产的账面价值。

在讨论重大会计政策的财务报表脚注中,"长期资产减值"项目下有如下注释:

> 当任何不良事件或商业环境变化发生时,相关资产的未来现金流量预计未达到预期的情况下,本公司将对长期资产(财产和设备)的可收回性进行评估。如果相关资产的账面净值超过资产未来现金流量的预计值,则账面价值减记至预计未来现金流量的现值,并确认减值损失(第 60 页)。

一些公司仅在资产负债表上报告净设备数量,披露了财务报表脚注中累计折旧的细节。MiMedx 公司显示的财产和设备数额扣除了累计折旧 1 071 625 美元。累计折旧也随其他项目(2 279 840 美元)一起列示。iRobot 公司 2012 年 12 月 29 日的厂房和设备净值为 24 953 美元。

无形资产　美国 GAAP 将无形资产定义为非物质资产,这些资产使公司有权为所有者产生权利、特权和其他经济利益。GAAP 原则将无形资产定义为"缺乏物质实体的资产(不包括金融资产)"。GAAP 的定义不包括被认为是"商誉"的无形资产,关于"商誉"我们稍后讨论。事实上,财务报表的脚注是指"商誉和无形资产"或"商誉等无形资产",对商誉进行单独处理。

无形资产可分为(1)营销相关、(2)客户相关、(3)艺术相关、(4)合同相关、(5)技术相关。表9.3提供了 GAAP 下各种类型的实例。无形资产中的某些类型出现在资产负债表上,而其他类型并未出现。

表 9.3　按照 GAAP 分类的无形资产类别

1. 营销相关的无形资产
a. 商标、商号
b. 服务标记、集体商标、认证标志
c. 商业包装(独特的颜色、形状或包装设计)
d. 报刊头条
e. 互联网域名
f. 非竞争协议

2. 客户相关的无形资产
a. 客户名单
b. 订单或生产积压
c. 客户合同和相关客户关系
d. 非签约客户关系

3. 艺术相关的无形资产
a. 戏剧、歌剧、芭蕾舞
b. 书籍、杂志、报纸等文学作品
c. 音乐作品,如作曲、歌词、广告歌曲
d. 图片、照片
e. 视频和视听材料,包括电影、音乐视频、电视节目

4. 合同相关无形资产
a. 许可、使用费、停工协议
b. 广告、建筑、管理、服务或供应合同
c. 租赁协议
d. 施工许可证
e. 特许经营协议
f. 经营和播放权
g. 使用权,如钻井、水、空气、矿物、木材切割
h. 服务合同,如抵押服务合同
i. 就业合同

5. 技术相关无形资产

a. 专利技术

b. 电脑软件和隐蔽作品

c. 未经专利的技术

d. 数据库，包括产权书库

e. 商业秘密，如秘密公式、流程、食谱

注：表中所列项目出自不同的文件：Statement of Financial Accounting Standards No.141 (revised 2007)，*Business Combinations*，Financial Accounting Standards Board。

根据 GAAP，无形资产通过获得渠道和经济寿命进行分类。关于收购事项，无形资产被分类为内部创建（或自创）无形资产和购买的无形资产。关于后者，这是通过直接收购无形资产或由于某些企业合并，如与另一家公司的收购或合并而产生的。根据 GAAP，当企业合并发生时，需要确定可识别的无形资产。此时，专家将评估每项可识别的无形资产的公允市场价值。所以，举例来说，我们现在看到，无形资产可以通过以下方式产生：(1)公司自主创造；(2)从其他公司购买个人无形资产；(3)通过企业合并进行购买，产生一项或更多可识别的无形资产。

购买的无形资产 高科技创业公司通常会报告大量购买的无形资产。正如苹果公司在 2013 年向 SEC 提交的文件中指出的那样："本公司继续开发新技术，以加强现有产品，并通过研发、知识产权许可及第三方业务和技术收购扩大产品范围。"

与实物资产一样，匹配原则要求公司将购置成本分配给资产的预期寿命（即期望获得经济利益的年数）。在实物资产的情况下，分配的成本在损益表中显示为费用，称为折旧。对于无形资产，则称为摊销（amortization）。出于摊销目的，GAAP 区分了无限期的无形资产和具有明确生命期限的无形资产。被购置的无形资产，如果对公司预计产生现金收益的期限没有可预见的限制，则无限期生效。对于购买的无限期无形资产，不进行摊销。相比之下，购买的具有一定寿命的无形资产（由 GAAP 定义为公司预期实现现金收益的有限期间）必须进行摊销。

对于苹果公司 2013 年的财务报表，标题为"商誉及其他无形资产"的脚注说明："本公司获得的具有确定使用寿命的无形资产主要由专利和许可证组成，并按期摊销3—7年。"此外，还告知了这些购买的无形资产的资产摊销年数。脚注中报告的截至 2013 年 9 月 28 日（百万美元）的资料如下：

	总账额	累计摊销	净额
有限期生效的摊销无形资产	6 081	(2 002)	4 079
无限期生效的不可摊销商标	100	0	100
购入的无形资产合计	6 181	(2 002)	4 179

请注意,苹果公司拥有 1 亿美元的无限期不可转让商标,因此不会显示摊销。

内部创建的无形资产 到目前为止,我们已经讨论了如何处理购买的无形资产。那么如何处理内部创建的无形资产呢? 这很重要,因为高科技公司中通常会出现这样的资产。这通常属于所谓的研发类别。虽然也有例外,但在这种情况下的处理是,GAAP 要求在资产负债表上不报告无形资产。相反,GAAP 要求报告研发费用支出(即在发生费用的会计周期将其作为损益表)。对于苹果公司来说,2013 会计年度的研发支出为 44.75 亿美元,并未在其基于 GAAP 的资产负债表中显示。当回顾损益表时,我们才会看到这部分研发支出。

例外情况包括为通过使用内部软件开发为客户提供支持的成本。在 1998 年之前,一些公司将这些费用看作支出,而其他公司则将这些成本资本化。此后,GAAP 基于发展阶段提供了以下规则,以确定软件开发费用是资本化还是成为支出:

- 初步项目阶段:内部和外部成本应在发生时计入当期损益。一般来说,在这个发展阶段,所产生的成本是确定一个概念是否可能,及/或考虑当管理层批准并同意为软件项目提供资金时,开发阶段完成后的潜在应用。

- 应用程序开发阶段:内部和外部成本应当被资本化。这个阶段是指软件项目基本完成并准备好用于开发阶段。也就是说,验证软件的测试已经完成。

- 实施/运营阶段:在这个阶段,成本的处理取决于软件的目的。培训费用(内部和外部)必须被视为支出。维护费用通常是支出,但如果将其视为升级费用,则不是这样,这种成本将被资本化。

与有形资产一样,必须对摊销的无形资产进行减值测试。如果情况发生变化,例如发生被称为"触发事件"的某些事件,则进行减值确认,无形资产的账面价值在减值确认时进行减值或在其无法恢复的情况下进行全部核销。由于减值导致的资产负债表账面价值下调,会反映在损益表中相应的支出金额上。2008—2009 年全球金融危机引发的经济衰退导致一些公司降低对某些无形资产未来收益的预期。

如前一章所述,GAAP 向非 GAAP[即国际财务报告准则(IFRS)]的转移已经产生了一些重大差异。如何处理研发是差异之一。根据 IFRS,研究成本和开发成本的处理方式不同。一般规则是,研究费用在发生时计入支出,而 IFRS 中规定的某些标准则需要将开发成本资本化。①

商誉　商誉(goodwill)是一家公司收购另一家公司时产生的无形资产。它是根据收购公司支付的价格与收购净资产公允价值之间的差额计量的。净资产的公允价值等于:所有可辨认有形资产和无形资产的公允价值减去按照收购公司代表被收购公司承担负债的公允价值。在收购公司的资产负债表中,商誉金额显示为资产。也就是说,商誉在资产负债表上受到了资本化处理。

让我们来解释如何使用 GAAP 创建商誉。试看 2013 年 6 月 19 日雅虎公司收购汤博乐公司(Tumblr, Inc.)的例子。汤博乐是一个轻博客网站,允许用户发布自己的内容,以及转发其他用户发布的帖子。雅虎收购汤博乐的动机是引入汤博乐每月高达 3 亿的独立访问者来增加其在线业务,以支持雅虎扩大其广告业务。雅虎支付的现金价格为 99 021.1 万美元。此外,雅虎承担了汤博乐 1.138 47 亿美元的负债。现在的问题是,雅虎在收购汤博乐时获得了什么? 也就是说,它购买了什么资产,什么是公允价值? 回顾根据历史成本编制的财务报表,对任何减值进行调整。这意味着汤博乐公司的资产必须由雅虎管理层雇用的专家重新估价,以确定所获资产的价值。根据雅虎提交的季度报告,该公司收到了 3.531 65 亿美元。专家确定,3.531 65 亿美元来自以下资产(百万美元):

获得的现金及有价证券	16.587
其他已收购的有形资产	73.978
可摊销的无形资产:	
开发技术	23.7
客户合同及相关关系	182.4
商品名称	56.5

净资产为 2.393 18 亿美元,相当于所收到的资产收入 3.531 65 亿美元减去雅虎

---

① 在这里列出标准并不重要。感兴趣的读者可参考《国际会计准则第 38 号、无形资产》(*International Accounting Standard No.38, Intangible Assets*)。

承担的负债 1.138 47 亿美元。由于支付的现金为 9.902 11 亿美元,净资产为 2.393 18 亿美元,商誉为 7.508 93 亿美元。基本上,这是雅虎多付给汤博乐的钱。雅虎资产负债表上的商誉显示为 7.508 93 亿美元的资产。

另一个例子,让我们考虑苹果公司在 2013 会计年度的业务收购。苹果公司为这些业务收购支付了 4.96 亿美元的现金。除了这些收购的现金外,苹果公司还承担了其收购公司的 1.02 亿美元负债。也就是说,苹果的业务收购成本为 5.98 亿美元。然后拨出 1.79 亿美元用于收购无形资产,4.19 亿美元用于商誉。然后,在 2013 会计年度的商业收购中,4.19 亿美元的商誉被加上 2012 会计年度的商誉。分配给无形资产的 1.79 亿美元在 2012 会计年度末被计入收购的无形资产。

商誉被视为具有无限生命的无形资产。因此,不存在商誉的摊销。[①]然而,像其他无形资产一样,商誉将进行减值测试,这可以降低其在资产负债表上的价值。截至 2013 会计年度末,苹果公司公布了 16 亿美元的商誉,并表示没有商誉减值。

其他非流动资产

其他非流动资产(或简称其他资产)可包括子公司的投资、预收款项和应收款项、员工应收款项、职工人寿保险政策的现金投保价值以及建筑施工成本。

对于 iRobot 公司,2012 年 12 月 29 日资产负债表所示的"其他资产"为 850 万美元,包括(如财务报表附注所述):

对 Advanced Scientific Concepts 公司的投资(百万美元)	2.500
对 InTouch Technologies 公司的投资(百万美元)	6.000

负债

公司的负债是指借出资金购买资产负债表上资产的金额。术语"负债"(liabilities)和"债务"(debt)可互换使用。

资产负债表上的债务按照到期日的顺序列示。通常它们分为两类:流动负债和长期负债。一年或一个经营周期到期的负债(以较长者为准)被归类为流动负债(cur-

---

① 收购公司一度不得不在不少于 40 年的时间内摊销商誉。

rent liabilities)。长期负债(long-term liabilities)则是超过一年的债务。

流动负债

在 2012 会计年度结束时,MiMedx 公司报告其流动负债总额为 5 070 772 美元,其中包括:

应付账款(美元)	1 251 684
应计费用(美元)	3 743 934
其他流动负债(美元)	75 154
目前与关联方的信用额度(美元)	—
与收购相关的长期可转换债务的当期部分(美元)	—

应付账款(accounts payable)是指信贷采购的供应商欠款。应计费用是已经实现但未支付的费用。财务报表的脚注 8 提供了有关应计费用的更多信息:

应计人员相关费用(美元)	1 761 760
应计佣金(美元)	1 469 925
其他应计费用(美元)	512 249

其他流动负债涵盖符合当期负债定义的一系列负债。

请注意,MiMedx 公司当前资产中最后两个项目没有任何显示。对于 2011 年度年终报告如下:

目前与关联方的信用额度(美元)	1 295 980
与收购相关的长期可转换债务的当期部分(美元)	1 128 806

这些流动负债代表什么?要理解这两个项目,我们需要知道每个项目的负债。第一是"关联方可转换信用额度,利率为 5%;2012 年 12 月 31 日全年应付本息"。财务报表自 2011 年度开始,这意味着债务在次年到期,成为流动负债(当期部分)。当描述公司的长期负债时,我们将讨论第二个债务。在这里要了解的重要内容是,如果公司发生长期负债,那么在一年之内到期的负债将被视为流动负债。

看看 iRobot 公司 2012 年的资产负债表。流动负债总额为 7 716.3 万美元,细目

如下(单位:百万美元):

应付账款	42.515
应计费用	16.527
应计薪酬	11.864
递延收入和客户预付款	6.257

我们之前讨论了前两个项目。财务报表中的脚注 6 报告截至 2012 年底的应计费用为 1 652.7 万美元,如下(单位:百万美元):

应付保修	6.057
应计直接履行费用	0.999
应计租金	0.696
应计销售佣金	0.475
应计会计费	0.155
不定纳税状况—短期	2.884
其他应付	5.261

"应计赔偿"是指一年内尚未支付的到期员工欠款。一些公司称这个账户为"应付工资和薪金"。第二个账户"递延收入和客户预付款"代表了尚未执行服务的客户或产品尚未交付的付款。但是,服务和产品一年内到期。

长期负债

长期负债的典型例子是源自票据和债券发行、资本租赁和递延税款的借款。"资本租赁"是代表租赁付款长期承诺的租赁债务。

"递延税款"是将来可能需要支付的税款,但目前尚未到期。虽然为了编制财务报告,它们是按照匹配原则计算的,但它们在将来可能不会到期。递延所得税是按财务报告目的(GAAP)计算的资产和负债账面价值同所得税计算金额之间的暂时性差异所产生的净税额影响。

现在我们来看,MiMedx 公司在 2012 会计年度年末的负债总额为 15 185 306 美元。资产负债表中报告以下内容:

MiMedx 普通股的盈利能力应付负债(美元)	5 792 330
可兑换高级担保票据(美元)	4 012 442
其他负债(美元)	299 762

MiMedx 公司的第一项负债,预估了为购买 Surgical Biologics 公司知识产权以扩大自身生产线,所需付出的金额。支付以 MiMedx 公司普通股的方式进行。债务为或有负债,具体将在稍后解释,我们先看下一个项目。

MiMedx 公司的第二项负债是用于收购 Surgical Biologics 公司知识产权的可转换高级担保票据 500 万美元。2011 年度的估计数为流动负债部分所示的数额:1 128 806 美元。在财务报表的脚注 9 中,截至 2011 年末,本期长期负债部分的金额为 2 480 400 美元,其中包括 1 128 806 美元,再加上可转换信贷额度的金额。

对于 iRobot 公司,只有一个长期负债条目。2012 会计年度的金额为 318.6 万美元。然后,读者可参考"承诺和或有事项(脚注 11)"。

或有负债 或有负债(contingent liablity)是公司可能产生的潜在成本。在GAAP 下,它是指根据成本发生的可能性计算可能发生的负债。有三类或有负债,每类别都按 GAAP 相应规定进行会计处理。这三类是基于或有负债发生的可能性:可能的、合理可能的和较不可能的。会计处理也取决于估算(衡量)将产生的负债金额的能力。当然,随着时间的推移,或有负债的分类可能会改变。

GAAP 规定如下:

- 如果或有负债很可能发生,公司可以合理估计将出现的损失金额,则该金额必须显示在(1)资产负债表上,作为长期负债的一部分,(2)损益表上,作为费用。

- 如果公司无法合理估计将会发生的损失金额,那么应注明关于或有事项的披露,但资产负债表上没有显示数额。(例如,专利侵权诉讼通常被视为或有负债。)

- 如果金额合理可行,则处理方式与无法估计的或有负债相同:仅通过票据披露。

- 如果或有负债被视为较不可能,则不存在于资产负债表上,不需要在财务报表附注中披露。

- 我们来看看 iRobot 公司的三个披露声明("11.承诺和或有事项")。前两个只是注释披露,第三个是或有负债。

对于"法律",出现以下内容：

本公司不时在正常经营过程中受到各种索赔、控告和诉讼。无法确定诉讼结果，并且有的诉讼、索赔或控告可能对我们造成不利影响，进而对本公司的财务状况或经营成果产生重大影响。

对于"销售税",出现以下内容：

公司在具有实际存在的管辖区内收取和扣除销售税，或认为存在关联关系，因此有义务收取和缴纳销售税。公司不断评估是否在新的司法管辖区与销售税建立了联系。本公司对各州的潜在风险承担责任，在这些州中本公司建立足够的业务连接以创造联系的时间点具有不确定性。公司继续分析可能的销售税风险，但目前并不认为任何可能产生的个人索赔或总体索赔最终将对其综合业务成果、财务状况或现金流量产生重大影响。

对于"保修",出现以下内容：

公司对大多数产品提供保修，并根据确定的保修成本建立了保修储备金。储备金作为应计费用（附注6）的一部分被列入随附的合并资产负债表。

在我们对流动负债的讨论中，列出的iRobot公司的应计保修显示为605.7万美元。

承诺　根据GAAP规定，公司必须披露：

● 与供应商融资安排相关的无条件购买义务承诺；

● 租赁协议下的义务；

● 长期借款和可赎回股票的未来付款。

无条件购买义务下的承诺与供应商的融资安排有关。这样的安排是一种必付合约，这是一项长期合同，在合同的期限内定期支付一定的最低金额作为服务或产品的付款。做出最低付款的义务是无条件的，条件必须被满足，无论服务或产品是否由供应商实际提供或交付。

租赁协议的义务是无条件的长期付款。例如，2012年iRobot公司财务报表披露了以下内容：

本公司租赁其设施。经营租赁下 2012 年、2011 年和 2010 年的租赁费分别为 440 万美元、410 万美元和 370 万美元。经营租赁的未来最低租金支付情况如下，截至 2012 年 12 月 29 日（单位：千美元）：

2013	3 158
2014	2 837
2015	2 820
2016	2 747
2017	2 505
此后	5 682
最低租赁付款总额	19 749

在长期借款和可赎回股票的情况下，披露内容包括到期日以及未来 5 年每期所需的赎回费用。

股东权益

公司的所有者权益由股权所表示。股票持有者权益（stockholders' equity，也称为股东权益，）为权益的账面价值（置存价值）。这是账面价值，正如我们所解释的，资产和负债的估值遵循 GAAP，但并不反映市场价值（除一些例外）。我们将在本节稍后解释股东权益的计算方法。

优先股与普通股

如第 7 章所述，公司可以发行两种类型的股票：普通股和优先股。在公司清算情况下，优先股股东在股息分配方面优先于普通股股东。也就是说，在优先股股东收到指定股息之前，普通股股东不能收到股息。对于优先股股东，股息可能是固定的金额，或其数量根据某些公式而变化。在公司清算时，优先股股东在资产分配方面优先于普通股股东。为了换取清算情况下的股息和资产分配的优先权，优先股股东会放弃与普通股股东不同的股份价格的升值潜力。特殊情况下,优先股股东可享有特别表决权。

如第 7 章所述,通常对于创业公司而言,优先股具有额外的功能,能够吸引希望上行潜力的投资者。此功能是转换特权,允许优先股股东将优先股股票转换成指定数量的普通股。关于计算盈利能力、每股收益等重要指标时,如何处理可转换优先股将在下一章中进行说明。

相反,普通股股东是公司的剩余所有者。向所有债权人履行偿还义务,优先股股东收到股息后,才能向普通股股东支付股息。

普通股分类

在第 7 章中,我们提供了基于投票权的普通股分类。在这里,为了资产负债表的报告目的,普通股是根据授权股份、已发行股份、未发行股份、流通股和库存股进行分类的。

当公司成立时,其章程规定了可出售的股份总数。这被称为授权股份(authorized shares)。授权股份又被分为已发行股份(即向投资者出售的授权股股数)和未发行股份(即未向投资者出售的授权股股数)。

流通股(outstanding shares)是向投资者出售的股份数。流通股数量应与发行股股数相同。这种情况也不一定,因为公司可以从投资者那里回购股票。回购股份称为库存股(treasury stock)。因此,流通股股数加上库存股股数等于发行股股数。

普通股的票面价值

所有金融工具均具有面值。在债务义务的语境下,面值是一个有意义的概念,因为(1)它表明发行人在到期日之前必须偿还债券持有人的数额,以及(2)加上票面利率,它表示将会每年支付的利息价格。因此,面值为 1 000 美元的债券和 5% 的票面利率将意味着要向债券持有人每年支付 50 美元的利息。

对于优先股,面值具有相似的含义。首先,如果优先股被赎回,除非有第 7 章所述的参与行为,否则公司必须偿还票面价值。如果发生清算,则优先股股东的最高限额是固定的。优先股具有股息率,其美元金额为面值和股息率的乘积。

当我们涉及普通股时,考虑其与股票市场价值的关系,它的面值通常是无意义的。当发生企业合并时,需要面值或规定值。与面值一样,所述价值也与市场价值无关。出于法律原因,面值或规定值很重要。具体来说,已发行股票数量乘以标准或者规定价值,就能确定公司的最低法定资本。这一最低法定资本对公司在支付股息和回购股票方面施加了约束。如果公司的资本低于最低法定资本,则不能采取任何行动。该公司的董事会设定了面值或规定的价值,通常为1美元或以下,以避免低于最低法定资本,这同时也保证了股利和股票回购决定的灵活性。

股东权益的账面价值

股东权益的账面价值(或置存价值)确定如下:

普通股按面值或规定值发行	
+	额外的实收资本
+	留存收益
+	累计其他综合收益(或亏损)
—	库存股
=	股东权益

下面我们来描述股东权益的这些组成部分。

第一部分是基于已发行股票的面值或规定值的合法资本。第二部分是以普通股销售超过其面值或规定值的结果,并被称为额外的实收资本(additional paid-in-capital)。

第三部分是自公司成立以来当前会计周期内未分配给股东的金额。"累计其他综合收益"在下一章中有所解释。大体而言,它包括某些投资的未实现损益,而股东权益报告上的金额是自公司成立以来的累计金额。之后股东权益会因为减去公司回购的已发行股份而减少,在前文我们称之为库存股。减少金额等于库存股的金额。

例如,iRobot公司的股东权益在其2012会计年度终了时的资产负债表中报告如下(单位:百万美元):

普通股,面值0.01美元(授权100 000 000股;发行27 781 659股,已发行股份27 216 555股)	0.278
+ 额外的实收资本	199.903
+ 留存收益	75.437
+ 累计其他综合收益(或亏损)	0.199
股东权益总额	275.817

让我们看看损益表(将下一章详细讨论)与资产负债表之间的关系。iRobot 公司在其资产负债表中报告的 2011 年留存收益为 5 814 万美元。2012 年,留存收益为 7 543.7 万美元,如上表所示。差额为 1 729.7 万美元。这一正差异来自哪里?下一章将具体描述损益表,我们将看到,2012 年 iRobot 公司的净收入为 1 729.7 万美元,2012 年没有向股东派发股息。因此 2011 年至 2012 年的留存收益增加为净收入。基本上,iRobot 公司从会计年度的开始到结束,积累且未派发给股东的收益为 5 814 万美元。2012 年,它获得了 1 729.7 万美元,并保留了所有这一切,将留存收益增加到 7 543.7 万美元。

对于 MiMedx 公司,截至 2012 年末的资产负债表所列股东权益为:

优先股,面值 0.001 美元(授权 5 000 000 股;发行和流通 0 股)		—
	普通股,面值 0.001 美元(授权 130 000 000 股;发行 88 423 169 股,流通股 88 373 169 股)	88 423
+	额外的实收资本(美元)	89 627 601
—	库存股(50 000 股成本)(美元)	(25 000)
—	累计赤字(美元)	(69 683 722)
	股东权益总额(美元)	20 007 302

请注意,MiMedx 公司被授权发行优先股,但实际操作中没有发行。我们看到库存股是以成本回购的,这减少了股东权益。留存收益在哪里?到目前为止,MiMedx 公司并没有实际累积任何收入(即没有留存收益)。相反,该公司累计亏损约 6 970 万美元。

资产负债表的局限性

最后,资产负债表中的信息将与损益表中提供的信息一起使用,以评估公司的表现。因此,在使用这些信息时,有必要了解资产负债表的局限性。它有三个局限之处:

- 资产负债表上提供的信息是根据历史成本计算的,仅反映资产的账面价值。
- 存在无形资产增加了公司价值,但未反映在资产负债表上,如品牌忠诚度、商标和员工忠诚度。
- 某些资产的记录涉及估算。

本章要点

- 资产负债表(财务状况表)包含公司资产、负债和权益的信息,通常是在会计季度或会计年度结束时编制。

- 资产可以根据将资产转换为现金所需的时间进行分类。

- 流动资产可以在一年或一个周期内转换成现金(即通过销售收入将存货中的现金投资转换为现金所需的时间)。

- 大多数公司的运营周期不超过一年。

- 非流动资产或长期资产是不符合分类为流动资产的资产。

- 流动资产通常包括现金及现金等价物、应收账款、存货和预付费用及其他流动资产。

- 非流动资产包括实物资产和无形资产。

- 实物资产,也称为固定资产,包括财产、厂房和设备。

- 在购买时,固定资产以获得它时支付的费用记录,被称为总资产和设备。

- 每年的资产和设备都会根据某些允许的折旧会计原则进行折旧。

- 折旧是指实物资产在其使用寿命(或经济寿命)内的历史成本分配,按照GAAP的匹配原则进行。

- 折旧金额在损益表中作为费用处理。

- 公司可以有两种方法计算资产固定寿命中的折旧:直线折旧法或加速折旧法(加速法进一步分为余额减少法和年数总和法)。

- 实物资产的累计折旧(即每年折旧的总和)用于减少工厂和设备总值,以获得厂房和设备净值(简称为账面价值或置存价值)。

- 必须通过可确定的减值来减少总厂房和设备总值。

- 无形资产是非物质资产,它使公司有权产生权利、特权和其他经济利益,可分为(1)营销相关、(2)客户相关、(3)艺术相关、(4)合同相关和(5)技术相关。

- 根据GAAP,无形资产按照获得方式和经济寿命分类。

- 关于收购事项,无形资产可分类为内部创建(或自创)无形资产和购买的无形资产。

- 高科技创业公司通常会产生大量购买的无形资产报告。

- 匹配原则要求公司将购置成本分配到购买的无形资产的预计使用寿命期限内,

并将分配成本列示在损益表中作为摊销。

- 无形资产的摊销在无限期和具有明确生命期限的无形资产中的处理方式是不同的。

- 对于无限期使用的无形资产,不进行摊销。购买有限寿命的无形资产必须摊销。

- 商誉是企业的无形资产,具有无限生命周期;当公司收购所产生的无形资产被归类为商誉时,不存在商誉摊销。

- 内部产生的无形资产在进行会计处理时,通常属于研发类别;某些软件开发除外,它们不作为无形资产报告,而是在发生时作为费用处理。

- 其他非流动资产(或简称其他资产)可包括子公司的投资、预收账款和应收款项、员工的应收账款、员工人寿保险的现金投保价值以及建筑施工成本。

- 公司的负债是指借款用于购买资产的资金金额,并按照到期日的顺序列入资产负债表。

- 负债分为流动负债(一年内或者一个经营周期,以较长者为准)和长期负债(到期超过一年)。

- 流动负债包括应付账款、应计费用、其他流动负债、目前与关联方的信用额度,以及与收购有关的长期可转换债务的当期部分。

- 典型的长期负债是指发行票据和债券的借款、资本租赁和递延税款。

- 或有负债是公司可能产生的成本,根据成本发生的可能性计入公司的潜在成本。

- 公司的所有者权益表示为股东权益。

- 在资产负债表中,普通股按授权股份、已发行股份、未发行股份、流通股和库存股分类。

- 资产负债表信息的局限性为:(1)报告值为历史成本,仅反映资产的账面价值;(2)可能有无形资产增加公司价值,但并不反映在资产负债表上;(3)某些资产的记录涉及估算。

延伸阅读

- Berman, Karen, Joe Night, and John Case, *Financial Intelligence for Entre-*

preneurs: *What You Really Need to Know about the Numbers* (Boston: Harvard Business School Press, 2008), chaps. 8—11.

● Weil, Roman L., Katherine Schipper, and Jennifer Francis, *Financial Accounting*: *An Introduction to Concepts*, *Methods and Uses*, 14th ed. (Mason, OH: South-Western College Publishers, 2013), chaps. 2, 4, 10, 11, and 12.

● Weygandt, Jerry J., Donald E.Kieso, and Paul D.Kimmel, *Financial Accounting*, 9th ed.(Hoboken, NJ: John Wiley & Sons, 2013), chaps. 9—12.

10 损益表

损益表总结了公司在一段时间(一个会计季度或年度)的经营表现。本章将介绍损益表及其各个组成部分。

损益表的结构和组成部分

尽管每一家公司的损益表不尽相同,但基本的损益表结构和成分如下(假定没有优先流通股):

	营业收入
—	营业成本
=	毛利润
—	销售、一般及管理费用
—	研发费用
=	营业利润(息税前利润)
—	利息费用
=	税前净利润
—	所得税
=	净利润
—	归属非控股权益的净利润

=	归母净利润
+	营业外收入（损失则为一）
=	综合利润
—	归属非控股权益的综合利润
=	归母综合利润

当公司有优先流通股时：

	净利润
—	优先股股息
=	归属于普通股股东的利润

本章会详细介绍损益表的各个组成部分。损益表背后的基本逻辑如下。它开始仅仅考虑公司销售的成本，提供公司经营结果的信息（"毛利润"）。提供产品的成本，也被称为商品的出售成本（COGS，或称销售成本）。毛利润忽略了在生产过程中的非经营性费用。一旦这些被确认，公司的经营性收入就被确定，并且，损益表总结了公司在业务经营方面的表现。

其中一个没有被算在这个类别里的非经营性成本是财务费用。这是借入资金的成本，即利息费用。注意，不管是公司需要支付的优先股还是普通股的股息，都不属于财务费用。值得强调的是，出于会计和税务的目的，这里支付的财务费用都是免税的费用。

然后还有其他需要调整的项目。这些调整是为了计算其他非核心业务的收入或者成本。

注意区分"净利润"和"归属于普通股股东的净利润"。净利润是属于所有股东的——包括普通股股东和优先股股东。普通股股东的关注点在于公司为其获得什么。我们之后会有另一个指标提供这个信息——每股收益。

如上所述，损益表不尽相同。表 10.1 和表 10.2 显示了 2012 年 MiMedx 公司和 iRobot 公司的损益表。我们会用它们来阐释损益表的分类，以及财务报表的附注披露。

表 10.1　Mimedx 集团及其子公司 2012 年损益表　（单位：美元）

净收入：	27 053 773
营业成本与费用	
产品销售成本	5 188 378
研发费用	2 884 546
销售、一般和管理费用	20 970 687
无形资产减值准备	1 798 495
对赌负债公允价值调整	1 567 050 5 803
营业损失	(5 355 383)
其他收入（费用）	
债务折扣摊销	(1 714 101)
净利息费用	(592 892)
息税前损失	(7 662 376)
所得税	——
净损失	(7 662 376)
每股净损失（基本和稀释）	(0.09)
计算每股净损失的股数（基本和稀释）	81 646.295

表 10.2　iRobot 公司 2012 年损益表　（单位：千美元）

收入	
产品收入	418 550
合同收入	17 694
总收入	436 244
成本	
产品成本(1)	239 745
合同成本(1)	16 783
总成本	256 528
毛利润	179 716
营业费用	
研究与开发[a]	37 215
销售与推广[a]	71 631
行政与管理[a]	45 698

	续表
总营业费用	154 544
营业利润	25 172
其他净营业收入	435
息税前利润	25 607
税费	8 310
净利润	17 297
每股净利润	
基本	0.63
稀释	0.61
计算每股收益的股本数量	
基本	27 577
稀释	28 301

作者注释：上标 a 表示基于股票的补偿如何分解为不同种类的费用。

营业收入

营业收入指的是公司通过销售产品所收到的款项。这里就简单用收入来表示。在第 8 章中，我们解释了收入确认原则和匹配原则。

我们首先考虑 iRobot 公司的收入。公司从销售产品中获得收入（包括不同种类的家庭清洁机器人，拥有防御和安保功能的机器人，以及其他附件），产品通过与美国联邦政府和商业实体签订的研究开发合同来产生收入。在表 10.2 中，公司将收入分为"产品收入"和"合同收入"。

财务报表附注中明确了收入确认原则。对于直接对顾客销售与通过经销商和渠道商间接销售的"产品收入"表述如下：

公司基于与顾客签订关于产品、损失风险、净估计收益的合同条款来确认收入，假定产品被确认，同时没有其他明显义务。针对地方经销商的销售通常包括了一些收益权利、部分回扣和价格保护。相应地，公司在确定相关收入时，因收益权利带来的债务估计会减少相应的收入。公司基于历史盈利和其他相关数据,估计针对经销商的产品销售收益。公司的国际渠道商合同现在还不能带来生产收益,所以对于这部分顾客带来的收益还没有留存。

同一附注同样阐释了对于不同类型的"合同收入"是如何被确认的:

> 对于"成本加固定费用"(cost-plus-fixed-fee,简称为 CPFF)类型的合同,公司基于成本加上总固定费用的一定比例来计算收入。发生的成本包括直接与单个 CPFF 合同相关的劳务、材料等费用,再加上基于公司向美国国防管理局 (DCMA)提交的费率计算的间接费用和行政管理费用。
>
> 完全固定总价合同(firm fixed price,简称为 FFP),其收入是通过完工百分比法确认的。对于政府产品的 FFP 合同,当产品交工或达到合同条款要求时确认收入。随着工作的开展,成本和估计毛利率被记录为收入,完工百分比则基于最近的成本和融资额,来估计已经发生的成本与估计总成本的比例。

最后,同一份附注中写道:"收入超过账单的,记为账单外收入;账单超过收入的部分,记为递延收入。"

长期合同的收入确认

对于高科技公司而言,从合同中产生收入和毛利的时间跨度超过一个会计年度比较常见,我们在此简单介绍这种情形下的收入确认方法。对长期合同进行会计处理的 GAAP 方法包括(1)完工百分比法、(2)完成合同法。

完工百分比法(percentage-of-completion method)要求基于项目进程即完工百分比每期确认合同收入。上面引用的 iRobot 公司报表的附注就是用这种方法确认合同收入的。运用这一方法的主要问题是要对施工进度进行合理估计并不是那么容易。GAAP 要求这种方法的使用前提是施工的完成进度、收入、成本三者相互依赖,同时需要满足以下条件:(1)合同详细描述了提供货物或者接受服务对象的执行权利、相互交易的考量以及交割的方式和条款;(2)购买者可被要求满足合同规定的所有义务;(3)执行合同约定服务的公司可以执行所有的合同义务。

与完工百分比法不同,完成合同法(completed-contract method)规定收入和毛利只在销售确认(即完成合同时)时得到确认。与长期合同相关的成本是累积的,期间利润表没有相应的费用扣除。这个方法只能用于以下情形：(1)公司以短期合同为主；或者(2)前面讨论的完工百分比法的条件不能满足；(3)除了一般的、经常发生的业务风险外，合同还存在内在隐患。因此，基本原则就是完工百分比法更适合长期合同的收入确认，只有在完工百分比法不能使用时才使用完成合同法。

营业成本

在上面展示的基本损益表中，有两种类型的成本：(1)COGS 生产成本；(2)销售、一般及管理费用。实际上，这些成本在损益表中可以有多种形式。比如，MiMedx 公司列示了"经营成本和费用"以及如下项目：

● 营业成本；

● 研究、开发费用；

● 销售、一般及管理费用；

● 无形资产减值准备；

● 对赌负债公允价值调整。

MiMedx 公司损益表上的营业成本就是我们前面提到的基本损益表中的营业成本。营业成本的计算包括存货的估值，进而可以确定每件货物的成本，以及固定资产的折旧和无形资产的摊销。我们后面会解释营业成本的计算方法。

正如前面章节所述，研发费用基本就是研发期间发生的费用。iRobot 公司公布的研发费用主要包括：

● 工程师的薪资和相关成本；

● 产品和模型开发用到的高科技组件的成本；

● 产品开发过程中测试仪器的成本。

在前面的章节提到过，GAAP 设立了一个针对内部开发软件的特殊条款。下面是 iRobot 公司在财务报表附注中对内部使用软件的描述：

公司对内部使用软件的开发利用相关的成本进行资本化。在 2012 年 12 月 29 日和 2011 年 12 月 31 日，公司将与公司软件相关的 830 万美元和 830 万美元分别计入了固定资产。资本化成本在资产的预计使用期限内进行摊销。公司在 2012 年 12 月 29 日、2011 年 12 月 31 日、2011 年 1 月 1 日分别计提了 100 万美元,90 万美元和 90 万美元的摊销费用。

"资本化成本"意味着资产负债表上添加了新的资产,等价于其获取的价格。因此,在 iRobot 公司的资产负债表上,内部使用软件的成本是固定资产的一部分。固定资产中代表软件开发的部分成本在之后被摊销。摊销费用体现为营业成本的一部分。

销售、一般及管理费用(selling, general, and administrative expenses)指的是不与产品销售直接相关的费用。正如 iRobot 公司财务报表附注中列示的,它主要包括:

- 销售和营销人员的薪资和相关成本;
- 行政管理层的薪资和相关成本;
- 广告、市场推广和其他品牌营销的成本;
- 网上商城直销顾客相关的完成成本;
- 客户服务成本;
- 专业服务成本;
- 信息系统和设备成本;
- 差距及相关成本;
- 租用及其他间接成本。

我们来看一下 MiMedx 公司五个经营费用的最后两个;它们没有被列示在基本损益表。第一个"无形资产减值",是我们在前面章节中提到的费用。这个费用来自无形资产价值的减少。在资产负债表中,无形资产的价值减少,传导到损益表中体现为费用。对赌负债中的公允价值调整是另一个实体在收购过程中的利益所得,体现为本公司的费用。

折旧不仅仅针对营业成本,同时也适用于其他类型的费用。比如,MiMedx 公司在 2012 会计年度的财务报表附注中说明了总计 4.653 67 亿美元的折旧费用是按照如下分配的:

包含折旧费用的有(单位百万美元):

经营成本	155.987
研究与开发	120.260
销售、一般及管理费用	189.120

当阅读 iRobot 公司的损益表时,我们会发现有以下项目:

收入的成本:

产品收入的成本

合同收入的成本

总收入成本

经营费用:

研究和开发

销售和市场

一般和管理

这里的"收入成本"就是营业成本。在财报附注中,"产品收入成本"是这样解释的:

产品收入成本包括与产品开发制造相关的原材料、人工成本,以及制造费用,包括制造工程、质量保证、物流和保修成本。

"合同收入成本"解释如下:

合同收入成本包括与研发活动有关的工程资源的直接人工成本,以及第三方咨询、差旅和相关直接材料成本。另外,我们包括了运营费用,比如间接工程成本、项目资源、工程工具和物资相关的租赁成本、项目管理费用。

生产产品成本

生产成本的计算(或相类似的指标)如下:

+	会计期间存货购买/制造成本
—	会计期末存货成本
=	生产产品成本

或者,等价地:

	会计期间可用于销售的存货成本
—	会计期末存货成本
=	生产产品成本

存货包括原材料、在产品和产成品。对于 MiMedx 公司 2012 会计年度,财报附注如下(单位:美元):

原材料	233 747
在产品	1 598 537
产成品	1 349 121

可以看出,生产成本的计算依赖于存货期初和期末成本,以及在该年度新购买存货的成本。存货成本的计算被称为存货估值或者存货计量。基本上,该过程包括可用于出售的存货成本在期末存货和生产成本之间的分配。

存货估值/计量　在 GAAP 下,公司在选择存货成本估计方法上有很大的自主权。我们会简要介绍关于存货计量的各种方法、存货成本的涵义,以及所采用的方法如何影响公司的净利润。需要注意的是,高科技公司可能没有存货。

GAAP 下的会计处理要求将下列成本计入存货成本:

● 部件及原材料成本

● 直接人工成本:直接人工成本包括工作相关的薪酬,以及在直接生产产品和提供服务时的附加收益。

● 制造运营支出:也叫工厂费用、工厂负担、制造支持成本、制造期间费用是制造相关的间接成本。三个与制造运营相关的成本包括固定资产折旧,除去直接人工以外的间接人工成本(如材料处理人员、维修人员、设备维护人员、产品监督员),以及与制造工厂和设备相关的日常费用支出。

运用以下四种存货计量方法,公司可以确定在生产成本和期末存货之间如何分配成本①:(1)单个计量确认;(2)先进先出(FIFO);(3)后进先出(LIFO);(4)加权平均。一旦公司选定了一种方法,就不能再随便变更计量方法,因为这会使得在两个会

---

① 还有其他方法,但很少用到。

计年度内的财报无法进行公允比较。

当使用单个计量方法进行存货计量时,每个产品的销售成本都被单独确认和记录。当公司销售大量相似产品时,这个方法不太实际。但是,如果公司的销售产品各不相同,并且产品单价很高时,这个方法很实用。

其他三个成本计量方法——先进先出、后进先出、加权平均——均基于存货成本流动假设。具体地,存货成本流动假设如下:

- 先进先出:假设第一批进入的产品就是第一批销售的产品;
- 后进先出:假设最后一批进入的产品是第一批销售的产品;
- 加权平均:每个单件的加权成本计入产品的销售成本。

最常用的是先进先出法。

在第 12 章,我们会解释如何分析财报来评估公司业绩以及吸引不同的投资者。存货计量方法会对公司净利润产生影响。在通货膨胀时期,或者各部门内价格上涨时,先进先出方法下计算的净利润会比后进先出和加权平均更高。

存货计量还有一点很重要。第 8 章介绍的历史成本法指出,资产应该以历史成本列示。因此,当固定资产的市场价值高于历史成本时,将不会重新列示更高的价值。对于存货,当市场价值下跌时,会进行价值重估,因为存货可能会被废弃或者变得不能销售。存货估值的原则是列示成本和市场价值中的更小值(lower of cost or market,简称 LCM)。因为产品的版本不同,存货重估在高科技企业中很常见。

在 MiMedx 公司 2012 年的年报中是这样描述其存货估值方法的:

存货估值为成本和市场价值中的更小值,运用先进先出方法。根据生产进度和存储地点的生产进程来分,存货被分类为原材料、在制品、制成品。对于在制品而言,人工和运营费用在公司 ERP 系统的生产指令结束之前的不同产品进程中已经被吸收了。历史产出和正常产能都被用于计算生产费率。存货废弃准备金则被用于缓慢出售的存货,以及当市场需求逐渐减少时存货不再有需求的情况。

对于 iRobot 公司 2012 年的年报,存货的估值方法是这样描述的:

存货的价值为存货实际成本和当前估计市场价值的更小值。基于未来需求和市场前景,我们记录废弃存货或者不能销售的存货。实际市场的需求情况可能比预期低,这样会对毛利率产生负面影响,这时存货减值相对于初始记录就很有必要了。相反,如果市场情况比预期更好,未来毛利率会受到积极影响。

所得税

身处美国的公司要向联邦、各州以及不同的外国管辖区交税。在财务会计和纳税报告中,现在到期交税与未来潜在税收是有区别的,时间上的表述也会不同。在iRobot公司2012年的财报附注中,是这样描述递延所得税的:

递延所得税是基于财务报表和纳税报告,使用公布税率带来的税基资产和负债差别得来的,这个差别会在之后回转。如果基于已有证据,很可能一部分或者全部递延所得税资产都不会实现,在这种情况下,就会计提减值准备。

基于不同情况的变化,公司要对递延所得税资产的纳税进行监督。比如在历史上有多期累计损失或者税务政策的变化下,就要监督之后连续几期的应纳税所得额。对于公司应纳税收入的条款和其实现递延所得税资产能力的评估,都包含了重要的判断和估计。

在另一个2012年度财报附注中,iRobot公司报告了831万美元所得税的组成部分(损益表10.2;单位:百万美元):

现在	
联邦	12.540
州	0.473
国外	(0.008)
当前总税收	13.005
递延	
联邦	(4.003)
州	(0.692)
总的递延税收	(4.695)
总的所得税税收	8.310

净利润

当人们讨论"账本底线"时,他们指的是净利润的一种形式。净利润是在去除所有费用(包括税收)后,所有股东(普通和优先)获得的收益。还有其他描述净利润的称呼,比如息税前净利润和净收益。比如,表 10.2 中报告的 iRobot 公司 2012 年的净利润是 1 729.7 万美元。百时美施贵宝公司在表 10.3 的 2012 年损益表中净利润是 25.01 亿美元。但是,百时美施贵宝的净利润指的是"净收益"(net earnings)。①当在该会计年度内有一笔损失,就被记为"净损失"(net loss)。对于很多初创公司,净损失非常常见。MiMedx 公司就在 2012 会计年度报告了净损失。

表 10.3a　2012 年合并利润和综合损益表:百时美施贵宝公司(截至 2012 年 12 月 31 日):
合并利润表(美元,股份数以百万为单位,除了每股数据)

利润:	
净收入	17 621
销售产品成本	4 610
市场、销售和行政费用	4 220
宣传和产品推广	797
研究和开发	3 904
百时美-986094 无形资产的减值	1 830
其他(收入)/费用	(80)
总费用	15 281
息税前收益	2 340
所得税收入条款(收益)	(161)
净利润	2 501
归属非控股权益的净利润	541
归属百时美施贵宝的净利润	1 960
每股普通股收益	
基本	1.17
稀释	1.16
每股普通股申报的现金股利	1.37

① 为什么要讨论百时美施贵宝的案例? 原因马上就会不言自明。

归属非控股权益的净利润

让我们看看百时美施贵宝公司的损益表(也可以称为收益表)(单位:百万美元)。

综合利润	
净收益	2 501
其他综合利润/损失,税后:	
现金流对冲的衍生品:	
未实现收益	9
已实现收益	(36)
养老金和退休后收益:	
精算损失	(311)
摊销	90
结算和缩减	103
可交易证券:	
未实现收益	12
已实现收益	(9)
外币兑换	(7)
净投资对冲外汇兑换	(8)
总的其他收益/损失,税后	(157)
综合收益	(2 344)
归属非控股权益的综合收益	535
归属百时美公司的综合收益	1 809

注意会有一个净收益和两种其他类型的净收益的报告:"归属非控股权益的净收益"和"归属百时美施贵宝公司的净收益"。"归属非控股权益的净收益"指的是什么?

非控股权益(noncontrolling interest)指的是子公司股东中不直接或间接属于母公司的股东权益。这在财报上被叫做少数股东权益(minority interest)。对于公司,即使是初创公司,常常在另一个公司有部分股权,或者与另一个公司合营,这些都不具有控股股权。因此,公司净利润的一部分应该分配给具有少数股权的公司。

因此问题就是,在财报上怎么处理非控股权益? GAAP 要求在财报中确认和呈现以下信息:(1)子公司所有权;(2)分配给子公司和母公司的净利润;(3)母公司所有权变更;(4)公司分拆损益;(5)区分母公司和子公司的披露。

GAAP 要求非控股权益在资产负债表的所有者权益部分列示,并与母公司分开。

其数量应该得到准确确认,并标注为属于子公司的非控股权益。如果公司有不止一家子公司的非控股权益,则其数量可以积累。在损益表中,净利润(综合收益,这将在之后提到)需要列示为归属于非控股权益的净利润。

比如,百时美施贵宝公司和赛诺菲公司(Sanofi)签订了共同开发和商业化产品 Avapro/Avalide(一种血管紧缩素受体的抗体,针对高血压和糖尿病肾病的治疗)以及产品 Plavix(一种血小板聚集抑制剂)的协议。百时美施贵宝是经营合伙人,在特定区域拥有 50.1% 的大部分股份。在世界范围内的合伙,百时美施贵宝合并了来自赛诺菲 49.9% 的份额。经营成果反映在百时美施贵宝公司的非控股权益中。在其他区域,由百时美施贵宝确认在该地区的净收益和在该地区之外的共同经营国家净收入。在生产成本中,根据百时美施贵宝损益表中的描述,属于赛诺菲的部分报酬被包括进来(除了开发特许权使用费)。在其他地区,赛诺菲是经营合伙人,有 50.1% 的多数股东股份,百时美施贵宝拥有 49.9% 的股权,包括所有者权益中在附属公司的净利润。与合伙企业相关的收益分配是被包含在经营活动中的。除此之外,百时美施贵宝和赛诺菲还另外签订了在美国共同推广厄贝沙坦(irbesartan,一种血管紧张素 II 受体拮抗剂,主要用于高血压的治疗)的协议,赛诺菲支付百时美施贵宝 3.5 亿美元,以获得推广厄贝沙坦的权益。

协议的结果就是,百时美施贵宝宣告与赛诺菲主要在 Plavix 和 Avapro/Avalide 两个产品的合伙属于非控股权益。在 2012 年,其净收益是 25.01 亿美元。这里面,归属于非控股的权益是 5.41 亿美元。不归属于非控股的权益是 19.6 亿美元,这部分是归属于百时美施贵宝的净收益。

归属于普通股股东的净利润

报告中的净利润归属于所有股东——包括优先股股东和普通股股东。但是普通股股东只对归属于自己的净利润感兴趣。为了获得归属于普通股股东的净利润,优先股的股息应该从净利润中去除。

综合收益和其他综合收益

我们会看到净利润没有被分配给股东,而是作为股息留存在公司,这增加了公司所有者权益。所以你会看到,如果公司的净利润是 1 000 万美元,所有者权益在年初是 8 000 万美元,假定没有向股东分配股息,在年末所有者权益就变成了 9 000 万美元。但是,存在某种情况,使得交易对股东权益造成反面影响,却没有在损益表中体现出来。在我们的例子中,假设在会计年度末股东权益是 7 500 万美元而不是 9 000 万美元。减少的那 1 500 万美元去哪儿了呢? 公司会在股东权益报表中隐藏对股东权益有反面影响的一系列交易。也就是说,我们本来期望将所有影响股东权益的因素都计入损益表中,但在此处这一原则却不适用。因此,GAAP 通过要求公司报告"综合收益"(comprehensive income)和"其他综合收益"(other comprehensive income,简称为 OCI)表来处理这个问题。

在 GAAP 下,综合收益被定义为:

> 在一定时期内,出现交易和其他非自有资源情况下而引起的商业企业的股东权益(净资产)变化。它包括了除了所有者投资和对所有者分配之外的所有股东权益变化。[1]

因此,综合收益包括净利润。加入净利润之中,最后得到综合收益的部分,叫作其他综合收益,被定义为在 GAAP 下,记录为股东权益的一部分,而不作为在净利润中体现的收入、费用、收益或者损失。因此,

$$综合收益 = 净利润 + OCI$$

三个 OCI 的例子包括:(1)主要外汇不是美元的外国子公司的汇兑调整;(2)公司尝试用金融衍生工具(互换、期货和远期)来对冲仓位的风险时确认的损失;(3)市场证券交易产生的损益。

例如,苹果公司在 2013 年财报中披露的 OCI 中的损失是 9.7 亿美元,包括以下三个部分:

- 外汇兑换带来的税后损失 1.12 亿美元,其税收净影响是 3 500 万美元。
- 未确认的金融衍生工具的损益带来的税后净收益 6 400 万美元,包括两个部分:(1)衍生品公允价值税后净收益 5.22 亿美元;(2)已确认损失和计入损益表的净损失调整为 4.58 亿美元。

---

[1] Paragraph 70 in *Statement of Financial Accounting Concepts 6* (Financial Accounting Standards Board, 1985).

- 市场可交易证券的未被确认的税后损失是 9.22 亿美元,包括(1)可交易证券的公允价值税后损失 7.91 亿美元;(2)损失确认和计入利润表的税后损失调整 1.31 亿美元。

因为苹果公司 2013 年的净利润是 370.37 亿美元,OCI 损失 9.70 亿美元,所以综合收益是 360.67 亿美元。

表 10.3 b 显示了百时美施贵宝公司 2012 会计年度 OCI 的组成部分。因为百时美施贵宝存在非控股权益,如之前所述,综合收益披露分为"归属于非控股权益的综合收益"和"归属于百时美施贵宝的综合收益"。

在损益表中,综合收益的两个部分必须被列示:净利润和 OCI。OCI 的信息可以根据利润的基本属性来决定。例子包括外汇、金融工具投资中未实现的损益。

综合收益表的展示需采用单个报表的格式或者两个连续报表的格式。选择单个报表列示的公司需要展示以下内容:

- 净利润及其组成部分。
- OCI 及其组成部分。
- 综合收益(净利润和 OCI 的总和)。

在本章前面讲的损益表基本结构中,单个报表的格式已经有所呈现(不包括详细的具体组成部分)。

公司选择两个连续的报表格式时,需要展示两个报表:净利润表之后紧接着的就是综合收益报表。表 10.3 中 2012 年百时美施贵宝的财报就是一个例子。表 10.3a 是利润表,表 10.3b 是综合收益表。苹果公司用的是同样两种表格的格式。

在资产负债表上,积累的其他综合收益(accumulated OCI,简称为 AOCI)必须在股东权益部分披露。这一项目通常被命名为"积累的其他综合收益/损失"。就像留存利润一样,它是从公司刚开始经营活动起积累的存量账户。

在苹果公司 2013 年的财报中,AOCI 在 2012 年资产负债表上的数额是收益 4.99 亿美元,在 2013 年资产负债表上是损失 4.71 亿美元。这意味着出现了一个明显的 9.7 亿美元的变化,从+4.99 亿美元到-4.71 亿美元。如之前所述,苹果公司 2013 年的 OCI 是净损失 9.7 亿美元。

另一个例子是百时美施贵宝公司。AOCI 在 2011 年资产负债表上的数据为 30.45 亿美元损失,在 2012 年资产负债表上是 32.02 亿美元损失。这意味该公司的 AOCI 损失有所增长,为 1.57 亿美元。在表 10.3 中,根据 2012 年的综合损益表,可以发现

1.57 亿美元的损失。

每股收益

在财报中,公司会报告每股收益(earnings per share,简称为 EPS)。这个指标被用于衡量公司每股普通股的净收益。计算如下:

$$EPS = \frac{归属于普通股股东的净利润}{流通股份数}$$

分子用的是归属于普通股股东的净利润,除去了对优先股股东的股息支付。

需要计算分母中的普通股数量。原因是 EPS 是针对整个会计周期而言的,而普通股股数可能会随着时间变化。因此,在整个会计周期中的股数不一定保持一致。所以,会计师通常会计算加权平均流通股股数。

另外,GAAP 要求公司披露两项关于 EPS 的计算方法:基本 EPS 和稀释 EPS①。基本每股收益就是上述公式计算的结果。

稀释 EPS

EPS 考虑了证券转换为普通股的可能,比如允许持有者转为特定数量普通股的证券,以及公司发行的期权,允许特定的主体执行期权获得一定数量的股票的权利。可转换证券包括可转换优先股和可转换债券,相关例子在第 7 章讨论过。总的来说,所有公司制定的金融工具,若允许第三方获得公司的普通股,都可以叫作稀释性证券(dilutive securities)。通过考察稀释 EPS 的相关数据,金融财务报表的使用者可以了解在稀释证券持有者执行其权利获得相应的股票后,会对基本 EPS 产生哪些影响。

计算稀释 EPS 的公式如下:

$$稀释 EPS = \frac{稀释证券行权调整后支付给普通股股东的净利润}{稀释证券行权后的普通股份额}$$

分子调整的原因是如果执行稀释证券,净利润应该根据这个指标做相应调整。我们以可转换债券为例。债券需要支付利息。如果债券持有者将其转为普通股,支付给可转换债券持有者的利息就会减少。同样的道理也适用于可转换优先股,只是

---

① 在 1998 年以前,公司需要披露三种 EPS 的衡量方法:简单、原始,以及完全稀释 EPS。

此时应该支付的是优先股类别股东的股息。

对于可稀释证券是否应被包括在计算中，存在一些限制。任何可能使得稀释EPS 大于基本 EPS 的可稀释证券都应该被排除在可稀释 EPS 的计算中。这样的稀释性证券被称为反稀释证券。

让我们用 2013 年苹果公司的财报作为例子来计算稀释 EPS。在财报的附注中，苹果公司描述其可稀释证券为："潜在的稀释性证券包括可流通的股票期权，公司员工股份回购计划下的回购股份，以及未归属的 RSU"（RSU 即在第 4 章提到的限制类股票单位）。下面介绍了 2013 年苹果公司的基本和稀释 EPS 的计算（单位：千美元，除了净利润以及每股数量以百万美元为单位）：

分子：	
净利润	37 037
分母：	
加权流通股份数	925 331
可稀释证券的影响	6 331
加权平均稀释股份数	931 662
基本 EPS	40.03
稀释 EPS	39.75

苹果公司还报告称，在 2013 年潜在的稀释证券中，包括 420 万股的普通股排除在对稀释 EPS 的计算中，因为它们是反稀释的。

本章要点

- 损益表是反映公司在一段时期（会计季度或年度）内经营活动表现的财务报表。
- 损益表的呈现以公司的经营数据结果（毛利润）开始，仅包括生产过程中的成本（生产成本或销售成本）。
- 因为毛利润忽视了非营业费用，所以最终得到的是公司营业收入，这一指标反映了公司商业经营活动的表现。
- 销售收入由公司销售产品获得的；其具体数量和确认行为基于收入确认原则和匹配原则。

- 考虑到一些公司从超过一个会计年度的合同产生收入,GAAP 规定用两种方法来计量长期合同:完工百分比法和完成合同法。

- 完工百分比法要求基于项目进程每期确认合同收入。

- GAAP 规定,进行完工百分比法计算时,对于工程进度、收入、成本的估计必须合理独立,以及满足特定条件。

- 完成合同法指出,收入和毛利润在销售时(即合同完工的时刻)才确认,长期合同的成本在不断积累,但没有期间费用体现在利润表中。

- 只能在以下情形中使用完成合同法:(1)公司以前有短期合同;(2)使用完工百分比法的条件不能得到满足;(3)除了正常的、经常发生的商业风险以外,还存在隐藏的危害。

- 有两种不同的营业成本在损益表中列示:(1)COGS 生产成本;(2)销售、一般和管理费用。

- 销售、一般和管理费用是指不与生产产品直接相关的费用。

- 生产成本计算如下:会计期初的存货成本加上期间内新购买或新制造的存货成本,再减去期末存货成本。

- 存货估值非常重要,因为生产成本的计算依赖于存货初始成本和期末成本,以及期间内新购买的存货成本。

- 基本上,存货估值涉及期末存货和生产成本之间分配可供销售的存货的成本。根据 GAAP,公司可以自主选择存货成本会计计量方法。

- GAAP 要求在计算存货成本时应该包括部件及原材料成本、直接人工成本,以及制造运营支出。

- 公司可以使用 4 种存货成本计量方法,来决定生产成本和期末存货如何分配,它们是:(1)单个计量确认;(2)先进先出法;(3)后进先出法;(4)加权平均法。

- 公司一旦决定了使用何种存货计量方法,就不能随意更改。

- 由于会计方法和纳税报告的方法不同,以及时间上的相关问题,现在应交税费和未来潜在税费也存在差异,这就导致递延税费的产生。

- 非控股权益是子公司中不直接或间接属于母公司的股东权益部分;在财报中往往被称为少数股东权益。

- GAAP 要求非控制股东权益必须在资产负债表的股东权益部分披露,和母公司的权益分开列示;在损益表中,这部分净利润(和综合收益)应该被列示为归属于非控股权益的净利润。

- 归属于普通股股东的净利润等于净利润减去所有的优先股股息。
- GAAP 下,综合收益指的是在一段时期内,源于所有者投资和分配带来的非所有者资源的交易和其他事件引起的所有者权益的变化。
- 综合收益包括净利润。
- 其他综合收益指的是综合收益计入净利润的部分。GAAP 将其定义为属于所有者权益,但不计入净利润的收入、费用、损益。
- 在损益表中,综合收益的两部分均需列示:净利润和其他综合收益。
- 公司的每股收益(EPS)计算等于归属于普通股股东的净利润除以流通中的普通股股数。
- GAAP 要求公司披露两项 EPS 指标:基本 EPS 和稀释 EPS。
- 稀释性证券指的是公司制定的、允许第三方获得公司普通股股票的所有金融工具。
- 稀释 EPS 考虑了证券转换为普通股股票的可能性,比如允许持有者转换为特定数量普通股股票的证券,赋予特定主体执行期权以获得特定数量股票权利的期权的发行。
- 稀释 EPS 等于稀释证券行权调整后的归属于普通股股东的净利润除以稀释证券行权后的普通股股数。
- 所有使得稀释 EPS 大于基本 EPS 的稀释性证券(被称为反稀释证券)都被排除在稀释 EPS 的计算之外。

延伸阅读

Berman, Karen, Joe Night, and John Case, *Financial Intelligence for Entrepreneurs: What You Really Need to Know about the Numbers* (Boston: Harvard Business School Press, 2008), chaps. 3, 4, 5, and 12.

Peterson Drake, Pamela, and Frank J. Fabozzi, *Analysis of Financial Statements*, 3rd ed. (Hoboken, NJ: John Wiley & Sons, 2006), chap. 5.

Weil, Roman L., Katherine Schipper, and Jennifer Francis, *Financial Accounting: An Introduction to Concepts, Methods and Uses*, 14th ed. (Mason, OH: South-Western College Publishers, 2013), chaps. 3, 5, and 8.

11 现金流量表和股东权益表

在本章中,我们介绍最后两个财务报表:现金流量表和股东权益表。

现金流量表

现金流量表汇总了公司的现金流信息。其主要包含以下几个项目:

- 经营活动产生的现金流量;
- 投资活动产生的现金流量;
- 融资活动产生的现金流量。

从现金流量表的三个组成部分中可以得到以下信息:

- 经营活动产生的现金流量净额;
- 投资活动产生的现金流量净额;
- 融资活动产生的现金流量净额。

上述总和称为现金净额变动(net change in cash)。在会计年度开始时(即上一会计年度结束时)将资产负债表上的现金(含现金等价物)添加到现金净额变动中,就得到了在会计年度结束时资产负债表上的现金(含现金等价物)状况。即

$$现金净额变动＋年初现金＝年末现金$$

基本上,现金流量表将年初现金与年末现金一并调整,以详细说明导致现金变化的不同来源和用途。

我们将使用 iRobot 公司 2012 年的现金流量表(见表 11.1)和 MiMedx 公司 2012 年的现金流量表(见表 11.2)来解释这份报表及其三个组成部分。

表 11.1　iRobot 公司 2012 年的合并现金流量表(2012 年 12 月 29 日)

（单位：千美元）

经营活动产生的现金流量：	
净收入	17 297
净收入调整与经营活动产生的现金净额：	
折旧和摊销	11 672
财产和设备处置损失	1 332
股票薪酬	10 983
递延所得税,净额	(3 763)
超额股权减免的税收优惠	(1 445)
非现金董事递延补偿	87
经营资产和负债变动—(使用)来源	
应收账款	15 560
未结算收入	1 166
存货	(807)
其他资产	(2 892)
应付账款	(8 684)
应计费用	(656)
应计薪酬	(6 106)
递延收入	4 730
长期负债	(613)
经营活动产生的现金净额	37 861
投资活动产生的现金流量：	
增加财产和设备	(6 770)
其他资产变动	(6 000)
收购 Evolution Robotics 公司,收到的净现金流	(74 530)
购买投资品	(5 086)
出售投资品	10 000
用于投资活动的现金净额	(82 386)
融资活动产生的现金流量：	
与限售股相关的所得税预扣款	(784)
股票期权行权收益	4 326
超额股权减免的税收优惠	1 445
融资活动产生的现金净额	4 987
现金及现金等价物净增加(减少)	(39 538)
现金及现金等价物,期初	166 308
现金及现金等价物,期末	126 770

表 11.2　MiMedx 集团公司及子公司 2012 年合并现金流量表(2012 年 12 月 31 日)

经营活动产生的现金流:	
净亏损	$ (7 662 376)
净亏损调整与经营活动产生的现金流净额:	
折旧	465 367
无形资产摊销	1 380 241
无形资产减值	1 798 495
债务折现和递延融资成本摊销	1 714 101
员工股份薪酬费用	2 075 680
其他股份薪酬费用	463 041
对赌负债公允价值变动	1 567 050
由(收购影响的净收益)变化导致的现金增加(减少):	
应收账款	(5 761 642)
存货	(2 310 182)
预付费用及其他流动资产	(466 060)
其他资产	96 657
应付账款	(81 112)
应计费用	2 960 744
应计利息	387 896
其他负债	(12 731)
经营活动产生的现金流量净额	(3 384 831)
投资活动产生的现金流:	
购买设备	(582 931)
赠款所得	—
为收购支付的现金,净现金流	—
投资活动产生的现金流量净额	(582 931)
融资活动产生的现金流:	
行使认股权证所得	6 001 063
行使股票期权所得	1 052 668
偿还与收购相关的可转换债务	(427 126)
偿还设备租赁	(16 116)
回购认股权证	(568)
优先担保票据所得	—
与关联方信用额度收益	—
偿还信用额度	—

经营活动产生的现金流:	
净亏损	$（7 662 376）
偿还应付票据	—
出售普通股、认股权证和具有注册权的普通股所得,净额	—
融资活动产生的现金流净额	6 609 921
现金净变动	2 642 159
现金,期初	4 112 326
现金,期末	$ 6 754 485

作者注释:2012 年财务报表中有的项目显示为短划线。这意味着它们不适用于 2012 年的报表,但在 2011 年财务报表中有值。由于为 2012 年度的财务报表提供了两年的会计信息,故特此显示相关项目。

通过检查公司现金流量的来源,可以更充分地了解公司的经济前景。例如,一家财力雄厚的公司往往会从经营中持续产生正的现金流并进行投资,因此投资活动中会产生负的现金流。为了保持竞争力和对投资者的吸引力,一家公司必须能够从其经营活动中产生现金流,为了扩大公司规模,其必须不断进行资本投资。我们将在下一章讨论财务报表分析时仔细研究这一点。

经营活动产生的现金流量

经营活动产生的现金流量(cash flow from operating activities)为在日常经营活动中产生的现金流,基本上为依据(1)非现金支出和收入,以及(2)流动资产和流动负债变动而进行的净收入调整。现金流量表的这一部分从净收入开始,分为上述两种类型。

非现金支出和收入 对于 iRobot 公司和 MiMedx 公司的报表而言,"经营活动产生的现金流量"一节指净收入,然后提供上述第一项的调整项目非现金支出和收入,在 iRobot 公司列示为"净收入调整与经营活动产生的现金净额",在 MiMedx 公司称为"净亏损调整与经营活动产生的现金流净额"。从该部分可以看出各种类型的调整:固定资产折旧、无形资产摊销、无形资产减值,以及以股票为基础的薪酬(即以股票而非现金补偿员工)。

流动资产和流动负债变动 在流动资产和流动负债变动的情况下,"变动"的时间范畴是指从上一个会计周期到目前的会计周期。由于使用按照 GAAP 计算的权责发生制,因此需要为流动资产和流动负债变动进行净收入调整。①程序如下:

净收入调整		
获得现金流	**流动资产**	**流动负债**
净收入增加	增加	减少
净收入减少	减少	增加

在表 11.1 和表 11.2 所示经营活动产生的现金流量部分中,流动资产和流动负债的变动情况分别列示为:iRobot 公司标注为"经营资产和负债变动—(使用)来源",MiMedx 标注为"由(收购影响的净收益)变化导致的现金增加(减少)"。

投资活动产生的现金流量

投资活动产生的现金流量包括购置固定资产(财产、厂房、设备)、无形资产和公司的现金流量;这笔款项可以通过处置这些资产的收益来抵消。

iRobot 公司投资活动产生的现金流中最大的部分是购买 Evolution Robotics 公司,占投资活动产生的现金净流出总额 8 238.86 亿美元中的 7 453 万美元。请注意,此次购买的金额为"现金净收入"。这是因为在购买时,iRobot 公司收到的资产之一是现金或现金等价物。而 MiMedx 公司唯一的现金使用情境是购买设备。

融资活动产生的现金流量

融资活动产生的现金流量是因资本来源相关的活动而产生的现金流。使用现金流的情境包括回购普通股、偿还到期债务,并向股东支付股息。请注意,支付债务利息是净收入的一部分,因此不被包括在内。获得融资活动现金流量的情境包括出售普通股、卖出债券和行使期权购买普通股。

对于 iRobot 公司,融资活动的现金流与限制性股票和行使期权有关。对于 MiMedx 公司,则是为了更广泛的融资活动。

现金净变动

现金的净变动是三项活动现金净流量的总和:

---

① 权责发生制在第 8 章中有所解释。

表 11.3　iRobot 公司 2012 股东权益合并报表　　　　　　　　　　　　　　　　　（单位：千美元）

	普通股				留存收益（累计赤字）	累计其他综合收益（亏损）	股东权益
	股份	价值	额外的实收资本	延期补偿			
2011 年 12 月 31 日余额	27 216 555	272	184 395		58 140	151	242 958
发行股票期权的普通股	390 956	4	4 322				4 326
递延补偿的转换	823						
限制类股票单位归属	204 053	2	(2)				
超额股权补偿扣除的税收优惠			902				
与股票期权相关的递延补偿摊销			10 983				902
保留股票以支付限制类股票单位扣除的税收	(30 728)		(784)				(784)
短期投资的未实现收益						48	48
董事的递延补偿	8 787						
净收入							
2012 年 12 月 29 日余额	27 781 659	278	199 903		75 437	199	275 817

- 经营活动产生的现金流净额；
- 投资活动产生的现金流净额；
- 融资活动产生的现金流净额。

表 11.1 总结了 iRobot 公司的现金净变动情况，表 11.2 总结了 MiMedx 公司的现金净变动情况，以及如何确定它们的期末现金。

股东权益表

两年之间的股东权益变动情况列示在股东权益表（statement of stockholders' equity）中，也称持有人权益表（statement of shareholders' equity）。基本上，本表将会计年度开始时（即上一会计年度末）的股东权益（普通股、实收资本、留存收益、累计综合收益）各部分的余额调整至会计年度结束。对于股东权益的每个组成部分，报表从会计年度初的余额开始列示相关信息，并在会计年度结束时根据余额进行调整。

表 11.3 显示了 iRobot 公司 2012 年股东权益报表中股东权益的各项组成部分。它描述了 2012 年 1 月 2 日（相当于 2011 年 12 月 31 日）到 2012 年 12 月 29 日 iRobot 公司报告的日历年末中股东权益变动的情况。请注意，第一行是期初余额，最后一行为期末余额。如果把第 9 章表 9.2 iRobot 公司资产负债表中的股东权益部分与本章表 11.3 的最后一行进行比较，可以发现它们是一致的。

本章要点

- 现金流量表提供了公司现金流量信息的摘要，分为（1）经营活动产生的现金流量、（2）投资活动产生的现金流量和（3）融资活动产生的现金流量。
- 现金净变动为（1）经营活动产生的现金流量净额、（2）投资活动产生的现金流量净额、（3）融资活动产生的现金流量净额之和。
- 本会计年度结束时资产负债表中的现金（包括现金等价物）信息是通过会计年度初（即上一会计年度结束时）资产负债表中现金（包括现金等价物）加上现金净变化建立的，其结果为会计年度末资产负债表中的现金（含现金等价物）。
- 基本上，现金流量表将年初现金与年末现金一并调整，详细说明导致现金变化的不同来源和用途。

- 通过考察公司现金流量的来源,可以充分了解公司的经济前景。
- 经营活动产生的现金流量是日常经营活动产生的现金流量,基本上为(1)非现金支出和收入、(2)流动资产和流动负债变动而进行的净收入调整。
- 投资活动产生的现金流量包括购置固定资产(财产、厂房、设备)、无形资产和公司相关的现金流量,这笔现金流量可以通过处置这些资产的收益而减少。
- 融资活动产生的现金流量是因资本来源相关活动而产生的现金流量。
- 现金净变动是三项活动产生的现金流量净额的总和:(1)经营活动产生的现金流量净额,(2)投资活动产生的现金流量净额,(3)融资活动产生的现金流量净额。
- 股东权益表(持有人权益表)显示两年期内股东权益的变动情况,调整会计年度初至本会计年度末股东权益各部分的余额。
- 股东权益表的组成部分从会计年度初的余额开始,并在会计年度结束时根据余额进行调整。

延伸阅读

Berman, Karen, Joe Night, and John Case, *Financial Intelligence for Entrepreneurs: What You Really Need to Know about the Numbers* (Boston: Harvard Business School Press, 2008), chaps. 15 and 16.

Peterson Drake, Pamela, and Frank J. Fabozzi, *Analysis of Financial Statements*, 3rd ed. (Hoboken, NJ: John Wiley & Sons, 2006), chap. 6.

Weil, Roman L., Katherine Schipper, and Jennifer Francis, *Financial Accounting: An Introduction to Concepts, Methods and Uses*, 14th ed. (Mason, OH: South-Western College Publishers, 2013), chaps. 6 and 15.

Weygandt, Jerry J., Donald E. Kieso, and Paul D. Kimmel, *Financial Accounting*, 9th ed. (Hoboken, NJ: John Wiley & Sons, 2013), chap. 13.

12 财务指标

前面四章介绍了为进行公司经营业绩与偿债能力评估所需的财务会计信息。本章将介绍财务报表中计算的不同财务指标，它们对于评估管理绩效十分有效。本章的目的并不是为了深入解释如何利用这些财务信息对创业公司进行估值。我们在第16章和附录B中讨论私人公司的估值。

分析这些财务报表中的财务指标，其目的是了解一家公司的盈利能力、利用资源的有效性、对债务的依赖性、以及偿债能力。一份更完整的分析还将涉及对公司所处行业以及所在市场竞争格局的分析。本章中的财务指标和绩效指标信息均来源于互联网公开资料。

关键财务指标

基于公司的不同活动，财务指标被分为五大类，接下来将对其进行一一阐述：

- 边际利润比率；
- 投资回报比率；
- 资产效率比率；
- 财务杠杆比率；
- 流动性比率。

表 12.1 总结了每种指标的计算方式。为进一步解释，我们将其应用到 iRobot 公司 2012 和 2013 会计年度的分析中。该公司 2012 年和 2013 年的损益表如表 12.2 所示。

表 12.1 关键财务指标总结

盈利率指标

毛利率	毛利润/收入
营业利润率	营业利润/收入＝息税前利润/收入
净利润率	净利润/营业收入

投资回报率指标

资产收益率	净利润/平均资产总额
任一资产收益率	净利润/任一资产

资产效率指标

总资产周转率	收入/平均资产总额
存货周转率	销售成本/平均存货
应收账款周转率	赊销收入/平均应收账款

财务杠杆指标

财务杠杆比率百分比	
负债资产比率	负债/总资产
长期负债与资产比率	长期债务/总资产
负债与股东权益比率(负债率)	负债/普通股股东权益
权益乘数	普通股股东权益/负债
偿债能力系数	
利息保障倍数(利息覆盖率)	息税前利润/利息
固定费用偿付比率	(息税前利润＋年租赁费)/(利息＋年租赁费)

流动性比率指标

流动比率	流动资产/流动负债
速动比率	(流动资产－存货)/流动负债

表 12.2 iRobot 公司 2012 年和 2013 年度财务报表（单位：千美元）

	2013 年 12 月 29 日	2012 年 12 月 29 日
营业收入	487 401	436 244
营业成本	266 247	241 896
毛利	221 154	194 348
总运营费用	188 536	169 176
营业利润(息税前利润)	32 618	25 172
利息费用	0	0
税前净利润	32 415	25 607
所得税费用	4 774	8 310
净利润	27 641	17 297

2013 年、2012 年和 2011 年三个会计年度的资产负债表见表 12.3。在这里涵盖三个会计年度的原因是,当计算财务比率要使用资产负债表项目时,通常使用资产负债表上会计年初至会计年末的平均值。表 12.3 中显示了平均余额。表 12.4 显示了财务比率。

表 12.3　iRobot 公司 2013、2012、2011 年度资产负债表

(单位:千美元)

	2013 年 12 月 29 日	2012 年 12 月 29 日	2013 年度 平均	2011 年 12 月 29 日	2012 年度 平均
资产					
流动资产:					
现金及现金等价物	165 404	126 770	146 087	166 308	146 539
短期投资	21 954	12 430	17 192	17 811	15 121
应收账款,净值	39 348	29 413	34 381	43 338	36 376
未开票存货	856	1 196	1 026	2 362	1 779
存货	46 107	36 965	41 536	31 089	34 027
递延所得税资产	20 144	19 266	19 705	15 344	17 305
其他流动资产	6 848	8 853	7 851	7 928	8 391
总流动资产	300 661	234 893	267 777	284 180	259 537
财产厂房、设备,净值	23 661	24 952	24 307	29 029	26 991
递延所得税资产	10 095	8 792	9 444	6 127	7 460
商誉	48 751	48 951	48 851	7 910	28 431
无形资产,净值	22 668	28 224	25 446	2 467	15 346
其他资产	10 501	8 500	9 501	2 500	5 500
总资产	416 337	354 313	385 325	332 213	343 263
负债					
流动负债:	80 915	77 163	79 039	85 000	81 082
长期负债	4 733	3 816	4 275	4 255	4 036
总负债	85 648	80 979	83 314	89 255	85 117
优先股	0	0	0	0	0
普通股	330 689	275 817	303 253	242 958	259 388
负债和股东权益合计	416 337	356 796	386 567	332 213	344 505

表 12.4　iRobot 公司 2012 和 2013 年度财务指标

财务指标	2013 年度	2012 年度
盈利率指标		
毛利率	0.454	0.446
营业利润率	0.067	0.058
净利润率	0.057	0.04
投资回报比率指标		
资产回报率	0.07	0.05
资产效率指标	2013 年度	2012 年度
总资产周转率	1.26	1.27
存货周转率	6.41	7.11
应收账款周转率	14.18	11.99
财务杠杆比率指标		
财务杠杆率百分比		
负债资产比率	0.22	0.25
长期负债与资产比率	0.01	0.01
负债与股东权益比率（负债率）	0.01	0.02
权益乘数	70.94	64.28
偿债能力系数		
利息保障倍数（利息保障比率）	无息	无息
固定费用偿付比率		
流动性比率指标		
流动比率	3.39	3.2
速动比率	2.86	2.78

盈利能力比率

　　盈利能力比率（profitability margin ratios）衡量公司相对于其收入的利润。盈利能力比率的分母是收入，分子是利润的一些衡量方法。现在我们来回顾第 10 章所述的损益表结构（忽略其他综合收益，不考虑优先股），以了解不同的盈利能力比率计算方法：

	销售额或收入
—	销售成本
=	毛利润
—	销售、一般和管理费用
—	研发支出
=	营业利润(息税前利润)
—	利息费用
=	税前净利润
—	所得税
=	净利润

第一个盈利能力的衡量方式是毛利润。当采用这种度量方式时,盈利率衡量指标被称为毛利率:

$$毛利率 = \frac{毛利}{营业收入}$$

毛利润率表示仅以出售商品的成本为基础来衡量的每美元收入的利润。

损益表中的第二个衡量方式是营业利润,也叫息税前利润(earnings before interest and taxes,简称为EBIT),其指标被称为营业利润率(operating profit margin):

$$营业利润率 = \frac{营业利润}{营业收入} = \frac{EBIT}{营业收入}$$

营业利润率表示营业收入产生的每美元利润,忽略利息费用和税费。

最后一种衡量方式是净利润,这种方式考虑了利息费用和税费。当这种度量被用作分母时,盈利能力指标被称为净利润率:

$$净利润率 = \frac{净利润}{营业收入}$$

投资回报比率

衡量公司投资资产或股东权益金额回报率的财务指标称为投资回报率或投资回报率比率(return on investment ratios,或称 ROI ratios)。计算这一比率的分子要参考盈利能力的一些衡量方法,分母是总资产或任一特定资产。此外,还可以计算股东权益的回报,以确定公司普通股股东所获得的回报。

当公司的总资产回报用净利润盈利能力来衡量时,资产回报率计算如下:

$$资产回报率 = \frac{净利润}{平均总资产}$$

通常来说,任一资产回报率的计算如下:

$$任一资产回报率 = \frac{净利润}{任一资产}$$

例如,如果我们关注的资产是固定资产,那么:

普通股股东权益回报率是普通股股东的净利润占普通股股东权益的百分比:

$$普通股股东权益回报率 = \frac{净利润}{平均普通股股东权益}$$

资产效率指标

资产效率比率(asset efficiency ratio)旨在量化公司管理层使用特定资产类型(即库存、应收账款、固定资产)的情况。这些比率中,价值越高,投资于特定资产的每美元产生的金额就越大。什么是良好的周转率?这在不同行业中的情况各不相同。

让我们从总资产周转率(total asset turnover)开始说明,它是收入和平均总资产的比率。

$$总资产周转率 = \frac{收入}{平均总资产}$$

该比率表示公司投资于总资产的每美元收入能够产生多少金额。

如果我们正在考虑管理层在库存投资方面的效率,那么问题就在于存货在货物销售中产生的成本是多少。所以,存货周转率(inventory turnover ratio)是:

$$存货周转率 = \frac{销售成本}{平均库存}$$

存货周转率可以被看作在会计周期内对创建或购买和出售库存的次数的估计。虽然存货周转是针对公司所有产品的,但可以按产品线进行计算。

应收账款中的资金效率,即应收账款周转率(accounts receivable turnover ratio),

这一指标关注平均应收账款金额相对于公司向客户支付的大致赊销额：

$$应收账款周转率 = \frac{对客户的赊销额}{平均应收账款}$$

回顾我们对财务报表的介绍，并没有显示对客户的赊销额。那么，评估应收账款周转率的人员如何才能正确估计对客户的年度赊销额呢？通常的做法是假设所有销售都计入赊销。iRobot 公司在计算应收账款周转率时就采用了这种做法，见表 12.4。

财务杠杆比率

公司的资本结构反映了创始人如何为公司融资。资产负债表则通过报告负债和权益金额的相关信息来反映公司的融资方式。负债是用于为公司提供资金的债务。

简言之，与权益不同，债务的不利之处在于有义务支付利息并偿还借款人的借款。除非可以与所有债权人达成延长或减少贷款的条件，否则不及时偿还债务将导致公司破产。此外，贷方经常对公司的某些活动施加限制限制被称为契约。除非与债权人达成条件，否则违反任何契约都会导致违约，并被要求立即偿还贷款。

债务的优点在于，它是一种比股权成本更低的融资方式。实际上，借款费用是必须为借款资金支付的利息，它具有免税的优点。这也使得债务不同于股权，对于股权，所支付的任何股息都代表着利润的分配，不可免税。真正的收益是基于经营业绩实现的。由于借款资金成本固定，如果公司可以使用借款资金产生大于借款成本的收益，则收益将因收益增加而增加。借款资金可以获得的回报越高，利益就越大。当然，反之同理：与通过发行股票筹资相比，收益低于借款成本会导致较差的业绩。

借款资金相对于权益金额的比率表示公司的财务杠杆额。财务杠杆比率越高，公司的财务风险越大。财务杠杆率通过使用债务而不是股票来确定金融风险。计算中可以使用两种类型的杠杆。第一个是债务与权益金额比例的衡量标准。这种比例称为财务杠杆比率的百分比。仅仅使用"财务杠杆比率的百分比"的不足是，它并不代表公司从偿还其债权人的资金来履行其财务义务的能力。例如，同行业中的两家公司在其资本结构中可能有相同的债务百分比，但一家公司可能拥有更好的通过其业务偿还债权人的能力。衡量公司偿债能力的财务杠杆比率被称为偿债率（coverage ratios）。

我们接下来讨论财务杠杆比率和偿债率的百分比。此处作为实例的 iRobot 公司，属于债务比较少的情况。

财务杠杆比率的百分比 在计算财务杠杆比率的百分比时,必须处理四个问题。

第一个问题是使用资产负债表上所列的账面价值(置存价值)还是市值。金融分析师会使用账面价值。但是,资产负债表上报告的账面价值为期末账面价值。在使用资产负债表上的价值计算财务比率时,实际应使用会计周期内的平均账面价值。因此,如果在一个会计年度计算财务比率,则使用年初账面价值和期末账面价值的平均值。年初的账面价值等于上年年末的账面价值。

第二个问题是用于债务的衡量标准。债务在资产负债表中分为两类,如第 9 章所述:流动负债和长期(非流动)负债。分析师将所有债务(流动负债加长期负债)或长期负债作为债务的衡量标准。然而,有理由将资产负债表中未列出的债务列为债务的一部分。例如,分析师认为债务可以理解为一种义务,如资本租赁也算在内。资本租赁实际上是借款购买工厂或设备的替代方法。也可以反过来,分析师可能将资本租赁视为资产。

第三个问题是优先股的处理。股东权益包括优先股和普通股。一些分析师将优先股作为债务的一种形式,因为它具有固定的股息率,即使未能支付优先股股利也不产生与违约债务相同的法律影响。

第四个问题,衡量普通股股东权益是应该使用市值还是股本的账面价值? 只要将该比率明确标识为股东权益的市场价值,就可以使用任何一种方法进行衡量。财务杠杆比率百分比的大多数计算会使用账面价值。如果使用权益的市场价值,在某些日期使用特定会计年度或通过使用不同时间点的平均值来确定市值是很重要的。市值等于每股市场价格乘以流通股数。可以在会计年度开始和会计年度结束时进行计算,这需要确定这两个日期的市场价格和流通股数量。

资产负债率(debt-to-assets ratio)表示公司所有债务(流动负债和长期债务)占总资产的百分比:

$$资产负债率 = \frac{负债}{总资产}$$

如果重点只是使用长期债务作为公司所有资产的资金来源,则使用长期的资产负债率:

$$长期资产负债率 = \frac{长期负债}{总资产}$$

对于这两个财务杠杆比率的百分比,比率越大,对债务的依赖越大,因此股权投资者的财务风险越大。

上述两个比率显示了债务占总资产的百分比。下一个比率计算了相对于股东权益的债务额的财务杠杆比率的百分比。该比率是负债与股东权益比率[debt-to-equity ratio,也称为负债比率(debt ratio)]:

$$负债与股东权益比率 = \frac{负债}{普通股股东权益}$$

该比率越大,则财务风险越大。它的倒数被称为权益乘数(equity multiplier),即,

$$权益乘数 = \frac{普通股股东权益}{负债}$$

偿债能力系数 如前所述,财务杠杆比率的百分比只是反映公司资本结构中由债务融资构成的部分,而偿债能力系数提供有关公司履行其债务义务能力的信息。债务协议契约通常规定了偿债能力系数的最低水平。这意味着如果偿债能力系数低于要求的最低限度,公司就违反了协议,应立即支付应付款项和应计利息。

两个最常见的偿债能力系数是(1)利息保障倍数和(2)固定费用偿付比率。利息保障倍数[times-interest-earned ratio,也称为利息偿债率(interest coverage ratio)]衡量从公司营业收入中只支付一笔固定融资的利息的可用资金。由于营业收入是利息和息税前的收益(EBIT),所以该比率表示为:

$$利息保障倍数 = \frac{EBIT}{利息}$$

利息不是唯一的固定融资金融义务。例如,租赁实际上是借款购买的替代性融资工具,租赁费用是固定的财务费用①。当偿债能力考虑所有固定的金融负债时,该比率称为固定费用偿付比率,计算方法如下:

$$固定费用偿付比率 = \frac{EBIT + 年度租赁费用}{利息 + 年度租赁费用}$$

---

① 虽然优先股是一种股东权益形式,未能及时支付股息会导致不利后果,因此不是固定的融资费用,但是,可以通过偿债能力系数来考虑所需的股利支付(适当调整)。处理分母中税后收益(如优先股股息)部分支付义务的程序是,将这些义务置于税前基础,将义务除以等于1的因子减去税率。

流动性比率

用于衡量公司满足其短期债务(一年内到期的负债)的能力的比率被称为流动性比率(liquidity ratios)或短期偿付能力比率(short-term solvency ratios)。假设为公司提供所需流动性以满足其短期债务(即流动负债)的资产为公司的流动资产。公司的流动资产也称为流动资金(working capital),流动资金超过流动负债的部分被称为净流动资金(net working capital)。

两种常见的流动性比率是流动比率和速动比率,如下所示:

$$流动比率 = \frac{流动资产}{流动负债}$$

$$速动比率 = \frac{流动资产 - 存货}{流动负债}$$

流动比率显示流动资产相对于流动负债的金额。在大多数行业,这个比例超过了 1。这里没有经验法则来判定一个健康的流动比率是多少,因为在一些行业中,这个比例可能略高于 1。速动比率与流动比率不同,因为它减去了流动资产中流动性最小的存货。

全面了解每股收益的决定因素

迄今为止,我们解释了主要的财务比率指标及其意义。可以说目前我们只是列出了这些比率。本节的目的是汇总前五大关键财务比率指标,以显示它们如何影响公司每股收益(EPS)。在下面的论述中,我们将忽略第 10 章中描述的基本 EPS 和稀释 EPS 之间的差异。

我们从基本 EPS 开始,为方便起见,假设不存在优先股:

$$EPS = \frac{净利润}{流通普通股股数}$$

我们现在通过简单的数学操作,将财务比率分为两部分。如果用"普通股股东权益"去乘 EPS,我们可以重写 EPS 为:

$$EPS = \frac{净利润}{普通股股东权益} \times \frac{普通股股东权益}{流通普通股股数}$$

这里有两个比率。我们已经看到的第一个比率是普通股股东的回报。第二个比例是至今尚未见到的,是普通股股东的账面价值除以普通股股份的比例。该比率称为普通股每股账面价值;即,

$$普通股每股账面价值 = \frac{普通股股东权益}{流通普通股股数}$$

那么,我们又可以重写 EPS 为:

$$EPS = 普通股股东权益的回报率 \times 普通股每股账面价值$$

增加两个比例中的任何一个,并且不减少另一个比率,将导致 EPS 的增加。假设创始人正在考虑进行再一轮的普通股权融资。那么,这对 EPS 的影响是双重的。每股普通股的账面价值将会增加。但是,由于 EPS 增加,普通股股东权益回报率的变动幅度必须不超过普通股每股账面价值的上升幅度。因此,如果创始人正在考虑进行再一轮普通股权融资,则公司内的投资机会必须保证股东权益的回报率不会下降。

进一步看普通股股东权益回报率

让我们更加细致地了解普通股股东权益的回报,以确定哪些因素会影响 EPS。我们将这个比例重写为:

$$普通股股东权益回报率 = \frac{净利润}{总资产} \times \frac{总资产}{普通股股东权益}$$

我们已经看到这两个比率:ROI 比率(投资回报比率)和财务杠杆比率。第一个比例是资产回报率。要了解第二个比例如何与财务杠杆比率相关联,请回忆以下公式:

$$总资产 = 普通股股东权益 + 总负债$$

或者等同于:

$$总资产 = 普通股股东权益 + 负债$$

代入普通股股东权益回报率的第二个比例,我们得到:

$$\frac{总资产}{普通股股东权益} = \frac{普通股股东权益 + 负债}{普通股股东权益}$$

$$\frac{普通股股东权益}{普通股股东权益}+\frac{负债}{普通股股东权益}=1+\frac{负债}{普通股股东权益}$$

现在我们明白了为什么说普通股股东权益回报率的第二个比例是杠杆率：上述比率是负债与股东权益比率。因此，普通股股东权益的回报可以写为：

普通股股东权益的回报率＝资产回报率×（1＋负债与股东权益比率）

这意味着通过提高普通股股东权益回报率来提高EPS，可以增加资产收益率和财务杠杆（即承担更多债务）中的一个或两个要素。因此，寻求债务融资的公司（将增加负债与股东权益比率）必须相信，所收到的收益将被企业使用，而不能减少总资产的回报。如果借款资金所得回报低于资金成本，则资产回报总额下降。此外，请注意，第二个因素有（1＋负债与股东权益比率）的放大影响。

资产收益分析 对于资产回报率可以进一步分析，以了解影响投资回报率的因素。资产回报率可以重写为：

$$资产回报率=\frac{净利润}{收入}\times\frac{收入}{平均总资产}$$

第一个比例是利润率：净利润率。第二个比例是资产效率比率：总资产周转率。因此，资产回报率可以表示为：

资产收益率＝净利润率×总资产周转率

为提高资产收益率，进而提高普通股股东权益的回报率和EPS，创始人可以提高利润率和资产周转率。可以通过分析各类资产的资产效率比率来提高总资产周转率。

如何提高净利润率呢？我们首先专注于营业利润，而不考虑利息和税收，因此我们得到的是净利润率。如第10章所述，营业利润或息税前利润（EBIT）反映的是不考虑利息和税收的收入。EBIT与总资产的比例称为基本盈利能力；即

$$基本盈利能力=\frac{EBIT}{总资产}$$

将分子和分母都乘以收入，可以得到：

$$基本盈利能力=\frac{EBIT}{收入}\times\frac{收入}{总资产}$$

第二个比例是总资产周转率。第一个比例是边际利润比率,即营业利润率,它不考虑资本结构(即借款资金的利息)和公司必须向税务机关缴的税。

因此,基本盈利能力可以表示为:

$$基本盈利能力 = 营业利润率 \times 总资产周转率$$

下面我们来考虑税收。我们知道

$$净收入 = 税前收入 - 税收$$

缩写税前收益为 EBT,我们可以写作:

$$\begin{aligned}净利润 &= EBT - (EBIT \times 有效税率)\\ &= EBT \times (1 - 有效税率)\\ &= EBIT \times \left[\frac{EBT}{EBIT}\right] \times (1 - 有效税率)\end{aligned}$$

$EBT/EBIT$ 的比例反映了基于公司资本结构的税务负担和必须为债务支付的利息成本,从而反映了公司的权益份额。(1-有效税率)是保留税率(tax retention rate,即纳税后股权保留的金额)。

通过适当操作,总资产回报率可以写成:

$$总资产回报率 = \left(\frac{EBIT}{收入}\right) \times \left(\frac{收入}{总资产}\right) \times \left[\frac{EBT}{EBIT}\right] \times (1 - 有效税率)$$

上述第一个比例是营业利润率。第二个比例是总资产周转率(资产效率比)。第三个比例是税后支付的股权份额。最后一个因素是保留税率。因此,我们可以得到:

$$资产回报率 = 营业利润率 \times 总资产周转率 \times 权益份额 \times 保留税率$$

现在我们可以看到影响资产回报率进而影响 EPS 的因素。

共同比分析

另一个分析不同时期财务报表的有用工具是共同比分析(common size analysis)。它有时称为垂直分析(vertical analysis),将损益表和资产负债表中的每个项目与某些基准项目进行比较。所得到的比率被称为同比指标(common size ratio)。即,

$$同比指标 = \frac{财务报表上的利率项目}{基准项目}$$

对于损益表,基准项目是收入;对于资产负债表,基准项目是总资产。表 12.5 和表 12.6 显示了 2012 年和 2013 年 iRobot 公司的损益表和资产负债表的同比分析。

表 12.5　iRobot 公司 2012 和 2013 年度同比分析:损益表

（收入百分比）

	2013	2012
营业收入	100	100
销售成本(收入成本)	54.63	55.45
毛利(毛利润)	45.37	44.55
总营业费用	38.68	38.78
营业利润(息税前利润)	6.69	5.77
利息费用	0	0
税前净利润	6.65	5.87
所得税费用	0.98	1.9
净利润	5.67	3.96

表 12.6　iRobot 公司 2012 和 2013 年度同比分析:资产负债表

（总资产百分比）

	2013	2012
资产		
流动资产:		
现金及现金等价物	39.73	35.78
短期投资	5.27	3.51
应收账款,净值	9.45	8.3
未开票存货	0.21	0.34
存货	11.07	10.43
递延所得税资产	4.84	5.44
其他流动资产	1.64	2.5
总流动资产	72.22	66.3
财产、厂房、设备,净值	5.68	7.04
递延所得税资产	2.42	2.48
商誉	11.71	13.82

续表

	2013	2012
无形资产,净值	5.44	7.97
其他资产	2.52	2.4
总资产	100	100
负债		
流动负债:	19.43	21.78
长期负债	1.14	1.08
总负债	20.57	22.86
优先股	0	0
普通股	79.43	77.85
负债和股东权益合计	100	100.7

进行共同比分析有两个原因。首先,当将其应用于某一特定公司时,它有助于了解资产负债表背景下投资/融资活动,有助于确定损益表背景下公司费用的变化趋势和收入百分比。其次,它是比较不同规模不同公司业绩的有用工具。

共同比分析确实有其局限性。第一,例如,如第4、5、6章所述,公司可以在损益表和资产负债表中只选择某些特定的会计项目。这可能使公司间难以比较。在这种情况下,要进行深入分析就需要调整财务报表。第二,被比较的公司对会计年度的计量可能不同,这会影响分析。

本章要点

- 从财务报表中计算出的财务比率指标,对于评估公司的盈利能力、利用资源的有效性、对债务的依赖性以及履行偿还债务的能力非常有用。
- 完整的分析涉及对企业经营所处的行业和企业在市场中所面临的竞争对手的分析。
- 财务比率指标根据有关企业活动的信息进行分类,其中包括:盈利能力比率、投资回报比率、资产效率比率、财务杠杆比率和流动性比率。
- 盈利能力比率衡量公司相对于其收入的利润,包括毛利率和营业利润率。
- 投资回报比率衡量公司投资于资产或股东权益的金额的回报率。

- 资产效率比率旨在量化公司管理层使用特定资产类型的具体情况,包括总资产周转率、存货周转率和应收账款比率。
- 财务杠杆比率反映了通过借款获得的公司的融资额以及该公司偿还债务的能力,称为偿债能力系数。资产负债率、长期负债与资产比率以及负债与股东权益比率均为财务杠杆比率的百分比。偿债能力系数包括利息保障倍数(也称为利息偿债率)和固定费用偿付比率。
- 流动性比率或短期偿付能力比率被用于衡量公司满足其短期债务(一年内到期的负债)的能力,包括流动比率和速动比率。
- 公司的每股收益可按各种财务比率分解,以解释公司业绩。
- 共同比分析是分析不同时期的财务报表的有效工具。在此分析中,将损益表和资产负债表中的每个项目与某些基准项目进行比较,其所得比率称为同比比率。

延伸阅读

Drake, Pamela Peterson, and Frank J.Fabozzi, *Analysis of Financial Statements*, 3rd ed.(Hoboken, NJ: John Wiley & Sons, 2006), chaps. 1, 4, and 10.

Weil, Roman L., Katherine Schipper, and Jennifer Francis, *Financial Accounting: An Introduction to Concepts, Methods and Uses*, 14th ed.(Mason, OH: South-Western College Publishers, 2013), chap. 7.

Weygandt, Jerry J., Donald E.Kieso, and Paul D.Kimmel, *Financial Accounting*, 9th ed.(Hoboken, NJ: John Wiley & Sons, 2013), chap. 14.

13　财务计划

在第 2 章讨论商业计划时,我们介绍了财务计划的组成部分。财务计划列出了公司预计的财务状况、现金流量、净收入额和外部融资需求。起点是该公司的预计收入和销售额。财务计划向企业家提供需要在何时、筹集多少以及筹集永久性或季节性资金的相关信息。

从根本上说,财务计划涉及利用预算来量化描述公司的资金需求。通常,预算过程是财务计划的一部分,将包括一个短期预算,其期限不到一年,被称为经营预算(operating budget),还需提供一个长期预算,其期限为三到五年时间,被称为长期规划预算(long-term planning budget)。这两个预算并非彼此独立构建。相反,它们相互依赖,因为长期规划预算的制定取决于企业家在短期内计划做什么。

财务规划需要预测,目前并没有什么既定的好办法。在企业家向投资者做招募说明时,投资者往往震惊于许多企业家的高度信心,他们对于销售和销售增长,以及包括生产成本、分销成本和营销成本等影响盈利能力的成本要素,似乎都很有信心。但预测更像是一门艺术,而不是科学。虽然预测方法各不相同,但是结果通常是错误的,只有很少出于侥幸的例外。所以,财务规划中通常首先会审慎地假定预测错误。这并不意味着不应使用预测。相反,这意味着仅仅依靠数字来发展商业计划的关键组成部分可能会导致盈利能力下降,进而导致潜在的商业失败。因此,使用其他假设进行测试是有必要的。此外,监测实际与预测的销售和成本是修订财务计划的关键。在高科技行业,当拟出售产品仍处于研发阶段时,预测难度是更复杂的。产品(或服务)何时进入市场不确定,生产的成本也使得预测销售额变得非常困难,因为销售是基于成本的,而成本只能估计。

财务计划的最终指向是预计的损益表和基于预算的资产负债表。这使企业家能够在考虑销售和其他活动的情况下评估公司将走多远。一旦偏离预期值,企业家们就可以早日发觉并谋划必须采取的相应行动。它们也帮助企业家识别某些里程碑在何时可能实现。

本章将介绍财务规划的基础。首先是财务规划的重要性,以及两个关键预算(销售预算和现金预算)的解释,然后说明如何根据这两个预算来预测损益表和资产负债表。之后解释了制定销售预算的困难之处。最后以战略收购的相关话题结束这一章。

为什么财务计划非常重要

财务计划很重要,主要有两大原因。首先,合理制定的财务计划能够为企业家评估瞬息万变的市场状况提供见解,如销量低于预测、原材料成本或融资成本上涨等情况。这是因为在财务规划中使用的一些工具,可以让企业家在意外的不利市场状况发生前测试其财务计划敏感度。

其次,企业家在做出商业决策时将面临权衡。使用财务规划工具、做出财务计划可以帮助企业家进行权衡。例如,财务计划为企业家提供了更好的信息,使之能在有足够的库存以满足客户需求和需要获得融资以投资库存之间做出权衡。它也允许企业家评估其他方面的权衡,如引进新产品、产品定价的变化和使用替代系统的生产(高固定成本/低可变成本与低固定成本/高可变成本)。

预算和预测财务报表

预算是创始人用来量化表达其财务目标的工具。预算也使得创始人和投资者能够监督企业的进度,看它是否正在实现其财务目标,如果不是,创始人可以采取必要的纠正措施,采取行动让企业回到正轨。

预算包含的时间段取决于预算的类型。经营预算为期1年或以下,分为星期、月份或者季节,每一期都会更新。资本支出预算覆盖期限超过1年,最长10年,被称为长期预算。

预算可以为公司运营活动做好准备。此处我们的重点是销售预算和现金预算。

通过这两个预算,我们可以建立估计的财务报表,这是预算过程的最终指向。

销售预算

在财务计划中建立销售预算,首先要做的就是预测销售额。不准确的预测会产生不利的财务后果。过于低估的销售额预测将导致销售收入损失,并且由于该公司库存不足、人员不足或资金短缺而无法实现。过度乐观的销售预测导致库存过剩,需要更多筹资;人员过多,这增加了劳动力成本;还会产生不必要的借款费用,以适应大于实际的销售额。

因错误估计市场销售预测而产生破坏性影响,这方面的一个典型例子是柯尔克公司(Coleco Industries)。1983 年,该公司推出了新玩具卡比起娃娃,广受市场欢迎。从零售商的库存消耗就可以看出这个玩具的需求有多大,在圣诞节之前,为了获得奇货可居的娃娃,甚至发生了客户贿赂商店经理、客户为了货架上的娃娃发生身体对抗、走私外国生产的假娃娃等事件。尽管可以通过生产更多的娃娃来增加销售额,但对于销售额的过度低估促使其他玩具制造商生产具有相似特征的娃娃,市场上出现了竞争对手。而且,柯尔克公司的声誉在消费者眼中受到严重破坏。它没有再生产出和卡比起娃娃一样成功的玩具,并于 1988 年提交破产申请,大部分资产(包括卡比起娃娃生产线)都被卖给了对手玩具公司——孩之宝(Hasbro)公司。卡比起娃娃加入孩之宝公司,之后又被美泰(Mattel)公司收购。借助美泰公司的营销力量,市场对卡比起娃娃的兴趣愈加浓烈。

借助数字进行销售预测并不简单,即使预测者是一家经验丰富、受人尊敬、专门从事全球分析的公司。试看 2012 年对于超极本出货的预测,该示例的预测者是 IHS iSupply(以下简称 IHS),这是一家拥有 8 000 名员工的全球信息服务公司,在超过 31 个国家提供行业预测。这里的背景说明并非为了批评 IHS,而是为了支持我们的主要论点——即使对于专业人士,销售预测也很困难。IHS 最初预测 2012 年全球超极本的销量为 2 200 万台,但随后在 2012 年当年将预测修改为 1 020 万台,减少幅度超过50%。此外,IHS 的原始预测是销售额到 2013 年涨到 7 200 万台,2016 年 1.81 亿台。[1]

---

[1] 参见 Joel Hruska, "Ultrabook Sales Forecasts Plummet, Short-Sighted Analysts Call for Price Cuts," ExtremeTech.com, October 2, 2013, http://www.extremetech.com/computing/137248-ultrabook-sales-forecasts-plummet-short-sighted-analysts-call-forprice-cuts。对于为什么预测值下调的进一步讨论可参见于此。

这一预测在第四季度末之前被修改,虽然销售量有望回升,但无法达到原来的预测数额。IHS做出了低于销售额的预测,该公司的高级分析师认为主要有两个原因:(1)超极本的定价高昂;(2)广告活动不佳导致消费者兴趣很小。电脑制造商依靠这一预测来制定在这一电脑市场的收入,现在不得不修改其财务计划,电脑制造商的供应商也一样需要进行修改,如硬盘行业的公司。

即使是成熟的公司借助市场部门的历史数据,在预测销售时,行业领导者也可能会错误估计。试看尼康(Nikon)公司的案例。2013年11月,这家日本公司减少了对其高端相机(即单反相机,简称SLR)的年度单位销售预测,数量从655万台变为620万台。[1]尼康曾预计海外摄影爱好者的需求将在2013年下降;然而,下降发生得比预期要快。由于消费者改用智能手机拍摄照片,SLR市场下滑。因此,尼康的营业利润下降了41%。

销售预测类型 有几个因素必须在预测销售时加以考虑。一个预测的统计模型需要历史数据。一些市场拥有丰富的销售信息。通常,如果一个产品已经处于成熟阶段,则各地区都有其丰富的销售数据(包括增长时期和衰退时期)。相比之下,仍然出于规划中的新技术产品缺少销售信息。因此,往往会借鉴密切相关产品的销售历史或者使用新产品预期替代的产品来预测。

在某些行业,贸易协会会记录有关的销售信息,这些信息可用于预测销售增长。有一些可购买的市场研究报告可为公司提供预测的销售估计。但是,企业家的任务不仅仅是预测市场规模,还要根据行业竞争估计市场份额、确定不同的定价方案和各种营销活动的不同支出水平。

出于何种目的进行销售预测很重要。销售预测会成为某些预算的一部分。如前所述,预算分为经营预算和长期规划预算。经营预算需要近期销售预测。这个预测不容许太大的错误,因为重大的预测错误会很快削减企业的生命周期。而对于长期预算,或为了确定一个新创业公司的经济前景,预测不一定要精准。在此情况下企业家可以将预算准确性控制在合理的范围内。

产品的销售预测可以根据所定义的不同消费者群体和地理分布来单独计算,然后汇总。

---

[1] "Nikon Drops Sales Forecast as High-End Camera Market Stalls," Reuters, November 7, 2013, http://www.reuters.com/article/2013/11/07/nikon-earnings-idUSL3N0IR39F20131107.

销售预测可以基于以下类型的客户生成信息：

- 客户关于继续购买行业产品的意图；

- 客户在目前市场上采购的实际行为；

- 客户购买产品的历史行为分析。

企业家通常聘请市场调研公司进行调查来获得客户的意图，或者如上所述，可以购买一份调研报告，其中包含了来自不同行业的调查结果。再或者，为了获取补充数据，可以求助行业专家。

现金预算

现金预算（cash budget）提供了预计进入公司的现金（即现金流入），以及在规划期间流出公司的现金（即现金流出）的详细分析。流动性对于任何公司都非常重要，尤其是对于创业公司而言，因此，现金预算是预算过程的关键组成部分。现金预算对可能破坏生产和营销计划的潜在现金头寸提出警告，尽量避免公司因难以实现关键里程碑来获得一轮融资或开始清算策略。而且，由现金预算确定的慢性现金赤字可能意味着公司需要更多的永久性融资，而不是短期借款。

现金预算中的现金流入主要来自三项活动：经营、融资和投资。更具体地说，现金流入源自

- 经营，从现金销售和应收账款收款；

- 融资，从债务融资（即银行借款或出售债券）、出售优先股、出售普通股；

- 投资，从金融资产所得收入或出售有形和无形资产。

这三项活动产生的现金流出包括：

- 经营，从物资和工资的支付、应付账款支付、缴税；

- 融资，从偿付债务（利息和任何到期本金部分）、赎回优先股和回购普通股；

- 投资，如购买工厂和设备、购买另一家公司，或购买无形资产。

必须对信用销售的时间点和收取现金所需的时间长度进行估计。此外，必须估计赊销额中不会被支付的百分比（即客户违约）。对于没有客户历史经验的创业公司，必须对客户的信用质量进行分析。一个试图通过提供有吸引力的信贷条件进入已有市场的创业公司，当选择销售给信用受损的客户时，必须考虑更高的无法收取的销售额。

与销售一样，一家公司在拿到购买发票时不一定要支付现金。费用和现金支出

之间存在联系。例如,工资可以每周、每两个月或每月支付一次;供应商可能会提供长期信用条款(即应付账款),允许在一个月或以上没有利息费用的情况下进行付款,或可能会按季度滞纳金。

解释

　　为了说明销售预算和现金预算,我们此处假设有一家手术机器人设备公司(Surgical Robot Device Corporation)。该公司希望根据第 1 年前六个月的销售预算估计现金流量。表 13.1 显示了该时间段每个月的销售预算。

表 13.1　手术机器人设备公司的月销售预算:第 1 年 1—6 月

单位:美元

月　　份	预　　算
1 月	1 200 000
2 月	2 400 000
3 月	3 600 000
4 月	2 400 000
5 月	1 200 000
6 月	1 200 000

　　假设手术机器人设备公司 1—6 月的预计销售额将在表 13.2 中显示为预计销售额。表 13.2 中显示的是(假设)前一年 11 月和 12 月的实际销售额(我们称之为 0 年)。经营活动的现金流将来自这些预计销售额和两个月的实际销售额。正如前文所述,要从销售到现金收支,必须做出关于销售货款的假设。我们假设如下:

● 一个月的销售额的 10% 将在销售当月产生现金流入。
● 一个月内销售额的 60% 将在销售之后的第一个月产生现金流入。
● 一个月内销售额的 30% 将在销售之后的第二个月产生现金流入。

现在来看看该公司由于生产成本而产生的经营相关的现金流出。我们将假设:

● 不包括人工成本,商品成本是预计销售额的 55%。
● 公司在销售前两个月购买原材料以生产产品,根据预计销售量确定购买数量。
● 公司在购买货物的月份支付应付账款的 20%。
● 该公司在购买后的一个月内支付其应付账款的 80%。
● 工资是本月预计销售额的 5%,并在当月支付。

表 13.2 手术机器人设备公司的月现金预算：第 1 年 1—6 月

单位：美元

	11 月	12 月	1 月	2 月	3 月	4 月	5 月	6 月
销售额（11 月和 12 月为真实销售额，其他为预测销售额）	2 400 000	1 200 000	1 200 000	2 400 000	3 600 000	2 400 000	1 200 000	1 200 000
经营现金流量								
应收账款现金流入								
当月销售产生的现金（10%）			120 000	240 000	360 000	240 000	120 000	120 000
上月销售产生的现金（60%）			720 000	720 000	1 440 000	2 160 000	1 440 000	720 000
两月前销售产生的现金（30%）			720 000	360 000	360 000	720 000	1 080 000	720 000
经营现金流入			1 560 000	1 320 000	2 160 000	3 120 000	2 640 000	1 560 000
现金流出								
两月内销售采购		1 200 000	1 800 000	1 200 000	600 000	600 000	600 000	600 000
每月采购的现金支付（20%）		240 000	360 000	240 000	120 000	120 000	120 000	120 000
上月采购的现金支付（80%）			960 000	1 440 000	960 000	480 000	480 000	480 000
工资现金支付×（5%）			60 000	120 000	180 000	120 000	60 000	60 000
销售和管理费用现金支付（10%）			120 000	240 000	360 000	240 000	120 000	120 000
经营现金支出			1 500 000	2 040 000	1 620 000	960 000	780 000	780 000
经营现金净流量			60 000	(720 000)	540 000	2 160 000	1 860 000	780 000
非经营现金流量								
融资：投资决策的现金流入								
2 月发行长期债券现金流入			—	3 600 000	—		—	—
4 月销售设备现金流入			—		—	600 000	—	—

续表

	11月	12月	1月	2月	3月	4月	5月	6月
非经营活动现金流入			—	3 600 000	—	600 000	—	—
融资、投资决策的现金流出（+税）								
厂房和设备的现金购买			1 200 000	3 600 000	—	—	4 200 000	—
支付债券利息现金			12 000	12 000	12 000	12 000	12 000	12 000
普通股股息现金支付			—	—	120 000	—	—	120 000
估计税费			82 800	198 000	325 000	201 600	63 600	63 600
融资、投资活动现金流出			1 294 800	3 810 000	457 200	213 600	4 275 600	1 395 600
融资、投资活动现金净流量			(1 294 800)	(210 000)	(457 200)	(386 400)	(4 275 600)	(1 395 600)
每月现金流量			(1 234 800)	(930 000)	82 800	2 546 400	(2 415 600)	(615 600)

● 销售和管理费用是本月预计销售额的 10%,并在当月支付。

这些假设随后被用于确定每个月产生的经营活动的现金流出(如表 13.2 所示)。基于这些假设,经营净现金流量表明,所有月份的经营活动均将有正现金流,除了 2 月将有 720 000 美元的现金短缺。因此,虽然整个 6 个月的现金流为正,创始人仍必须准备为 2 月获得融资。

然而,经营活动产生的现金流并不能说明全局的状况,因为它没有考虑到非经营性(融资和投资)现金流。假设对以下筹资活动进行规划的非经营性决定:

● 2 月将收到 360 万美元的 5 年期银行贷款。

● 4 月将回收 120 万美元长期债务。

● 每月需要 12 000 美元用以长期债务的利息支付。

● 将在 3 月和 6 月支付 12 万美元的股息。

还假设有以下投资活动计划:

● 公司拥有的设备将于 3 月以 60 万美元的价格出售,并将于 4 月收到现金。

● 1 月收购工厂和设备将花费 120 万美元,2 月 360 万美元,5 月 420 万美元。

最后,假设每月要缴纳的估计税额如表 13.2 所示。基于这些假设,非经营性现金流量显示在表 13.2 的倒数第二行。

表 13.2 的最后一行是每个月的净现金流量,通过将经营活动产生的现金流量净额和非经营活动产生的现金流量净额(融资和投资活动)相加得到。这是假设创始人没有采取任何行动时每个月的现金流量状况。

现在我们来看看如何使用表 13.2 中的每月净现金流量。我们对手术机器人设备公司就如何做出持有多少现金的决定做出如下假设:

● 公司希望的最低每月现金为 120 万美元。

● 如果现金流在特定月份超过 240 万美元,则超出的金额可以用来偿还任何融资债务。

● 第 1 年 1 月初的现金余额为 180 万美元。

有了这些假设,我们来看表 13.3。1 月初的现金假设为 180 万美元。1 月栏中的下一行显示 1 月的净现金流量,如表 13.2 所示(-1 234 800 美元)。没有任何融资,1 月底的现金将为 565 200 美元,这个数字通过从净现金流减去 1 月的净现金流量 180 万美元可以得到。这显示在"未融资余额"一行。所以在这一点上,没有任何融资,手术机器人设备公司的预计现金余额为 565 200 美元,低于所需的最低现金余额 120 万美元。这意味着会有 634 800 美元的缺口,这个数字通过从 120 万美元的最低现金中减去 565 200 美元得到。因此,公司必须安排融资 634 800 美元。我们假设这笔融资将来自银行贷款。

表 13.3　手术机器人设备公司的现金流量分析:第 1 年 1—6 月

单位:美元

	1 月	2 月	3 月	4 月	5 月	6 月
月初余额	1 800 000	1 200 000	1 200 000	1 282 800	2 400 000	1 200 000
当月净现金流	(1 234 800)	(930 000)	82 800	2 546 400	(2 415 600)	(615 600)
未融资余额	565 200	270 000	1 282 800	3 829 200	(15 600)	584 400
达到最低余额所需融资额	634 800	930 000	—	—	1 215 600	615 600
偿付融资额	—	—	—	1 429 200		
月底余额	1 200 000	1 200 000	1 282 800	2 400 000	1 200 000	1 200 000

2 月,如果获得融资则初始余额是最低的 120 万美元。由于 2 月的净现金流为－93 万美元,该月的现金余额将是 27 万美元,没有任何融资。在融资中需要 930 000 美元将现金提高到最低水平。到 3 月,该月的净现金流量为 82 800 美元,因此该月不需要融资。那么 4 月就是 1 282 800 美元。4 月的现金流净额为 2 546 500 美元。加上这个数额至 4 月的初始余额,预计现金为 3 829 200 美元。由于假设超过 240 万美元的任何金额都可用于偿还之前几个月维持现金平衡的融资,4 月可用 1 429 200 美元偿还融资。表 13.3 中的 5 月和 6 月数字同样不言自明。

从表 13.3 可以看出,除 3 月、4 月以外,所有月份都需要融资。因此,创始人可能会通过银行寻求短期融资贷款。创始人可能达成的另一种解释是对额外资本的需要,而不是短期融资。

预测资产负债表和损益表

假设上述销售和现金预算实现,那么创始人可以用它来创建一个预计形式的资产负债表和损益表。只要预算金额实现,创始人和投资者就不会对结果感到惊讶。如果预测的损益表不能实现财务里程碑,那么创始人应该重新考虑各种预算,并思考如何合理修订以达到目标的里程碑。

做出不合理的假设来达到目标里程碑是愚蠢的。如果在预算中使用的最合理假设下,目标无法实现,那么可能会考虑其他营销策略、分销渠道或者可能的生产过程。在设计生产开始时的成本结构时,预算过程有助于评估财务报表中不同成本结构的影响,特别是收入和现金流量。

定期更新预算,当获得新信息或实际金额时偏离预算金额时,就需要一张新的预测财务报表,创始人可以根据它们寻求实现的里程碑来创建这一预测。

解释

我们继续通过手术机器人设备公司的案例来说明资产负债表和损益表如何形成。

我们从公司第 0 年 12 月底的资产负债表开始,资产负债表科目的金额已知,具体见表 13.4。因为第 0 年 12 月底以来的资产负债表就是第 1 年 1 月初的资产负债表,所以我们有了起始金额的数据。总资产为 1 920 万美元。请注意,180 万美元的现金为现金预算表中的现金见(表 13.3)。

表 13.4　截至第 0 年 12 月的手术机器人设备公司资产负债表

单位:美元

资　产	
现　金	1 800 000
应收账款	2 400 000
存　货	3 000 000
厂房、设备	12 000 000
总　　计	19 200 000
负债和股东权益	
应付账款	2 400 000
银行贷款	1 200 000
长期负债	6 000 000
普通股权	9 600 000
总　　计	19 200 000

我们来看看如何获得每个月的资产负债表,现金预算信息如表 13.2 所示,现金流量分析如表 13.3 所示。我们从应收账款开始,并在表 13.5 中显示分析。

表 13.5 手术机器人设备公司的应收账款分析:第 1 年 1—6 月

单位:美元

	1 月	2 月	3 月	4 月	5 月	6 月
初始余额	2 400 000	2 040 000	3 120 000	4 560 000	3 840 000	2 400 000
＋当月信用销售	1 080 000	2 160 000	3 240 000	2 160 000	1 080 000	1 080 000
－收到账款	1 440 000	1 080 000	1 800 000	2 880 000	2 520 000	1 440 000
月末余额	2 040 000	3 120 000	4 560 000	3 840 000	2 400 000	2 040 000

第一行显示资产负债表期初余额 240 万美元。该金额在本月加入了信用销售额。在表 13.2 中,我们可以看到 1 月销售为 120 万美元。回想一下,构建现金预算的假设为,信用销售额是销售额的 90%。因此,信用销售在该月份是 120 万美元的90%,即 108 万美元,这个数额被加入初始的应收账款余额。应收账款将因为所收取的金额减少。在表 13.2 中显示将支付的金额。1 月是第 0 年 12 月的信用销售额,为72 万美元,同年 11 月销售额相同。总数是 1 440 000 美元。加上开始的净信用销售额,再减去收到的,1 月的期末余额是 2 040 000 美元。今年 1 月期末余额就是 2 月的初始额。表 13.5 的其余部分以相同的方式得出。每个月预计形式上的资产负债表将稍后展出,表格的最后一行显示余额。

对于库存,根据表 13.6 显示,初始余额为 300 万美元。通过假设,采购量是前两个月预计销售额的 50%,工资是销售额的 5%。所有这些都被加至开始的库存。之后,库存减去货物的成本,后者假定为销售额的 55%。分析如表 13.6 所示。最终资产的分析、厂房和设备的数量如表 13.7 所示。假设折旧按每月总厂房和设备的 1%计算(即期初余额加上本月的收购)。

表 13.6 手术机器人设备公司的存货分析:第 1 年 1—6 月

单位:美元

	1 月	2 月	3 月	4 月	5 月	6 月
初始余额	3 000 000	4 200 000	4 200 000	3 000 000	2 400 000	2 400 000
＋采购	1 800 000	1 200 000	600 000	600 000	600 000	
＋工资	60 000	120 000	180 000	120 000	60 000	60 000
－生产产品成本 (销售额的 55%)	660 000	1 320 000	1 980 000	1 320 000	660 000	660 000
月末余额	4 200 000	4 200 000	3 000 000	2 400 000	2 400 000	2 400 000

表 13.7　手术机器人设备公司的厂房设备分析:第 1 年 1—6 月

单位:美元

	1 月	2 月	3 月	4 月	5 月	6 月
初始余额	12 000 000	13 068 000	16 501 320	16 336 306	15 572 944	19 575 214
＋并购	1 200 000	3 600 000	—	—	4 200 000	—
－销售设备	—	—	—	600 000	—	—
－折旧	132 000	166 680	165 013	163 363	197 729	195 752
月末余额	13 068 000	16 501 320	16 336 307	15 572 944	19 575 214	19 379 462

我们现在转向负债,先来看看应付账款。表 13.8 中,每个月的初始应付账款被加到信贷采购上(增加了应付账款余额)。购买金额如表 13.2 所示,为两个月后预计销售额的 50%。但是,回想一下,假设只有 80% 的采购是信贷采购。应付账款减少的金额为本月支付的应付账款金额。每月该数额如表 13.8 所示。将初始应付账款余额添加新的信贷购买额度,减去应付账款余额,得到该月应付账款余额。

表 13.8　手术机器人设备公司的应付账款分析:第 1 年 1—6 月

单位:美元

	1 月	2 月	3 月	4 月	5 月	6 月
初始余额	2 400 000	2 880 000	2 400 000	1 920 000	1 920 000	1 920 000
＋采购金额	1 440 000	960 000	480 000	480 000	480 000	480 000
－支付金额	960 000	1 440 000	960 000	480 000	480 000	480 000
月末余额	2 880 000	2 400 000	1 920 000	1 920 000	1 920 000	1 920 000

对于银行债务,1 月的初始余额为 120 万美元。使用表 13.3 中的信息来确定融资金额。我们会假设融资是通过短期银行贷款完成的。表 13.9 显示了按照表 13.3 计算的必须融资的金额和可偿还的金额。

表 13.9　手术机器人设备公司的银行贷款分析:第 1 年 1—6 月

单位:美元

	1 月	2 月	3 月	4 月	5 月	6 月
初始余额	1 200 000	1 834 800	2 764 800	2 764 800	1 335 600	2 551 200
＋达到最低现金要求所需融资	634 000	930 000	—	—	1 215 600	615 600
－偿付贷款金额	—	—	—	1 429 200	—	—
月末余额	1 834 800	2 764 800	2 764 800	1 335 600	2 551 200	3 166 800

长期负债分析很直观,如表 13.10 所示。1 月初的余额为 600 万美元,加上每个月发行的长期债券,如表 13.2 所示,其中包括了投资、融资活动的现金流数据。

表 13.10　手术机器人设备公司的长期负债分析:第 1 年 1—6 月

单位:美元

	1 月	2 月	3 月	4 月	5 月	6 月
初始余额	6 000 000	6 000 000	9 600 000	9 600 000	9 600 000	9 600 000
＋发行长期债券	—	3 600 000	—	—	—	—
－长期负债偿付金额	—	—	—	—	—	1 200 000
月末余额	6 000 000	9 600 000	9 600 000	9 600 000	9 600 000	8 400 000

最后,我们得到普通股股东权益。请注意,手术机器人设备公司没有优先股。每月的计算将显示如下:

每月初始余额	
＋	当月利润
－	当月股息支付
＋	发行普通股
－	回购普通股
＝	月末余额

对于手术机器人设备公司,任意一个月都没有回购或销售普通股股票。然而,为了获得净收入,我们必须从预计的损益表确定这个数额。下面来看看这个报表的结构,然后回到对普通股股东权益账户余额的分析。

每个月的预计损益表可以按照表 13.11 计算。它从月销售开始,然后扣除各种费用,包括估计税费。净收入显示为表中最后一行。

表 13.11　手术机器人设备公司的预计损益表:第 1 年 1—6 月

单位:美元

	1 月	2 月	3 月	4 月	5 月	6 月
销售收入	1 200 000	2 400 000	3 600 000	2 400 000	1 200 000	1 200 000
－生产成本	660 000	1 320 000	1 980 000	1 320 000	660 000	660 000
－折旧	132 000	166 680	165 013	163 363	197 729	195 752

续表

	1 月	2 月	3 月	4 月	5 月	6 月
毛利润	408 000	913 320	1 454 987	916 637	342 271	344 248
一销售和管理费用	120 000	240 000	360 000	240 000	120 000	120 000
经营利润	288 000	673 320	1 094 987	676 637	222 271	224 248
一利息	12 000	12 000	12 000	12 000	12 000	12 000
税前净利润	276 000	661 320	1 082 987	664 637	210 271	212 248
一所得税(约 30%)	82 800	198 000	325 200	201 600	63 600	63 600
净利润	193 200	463 320	757 787	463 037	146 671	148 648

现在我们可以回到普通股股东权益的分析。1 月份的初始余额是 800 万美元。这个数额加上净收入,然后减去股息,如表 13.12 所示。

表 13.12　手术机器人设备公司的普通股股东权益表:第 1 年 1—6 月

单位:美元

	1 月	2 月	3 月	4 月	5 月	6 月
期初余额	9 600 000	9 793 200	10 256 520	10 894 307	11 357 344	11 504 014
+净利润	193 200	463 320	757 787	463 037	146 671	148 648
一股息	—	—	120 000	—	—	120 000
+普通股发行	—	—	—	—	—	—
一普通股回购	—	—	—	—	—	—
月末余额	9 793 200	10 256 520	10 894 307	11 357 344	11 504 014	11 532 662

我们现在拥有了所有用来构建预计每月资产负债表的要素,如表 13.13 所示。第一个资产是现金。

表 13.13　手术机器人设备公司的预计资产负债表:第 1 年 1—6 月

单位:美元

	1 月	2 月	3 月	4 月	5 月	6 月
资　　产						
现金(有价证券)	1 200 000	1 200 000	1 282 000	2 400 000	1 200 000	1 200 000
应收账款	2 040 000	3 120 000	4 560 000	3 840 000	2 400 000	2 040 000
存　　货	4 200 000	4 200 000	3 000 000	2 400 000	2 400 000	2 400 000
厂房、设备	13 068 000	16 501 320	16 336 307	15 572 944	19 575 214	19 379 462
总资产	20 508 000	25 021 320	25 179 107	24 212 944	25 575 214	25 019 462

	1月	2月	3月	4月	5月	6月
负债和普通股 股东权益						
应付账款	2 880 000	2 400 000	1 920 000	1 920 000	1 920 000	1 920 000
银行贷款	1 834 800	2 764 800	2 764 800	1 335 600	2 551 200	3 166 800
长期负债	6 000 000	9 600 000	9 600 000	9 600 000	9 600 000	8 400 000
普通股股东权益	9 793 200	10 256 520	10 894 307	11 357 344	11 504 014	11 532 662
总负债和股东权益	20 508 000	25 021 320	25 179 107	24 212 944	25 575 214	25 019 462

请注意,现金可以是持有短期有价证券。该账户的价值从现金预算中获得,见表13.2。其他值获得如下:

应收账款	表 13.5
存货	表 13.6
厂房、设备	表 13.7
应付账款	表 13.8
银行贷款	表 13.9
长期负债	表 13.10
普通股股东权益	表 13.12

作为战略增长计划的收购

投资者希望新兴高科技公司将会增加收益并提升其他业绩,以佐证投资者的眼光。一家公司可以通过使用自己的资源(现有有形资产、无形资产和管理团队/研究组)或收购的方式实现增长,前者被称为有机增长(organic growth)。这里我们来看一下创始人进行尽职调查以确定是否收购时应考虑的因素。此处的讨论完全是定性的。用于预测潜在收购对收购公司业绩影响的分析工具在本章前面已经描述过。估计候选公司的价值并不简单,有各种估值方法,具体在第 16 章讨论。

要了解创始人如何决定行业收购并不容易,因为给予收购的书面陈述理由往往不是真正的收购原因。实证研究虽然提供了对成功收购的一些见解,但同样受到区分收购的陈述和实际原因问题的阻碍。

麦肯锡咨询公司的工作人员在收购工作的基础上,提出了为什么收购创造价值的战略性原因。①麦肯锡研究报告的作者指出,创造价值的收购通常至少符合以下五个因素之一:

- 提高被收购公司业绩;
- 创造产品市场准入;
- 与可能的对手相比,它们以更快速度或更低成本获得技能或技术;
- 从行业中消除产能过剩;
- 它们是领先的公司,早期就被发现并由收购公司进一步发展。

收购公司发布的新闻公告可能会陈述除上述五项以外的收购理由。但是,根据麦肯锡的研究,一项收购不符合一个或多个上述收购原因是"不可能创造价值"的。另一方面,根据麦肯锡的研究,企业代表提到的理由可以创造价值,但可能性较小。

让我们考虑谷歌从创业之初到 2015 年初的并购。在此期间,谷歌进行了 170 多次收购。谷歌近期收购(2013 年和 2014 年)的七个例子以及每次收购的战略动机见表 13.14。

表 13.14　谷歌近期(2013 年和 2014 年)的收购案例

收　购	年份	成本(单位:亿美元)	给出的战略原因
巢实验室(Nest Labs)	2014	32	巢实验室制造高科技恒温器和烟雾探测器。通过接入联网家庭器具,该并购增强了谷歌在城市家居市场的占有能力(除产品外,销售至房主产生了大量的数据。房主表现出的个人习惯还可以作为出售其他谷歌产品或服务的杠杆)
天空盒子成像(SkyBox Imaging)	2014	5	天空盒子成像公司的卫星科技使谷歌有能力增强其产品谷歌地图的实时图像竞争力
泰坦航空(Titan Aerospace)	2014	0.6	泰坦航空制造高空太阳能无人机,允许谷歌获取照片,这有助于谷歌地图和谷歌地球的发展[在谷歌气球网络计划(Google's Project Loon)中预计也将发挥重要作用,这一项目通过把气球送入大气层,允许互联网连接,将互联网连接带到没有网络的区域]

①　Marc Goedhart, Tim Koller, and David Wessels, "The Five Types of Successful Acquisitions," McKinsey & Company, July 2010, http://www.mckinsey.com/business-functions/strategy-and-corporate-finance/our-insights/the-five-types-of-successful-acquisitions.

收　购	年份	成本(单位：亿美元)	给出的战略原因
沉思科技 (DeepMind Technologies)	2014	6.5	收购沉思科技,给予机器感知能力,使得谷歌可以整合全世界的数据多媒体。借助该公司的技术,谷歌正在教计算机执行注解视频和图像、描述看到的物体等任务
马卡尼电力 (Makani Power)	2014	0.3	收购马卡尼电力让谷歌进入清洁能源市场。并购的公司是绿色能源创业公司
位智 (Waze)	2013	9.66	对 GPS 导航公司位智的收购,让谷歌大大提高了它的实时性,根据道路状况绘制数据(例如,实时显示关闭和事故地点),并获取了 4 400 万位智用户提交的有关数据
DNN 研究 公司(DNN- research Inc.)	2013	0.05	DNN 研究公司在被收购时是一家位于多伦多的三人创业公司,它从事神经网络的实验研究。用计算机模拟人类大脑的过程,神经网络试图使得大脑这个过程更高效。谷歌认为对神经网络的研究可以优化其全球数据中心的运营

收购的原因应被用于评估对收购公司财务的预期影响,使用前文介绍过的工具。尽职调查过程中的结果也被用于确定收购公司支付的收购价格。

此外,如果收购确实发生,则实际绩效可以与预计绩效相比较,成为一种评估收购成败的方式和管理评估绩效的方法,用于确定是否采取收购。例如,因降低成本而引起的协同效应,虽然最初几年可能会节省成本,但由于种种原因,从长远来看,它们可能并不会有什么好处。因此,在评估未来收购时,负责人应避免重复该预测错误。在扩大产品线的情况下,由于对未来销售预测太乐观,收购可能无法按预期执行,在考虑未来收购候选公司时,收购团队必须避免这种情况。

不仅没有创造价值,一些收购最终还会破坏收购公司的价值。战略收购未能达到预期,进而造成价值破坏的一些原因如下:

- 企业文化冲突,使被收购公司无法融入收购公司;
- 收购后关键人员或研究团队可能离职;
- 夸大了从收购中获得的预期收益;
- 获得的技术未能达到预期,或产生与所有权或技术使用相关的法律问题;
- 收购公司管理层对被收购公司战略重要性的看法的变化,或因全面改变管理方向导致收购公司不再适应收购方的商业计划或商业模式。

　　为寻找高科技公司成功或失败的原因,塞凯特·乔胡瑞(Saikat Chaudhuri)和贝纳姆·塔布里茨(Benham Tabrizi)调查了 24 名信息技术、通信和工程行业的全球领导者在 53 宗收购中的做法。①收购公司的规模从创业公司到销售额达数十亿美元的公司不等。在他们的调查中,乔胡瑞和塔布里茨与收购和被收购公司的员工进行了面谈,并考察了提供的机密内部信息。这些信息包括企业战略、技术决策流程、尽职调查报告、重组流程、并购后分析。一个重要的研究结论如下:

　　　　高技术产业与其他行业从根本上就不同,因此,高科技公司需要不同的收购方式,这一点并不奇怪。虽然当今所有行业的产品生命周期都缩短了,但高科技产品的情况更为突出,可能会在几个月内过时。一个成功的新产品可能会提升市场份额和业绩,但市场的创新步伐意味着任何收益都可能是短暂的。长期的成功取决于持续生产优秀产品的能力——开发或认可不断发展的技术,并将其纳入其中,来满足不断变化的市场。②

　　这说明,基于扩大市场份额或新产品的收购可能不是在快速变化的技术中处理收购的正确方法。正如乔胡瑞和塔布里茨指出,即使是公司产品"先进入市场",也不能保证其产品将来继续保持领先地位。要做到这一点,公司必须发展技术能力。如果一家公司错失一个重要的技术转变或行业内新产品的开发,则若想要进行恢复,发展技术能力同样重要。

　　收购提供了一种获取应对快速变化的技术和市场能力的手段。乔胡瑞和塔布里茨认为,在寻求收购时,公司应该争取获得实际的能力,而不是专注于收购可能带来的具体产品或市场份额的增加。

　　因此,要获得成功的收购,乔胡瑞和塔布里茨建议董事会的第一步是系统地确定需要哪些能力。一旦确定了这些基本能力,创始人就可以确定公司在内部是否能发展这些能力或是否获得这些能力。为了识别这些能力,创始人必须为他们想要的商业制定在未来几年内的计划。一旦由业务线确定了他们的未来产品,就可以进一步分析,以确定公司是否有必要的技术能力来有效地创造产品,并产生相应的利润。

---

① Saikat Chaudhuri and Benham Tabrizi, "Capturing the Real Value in High-Tech Acquisitions," *Harvard Business Review*, September-October 1999, 123—130.

② Chaudhuri and Tabrizi, "Capturing the Real Value in High-Tech Acquisitions," 123.

一旦完成需求评估并确定需求,选择进行内部开发还是进行收购,就将受到各种因素的影响。关键因素之一是为了实现创始人追求的目标,可以获得所需能力的速度。例如,乔胡瑞和塔布里茨报告说,他们研究的几家公司通过收购能够缩短一半的上市时间。

尽职调查筛选过程

典型的尽职调查过程包括战略、财务和法律审查。虽然候选公司的业绩记录很重要,如果收购以公允价格进行,则可能对收购公司短期业绩有有利的影响,但我们还是应该把重点放在上面提到的长期能力上。创始人应该仔细观察候选公司的实际能力,与创始人需求评估中的需要相匹配。

一旦确定候选公司如何填补未来技术能力的任何缺口,创始人就必须评估在收购后,有相关技能的雇员是否可能会继续留在候选公司。兼并公司要想获得技术能力,保留关键雇员的指标是候选公司在被收购之前提供的激励措施。如果关键员工有权将公司被收购获得的收益兑现,他们就不太可能在收购后留在被收购公司,因此收购并成功获得特殊人才的可能性将减少。

因此,收购过程的一个关键部分是创造必要的激励来留住关键员工,以及制定一个结构良好的整合计划,使得这些员工进入收购公司,能得到较好的安置,并向那些雇员说明新公司对他们的期望是什么。这些步骤应该在交易完成前进行。乔胡瑞和塔布里茨报道称,在他们所研究的公司中,由于收购公司管理层没有相关的指示,许多关键员工都没有留在公司。

把被收购公司整合到收购公司的组织架构中具有挑战性。当一家公司试图收购另一家公司以填补其能力缺口时,整合的程度取决于公司获取的能力的类型。乔胡瑞和塔布里茨描述了三个案例。当收购公司从被收购的公司员工中寻求创新时,较少的整合也许更合适,这样做的目的是为了避免扼杀那些有创造力的员工,他们在被收购前的公司中拥有自由创造的机会。有一个罕见的案例是,一家公司试图通过收购,而不是通过内部发展能力,来扩大目前的内部业务。这种情况下,收购公司应充分将被收购公司整合进其组织结构。在最常见的情况下,收购的目的是开发新平台。对于这种收购,被收购公司的人员随着时间的推移应该被整合到收购公司的中心部门中。对于具有特殊能力促进收购的工程师团队,建议收购方为了满足其目标,将其作为一个团队保留在收购之前就存在的同一个业务单元中,而不是打散分配给收购公司的其他业务单位。

收购条款谈判

并购双方对被收购公司的价值都有自己的评估。为公司估值的方法见第 16 章和附录 B。因高估了潜在的好处而支付过高的收购费,可能导致令人失望的结果。

在谈判中常常会看到,候选公司的董事会认为潜在收购者提供的报价太低,不能恰当地反映候选公司未来的潜在业绩。这常常是作为被收购目标的高科技创业企业的观点。如果被收购的公司不能使得收购公司董事会提高报价,则可以寻求更高的收购价格,即如果公司赚钱(基于收购后的业绩),就需要支付某一部分的购买价格。超过现金购买价格支付的部分被称为"对赌"(earnout)。

收购公司董事会将设法安排交易,以便享受最大的税收优惠和(如适用)有利的财务报表处理。除了为这些好处进行交易之外,收购公司的董事会将谈判长期雇用合同,为留住关键员工给予合适的经济激励,并在合适的时间段,给予特定人员合理的非竞争性协议或限制性契约。

收购作为一种退出或收获策略

到目前为止,我们把战略性收购看作发展企业的一种手段。还有一些案例中,公司的创始人可能希望公司被收购。董事会必须找到公司可能想要被收购的原因。如果收购提供下列一个或多个好处,则高科技公司通常愿意被收购:

- 它提高了分销能力,降低了成本和/或为了实现规模经济,允许扩大销售。
- 收购意味着获得技术,节省开发时间或支出。
- 与 IPO 相比,收购为创始人和投资者提供了实现流动性的更好途径。
- 与没有收购的情况相比,目标公司将获得更广泛的市场客户基础。
- 当公司成为收购公司的一部分时,收购可能有助于今后在资本市场融资。
- 收购公司可以为目标公司提供一系列基础设施,节省资源(现金和管理时间)。

创始人和投资者特别感兴趣的是,收购是否提供了一个比 IPO 更好的流动性途径,后者我们在第 6 章已经讨论过。相对于 IPO,收购有几个优势。

第一,IPO 的成本可能比收购成本更高。在 IPO 中,与上市有关的所有费用都必须由公司承担。相反,目标公司的董事会可以与收购公司谈判,要求其支付与收购有关的费用。

第二,IPO中的关键信息必须向投资者公开,投资者要求有足够的信息来评估是否应该购买股票。公司可能会因为其战略重要性而需要对一些信息进行保密,但美国联邦证券法要求必须披露。在收购中,该信息只需与收购公司分享。

第三,IPO会产生持续的财务报告费用。相反,收购没有持续的财务报告要求,因此没有相关费用。证券分析师密切关注上市公司的表现,导致管理决策往往基于对短期业绩的影响,而不是基于对投资者的长期利益。并购缓解了这个问题,但它并没有被完全消除。收购公司管理层可能会施加类似的压力,但这种不明智行为的风险会落在收购公司的投资者身上。

最后,为了上市,一家公司必须建立必要的基础设施来有效运作。有了收购,如果收购公司有可用资源,不需要另外开发基础设施。

赞成IPO的观点认为,它为公司创始人和其他投资者提供了市场流动性。对这种观点的支持来自许多已经公开上市的著名高科技公司。然而,对于规模较小的IPO案例,事实并非如此。这些公司的股票可能不经常交易,而且该公司的利益可能因为缺乏证券分析师的关注而受到限制。当并购行为带来一家大型上市公司的股票时,相比于小公司的IPO,这些股票通常能带来更好的流动性。

本章要点

- 财务计划为企业家提供了需要在何时、筹集多少以及筹集永久性或季节性资金的相关信息。
- 财务计划涉及预算的使用,以便就公司的资金需求做出定量说明。
- 财务计划需要预测,其最终指向是根据公司预算预测的损益表和资产负债表。
- 一旦偏离预期值,企业家就可以早日发觉并谋划必须采取的相应行动。它们也帮助企业家识别某些里程碑在何时可能实现。
- 财务计划很重要,因为它是一个创始团队用来评估的工具,能对不断变化的市场条件做出反应,并评估创业团队将在业务决策中面临的权衡。
- 经营预算的时间覆盖范围是一年或一年以下。
- 长期预算用于一年以上至十年的资本支出。
- 预测未来的销售是构建财务计划销售预算的起点。
- 过于保守的销售预测将导致公司由于库存不足、人员不足或缺乏短期资金而损失部分销售收入。

- 过于乐观的销售预测会导致过多的库存、人员冗余,这增加了劳动力成本;以及为适应多出实际销售额的部分而产生的不必要的借贷成本。

- 预测销售的统计模型需要历史数据。市场上往往有充足的历史销售信息,但对于新发展的技术产品而言,可能没有任何销售信息。

- 经营预算要求对近期销售进行预测,其准确性很重要。对于长期预算来说,销售预测不一定需要精确;企业家在合理范围内预测即可。

- 产品的销售预测可以分别根据客户细分和地理区域计算,然后再汇总这些数字。

- 现金预算对在计划期间预期进入和离开公司的现金进行详细分析。

- 由于流动性非常重要,因此,现金预算是预算过程的一个重要部分:它提供了潜在的现金头寸,警告企业家可能会扰乱生产和销售计划,并很难实现关键里程碑。

- 现金预算在计划融资方面起着重要作用,因为任何确定的长期现金赤字都意味着公司需要更多的永久性融资,而不是短期借款。

- 在编制现金预算时,现金流入主要来自:(1)业务,来自现金销售和应收账款的收款;(2)融资,来自通过债券、优先股、普通股的发行销售筹集的资金;(3)投资,来自金融资产或出售有形资产、无形资产所得。

- 在编制现金预算时,现金流出主要来自:(1)业务,来自原材料和工资的支付、应付账款的支付,以及纳税;(2)融资,来自支付债务、赎回优先股和普通股的回购;以及(3)投资,如购买厂房和设备、购买另一家公司,以及购买无形资产。

- 通过销售和现金预算,创始人可以得到预计的资产负债表和损益表。

- 如果预计的损益表显示不能实现财务里程碑,那么创始人应该重新考虑各种预算,并评估它们应该如何合理修订,以便有针对性地实现里程碑。

- 如果使用最合理的预算假设,制定的目标却不能实现,那么应该转而考虑营销策略、分销渠道或可能的生产过程。

- 投资者期望新的高科技公司增加收益并提高其他业绩,以证明投资者的估值眼光。

- 公司的增长可以通过有机增长(即利用公司自己的资源增长)和战略收购来实现。

- 创始人并不容易评估其行业中的收购是如何运作的。因为通常情况下,公布的收购原因不是真正的原因。

- 有人指出,创造价值的收购通常至少符合以下条件之一:(1)改善了被收购公司的业绩;(2)为产品创造市场准入的机会;(3)相比于内部开发,能以更快或以较低的成本获得技术;(4)消除了多余的产能;(5)它们是领先的公司,在公司早期阶段就被发现,并由收购公司进一步发展。

- 在收购决策过程中,尽职调查的结果是用于确定收购公司应为收购支付的价格。

- 收购发生后,比较实际业绩与预期业绩,来评估收购的成败和评估管理层业绩评价方法。

- 一些战略性收购可能破坏企业价值,而不是为收购公司创造价值,原因主要有:(1)企业文化的冲突;(2)关键人员或研究小组的离开;(3)夸大了预计的收益;(4)引进的技术表现不佳,或出现与所有权和技术使用有关的法律问题;(5)收购公司对被收购公司的战略重要性的评估发生变化。

- 典型的尽职调查过程包括战略、财务和法律审查。

- 收购过程的一个关键方面是建立必要的激励措施,以留住关键员工,并设计一套结构良好的整合计划,使得这些员工进入收购公司的团队,并明确收购公司对他们的期望。

- 并购双方对被收购公司的价值都有自己的评估。

- 如果被收购的公司不能使收购公司董事会提高报价,则它可以寻求谈判达成更高的收购价格,其中部分购买价格的具体份额取决于获利能力。

- 出于以下一个或多个原因,高科技公司愿意被收购:(1)提高分销能力;(2)获得技术;(3)为创始人和投资者提供比 IPO 更好的变现流动性的途径;(4)获得更广泛的市场基础;(5)为将来的融资提供便利;(6)避免占用资源来构建基础设施。

- 与 IPO 相比,收购的优势如下:(1)IPO 的成本可能比收购贵得多;(2)公司希望保留的关键信息在 IPO 中必须公开,但在收购中,关键信息只需与收购公司分享;(3)IPO 会产生持续的财务报告费用,但收购不会;(4)公司不需要建立必要的公共基础设施。

延伸阅读

Benninga, Simon, *Financial Modeling*, 4th ed. (Cambridge, MA: MIT Press, 2014).

Fabozzi, Frank J., Pamela Peterson Drake, and Ralph S. Polimeni, *The Complete CFO Handbook: From Accounting to Accountability* (Hoboken, NJ: John Wiley & Sons, 2008), chap. 6.

Samonas, Michael, *Financial Forecasting, Analysis and Modelling: A Framework for Long-Term Forecasting* (Chichester: John Wiley & Sons, 2015).

14 盈利计划

通过盈利计划，创始团队做出关于引进新产品、生产量、产品定价以及替代生产流程选择的经营决策。为了尽可能做出最佳决策，创始团队必须了解成本、收入和利润之间的关系。盈亏平衡分析（break-even analysis）和本量利分析法（cost-volume-profit analysis）涉及这种相互关系，并为企业家提供了有用的决策指导。

盈利计划的关键是理解企业的成本结构。因此，本章首先讨论生产成本的性质。

生产成本的性质

公司的成本可以分为四个功能领域：生产成本（或制造成本）、营销成本、管理成本和融资成本。本节将讨论生产成本，即与制造产品相关的成本。

如第 2 章所述，成本结构受价值主张的影响，若价值主张是价格低廉，则为成本驱动型结构，若价值主张是价值溢价，则为价值驱动型结构。一旦确定了成本结构，创始人就必须了解各种类型的成本，以及它们会如何与公司的成长相互影响。

生产成本组成

要构建预计的损益表或给新产品定价，首先要做的就是了解产品生产成本（即生产成本）的组成部分。当一家新企业生产多种产品时，要想识别每种产品的相关成本，就需要进行产品成本跟踪。产品成本的三个组成部分是直接材料成本、直接劳动成本和工厂间接成本。如果企业只有一个产品，则这部分很好确定；然而，随着企业的发展，预计将推出新产品，完成定价就更有挑战性，如果操作不当，可能导致新产品的生产价格不够合理。

　　获得生产产品材料的成本称为材料成本(material costs)。材料成本可以分为直接材料成本(通常占材料成本的最大一块)和间接材料成本。可以追溯到直接生产产品的材料成本被归类为直接材料成本(direct material costs)。例如,iSupplier 公司是一家以电子产品成本分析闻名的公司,该公司为 2010 年 9 月发布的苹果第六代 iPod 的直接材料(即部件)及其估计成本提供了组件分析,如表 14.1 所示。

表 14.1　第六代 iPod 的直接材料(即部件)及其估计成本的组件分析

功　　能	包括零件或零件的制造商	成本(美元)
存储	东芝半导体、三星半导体	14.40
显示/触摸屏模块		11.50
应用处理器支持 DRAM	东芝半导体	4.95
用户界面	塞浦路斯逻辑、ST 微电子、塞浦路斯半导体、硅实验室、Intersil;还包括支持非显示用户界面的 Analog Ics、开关、连接器和其他电路	3.49
盒内容	耳机、USB 电缆、包装和文字	2.42
其他	被动元件	2.05
机械	外壳金属部件、塑料部件、绝缘子、遮蔽	2.00
电源管理	会话;还包括次要功率元件	1.33
机电	PCBs、连接器	0.89
电池	电池锂离子聚合物	0.70

　　资料来源:http://appleinsider.com/articles/10/09/28/materials_cost_for_sixth_gen_ipod_nano_estimated_at_43。应该注意的是,这些信息仅用于说明目的。iSupplier 公司是第三方公司,来自第三方的估计很可能存在估计误差。

　　再来看一个例子,Electronics 360 对苹果公司的小型电脑 Mac Mini A1347 主要成本驱动因素(占估算总材料成本的 80%)的直接材料成本估计如表 14.2 所示。

表 14.2　Electronics 360 对 Mac Mini A1347 主要成本驱动因素的直接材料成本估计

供应商/制造商	部　　　件	成本(美元)
英特尔(Intel)	AV80577SH0563M—CPU—Intel Core 2 Duo P8600 处理器,2.40 GHz, 3 MB 二级缓存,1 066 MHz FSB, 45 nm	69.38
英伟达(Nvidia)	MCP89 MZ-A2—芯片组—GeForce 320 M, 40 nm	44.27

供应商/制造商	部　　　件	成本(美元)
东芝存储设备(Toshiba Storage Device)	MK3255GSXF—硬盘—320 GB，2.5，SATA 3 Gb/s，5 400 RPM，8 MB 缓冲	43.00
日立-LG 数据存储(Hitachi-LG Data Storage)	GA32 N—CD/DVD RW 驱动器—细长内部类型、插槽负载、SATA	40.00
海力士(Hynix)	HMT112S6TFR8C-G7—SODIMM　　DDR3-1 066-1 GB，128 Mx64，1.5 V(数量:2)	38.00
华通(Compeq)	10 层 FR4,无铅,无卤素	16.28
外壳	加工铝,印刷,阳极氧化	13.5
博通(Broadcom)	BCM943224PCIEBT—WLAN /蓝牙模块价值线项目-IEEE802.11a /b/g/n，2×2，蓝牙 V2.1＋EDR	9.90
台达电子(Delta Electronics)	ADP-85AF—电源模块价值线项目—12 V，7.1 A，85 W,带塑料外壳	8.17
德州仪器(Texas Instrument)	XIO2211ZAY—PCI-E 至 IEEE1394b 控制器	3.65
冷却器组件	压铸铝合金安装支架、2 个铜块、2 个铜管、铝合金、涂漆、带热转印材料	3.15
台达电子	BUB0712HC-HM01—鼓风机—直流无刷,12 VDC，0.66 A,一体式 4 线束和 4 针插座连接器	2.40
博通	BCM57765A0KMLG—以太网收发器/存储卡读卡器控制器—10/100/1 000Base-T，65 nm	1.75
瑞萨(Renesas)	R4F2117LP—MCU—16 位，H8S/2 600 CPU 内核，160 KB ROM，8 KB RAM，20 MHz，3.0—3.6 V，112 I/Os	1.57
美国国际整流器(International Rectifier)	IR3841WMTRPbF—稳压器—DC-DC 转换器,同步降压,8 A，1.5 MHz(数量:2)	1.22

注:表中显示的成本占总材料成本估计值的 80%。

资料来源:http://electronics360.globalspec.com/article/2192/apple-mac-mini-a1347-computer-teardown。

不能简单追溯到产品生产的材料成本被称为间接材料成本(indirect material costs)。间接材料成本是工厂间接成本的一部分,我们将在后文讨论。

与材料成本一样,劳动力成本被分为直接和间接组成部分。直接参与产品生产的所有劳动力成本被归类为直接劳动成本,与生产相关的其他劳动力成本归为间接劳动成本。劳动力成本的主要部分通常是直接劳动成本。工厂主管的工资是一种间接劳动成本。间接劳动成本和间接材料成本都将被纳入工厂间接成本。

工厂间接成本（factory overhead costs）包括不能被分配给产品的间接成本。我们已经介绍了两个这样的成本：间接材料成本和间接劳动成本。其他间接制造成本是工厂间接成本的一部分，是用于工厂运营的公用设备，例如需要租赁厂房，生产工厂的所有权/使用设备发生折旧，或生产工厂要进行的租金支付。工厂间接成本分为固定成本、可变成本和混合成本。

生产的本量关系

随着产量变化，成本随之改变，这些信息可以用于从生产角度衡量产品的销售量和产品的可扩展性。尽管产品的可扩展性可以通过营销和分销产生的规模效应来实现，但它更可能来自生产过程。我们需要固定成本、可变成本和混合成本的概念来理解本量之间的关系。

可变成本（variable costs）是指总成本与产量变化成正比的成本，而单位成本在某些相关生产范围内保持不变。企业家如果实现盈亏平衡点或正的营业利润率，则这一里程碑的含义是每单位销售价格和总固定成本保持不变，随着每单位销售额的增加，总可变成本的增量变化将等于每单位的固定金额。假设产品价格合理，以致单位售价超过单位可变成本，销售额的增加将对企业有利。

需要注意，可变成本和固定成本在不同的生产水平上都会发生变化。例如，本章为介绍可变成本的组成部分，列出了第六代 iPod nano 的原材料成本和 Apple Mac Mini（A137）计算机的主要成本驱动因素。在估算后者的成本时，（Electronics 360）特别说明该预测适用于约 200 万台的终身产量。对于不同的产出水平，成本估计会有多大变化呢？正如（Electronics 360）所述："除非假设产量的数量级完全不同，否则仅仅是量的微小变化（比如 100 万对 200 万）很少会因此对我们的最终分析产生巨大的净影响。"

固定成本（fixed costs）是那些在相关产出范围内保持不变的成本。这意味着每单位固定成本（即单位固定成本）随着产出的增加而下降。

混合成本（mixed costs）具有可变生产成本和固定生产成本的属性。一种类型的固定成本是半变动的固定成本（semivariable fixed costs），这可能是因为使用了某种服务。服务的最低费用（固定成本部分）加上服务的每次使用费（可变成本部分）。第二种混合成本发生在固定成本达到一定水平时的生产活动，然后超过该水平的固定成本会跳到更高的水平。这种类型的混合成本被称为阶梯式成本（step cost），因为一些生产成本只能在不可分割的部分产生。例如,假设在组装产品时,每 20 名装配工就有一个楼层主管。进一步假设需要 33 名装配工。这意味着需要两个楼层主管。因此,20 名之外的 13 名工人的增加将使生产成本增加,也就是增加一个主管的工资。

非会计其他成本和利润规划

为了进行有关业务运营的规划和决策,有几个办法可以考虑超出上述定义的其他成本。更具体地说,在决策中,了解各类相关或不相关的成本以及机会成本都非常重要。这些概念不会出现在财务报表中,但在实际开展业务时会对财务报表有影响。

相关成本(relevant cost)指的是如果采取了替代方案,预期的未来成本会发生变化,如果活动发生变化甚至取消,该成本可能也会随之取消。如果成本不这样受创始人行为的影响,那么这样的成本被称为不相关成本(irrelevant cost)。沉没成本就是一种不相关成本,它是上一期间产生的成本,不可撤销。

为什么要区分相关成本和不相关的成本呢? 如果创始人试图将其他产品引入现有产品线,假设新产品在公司其他产品的制造工厂生产,创始人在决定是否启动新产品时,需要估计其成本。在执行此任务时,创始人可以分配部分工厂间接成本来估计新产品的成本。从会计角度(即在计算出售商品的成本方面),该分配是正确的,但是为了解决是否启动新产品的问题,该分配可能不正确。原因是会产生部分工厂费用,如工厂的折旧①或者非自家工厂的租金支付,这一点即使推出新产品也不会改变。因此,折旧或租金支付将被视为新产品定价的无关费用。为了做出决策,创始人必须仔细考虑成本是否相关。

当确定一个替代方案时,其他选择的好处也没有了。拒绝下一个最佳选择所带来的好处的损失被称为所选择行动的机会成本(opportunity costs)。它们没有被记录在财务报表中,但它们是用于决策目的的相关成本,因此,在评估提出的替代方案时必须加以考虑。第 13 章中描述的柯尔克公司是一个很好的例子。由于未能生产出足够的卡比起娃娃以满足客户需求,公司损失了潜在的收入和利润,这就是其机会成本。

估算新产品的成本

对于成熟产品,公司内部会计人员会使用标准的产品成本核算技术。然而,为了

---

① 请记住,折旧是一个会计估算的数据,而不是基于工厂实际的物理损耗。

引进处于开发初期的产品,使用这种技术进行成本估算可能对创始人而言不是很有帮助。需要另一种方法提供相当准确的成本估计,帮助企业做合理的成本加价,并向潜在客户提供报价。由于新产品的成本估算偏离市场,错误估计价格可能会导致客户要求报价(即机会成本)或销售产品价格低于其制造的真实价格,进而导致当前和未来的业务损失。许多高科技产品的生命周期很短,成本估算对于企业家决定是否推出新产品至关重要。

虽然构建原型可以帮助估计生产成本,但这些信息有缺陷,原因如下。首先,在构建原型时,可能需要使用定制零件,这增加了生产成本。然而,正常生产过程往往会使用相同的部件,这可以较低的单位成本购买。此外,随着生产量的增加,这些零件的成本将会下降。因此,在确定新产品的潜在盈利能力时,必须进行成本估计,以区分构建原型的定制部件成本和假设正常生产时估计的部件成本。其次,随着员工生产新产品的生产力增加,劳动力成本可能会下降。也就是说,存在一条与新生产过程相关联的学习曲线,随着更多单位生产的完成,每单位的劳动时间下降。最终,没有进一步的生产力提升,但进行批量单位生产时的劳动成本将远远低于建立原型时的劳动成本。

阿德南·尼亚齐(Adnan Niazi)、戴建美(Jian S. Dai)*、斯塔夫鲁拉·巴拉巴尼(Stavroula Balabani)和拉卡马尔·塞内维拉(Lakmal Seneviratne)提出了两种估计新技术生产成本的方法:定性和定量。①定性技术基于与制造类似产品的成本的比较,尝试估算新产品的成本。该技术要求识别具有与新产品相似设计特征和类似组件的产品,并将这些成本用于新产品生产成本的粗略估计。定量技术使用回归分析的统计技术,需要对相似设计产品的组成部分进行更详细的分解。

盈亏平衡分析

我们通过下面这个简单的例子来介绍盈亏平衡分析和本量利(CVP)分析法。假设徐博士(Dr.Gregory Xu)开发了一种改善糖尿病检测的个人医疗器械,并获得了专

* 此处为音译。——译者注
① Adnan Niazi, Jian S. Dai, Stavroula Balabani, and Lakmal Seneviratne, "Product Cost Estimation: Technique Classification and Methodology Review," *Journal of Manufacturing Science and Engineering*, May 2006, 563—575.

利。他研究后认为，要租用一个满足其预期需求的设施，成本约为每月 12 000 美元，或每年 144 000 美元。租金包括除电话费和办公室家具外的所有公用设施。他预计电话费每年约为 18 000 美元；只要销售额不超过每年 100 万美元，这一成本就不会随销售水平而变化。徐博士同时估计雇用行政人员每年需要 138 000 美元。一个自由制造商同意以每台 10 美元的价格为其制造该设备。徐博士估算自己可以 90 美元的价格出售每个单位的产品。

徐博士现在必须决定是否开始业务。该决定基于他在一年内预期可销售设备数量做出。他了解到，无论销售单位的数量如何，他将必须承担包含设施租金、电话费用和行政人员费用的年度固定成本。年度固定成本估计为 30 万美元（＝144 000 美元租金＋18 000 美元电话费＋138 000 美元行政人员费用）。由于销售的每台设备预计收到 90 美元的收入，购买一单位产品的成本为 10 美元，这意味着每个销售单位的产品"利润"将达到 80 美元。如果要保本，必须出售 3 750（30 万美元/80 美元）个单位产品，以支付 30 万美元的年度固定成本支出。

根据徐博士的市场分析，他每年可以卖出至少 3 750 台设备，但这不足以产生利润。徐博士此前曾做出预计，每年必须获得至少 40 万美元的税前利润，否则就不值得开始这项业务。为了产生 40 万美元的税前利润，每个单位产品的销售增加利润 80 美元，他将需要出售 5 000 个额外的单位产品。必要的 3 750 个单位产品负责维持盈亏，而再增加的 5 000 个单位产品，意味着每年的单位销售额必须至少为 8 750 个，才能获得 40 万美元的税前利润。那么，决定就归结为是否可能出售 8 750 个单位。

在确定我们范例的盈亏平衡点时，徐博士将每年的固定成本总额除以每单位销售的"利润"。这个利润是每单位销售价格和每个单位购买成本之间的差额，被称为每单位可变成本。在这个例子中，每单位可变成本的唯一组成部分是购买单位的价格。实际上，每单位的可变成本还包括随销售水平而变化的所有成本。

每单位销售价格与每单位可变成本之间的差额称为单位边际收益（contribution margin per unit）或单位收益（unit contribution）。因此，为了获得保持收益平衡所需的单位数量，我们将总固定成本除以每单位的边际收益。即，

盈亏平衡点（按单位计）＝固定成本总额/（单位销售价格－单位可变成本）（原文为分数线，以下公式同）等价于，

盈亏平衡点（按单位计）＝固定成本总额/单位边际收益

美元盈亏平衡点

上面给出的盈亏平衡点的公式表示为保持盈亏平衡所需的单位数。在一些实际情况中,了解(以美元计的)销售的盈亏平衡点非常有用。例如,客户和客户间的销售价格可能略有不同;因此,以美元衡量的销售可能比只看单位更能帮助决策。在单一产品线和单一单价的情况下,按单位计的盈亏平衡点乘以每单位销售价格就可以获得美元衡量的盈亏平衡点。当每个单位的售价因客户而异时,可以使用不同的公式来确定美元的盈亏平衡点。

美元的盈亏平衡点可以使用以下公式找到:

盈亏平衡点(美元)＝固定成本总额/(1－作为美元销售的可变成本的百分比)

上述公式的分母是单位边际收益除以销售价格,称为边际贡献率(contribution margin ratio)。因此,之前的公式可以重写为

盈亏平衡点(美元)＝固定成本总额/(1－边际贡献率)

为了说明上述公式,假设徐博士为了确定必须以单位出售的医疗设备的盈亏平衡点,不再进行之前的单位计算,现给出以下公式计算。年固定成本总额为 30 万美元。由于每单位可变成本等于 10 美元,售价为 90 美元,所以可变成本为销售的 11.111 1%(10 美元/90 美元)。边际贡献率为 1－0.111 111＝0.888 889。将这两个值代入美元计的盈亏平衡点的公式得:

盈亏平衡点(美元)＝300 000 美元/0.888 889＝337 500 美元

因此,如果销售额为 337 500 美元,徐博士的创业公司将实现盈亏平衡。由于每个单位的售价为 90 美元,这意味着如果所有客户支付价格 3 750 美元(337 500 美元/90 美元),单位数量就会达到盈亏平衡。当然,这个结果与使用单位盈亏平衡点公式得到的所需单位数量一致。

本量利分析

盈亏平衡分析说明了当利润为零时的销售额水平。企业家往往还想知道实现税前目标利润所必需的销售水平。对这个问题的分析被称为本量利分析,解决方案由以下公式给出:

实现给定的税前目标利润的销售额（单位）

＝（税前目标利润＋总固定成本）/单位边际收益

例如，如果徐博士想了解产生 40 万美元的税前利润所需的单位数量，则使用上述公式给出以下内容：

实现 40 万美元税前目标利润的销售额（单位）

＝（400 000 美元＋300 000 美元）/80 美元＝8 750 单位

使用以下公式可以得出实现特定税前目标利润所需的美元销售额水平：

实现给定的税前目标利润的销售额（美元）

＝（税前目标利润＋总固定成本）/（1－边际贡献率）

风险与利润分析

企业家要想做出有用的利润计划，应当计算在仍将实现利润的情况下，预期销售额可下降的最大百分比。这被称为安全边际（margin of safety），计算如下（单位和美元销售）：

安全边际＝（预期销售额－盈亏平衡销售额）/预期销售额

例如，如果徐博士预计销售 7 000 台，盈亏平衡点为 3 750 台，则安全边际计算如下：

安全边际＝7 000－3 750/7 000＝0.46＝46%

因此，只要实际销售额不低于徐博士所期望的 46%，目标利润就会实现。

比较不同的生产流程

企业家还面临的问题是如何在具有不同固定和可变成本的不同生产流程中做出选择。例如，企业家可能正在考虑两个替代生产过程。第一个固定成本高，单位可变成本低；第二个固定成本低，但每单位可变成本高。采用哪种生产过程是企业家的最佳选择呢？

下面将提供相同利润下的盈亏平衡单位数量公式，可用于帮助评估应采用何种生产流程（称这两个流程分别为 1 和 2）：

两个生产过程产生相同利润（单位）的销售额＝固定成本总额 1－固定成本总额

2/可变成本总额 2—可变成本总额 1

为了解释说明,假设企业家正在考虑的两个生产过程具有以下成本结构:

	流程 1	流程 2
总固定成本(美元)	500 000	2 500 000
单位可变成本(美元)	20	10

假设无论如何选择生产过程,企业家都预计每个单位可以以 30 美元售出。

两个生产过程的盈亏平衡点,分别为流程 1 的 50 000 个单位和流程 2 的 125 000 个单位。因此,由于其固定成本较高,正如预期,生产过程 2 具有更高的盈亏平衡点。

使用之前的公式,我们求出两个生产流程将产生相同利润的单位数量:

两个生产流程产生相同利润的销售额(单位)

＝500 000 美元－2 500 000 美元/10 美元－20 美元＝200 000 单位

生产 20 万台时,两个生产流程的利润都为 1 500 000 美元,如下表所示:

	流程 1	流程 2
销售额(每单位 30 美元)	6 000 000	6 000 000
一可变成本(美元)	4 000 000	2 000 000
一总固定成本(美元)	500 000	2 500 000
＝利润(美元)	1 500 000	1 500 000

给定两个生产流程的盈亏平衡单位数量以及产生相同利润所需的单位数量,表 14.3 为企业家提供了如何选择生产流程的关键信息。

表 14.3 选择两个生产流程的信息

预期销售额(单位)	最佳流程	评 论
50 000 以下	1	这两个生产流程都会造成亏损;流程 1 的亏损较少
50 000	1	流程 1 会盈亏平衡;流程 2 将遭受亏损
50 001—124 999	1	流程 1 会实现利润;流程 2 将遭受亏损
125 000	1	流程 1 会实现利润;流程 2 会盈亏平衡
125 001—199 999	1	这两个生产流程都会实现利润;流程 1 的利润较多
200 000	一样	两个生产流程会实现相同的利润(1 500 000 美元)
200 000 以上	2	这两个生产流程都会实现利润;流程 2 的利润较多

如果预期的销售额是 25 万台,那么流程 2 产生更大的利润,同时也有更大的风险。流程 1 的安全边际为 80％,流程 2 的为 50％,如下所示:

流程 1 的安全边际＝(预期销售额－流程 1 的盈亏平衡销售额)/预期销售额

$$＝250\,000－50\,000/250\,000＝0.80＝80％$$

流程 2 的安全边际＝(预期销售额－流程 2 的盈亏平衡销售额)/预期销售额

$$＝250\,000－125\,000/250\,000＝0.50＝50％$$

因此,单位销售额可以下降多达 80％,公司在流程 1 下仍会实现盈亏平衡;然而,在出现亏损之前,流程 2 下的单位销售额只能下降 50％。最好的流程不仅取决于预期的销售水平,同时取决于实现不同销售水平的可能性。

盈亏平衡和本量利分析的局限性

如本章所述,盈亏平衡和本量利分析是企业家的有用工具。这些工具的优点之一就是它们足够简单。然而,这种简单也限制了其在实践中的有用程度。在某些情况下,通过使用更复杂的技术,再结合基本的盈亏平衡和本量利分析,就可以克服其局限性。两种工具的局限性如下。

成本分类困难

固定成本或可变成本的分类在实际操作中并不简单。成本往往会混杂在一起。也就是说,如果达到特定的产出水平,它们是固定成本,但又会在一定的产出范围内变化。虽然混合成本使分析复杂化,但如果这些成本可以确定和衡量,那么可以对本章介绍的基本模型进行修改,以反映其影响。

估算本量利关系的困难

假设成本可以被适当地分类为固定成本或可变成本,就有必要估计成本与成交量之间的关系。这种关系可以使用被称为回归分析的统计技术来计算。目前,回归分析中通常使用的数据是历史数据。因此,计算出的关系代表过去,并以当时采用的生产技术为基础。显然,如果生产技术发生变化,成本与成交量之间的估计关系就可能并不代表未来的成本关系。

成本和收入的线性假设

本章描述的盈亏平衡和本量利模型,都假设销售价格和可变成本独立于产出水平。更合理的假设是,如果增加销售额,销售价格就必须降低。此外,随着生产接近能力,每个单位的可变成本可能会增加,因为工人将被要求加班,或工厂的运行水平变低效。

上述这一切都说明,总成本与产出之间以及总收入与产出之间的关系将是非线性的。图 14.1 描绘了这两个关系。总成本将随着产出而增加,但增长率不变。总收入也随着产出而增加;然而,它的增加速度将放缓。当成为非线性关系时,如图 14.1 所示,会出现两个盈亏平衡点。线性关系只有一个盈亏平衡点。此外,在线性关系的假设下,给定的相关范围内,公司可以通过销售尽可能多的单位来最大化其利润。相比之下,在非线性关系中,达到某个程度的销售额就会产生最大的利润。

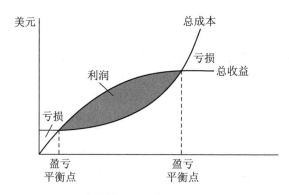

图 14.1 非线性盈亏平衡分析和本量利分析

多产品应用中的困难

本章的例子已经说明了当生产单一产品时,如何进行盈亏平衡分析和本量利分析。实际应用中,当公司有多个产品线时,企业家会关注利润计划。

这就出现了一个问题,要计算每个单位的边际贡献率,必须是针对特定的产品组合。如果销售的实际产品组合与分析中使用的产品组合不同,则基于本量利模型的预期利润与实现的利润之间存在差异。此外,如果实际销售的产品组合与分析中使用的产品组合不同,则盈亏平衡点也将不同。

举例说明,我们考虑某创业公司生产三个产品 X、Y 和 Z。假设企业家已经确定这三个产品的最佳产品组合是 5∶4∶1。也就是说,每出售 10 个单位,其中包括 5 个 X

产品,4 个 Y 产品,1 个 Z 产品。每个产品线的假设销售价格和每单位可变成本如下：

产品	每单位销售价格（美元）	每单位可变成本（美元）	每单位边际利润（美元）
X	10	2	8
Y	20	6	14
Z	30	28	2

与这三种产品相关的固定成本为 490 万美元。

最优产品组合的单位边际利润为各产品每单位边际利润的加权平均值。每个产品的权重取决于企业家决定的产品组合。在该示例中,产品 X 的权重为 50%,产品 Y 的权重为 40%,产品 Z 的权重为 10%。因此,产品组合的单位边际利润为 9.80 美元,如下所示：

产品组合的加权平均边际利润＝8×0.5＋14×0.4＋2×0.10＝9.80(美元)

单位盈亏平衡点为 50 万,如下所示：

盈亏平衡点(单位)＝总固定成本/产品组合的加权平均边际利润
＝4 900 000/9.80＝500 000(单位)

如果出售 70 万台,根据刚刚进行的盈亏平衡分析,公司有利可图。可以通过将每单位的加权平均利润乘以单位数,再减去固定成本,可以确定利润。因此,在这个例子中,销售 70 万台的利润应为 1 960 000 美元(700 000×9.80 美元－4 900 000 美元)。

假设销售了 70 万台,但实际销售的产品组合与企业家分析中假定的产品组合不同。相反,假设销售情况如下:产品 X 为 20 万个,产品 Y 为 10 万个,产品 Z 为 40 万个。可以很容易地看出,这个产品组合造成了 110 万美元的损失,尽管卖出的单位数量超过了计算出的盈亏平衡数。

为克服这一问题,企业家当然可以对每个产品线分别进行盈亏平衡分析和本量利分析。该方法的问题是将所有产品线共享的共同固定费用分配给了每个产品线。

模型的短期性质

盈亏平衡分析和本量利分析被应用于短期利润计划。这种方法的一个缺点是它没有考虑到货币的时间价值,这一概念可以参见第 16 章。也就是说,本章中讨论的工具在工业中经常得到使用,它们不考虑收入和成本的时间问题。例如,当计算 X 单位的盈亏平衡点时,都预先假设它们将在短时间内,而不是在较长时间内出售。

下面看看不考虑收入的时间性会导致怎样的灾难性结果,以洛克希德的三星计划(Lockheed's TriStar program)为例。1971 年,洛克希德请求美国国会批准联邦担保 2.5 亿美元的贷款,以帮助公司完成该计划。洛克希德的管理层认为,三星计划在经济上是良好的。管理层认为,该计划遇到麻烦的原因是公司面临严重的流动性危机。洛克希德估计,该方案的盈亏平衡点在 195 和 205 架飞机之间。不幸的是,在此盈亏平衡分析中,洛克希德没有考虑到收入的时间性质。事实上,一项独立分析估计,如果考虑到收入的时间性质,盈亏平衡点将几乎是洛克希德预估的两倍。[1]

现金流和利润

如第 16 章所述,分析投资经济效益的关键概念是预期的现金流。现金流量等于现金流入减去因投资而预期产生的现金流出。在本章所述的盈亏平衡分析模型中,重点是所有成本,既包括流动成本(日常开支),也包括非流动的非现金支出。折旧是非现金支出的一个示例,它属于总成本的固定成本。

为了克服盈亏平衡分析不能识别现金流的问题,企业家可以确定现金盈亏平衡点。这个信息对企业家非常有用,因为这表明在销售暂时下降期间,即使可能会造成损失,公司的现金仍然可以从经营产生的现金流中得到保障,只要公司在等于或高于现金盈亏平衡点上经营。

现金盈亏平衡点近似于本章前面介绍的盈亏平衡公式中,从总固定成本中减去非现金支出。现金盈亏平衡公式如下:

现金盈亏平衡(单位)=总固定成本-非现金支出/每单位边际利润

现金盈亏平衡(美元)=总固定成本-非现金支出/(1-边际贡献率)

现金盈亏平衡点只是一个近似值。

本章要点

● 企业家的盈利计划和经营决策中必须包含新产品的引进、产量、产品定价和生

[1] 参见 Uwe E. Reinhardt, "Break-Even Analysis for Lockheed's TriStar: An Application of Financial Theory," *Journal of Finance*, September 1973, 821—838。

产过程的选择。

- 盈利计划的关键是了解公司的成本结构。

- 公司的成本可以分为四个功能领域:生产成本(或制造成本)、营销成本、管理成本和融资成本。

- 成本结构受价值主张的影响,一旦选择了成本结构,创始人就必须了解各种类型的成本及其随公司成长会产生的影响。

- 成本结构有两个极端:价值主张为价格低廉,则是成本驱动型结构;价值主张是价值溢价,则为价值驱动型结构。

- 通过理解生产成本的组成,才能预测未来收入和对新产品进行定价。

- 当企业销售多种产品时,管理层必须能够识别与每种产品相关的成本。

- 产品成本有三个组成部分:(1)直接材料成本;(2)直接劳动成本;(3)工厂间接成本。

- 随着企业的成长和新产品的引进,跟踪每个产品成本的难度越来越大,如果操作不当,可能导致新产品的定价不合理。

- 材料成本是购买产品生产材料的成本,包括直接材料成本(通常是材料成本的最大部分)和间接材料成本。

- 直接材料成本是易于追溯到直接产品生产的材料成本。

- 间接材料成本是不能轻易追溯到产品生产的材料成本,作为工厂间接成本的一部分。

- 劳动成本分为直接和间接组成部分,前者是劳动力成本的主要组成部分。

- 工厂间接成本包括产品无法识别的间接成本、间接材料成本和间接劳动成本。

- 作为工厂间接成本一部分的其他间接制造成本是指运营工厂的公用设施、租赁生产工厂的租金、自有生产工厂的折旧以及生产设备的折旧。

- 工厂间接成本分为固定成本、可变成本和混合成本。

- 随着产量的变化,成本也发生改变,这些信息可以用于从生产角度上衡量产品的销售量和产品的可扩展性。

- 可变成本是总成本与数量变化成正比的成本,单位成本在特定的生产范围内保持不变。

- 固定成本是在相关产出范围内保持不变的成本;因此,随着数量的增加,每单位固定成本下降。

- 可变成本和固定成本实际上在不同生产水平上发生变化。

- 混合成本具有可变和固定生产成本的属性,并包括半变动的固定成本和阶梯式成本。

- 尽管在财务报表中没有这样分类,但考虑到规划和决策的目的,成本也可以分为相关和不相关的成本与机会成本。

- 相关成本指的是如果采取了替代方案,预期的未来成本会发生变化,如果活动发生变化甚至取消,该成本可能会随之消除。

- 不相关成本是不受管理决策影响的成本,沉没成本就是一种不相关成本。

- 机会成本是拒绝下一个最佳替代行动方案所附带的好处损失。

- 如果尚处于引进产品开发初期的新产品,企业可能难以获得对其准确的成本估算。

- 由于新产品的成本估算值偏离市场,错误估计价格可能会导致客户要求报价或销售产品价格低于其真实价格,进而导致当前和未来的业务损失。

- 构建原型可以帮助估计生产成本,但这些信息仍有缺陷,原因有二:(1)在建造原型时,可能需要使用定制零件,这与普通生产流程相比增加了生产成本。然而,正常生产往往会使用相同的部件,却可以较低的单位成本购买。(2)随着员工生产新产品的生产力增加,劳动力成本可能会下降。

- 用于估计新技术生产成本的两种技术是:(1)定性技术,旨在通过与市场上类似产品的成本进行比较来估算新产品的成本;(2)定量技术,使用统计技术对相似设计产品的组成部分进行更详细的分解。

- 单位边际利润或单位收益是每单位销售价格与单位可变成本之间的差额。

- 边际贡献率等于每单位边际利润除以销售价格。

- 盈亏平衡点是产生零利润的点。它以单位产量或销售美元来表示。

- 本量利分析(CVP)可以用来估计实现税前目标利润所需的销售额。

- 利润计划中的有用指标是安全边际,这是在公司仍将实现利润的前提下,预期销售额所能下降的最大百分比。

- 利润计划分析可用于选择具有不同固定成本和可变成本的替代生产过程。

- 最常引用的盈亏平衡分析和本量利分析的优点之一是其简单性;然而,这种简单性限制了它们在实践中的有用程度。

- 应用盈亏平衡分析和本量利分析的一个难点是需要将成本分为固定的、可变的或混合的成本。

- 盈亏平衡分析和本量利分析假设销售价格和可变成本独立于产出水平,但事实上总成本与产出之间以及总收入与产出之间的关系更有可能是非线性的。

- 当公司生产多个产品线时,制定盈利计划可能面临的一个问题是每单位边际贡献只能由特定的产品组合确定。

- 盈亏平衡分析和本量利分析的一个潜在弱点是它们无法识别货币的时间价值。

- 为了克服盈亏平衡分析不识别现金流量的问题,分析可以基于现金盈亏平衡点进行。

- 现金盈亏平衡点很重要,因为它提供的信息表明,在销售暂时下降的期间,即使可能会造成损失,只要公司在等于或高于现金盈亏平衡点上经营,公司的现金义务仍然可以通过运营产生的现金流中实现。

延伸阅读

Bouter, Ernst-Jan, *Pricing: The Third Business Skill: Principles of Price Management* (The Netherlands: First-Price BV, 2013).

Gopalkrishnan, Vivekenand, Kim Thi Nhu Quynh, and Wee-Keong Ng, "Regression Models for Estimating Product Life Cycle Cost," *Journal of Intelligent Manufacturing* 20, no.4(2009):401—408.

Gregson, Andrew, *Pricing Strategies for Small Business* (Self-Counsel Press, 2008).

"JD Edwards Enterprise One Applications Product Costing and Manufacturing Accounting Implementation Guide," http://docs. oracle. com/cd/E16582-01/doc. 91/e15130/intro_to_jde_e1_pcma.htm♯EOAPM00370.

"JD Edwards World Product Costing and Manufacturing Accounting Guide," http://docs.oracle.com/cd/E26228_01/doc.93/e21775/ch_ov_prod_cost_mfg_acc.htm♯WEAMA108.

Meehan, Julie, Mike Simonetto, Larry Montan, and Chris Goodin, *Pricing and Profitability Management: A Practical Guide for Business Leaders* (Singapore: John Wiley & Sons, 2011).

15 金融期权

正如第 4 章所述,向创始人和员工授予股票期权和其他期权类型时,必须以税收为目的进行估值。这些期权被称为"金融期权",是一种一般类型的金融工具,后者又称为"金融衍生品"。此外,金融期权的原则已经被用于评估创业公司和资本项目决策(即对资本项目进行估值),这点会在第 18 章讨论。通过观察实际资产或即将被收购的资产的管理灵活性,使用金融期权原理对公司或拟议资本项目进行估值,这种方法被称为实物期权方法(real options approach)。

鉴于评估股票期权计划和实物期权时需要用到金融期权原则,本章将介绍这一基本原则。

金融期权的基本特征

金融期权(financial option)是一种合约,在该合约中,立权人授予买方在规定的时间内(或在指定的日期)以指定价格向立权人购买或出售金融资产的权利,而非义务。立权人也被称为卖方,卖方把这种权利授予买方,以换取一定数量的金钱,即所谓的期权价格(option price)或期权费(option premium)。金融资产的买卖价格称为执行价格(exercise price)或敲定价(strike price)。选择失效的日期称为到期日(expiration date)。

当期权授予买方从立权人(卖方)那里购买金融资产的权利时,它被称为看涨期权(call option,或简称为 call)。当期权买方有权将该金融资产出售给立权人时,该期权被称为看跌期权(put option,或简称为 put)。

期权也可以根据期权买方何时行使期权来进行分类。这被称为期权的行使方式。

两种最常见的分类风格是美式和欧式。美式期权（American option）可以在到期日（含到期日当天）之前的任何时候行使。欧式期权（European option）只能在到期日当天行使。请注意，将风格标记为美式或欧式是任意为之，与相关期权的地理位置无关。[①]

例如，假设投资者以 3 美元（期权价格）购买看涨期权，相关条款如下：(1) 标的是 XYZ 公司普通股的一个份额；(2) 执行价格是 100 美元；(3) 到期日是即日起的三个月；(4) 期权可以在到期日之前（含到期日）的任何时间行使（即美式期权）。

在到期日（包括到期日）之前的任意时间，投资者可以从立权人那里购买一股 XYZ 股票，投资者将为此支付 100 美元的价格。如果投资者行使期权时无法使自身受益，他就不会行使这一权利，我们很快会解释投资者如何决定在何时行使期权以使自己受益。无论投资者是否行使期权，由投资者支付的 3 美元的期权费将由立权人保留。如果投资者购买看跌期权而不是看涨期权，则投资者将能够以 100 美元的价格向立权人出售一股 XYZ 股票。

期权买方可能产生的最大损失是期权价格。立权人可以实现的最大利润是期权价格。期权买方具有较大的上行潜力，而立权人将面临较大的下行风险。期权头寸的风险／回报关系将在本章后面讨论。务必注意，期权的买方享有权利，而非义务。

期权的风险和回报特征

下面说明两个基本期权即买入看涨期权和买入看跌期权购买头寸的风险和回报特征。假定每个期权头寸都持有至到期，而不是提前行权。

买入看涨期权

为了说明买入看涨期权的财务状况，假设 XYZ 股票的看涨期权在一个月内到期，执行价格为 100 美元。期权价格为 3 美元。假设 XYZ 股票的当前价格是 100 美元。策略的利润和损失取决于到期日当天的股票价格。可能产生如下结果：

(1) 如果到期日的股票价格低于 100 美元，那么投资者将不会行使期权。当股票可以较低的价格在市场上购买时，支付给立权人 100 美元是不明智的。在这种情况

---

① 这两种行权风格还产生了变种。一个期权可以创建一个行权风格，例如可以在指定的几个日期以及期权的到期日执行期权。这些期权被称为受限期权（limited exercise options）、百慕大期权（Bermuda options）和大西洋期权（Atlantic options）。

下,期权买方失去了 3 美元的全部期权价格。但是请注意,无论股票价格下跌多少,期权买家都意识到这是其遭受的最大损失。

(2) 如果到期日的股票价格等于 100 美元,则期权买方在行使期权时依然无法获得经济价值。正如在价格低于 100 美元的情况下,看涨期权的买方将损失整个期权价格 3 美元。

(3) 如果到期日的股票价格超过 100 美元但低于 103 美元,则期权买方行使期权。通过行使期权,买方可以购买 100 美元的股票(行权价格),并在市场上以较高的市场价格卖出。例如,假设股票在到期日的价格是 102 美元。看涨期权的买方通过行使期权将实现 2 美元的收益。当然,购买看涨期权的成本是 3 美元,所以这个头寸会损失 1 美元。但如果不行使期权,期权买家将损失 3 美元,而不是 1 美元。

(4) 如果到期日的股票价格等于 103 美元,则投资者行使该期权。在这种情况下,期权买家盈亏平衡,实现了 3 美元的收益,抵消了购买期权的成本 3 美元。

(5) 如果到期日的股票价格超过 103 美元,投资者将行使期权并获得利润。例如,如果价格是 113 美元,则行使该期权会产生 13 美元的利润。因期权的成本(3 美元)而减少了这种收益,期权买家从这个头寸中实现净利润 10 美元。

图 15.1 以图形方式说明了上述讨论结果。即使盈亏平衡点和损失取决于期权价格和执行价格,图 15.1 所示的配置也适用于所有看涨期权的买家。图形表明最大的损失是期权价格,且利润有很大的上涨空间。

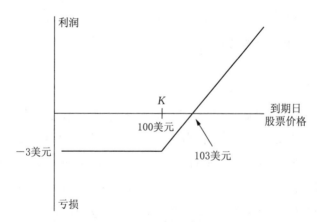

其中,K＝执行价格＝100 美元
期权价格＝3 美元(最大损失)
盈亏平衡股价＝103 美元

图 15.1　到期日时长期持仓看涨期权的利润/损失关系

买入看跌期权

为了说明买入看跌期权的财务状况,假定 XYZ 股票的看跌期权在一个月内到期,执行价格为 100 美元。假设卖出期权的价格是 2 美元。当前股票价格是 100 美元。在到期日这个头寸的利润或亏损取决于 XYZ 股票的市场价格。可能产生以下结果:

（1）如果股票价格大于 100 美元,买方选择不行使期权,因为行权意味着以低于市场价格的价格向立权人出售 XYZ 股票。买入看跌期权导致损失 2 美元（期权价格）。期权价格在此仍然代表看跌期权买方的最大损失。

（2）如果到期时的股票价格等于 100 美元,则不行使期权,因此,买方的损失等于期权价格 2 美元。

（3）任何低于 100 美元但高于 98 美元的股票价格都会导致亏损。然而,行使看跌期权将损失限制在低于期权价格的 2 美元。例如,假定到期日期的价格是 99 美元。通过行使权,期权买方只需面临 1 美元的损失,因为看跌期权的买方可以 99 美元的价格将股票以 100 美元的价格卖给卖方,从而实现 1 美元的收益。扣除期权费 2 美元后,只有 1 美元的损失。

（4）当到期日股票价格为 98 美元时,买方实现盈亏平衡,通过以 100 美元的价格将该股票卖给期权卖方,实现了 2 美元的收益,抵消了期权的成本（2 美元）。

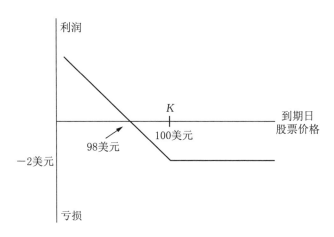

其中,K＝执行价格＝100 美元
期权价格＝2 美元（最大损失）
盈亏平衡股价＝98 美元

图 15.2　到期日时长期持仓看跌期权的利润/损失关系

（5）如果股票在到期日的价格低于 98 美元,买方会通过行使期权实现利润。例如,假设价格在到期时降至 80 美元。那么,买家实现 18 美元的利润:行使看跌期权获得 20 美元利润,再减去 2 美元期权价格。

长期持仓头寸的盈亏情况如图 15.2 所示。与所有多头头寸一样,损失止于期权价格。然而,利润潜力是巨大的:如果 XYZ 的价格降到零,则产生理论上的最大利润。

期权价格的基本组成部分

期权价格反映期权的内在价值以及任何超出其内在价值的额外金额。超出内在价值的溢价通常被称为时间价值(time value)或时间溢价(time premium)。前者更常见;我们使用时间溢价来区分货币的时间价值和期权的时间价值。

内在价值

期权的内在价值(intrinsic value)是如果立即行使期权将产生的经济价值。如果立即行权不产生正向的经济价值,则内在价值为零。

看涨期权的内在价值是标的资产的当前价格与正向执行价格之间的差额;否则,内在价值为零。例如,如果看涨期权的执行价格是 100 美元,而当前的资产价格是 105 美元,则内在价值是 5 美元。也就是说,行使期权的买方将通过出售资产获得 105 美元,这一数额又是从立权人处购买 100 美元的资产来获得,从而获得 5 美元的收益。

具有内在价值的期权被认为是实值期权(in the money)。当看涨期权的执行价格超过当前的资产价格时,看涨期权被认为是虚值期权(out of the money),它没有内在价值。执行价格等于当前资产价格的期权被认为是平值期权(at the money)。平值期权和虚值期权的内在价值都是零,行权无法产生利润。执行价格为 100 美元的看涨期权可能成为:(1)实值期权,如果当前资产价格高于 100 美元;(2)虚值期权,如果当前资产价格低于 100 美元;(3)平值期权,如果当前资产价格等于 100 美元。

对于看跌期权,其内在价值等于当前资产价格低于执行价格的金额。例如,如果看跌期权的执行价格是 100 美元,而当前的资产价格是 92 美元,则内在价值是 8 美元。也就是说,买方可以行使看跌期权,并出售标的资产,获得净值 8 美元。该资产以 100 美元的价格出售给立权人,并以 92 美元的价格在市场上购买。对于执行价格为 100 美元的看跌期权,期权可以是:(1)实值期权,如果资产价格低于 100 美元;(2)虚值期权,如果资产价格超过执行价格;(3)平值期权,如果执行价格等于资产价格。

时间溢价

期权的时间溢价是期权价格超过其内在价值的金额。期权买方希望在到期之前的某个时间,标的资产市场价格的变化能够使所持期权增值。出于这一目的,期权买家愿意支付高于期权内在价值的溢价。例如,如果当前资产价格为 105 美元,执行价格为 100 美元的看涨期权的价格为 9 美元,则此期权的时间溢价为 4 美元(9 美元减去其内在价值 5 美元)。目前的资产价格是 90 美元,而不是 105 美元,这意味着这个期权的时间溢价将是全部的 9 美元,因为期权没有内在价值。显然,在其他条件相同的情况下,期权的时间溢价会随着剩余的到期时间而增加。

影响期权价格的因素

六个因素影响期权价格:(1)标的资产的当前价格;(2)执行价格;(3)期权到期时间;(4)标的金融资产的预期价格波动;(5)期权期限内的短期无风险利率;(6)期权期限内标的资产的预期现金支付。

各个因素具体如何影响,这取决于期权是看涨期权还是看跌期权,以及期权是美式期权还是欧式期权。表 15.1 列出了各个因素对看跌期权和看涨期权价格的影响。

表 15.1 影响期权价格的因素总结

因　　素	因素上升带来的影响	
	看涨期权	看跌期权
标的金融资产的当前价格	上升	下降
执行价格	下降	上升
剩余到期日	上升	上升
预期价格波动	上升	上升
短期利率	上升	下降
预期现金支付	下降	上升

标的金融资产的当前价格

期权价格随标的金融资产价格的变化而变化。对于看涨期权,随着标的金融资产价格上涨(所有其他因素不变,尤其是执行价格),期权价格上涨。相反,对于看跌期权,随着标的金融资产价格的上涨,看跌期权的价格也会下降。

执行（敲定）价格

执行价格在期权的期限内是固定的。若其他因素相同,执行价格越低,看涨期权的价格越高。对于看跌期权,执行价格越高,看跌期权的价格也越高。

期权到期的时间

期权是一种"浪费的资产"。也就是说,在到期日之后,该期权没有价值。若其他因素相同,期权到期的时间越长,期权价格越高,因为随着到期时间的减少,标的金融资产价格上涨(对于看涨期权的买方)或下跌(对于看跌期权的买方)的时间也随之减少,而这一价格能够影响时间溢价,因此,价格走势有利于买方的可能性也下降。所以,对于美式期权,随着到期时间的减少,期权价格愈发接近其内在价值。

标的金融资产在期权期内的预期价格波动

若其他因素相同,标的金融资产的预期价格波动越大,投资者愿意为期权支付的价格越多,而立权人也会提出更多的要求。波动率越大,标的金融资产的价格将在到期前某个时间变得有利于期权买方的可能性越大。为估测波动率,可以使用标的金融资产价格的标准差(或方差)。

期权期限内的短期无风险利率

通过购买标的金融资产,投资者将资金捆绑在一起。在相同数量的标的金融资产上购买期权,这会使金融资产价格和用于(至少)无风险利率投资的期权价格之间存在差异。因此,若其他因素保持不变,短期无风险利率越高,买入标的金融资产的成本就越高,这将一直延续到看涨期权的到期日。因此,短期无风险利率越高,相对于直接购买标的金融资产,看涨期权的吸引力越大。因此,短期无风险利率越高,看涨期权的价格就越高。

期权期限内标的资产的预期现金支付

　　若对标的金融资产进行现金支付,往往操作上倾向于降低看涨期权的价格,因为现金支付使其持有标的金融资产更具吸引力,而不是持有期权。对于看跌期权,对标的金融资产进行现金支付意味着更倾向于提高其价格。

确定期权价值: 定价模型

　　了解了影响期权价值的因素,下一步是确定期权的理论价值。期权价格的理论边界条件可以使用套利理论来导出。也就是说,期权价格与标的资产价格以及执行价格之间必有关系。例如,使用套利理论,可以证明美式看涨期权的最低价格是其内在价值。即,

看涨期权价格≥Max(0,资产价格－执行价格)

该表述表示,看涨期权价格将大于或等于标的资产价格与执行价格(内在价值)或零(以较高者为准)之间的差额。

　　运用套利理论以及关于资产现金分配的某些假设,可以"收紧"边界条件。极端情况是一种期权定价模型,该模型使用一组假设来推导出单一的理论价格而非价格范围。推导理论期权价格是很复杂的,因为它取决于标的资产在期权有效期内的期望价格波动。

　　由费希尔·布莱克(Fischer Black)和迈伦·斯科尔斯(Myron Scholes)开发的模型为期权定价模型研究实现了突破,业界将之称为布莱克—斯科尔斯期权定价模型(Black-Scholes option pricing model)①。还有两种方法可以用于定价金融期权:网格模型(二项模型的一种特殊情况)和蒙特卡洛模拟方法(Monte Carlo simulation method)。这两种方法比布莱克—斯科尔斯模型更容易应用于实物期权的估值,后者将在第18章中介绍。

布莱克—斯科尔斯期权定价模型

　　布莱克—斯科尔斯期权定价模型最初是为普通股的看涨期权定价而开发的。模

---

① Fischer Black and Myron Scholes,"The Pricing of Corporate Liabilities," *Journal of Political Economy*,May/June 1973,637—659.

型中输入的是上文描述的影响期权价格的一些因素。该模型的假设如下：

- 假设1：看涨期权是无分红普通股的欧式看涨期权。

- 假设2：标的普通股的回报分配遵循对数正态分布。

- 假设3：股票价格通过扩散过程产生，这意味着股票价格可以取任何正值，但当它从一个价格变化到另一个价格时，必须承担所有的价值变动。也就是说，股票价格不会从一个股票价格跳到另一个股票价格，却跳过临时价格。

- 假设4：股票收益的波动是衡量波动性的适当指标。它符合两个标准：(a)在期权期限内是恒定的，(b)是确定的。

- 假设5：短期借款利率和贷款利率相同，短期利率在期权期限内保持不变。

- 假设6：没有必须要考虑的交易成本或税收。

牢记这些假设至关重要，因为这个模型经常被应用于其他类型的金融资产或实物资产，而这些假设不是总能被保证，最终就会导致期权价格不可靠。多年来对布莱克—斯科尔斯期权定价模型进行的一系列扩展试图通过放宽一个或多个上述假设来修改模型。

根据这些假设，无分红普通股的欧式看涨期权的公允价值为：

$$C = SN(d_1) - Xe^{-rt}N(d_2)$$

其中，

$$d_1 = \frac{\ln\left(\frac{S}{X}\right) + (r + 0.5s^2)t}{s\sqrt{t}}$$

$$d_2 = d_1 - s\sqrt{t}$$

C＝欧式看涨期权价格；

S＝当前股价；

X＝执行价格；

r＝期权有效期内的短期无风险利率；

t＝离到期日的剩余时间（以年计）；

s＝股票回报率的标准差；

e＝自然对数的底数；

$\ln$＝自然对数；

$N(\cdot)=$ 累积概率密度(其值从正态分布函数得出,大多数统计课本上可查到)。

注意,除了股票收益的标准差 s 以外,所有输入应用公式的因素都是已知的。

公式可以解释如下。[1](在第 16 章中,我们将解释货币的时间价值这一概念,以及未来价值的现值的含义。)公式表明期权价格是代表两个现值的期望的差。$SN(d_1)$ 是在到期日行使期权时拥有股票的期望现值。期望值是使用由 $N(d_1)$ 给出的概率获得的。$Xe^{-rr}N(d_2)$ 是在到期日支付执行价格的预期现值,其中 $N(d_2)$ 是行使期权的概率。因此,该公式指出,看涨期权的价值是买方期望通过在期权到期日接收股票而获得的收益,该收益取决于在到期日支付的期权执行价格。

可以使用软件计算期权价格,我们在此不详述模型的应用程序。相反,我们只讨论欧式看涨期权的期权价格,现价为 66 美元,执行价格为 70 美元,短期利率为 3%。表 15.2 列出了四种不同期限(3 个月、6 个月、1 年和 18 个月)和三个不同标准差(20%、25% 和 30%)的期权价格。[2]

表 15.2　布莱克—斯科尔斯期权定价模型计算下的欧式看涨期权价格

单位:美元

股票收益率的 假设标准差 s	剩余到期日(以一年的百分数表示)t			
	0.25(3 个月)	0.50(6 个月)	1.00(1 年)	1.5(18 个月)
20%	1.31	2.51	4.42	6.03
25%	1.92	3.42	5.74	7.63
30%	2.55	4.34	7.06	9.23

注:输入因素:S=股票现价=66.00 美元,X=执行价格=70.00 美元,r=期权有效期内的短期无风险利率=3.00%。表格中的数据采用 Money-Zine Black-Scholes Calculator 软件进行计算(http://www.money-zine.com/calculators/investment-calculators/black-scholes-calculator)。

需要强调的是,布莱克—期科尔斯期权定价模型仅适用于无分红股票的欧式看涨期权。目前这个模型有所扩展,但是仍然有不适用的情况,例如不适用于评估实物期权,具体见第 18 章。

一旦看涨期权的价格已知,则可计算相同执行价格和相同到期日的看跌期权的

---

① Lars Tyge Nielsen, "Understanding N(d1) and N(d2): Risk-Adjusted Probabilities in the Black-Scholes Model," *Finance* 14(1993):95—106.

② 参见 http://www.money-zine.com/calculators/investment-calculators/black-scholes-calculator。

价格。这可以通过计算看涨期权的价格和相应看跌期权的价格之间的关系来完成。欧式非股息普通股的选择关系如下：

看跌期权价格－看涨期权价格＝执行价格的现值－标的股票的价格

这种关系被称为期权的平价关系。表 15.3 显示了看涨期权对应的看跌期权价格，其看涨期权的价格见表 15.2。

表 15.3　看跌—看涨关系计算下的欧式看跌期价格　　　　单位：美元

股票收益率的假设标准差 s	剩余到期日（以一年的百分数表示）			
	0.25(3 个月)	0.50(6 个月)	1.00(1 年)	1.5(18 个月)
20%	4.79	5.46	6.63	6.95
25%	5.39	6.38	7.67	8.55
30%	6.02	7.03	8.99	10.15

注：输入因素：S＝股票现价＝66.00 美元，X＝执行价格＝70.00 美元，r＝期权有效期内的短期无风险利率＝3.00%。表格中的数据采用 Money-Zine Black-Scholes Calculator 软件进行计算（http://www.money-zine.com/calculators/investment-calculators/black-scholes-calculator）。

超越简单的金融期权

我们刚刚介绍了一种基本的金融期权。金融市场上有许多更复杂的产品，它们常被称为奇异期权（exotic options）。下面来介绍应用实物期权方法时一些更为复杂的期权。在这里，我们将讨论应对实物期权中遇到的三种类型：复合期权（compound option）、彩虹期权（rainbow option）和障碍期权（barrier option）。

复合期权

复合期权为期权买方提供了购买其他期权的期权。例如，考虑复合看涨期权的买家，他有权在未来某个时间购买看跌期权。[①]这种复合期权赋予期权买方权利而非义务，要求复合期权的立权人在未来某个日期向买方出售看跌期权。复合期权的处理涉及以下概念：

---

① 允许期权买家购买看跌期权的期权被称为看跌期权的看涨期权（callonput）。看涨期权的看涨期权（calloncall）则授予期权买方购买看涨期权的权利。

（1）延期日期（extension date），复合期权的买方可以要求卖方卖出期权或者使期权到期的日子。

（2）通知日期（notification date），买方从卖方处知晓看跌期权的执行价格和到期日的日子。

买方为购买复合期权做出的付款被称为前期费用（front fee）。如果买方为了获得看跌期权而行使看涨期权，则向立权人进行第二次支付。这笔款项被称为后期费用（back fee）。

当复合期权涉及解决产品市场或私人的不确定性时，如生产新技术的成本或可行性，这就是所谓的学习期权（learning option）。

彩虹期权

简单的期权存在一个不确定性来源。例如，在前面描述的简单金融期权中，不确定性的来源是标的资产的未来价格。彩虹期权则有不止一种不确定性来源。例如，在实物期权的情况下，不确定性可以是产品可能被出售的价格和期权的行使时间。在实物期权的情况下，一些期权实际上是复合彩虹期权。[①]

障碍期权

在某些情况下，期权的价值取决于标的资产是否在期权有效期内突破了预定的水平（即执行价格）。具有此特点的期权被称为障碍期权。障碍期权有两种类型：敲出期权（knock-out option）和敲入期权（knock-in option）。如果在期权有效期的任一时间标的资产的价格没有突破障碍水平（执行价格），那么在分离期权的情况下，期权将失去价值；而在敲入期权的情况下，期权在标的资产价格突破障碍水平（执行价格）之后才产生价值。

当我们说标的资产突破了障碍水平时，这可能意味着标的资产价格超过或低于障碍水平。术语"向上"是指标的资产价格必须超过障碍水平，而"向下"一词则意味着标的资产价格必须低于障碍水平。被认为是"向上敲入"（up and in）的期权是一种敲入期权，其中标的资产价格必须超过障碍水平，而"向下敲入"（down and in）期权是

---

① Thomas E.Copeland and Vladimir Antikarov, *Real Options：A Practitioner's Guide*(New York：Texere Publishing，2001).

标的资产价格必须低于障碍水平的敲入期权。同样,"向上敲出"(up and out)和"向下敲出"(down and out)必须是敲出期权,标的资产价格必须分别高于或低于执行价格。

本章要点

- 授予创始人和员工的股票期权或其他期权类型的奖励是金融期权,必须出于税务目的进行估价(基于美国税法第 409a 条)。
- 对金融期权估值的原则也被用于对创业公司的评估和管理层对资本项目的评估。
- 公司估值或拟议资本项目的实物期权估值方法,是通过观察现有实际资产或拟收购实际资产提供的管理灵活性,并运用金融期权估值的原则来实现的。
- 金融期权是一种合约,即立权人(卖方)授予买方在指定的期限内(或在指定日期)以指定价格向立权人购买或出售金融资产的权利(而不是义务)。
- 立权人授予期权买方购买或出售金融资产以换取期权价格或期权溢价的权利。
- 执行价格(或敲定价格)是指金融资产可以被买卖的价格,到期日是指期权失效的日期。
- 看涨期权授予买方购买金融资产的权利;看跌期权授予买方将该金融资产出售给立权人的权利。
- 期权的行使方式规定了期权买方可以行使期权的时间:美式期权可以在到期日之前(包括到期日当天)的任何时间行使,欧式期权仅在到期日当天行使。
- 期权买方可能面临的最大损失是期权价格,但潜在的回报潜力很大。
- 期权价格反映了期权的内在价值和任何超过其内在价值的额外金额。
- 期权的时间价值或时间溢价是超出其内在价值的期权价格的金额。
- 期权的内在价值是期权立即行权时的经济价值;如果立即行权没有产生正向的经济价值,则内在价值为零。
- 看涨期权的内在价值是标的资产的当前价格与正向的执行价格之间的差额;否则为零。
- 平值期权没有内在价值;虚值期权也没有内在价值。
- 影响期权价格的六个因素是:(1)标的资产的当前价格;(2)执行价格;(3)期权

到期时间;(4)期权期限内标的资产的预期价格波动;(5)期权期限内的短期无风险利率;(6)期权期限内标的资产的预期现金支付。

- 若其他因素相同,标的金融资产的预期价格波动越大,投资者愿意为期权支付的价格越高,立权人就会提出更高的要求。
- 如果已经知道影响期权价值的因素,则可以使用套利理论来推导其理论边界。
- 期权定价模型是使用一组假设来推导出单一的理论价格而非价格范围。
- 在实践中往往会使用不同的期权定价模型,其中最受欢迎的定价模型是布莱克—斯科尔斯期权定价模型。
- 金融市场有多种复杂的期权,被称为"奇异期权"。
- 实物期权有三种类型:复合期权、彩虹期权和障碍期权。
- 复合期权为期权买方提供购买其他期权的期权。
- 彩虹期权拥有不止一个的不确定性来源。
- 对于障碍期权,期权的价值取决于标的资产是否在期权期限的某个时间突破了预定的障碍水平(执行价格)。
- 障碍期权有两种类型:敲出期权、敲入期权。

延伸阅读

Clarke, Roger G., Harindra de Silva, and Steven Thorley, *Fundamentals of Futures and Options* (Charlottesville, VA: Research Foundation of the CFA Institute, 2013), chaps. 1 and 6.

Hull, John C., *Options, Futures, and Other Derivatives*, 9th ed. (Upper Saddle River, NJ: Prentice Hall, 2014), chaps. 1, 10, and 15.

Whaley, Robert E., *Derivatives: Markets, Valuation, and Risk Management* (Hoboken, NJ: John Wiley & Sons, 2006), chaps. 6—8.

16 私人公司的估值方法[*]

　　在上市公司的估值中，投资者会采用业界知名的模型来评估股票价格是否公允地反映了企业的经济价值。该投资者将判断价格相对于市场价格是公允、低还是高。相比之下，例如天使投资者或风险投资者在考虑投资私人公司时，或者投资银行家想要让一家私人公司上市时，面临的估值任务是非常复杂和具有挑战性的。面临的挑战是选择合适的价值标准，调整用于估值的财务报告信息，以及选择适当的估值模型和计算实施该模型所需的输入因素。还有一些复杂性是由于私人公司缺乏流动性，投资者必须对这些估值进行调整。关于这些流动性折扣的大小，有相当多的争论。

　　私人公司的估值不仅仅是为了从潜在股权投资者处获得资金、确定首次公开募股（IPO）或被收购的售价。在第4章中，我们解释了如何根据《美国税法》409a条来确定提供给创始人和员工的股票奖励或期权的价值，以减轻不利税收后果的风险（即延期缴税）。创始人需要估价以确定需支付给离开公司的创始团队成员的赎买价格。在涉及创始合伙人的离婚决议中，需要估价才能确定婚姻财产的价值。对于遗产税，创始团队成员过世之后将对其遗产进行估值。

　　本章将介绍一家私人公司的估值方法以及这样做随之而来的问题。我们首先讨论上市和私人公司之间的差异及其影响，然后讨论可以使用的不同估值方法，以及根据公司的业务发展阶段，它们应该在何时被使用。通常情况下，最困难的估值要数尚

＊　本章内容与 Axiom Valuation Solutions 的斯坦利·杰伊·费尔德曼（Stanley Jay Feldman）博士共同完成。

处早期阶段、未盈利的公司。业界人士（天使投资者和风险投资者）如何对未盈利公司进行估值的不同方法在本章中也有介绍。

私人公司和上市公司的估值比较

私人公司和上市公司有两大差异。一是私人公司主要区别于上市公司的地方在于其证券不能在交易所交易。因为私人公司的基础证券——比如说普通股——不能常规交易，在任何时候，即使是企业所有者都不大清楚其所有权的价值。二是私人公司的管理层和所有者之间通常没有或只有很小的差别（即是一家紧密控制的公司）。因此，所有者对公司的管理不必以任何方式向董事会汇报，可以直接做出他们认为合适的决定。一般来说，所有者也不需要与少数（即非控制）股东交流这些决定。

私人公司和上市公司的这两大差异对前者估值产生三大影响。第一，在私人公司的估值中，假设有一笔假想的交易，交易的特征是买方和卖方充分了解公司风险和收益的性质。

第二，这笔假设的交易并没有发生在有组织的交易市场中，根据定义，买卖双方的数量有限，导致缺乏流动性。因此，在估算私人公司证券的价值时，投资者必须考虑适用于缺乏可销售性或流动性的合适折扣价格。

第三，虽然缺乏可销售性或流动性降低了私人公司的价值，但从所有者的角度来看，一家私人公司的所有权可能会带来确定的溢价。这是因为通常来说，所有权没有被广泛分散，使得所有权的价值总是比少数股东持有的股份多。一般来说，公司中的少数股份即少于50%的所有权。控制权能给公司所有者带来进一步的利益，这样的股东对于少数股东所持有的股份而言会有价值溢价。这部分价值的差异通常被称为控制权溢价（control premium）——控制权价值除以少数股东价值——或少数折扣（1－少数价值/控制权价值）。

价值标准

除去一些例外，适用于私人公司估值的价值标准就是公允市场价值（fair market value，简称为FMV）。美国国税局（IRS）以下列方式定义FMV：

　　　　FMV 是有意愿的买家和有意愿的卖家之间愿意交换财产的价格,并且是在买家没有被强制购买,卖家也不受任何强制,双方都对相关的事实有合理的认知的情况之下产生。法庭的决定通常如此陈述,假想的买方和卖方被认为是能够、愿意交易并充分了解与该财产有关市场的信息。①

　　"公允价值"(fair value)和"公允市场价值"两词通常可互换使用。IRS 往往使用"公允市场价值",财务会计机构如财务会计准则委员会(FASB)等使用"公允价值"一词。FASB 更喜欢使用"公允价值"的原因是 FMV 与税收背景下开发的大量案例法相关联。此外,FASB 制定了一个定义公允价值的具体标准,与 FMV 相反,在大多数实际应用中,标准之间的差异并不重要。我们在这一章的重点是对于公司的估值,因此我们将使用 FASB 的使用惯例,用"公允价值"代表公允市场价值。

　　公允价值的概念基于两个不相关的关联方之间的交易中,一方(买方)向另一方(卖方)支付物品的价格。这是以交换为基础的概念,双方进行有秩序的交换。(当交易特征不是有序的交换时,将使用稍后描述的另一个价值标准。)私人公司的金融证券交易通常会给定一个假想的时间点,称为估值日期(valuation date)。价格是这种假想交换的结果,因此本身就是假想的价格,被称为退出价格(exit price)——买方愿意支付且卖家愿意接受的价格。退出价格是基于交易所双方通过现有交易工具进行估计的价格信息得到的。这些信息包括当前和预期的经济状况、公司经营的行业部门,以及一系列风险因素,它们都将被用于评估公司的风险状况。其中的一个风险因素,是公司必须支付以吸引投资者的适当资本成本,具体将在本章后面描述。资本成本反映了公司业务和财务的风险。

　　公司具体风险定价的观点包括已经比较成熟的(但未经证实的)金融理论,称为资本市场理论。根据这个理论,投资者持有多样化的投资组合,在构建最佳投资组合时,多元化的选择将消除单一公司的个体风险。但是,如果一家私营企业的投资者不采取多样化投资,情况就并非如此,所以这些投资者要求风险溢价补偿,以反映公司个体的风险。

其他价值标准

　　还存在公允价值以外的价值标准。它们是:

---

① 　IRS Revenue Ruling 59—60(1959,p.CB237)。

- 有序清算价值；
- 内在价值；
- 投资价值或战略价值。

清算价值(liquidation value)是卖方在合理的时间内和有序的市场上被迫处置物品时可能获得的价格。"有序"表示卖方在定义的某一段时间内,保留从市场上收回物品的权利,以确定是否可以从其他市场参与者手中获得更高的价格。

内在价值(intrinsic value)体现了货币价值和个人偏好价值两个方面。例如,10年前破产的公司股票凭证,不再是合法的存在。证券可能几乎没有货币价值。但是,对于家庭成员中的公司继承人来说,这可能是有价值的,或者对于在法律诉讼早期阶段的破产律师而言,也是有价值的。在这种情况下,证券没有货币价值,但对于感兴趣的一方具有内在价值。

投资价值(investment value),也被称为战略价值(strategic value),是在独立的基础上,超出公司公允价值的价值标准。这是在收购公司时产生的超额价值,由于买方(即收购方)认为,若其业务与正在寻求收购公司的业务相结合,买方能够通过收购实现协同效应,否则就不可能进行收购。因此,投资价值也被称为战略价值。收购产生的潜在协同效应是指超过以市场为基础的协同效应,作为公允价值的一部分,比如买家提高生产率或与关键供应商谈判降低成本。一个以非市场为基础的协同效应也可以产生超出收购公司的公允价值,例如,当收购方对所购企业的产品和服务有独特的分配销售网络,边际成本降低,从而给予收购方获得更大单位利润的可能性。战略价值通常为公司管理层所用,比如谷歌、雅虎和脸书等公司,以证明支付超过其所收购公司公允价值的价格是合理的。

评估方法

介绍两种估值方法:(1)公司的价值,被称为企业价值(enterprise value);(2)从其普通股股东的角度看到的公司的价值(为更好说明,本章简化了股权结构,假设只存在普通股股东),这被称为其权益价值(equity value)。这里还会介绍一些估值私人公司的方法。基本上,这些方法适合以下四种估值模式之一:

- 基于资产的方法(成本法);
- 收入方法(贴现现金流量法);

- 市场方法(可比较方法);
- 基于期权的方法。

我们在以下各部分中将描述这些方法。

基于资产的方法

基于资产的方法(asset-based method)需要确定资产负债表上每一个有形资产和无形资产的公允价值(不包括商誉)。确定资产的公允价值的总和减去流动负债的公允价值(不包括短期债务)就得到了公司的企业公允价值。正如第 9 章所述,商誉是无形资产。当基于资产进行估值时,商誉被排除在外,因为基于资产的方法假定所有价值都被分配给可识别的资产。鉴于估计无形资产很困难,当公司资产主要由有形资产和具体可识别的无形资产(如专利和商标)构成时,使用以资产为基础的估值方法。

基于资产的方法有一基本原则,即每个确定的资产都有一个独立价值。例如,一辆有 40 000 英里行驶里程的卡车将远低于新的同款卡车的价格。对于各种有形资产,二手市场都很活跃。专利也是如此,在一定程度上商标也是如此。在没有二手价格信息的情况下,往往通过计算在当前状态下复制资产的成本来确定价值。在这些情况下,新资产的价格是先计算服务年限和技术淘汰等其他因素而产生的折旧,再给资产价值做减法最后获得。

根据美国注册会计师协会(AICPA)的资料,基于资产的估值方法(使用资产的重置成本)主要适用于分类为第 1 章表 1.1 中第一阶段企业和第二阶段部分企业的估值。[1]使用基于资产的方法是因为公司用收入和市场方法估值的信息有限,这些公司没有财务历史,所以很难做出任何预测,或者公司在估值阶段尽管尚未生产产品,但可能会有专利申请。公司通过第二阶段后,通常就不会使用基于资产的方法了。原因是基于资产的方法假定该公司是资产的集合,且没有产生任何商誉。因为大多数公司一旦超出了第二阶段,假定具有可持续性,应该就是持续经营并建立起来的,就会产生商誉。相比之下,当公司处于早期阶段并且只有种子资本时,适合采用基于资

---

[1] American Institute of Certified Public Accountants, *Valuation of Privately-Held-Company Equity Securities Issued as Compensation: Accounting and Valuation Guide* (New York: AICPA, 2013).

产的方法来估值。

收入法

收入法(income method)涉及三个重要的财务概念：(1)未来价值贴现值；(2)自由现金流；(3)资本成本。收入方法具体包括以下三个步骤：

- 步骤1：预测每年公司的自由现金流。
- 步骤2：确定每年预计自由现金流的贴现值。
- 步骤3：将每年预计自由现金流的贴现值合计，来获得估值日期的公司估值。

请注意，虽然这种估值方法被称为"收入"方法，但在该过程中使用的是自由现金流量，而不是税后净收入。还有一些方法也叫收入法，但是通过使用不同形式的调整后收入来预测现金流量，这里描述的方法是最常用的方法，称作贴现现金流法(discounted cash flow method)或DCF法(DCF method)。

根据AICPA，收入法通常用于评估后期公司(即第三至第六阶段的公司)，而不是早期阶段的公司。原因是后期阶段的企业更可能有一些财务历史数据，在此基础上可以预测未来的业绩。虽然第三阶段的公司几乎没有收入，但它们通常已经证明了其产品的概念。第三阶段之后的公司拥有收入和客户基础，并有能力扩大其市场的业务。第六阶段的公司已经建立了自己的财务历史数据。

自由现金流

DCF法的基本原理是估值，无论是全部的公司(企业价值)、权益所有者(权益估值)，甚至公司考虑的项目估值(如资本预算的情况，将会在下一个章节描述)，都应以预期从任何投资收到的现金流量为基础。使用DCF法的估值需要确定这些预期现金的总和，将其流量进行调整，以反映未来期间将收到的现金流量。所以，权益估值需要预测从普通股股东处收到的现金流量，而企业估值则需要预计公司将收到的现金流量，不仅包括将从普通股股东处收到的现金，也包括将从债权人处收到的现金。

各种关于估值的文献都会涉及衡量一家公司现金流的几种方法。我们在前几章已经讨论了现金流的概念。出于估值目的，使用未进行任何调整的现金流量可能会产生误导，因为基于历史数据的财务指标不能反映公司未来必需的现金流出。现金流的替代指标被称为自由现金流(free cash flow)——由哈佛大学的迈克尔·詹森

(Michael Jensen)提出。①广义地说,自由现金流是公司的现金流减去公司保持业务
(即需要更换的设备)并按预期比率增长(这需要增加营运资金)所需的资本支出。

　　股东自由现金流的定义从股东角度出发,因为在公司进行必要资本支出之后,剩
下的资产属于股东。因此,自由现金流的这一定义被称为股东自由现金流(free cash
flow to equity,简称为 FCFE)。从股东的角度来看,股东可以使用公司任何的净额借
款,因此净额借款通常被添加到 FCFE。净额借款项目是指发行任何新债务与债务还
款之间的差额。给定期间的预计 FCFE 计算如下:

	预计净税后营业利润
−	预计资本支出变化
−	预计税后利息
+	预计净借款变动
=	预计股东自由现金流

　　上述资本支出的预计变动包括两个部分。首先是固定资本净额的变化,净固定资
本是不同的固定资本与累计折旧之间的差额。以上表达式中使用的数量是固定资本净
额从上一年到下一年的预期变化。这个部分主要衡量公司必须提供多少金额以维持
经营业务。第二部分是营运资金的变化。营运资金被定义为流动资产与流动负债之
间的差额减去短期债务和长期债务的当期部分。营运资金的预计变化是指上一年到
下一年的营运资金变化,并衡量公司在一段时间里所需营运资金的金额。因此有:

	预计净固定资本变化
+	预计营运资金的变化
=	预计资本支出的变化

　　更广泛的视角会考虑到公司自由现金流(free cash flow to the firm,简称为
FCFF),即 FCFE 加上税后利息减去净额借款。税后利息通过将利息支出乘以"1−
边际税率"来确定。也就是,

$$税后利息费用 = 利息费用 \times (1 − 税率)$$

---

① Michael Jensen, "Agency Costs of Free Cash Flow, Corporate Finance, and Takeovers," *American Economic Review* 76, no.2 (1986): 323—329.

例如,一个具有 40% 税率的公司预计会有利息支出 30 万美元,则税后利息计算如下:

$$税后利息 = 300\,000 \times (1 - 0.40) = 180\,000(美元)$$

FCFE 要加上税后利息的原因是它产生了现金流,表明在向债务人偿还债务资金之前,有多少现金流可供使用。FCFF 因此提供了所有资本提供者(包括普通股股东和债权人)可用的现金流量指标。FCFF 的计算如下:

	预计股东自由现金流
−	预计净借款变化
+	预计税后利息
=	公司自由现金流

当使用 FCFF 时,产生的估值是公司的企业价值。当 FCFE 被用于估值时,它产生公司的权益价值。减去债务的市场价值,就可以从企业价值中得到公司的权益价值。

如果每个估值的数据都是一致的,使用现金流 FCFE 和 FCFF 的估值就会产生等价的结果。如果公司的资本结构(即股权和债务的相对数量)预计将在预测期内产生很大的改变,这两种措施就会产生与公允价值不一致的结果。[1]原因是使用这些方法产生的两个估值,都预设资本结构保持不变,或者如果变动也不会对公允价值估计产生重大影响。在多数情况下,固定资本结构的假设与市场参与者的期望一致。但是,如果资本结构在预计期间发生大幅度变化(如高杠杆公司,其债务比例预计将显著下降),FCFE 是首选的自由现金流估值方法。在这种方法中,该公司首先被当作全股份公司;也就是说,该公司被视为其资产负债表没有债务时的公司价值。这个价值增加了公司债务成本的价值(也称为利息税盾),然后再计算出公司的企业价值。

货币的时间价值

在描述估值的过程中,我们有必要确定未来现金流量"贴现"的价值。这意味着什么?任何资产的估值,无论是公司、金融工具(股票或债券)、无形资产(如专利)或

---

[1] 如本章前文所述,公允价值是一种财务报告标准。公允市场价值和公允价值在技术手段上有所不同,但在本章中可以互换。

资本项目,都涉及将预期的未来现金流量贴现到现在的价值。将未来现金流量的价值贴现到现在,就被叫作贴现现金流(discounting the cash flow)或贴现(discounting)。

基本上,贴现是指确定今天必须投资多少才能使得这个数量增长到具体的未来某价值。该金额被称为贴现价值(discounted value),或更通常地叫作现值(present value)。未来的价值本身是一个未贴现的值。任何未来值的现值公式只是一个简单的公式。我们首先要问,今天的金额在某一确定的利率下投资,在未来能产生多少金额。

如果我们用 I 表示今天投入的数额,FV 为未来价值,n 为年数,表示何时收到未来的现金,i 为在该投资额下可以获得的利率,每年实行复利利息,可得到以下公式:

$$FV = I \times (1 + i)^n \tag{16.1}$$

例如,假设今天投资了 185 116 美元,期限为 4 年,并假设可以在投资中赚取 15% 的年利率。然后我们知道

$$I = 185\,116 \text{ 美元}, n = 4, \ i = 0.15$$

将这些值代入式(16.1),得到

$$FV = 185\,116 \text{ 美元} \times (1 + 0.15)^4 = 323\,769 \text{ 美元}$$

也就是说,如果今天投资了 185 116 美元,期限 4 年,年利率为 15%,那么在 4 年结束时,这笔金额将增至 323 769 美元。

注意关于未来价值的两个属性:

- 对于给定投资复利的年数,利率越高,未来价值就越大。
- 对于给定投资金额的利率,投资时间越长,未来价值越高。

未来价值的现值　未来价值的现值,或简称现值,是今天以一定利率投资,使未来金额增长到未来价值的数额。看看式(16.1),我们可以看到使其增长为未来的价值,今天必须投资的数量(即现值)就是 I。因此,在式(16.1)中求解 I,得到:

$$I = FV/(1 + i)^n$$

由于 I 是现值,我们得到当前值(PV)的等式:

$$PV = FV/(1 + i)^n \tag{16.2}$$

上述公式中的利率通常称为贴现率(discount rate)。现值是通过"以一定利率贴

现"来获得的和"按贴现率贴现",意思一样。

例如,假设预计将在 4 年后收到 323 769 美元,今天可以赚取的任何金额的年利率为 15%。然后我们知道:

$$FV = 323\ 769\ 美元, n = 4, i = 0.15$$

将这些值代入式(16.2),得到

$$PV = 323\ 769\ 美元/(1+0.15)^4 = 185\ 116\ 美元$$

当然,这与我们之前的计算一致,即如果投资了 185 116 美元,期限 4 年,年利率 15%,将会产生未来价值 323 769 美元。

在式(16.2)中, $1/(1+i)^n$ 的值被称为 1 美元的现值。

注意现值的两个属性:

● 对于给定的年数,贴现率越高,现值越低。

● 对于给定的贴现率,将来会收到现金的时间越长,现值越低。

一系列未来价值的现值 我们刚刚解释的是如何计算未来将会收到的单一未来价值的现值。实际情况中,估值过程涉及不止一个将来会收到的未来价值(即一系列未来价值)。确定现值的过程很简单,计算每个未来值的现值然后求和。

例如,假设预期从某个资产可以收到的未来价值,未来六年每一年的未来价值都在表 16.1 的第二列中显示,在第 6 年显示两个未来的值,具体本章后面会介绍。注意,未来价值的总和为 7 714 182 美元。这个总和忽视了货币的时间价值,是未折现

表 16.1 一系列未来价值的现值的计算　　　　　　　　　单位:美元

年份	未来价值	1 美元在 15%时的现值	现值	1 美元在 25.25%时的现值	现值
1	466 237	0.869 6	405 423	0.798 4	372 245
2	516 963	0.756 1	390 898	0.637 4	329 537
3	606 211	0.657 5	398 594	0.508 9	308 525
4	671 528	0.571 8	383 948	0.406 3	272 868
5	710 145	0.497 2	353 068	0.324 4	230 387
6	724 280	0.432 3	313 126	0.259 0	187 603
6	4 018 818	0.432 3	1 737 446	0.259 0	1 040 955
总和	7 714 182		3 982 503		2 742 121

的价值。第三列显示未来价值为 1 美元,假设贴现率为 15%。第四列是每年的未来价值使用 15% 的贴现率得到的现值,通过乘以 1 美元,贴现率 15% 得到的现值。现值总和为 3 982 503 美元,是所有未来价值的现值。

表 16.1 的最后三列显示相同的计算,但假设贴现率为 25.25%。在这种情况下,未来价值的现值为 2 742 121 美元。这也符合上述现值的特征:贴现率越高,现值越低。

永续年金的现值　在离开现值概念进行下一个讨论之前,我们来看另外两个非常简单的公式,在之后应用 DCF 法时,就会发现它们是用于估值的典型公式。假设一个资产预期每年会产生同样的税后现金流量(即永续年金)。如何获得这样的资产现值? 事实证明,公式就是用每年收到的金额除以贴现率。这种现金流的现值为:

$$PV(\text{永久},\text{不变量}) = \text{税后现金流}/i \tag{16.3}$$

例如,假设每年都会收到预计 10 万美元,贴现率为 15%。那么,现值是:

$$PV(\text{永久},\text{不变量}) = 100\,000\ \text{美元}/0.15 = 666\,667\ \text{美元}$$

如果不是假设永久收到相同的金额,而是假设预计金额每年按一定百分比增长。每年以 g 增长(g 小于贴现率)的现值的公式为:

$$PV = \text{税后现金流} \times (1+g)/(i-g) \tag{16.4}$$

考虑 10 万美元永续年金和 15% 的贴现率,如果预计每年收到的金额的增长率为 5%,那么现值为

$$PV = [100\,000\ \text{美元} \times (1+0.05)]/(0.15-0.05) = 1\,050\,000\ \text{美元}$$

在估值实践中,需要了解未来永续年金的现值的原因是,预计未来的现金流量支付经常会在确定的年数内进行,然后在该时期结束时,资产被假定有特定的价值,这被称为其终值(terminal value)。在建模中假定了终值就是永续年金,根据未来这一年的预期税后现金流量按照永续年金的起始现金流来计算。例如,再看表 16.1,其中显示了第 6 年的两个未来价值。两个未来价值中的第二个反映了一个假定的终值,我们将在本章稍后解释。对于第二列中的未来价值,假设在第 6 年底其终值是 4 018 818 美元。那么这个数额需要被贴现以确定其在第 0 年,也就是现在的价值。

虽然预期未来获得的现金流量可能会有相当大的预测误差,尤其因为预期的现金流是非常不确定的(就像一个没有什么历史的公司),所以,通常用高贴现率来调整

其不确定性,并用来计算其现值,从而减轻此过程中相关的内在风险。例如,从现在起 15 年之后 10 万美元的现金流,如果贴现率为 15%,那么,现值只有 12 289 美元,如果贴现率为 23.46%,则为 4 237 美元。

计算现值的中期法 在贴现未来价值时还有一个重要的细节。在表 16.1 的计算中,假设未来现金流量将在年底收到。也就是说,在式(16.2)中,n 是整数。实际上,资产的未来现金流量在一年中是分散的,不一定在年底收到。为调整贴现过程以反映全年获得的未来现金流量,我们运用中期法(midyear convention)。这个方法假定如果未来现金流不是在年底收到,而是在年中收到。年数从 n 变为$(n-0.5)$,对现值的式(16.2)调整,如下所示:

$$PV = FV/(1+i)^{n-0.5} \qquad (16.5)$$

表 16.2 显示了如表 16.1 所示的一系列未来值的现值的计算,但使用的是中期法。如果贴现率为 15%,则使用中期法的未来一系列值的现值为 4 270 759 美元;如果贴现率为 25.25%,则为 3 068 848 美元。

表 16.2 用中期法计算一系列未来价值的现值　　　　　　单位:美元

年份	未来价值	1 美元在 15% 时的现值	现值	1 美元在 25.25% 时的现值	现值
1	466 237	0.932 5	434 768	0.893 5	416 599
2	516 963	0.810 9	419 191	0.713 4	368 801
3	606 211	0.705 1	427 444	0.569 6	345 286
4	671 528	0.613 1	411 739	0.454 8	305 381
5	710 145	0.533 2	378 623	0.363 1	257 838
6	724 280	0.463 6	335 791	0.289 9	209 956
6	4 018 818	0.463 6	1 863 203	0.289 9	1 164 986
总和	7 714 182		4 270 759		3 068 848

资本成本

到目前为止,关于估值我们知道:(1)应该使用适当的估值方法(即自由现金流),(2)如何贴现未来现金流(即如何计算预计自由现金流的现值)。最后在 DCF 法中需要理解的概念是如何确定适当的贴现率来贴现预期的自由现金流。

用于估计公司预期自由现金流量的适当贴现率就是公司的资本成本(cost of capital)。原因是这是由投资人(包括债权人和股东)向公司提供长期资本所需的回报率。因此,对于使用债务和股权融资维持经营或投资的公司,资本成本不仅包括对债务(即借款)的利息,还包括股东所要求的隐含的最低回报。这个股东最小回报是股东维持对公司的投资所必需的。

 每项资本来源的成本必须反映公司投资资产的风险。如投资者认定某公司风险很小,它往往比高风险公司更具优势,能以更低的成本来获得资本。换一种说法就是,一家公司的资产若预期产生有风险的现金流,相比于公司的资产预计会产生风险较小的现金流量的公司,它就必须支付更高的成本来筹集资金。因此,资本成本与我们想要估计的风险之间的联系,就是自由现金流。回顾贴现价值和预计未来现金流量的价值具有相反关系:贴现率越高,贴现值就越低。因此,资本成本越高(这反映了与公司预期未来现金流量相关的更大风险),公司估值越低。所以,预计资本成本与公司的业务发展阶段相关。公司达到的里程碑越来越多(即其业务阶段发展更偏向后期),其资本成本越低。

 此外,每项资本来源的成本反映了相关风险的层级,在资本结构中,其层级相比其他来源更高。对于一个给定的公司,通过承担债务获得资金的相关成本低于其优先股成本,反过来低于普通股的成本。这是因为债权人相比优先股股东具有优先级,优先股股东又具有超过普通股股东的层级。如果公司在履行义务方面遇到困难,债权人将会在优先股股东之前收到向其承诺的利息和本金,优先股股东将在普通股股东之前收到他们的合同股息和本金。普通股股东是公司剩余现金流量的所有者。在第 7 章公司破产情况下(即公司的清算)的偏好与刚刚描述满足利息和股息支付的顺序相同。如第 7 章所述,创业公司以可转换优先股的形式进行 A 轮融资,优先股成本将会反映其参与清算收益的程度。因此,对于一个给定的公司,债务的风险低于优先股,优先股的风险低于普通股。所以,优先股股东相比于债权人需要更高的回报,普通股股东则需要比优先股股东更高的回报。

 公司资本成本的估计,首先要预计所有者将用于融资开展业务的各项资本来源的成本,并预计公司将筹集的各资本来源的相对金额。基本上,这意味着估计的资本成本基于假定的资本结构(即债务、优先股和普通股的比例)。一家公司的资本成本估计需要三个步骤:

- 步骤 1:确定每个资本来源的比例(即确定资本结构)。
- 步骤 2:对于每个融资来源,确定其成本(即确定投资者将要向公司提供资金的回报是多少）。

- 步骤 3：计算这些成本的加权平均值，方法是将步骤 2 所获得每个资本来源的成本乘以按照步骤 1 获得的比例，然后进行求和。

所得的比率为加权平均资本成本（weighted average cost of capital，简称为 WACC）。①

为了解何为公司的资本结构，我们来看下例。假设创始人使用的资本结构是由 20％债券、25％优先股、55％普通股组成。这意味着在未来，如果资本结构保持不变，每 100 美元的额外资金将由 20 美元债券、25 美元优先股、55 美元普通股组成。

务必注意此处用于成熟公司的优先股和第 7 章描述的被风险投资者和天使投资者用于早期种子融资的优先股之间的差异。早期种子融资使用的优先股是可转换优先股。随着公司成熟，优先股股东将其股份转换为普通股。因此，在我们对资本结构的讨论中，当计算创业公司资本成本时，我们将忽视优先股，因为所使用的优先股最终将被转换为普通股。此外，优先股在成熟的非金融企业中并非普遍使用，所以我们将忽略它来简化讨论。

创始人必须决定公司资本结构的构成。大量金融理论为创始人如何获得"最优"的资本结构提供了很多指导。在实践中，确定最佳资本结构很困难。在估计一家公司的资本成本时，只要创始人能够获得债务资金，通常假设现在的资本结构（或类似的东西）将会与其历史资本结构相似。

确定了上市公司的 WACC 后，公司资产负债表中资本结构的信息并不能反映该公司的债务或权益的市场价值。普通股的市场价值需要从公开交易和流通普通股股数中得到。

债务成本可以通过观察公司在市场上发行的不同债券的价格来估计。对于一家私人公司，问题复杂得多，特别是私人公司的普通股。稍后会介绍一些方法用来更好地估计债券市场价值。但是，如果我们想要知道在资本结构中普通股的百分比是多少，就需要知道普通股的市场价值。而问题在于：我们最终寻求的就是普通股的价值。

所以实践中，在私人公司的估值方面，往往不会尝试估计债务和普通股的市场价值。取而代之的是给创业公司赋予适当的权重。

---

① WACC 基于税后的融资费用。由于债务利率以税前成本为基础，因此在计算 WACC 时，必须以税后成本计算。不需要对普通股和优先股成本进行调整，因为这些都是基于税后收益的指标。

给定一个假设的资本结构,下一步来计算我们假设资本结构的两个部分:债务和普通股的成本。

估计债务成本 和上市企业一样,大多数私人企业的资产负债表上都有债务。不同时期提出的债务成本反映了信贷市场情况,但并不一定代表不同时期的债务融资成本。通过使用传统信用分析或使用一些统计方法对企业进行分析,可以近似得到此类成本。

传统的信用分析包括评估发行人违约的风险,分析发行人履行其义务的能力,考察公司管理层契约提供的债权人保护条款(即限制),以及可用于履行债务义务的债权人抵押品(以防发行人未能履行合同付款)。[①]传统信用分析的产物是内部评级,可以用于对企业进行信用评级。基于信用评级和到期期限,可以对债务成本进行估计。

除了传统的信用分析,也可以用统计模型来进行信用评级或其他的类似评估,反过来还可以估计债务成本。这些信用评分模型包括判别分析、或有债权分析和人工智能系统,如专家系统和神经网络。在附录B中,我们列出了目前用于估计权益成本较为流行的统计模型,即线性判别模型,在我们的案例研究中也会通过它来确定债务的成本。

鉴于美国税法对利息的特殊要求,估算债务成本时必须进行调整。美国税法允许公司从应纳税所得中扣除其债务支付的利息。因此,公司支付给贷款人的金额并不能体现一家公司的借款成本。根据公司支付边际税率,必须调整其成本。边际税率是公司再增加1美元应纳税所得额时的税率。在美国,2014年的公司税收结构如表16.3所示。那么,例如,一家2014年拥有500万美元应税收入的早期公司,其边际税率为34%。

表 16.3 2014 年美国联邦公司税率

超出应税收入(美元)	应税收入(美元)	税率(%)
0	50 000	15
50 000	75 000	25
75 000	100 000	34
100 000	335 000	39

---

① 对企业信用评级的进一步讨论,参见 Frank J.Fabozzi, *Bond Markets, Analysis and Strategies*, 9th ed.(Upper Saddle River, NJ: Pearson, 2015), chap. 22.

超出应税收入(美元)	应税收入(美元)	税率(%)
335 000	10 000 000	34
10 000 000	15 000 000	35
15 000 000	18 333 333	38
18 333 333		35

关注边际税率的原因是在计算债务成本时,人们关注的是利息扣除将如何改变所支付的税额。例如,假设在考虑利息支出之前,一个早期公司的应税所得额为 500 万美元,边际税率为 34%。它的税额将是 170 万美元(34%×500 万美元)。假设创业公司债务的利息支出是 100 万美元。那么,应税所得从 500 万美元减少到 400 万美元,那么税收就是 136 万美元(34%×400 万美元)。因此,100 万美元利息费用导致的税额减少,由 170 万美元减到 136 万美元,即 34 万美元。由利息费用带来的税额减少称为税盾(tax shield)。

一般来说,考虑到债务的税前成本和边际税率,税后的债务成本可以计算如下:

$$税后债务成本 = 税前债务成本 \times (1 - 边际税率)$$

例如,如果税前债务成本估计为 8%,而公司的边际税率为 34%,则

$$税后成本 = 8\% \times (1 - 0.34) = 5.28\%$$

估计普通股成本 估算普通股成本比估计债务成本更为困难,需采取以下步骤:
- 步骤 1:当投资一家公司的普通股时,确定投资者希望得到补偿的风险因素;
- 步骤 2:针对步骤 1 中确定的风险因素,提供量化该风险因素的财务指标;
- 步骤 3:针对步骤 2 中制定的风险因素的财务指标,估算公司的风险。

这些步骤并不简单。此外,对于用作风险代理量的一些财务指标,需要通过市场信息来进行计算,而这些信息创业公司可能无法得到。

一些金融理论为投资者购买普通股希望获得补偿的风险提供了建议。所使用的模型称为资产定价模型。一般来说,资产定价模型的形式如下:

$$预期股权回报 = 无风险利率 + \beta_1(风险因素 1 的市场风险溢价)$$

$$+ \cdots + \beta_K(风险因素 K 的市场风险溢价)$$

换句话说,投资者期望获得的股权回报率是无风险的利率(即在无风险的担保

中可以获得的利率,如短期美国国库券)加上每个 K 风险因素的补偿。风险因素有两个要素。第一个是贝塔(βi),它代表股票暴露给投资者的风险因素 i 估计的数量,第二个是对于风险因素 i,市场要求接受风险的补偿(即对于风险因素 i 的市场风险溢价)。

预期股权回报与估算的股本成本之间的联系在于,前者是后者的适当的估计指标。但估计预期股权回报十分困难:风险因素、风险因素的数量和每个风险因素的市场风险溢价都是未知的。金融理论还提供了各种资产定价模型,我们在附录 B 的案例研究中将会介绍。

确定私人公司的价值

我们现在已经了解了自由现金流的概念(即 FCFE 和 FCFF)、货币的时间价值(即贴现过程)和资本成本(即加权平均资本成本 WACC)。我们也讨论了相关的计算问题。现在可以采用 DCF 法来估计私人企业价值和权益价值。

通过完成以下步骤来计算企业价值:

- 步骤 1:估计每年公司的预计自由现金流。
- 步骤 2:确定每个企业的预计自由现金流的贴现值,用 WACC 作为贴现率。
- 步骤 3:将每年预计自由现金流的贴现值加起来得到企业的价值。

一旦完成这三个步骤,就得到我们所说的公司的企业价值。这个价值是企业在进行流动性调整之前的价值,也就是未调整流动性的企业价值,或者资产负债表上超过公司经营需求的任何现金价值。加上经营企业的现金流量就得到该公司未调整流动性的企业价值。①我们将在本章稍后描述超额现金的问题以及流动性的贴现问题。通过接下来的两个步骤,我们将得到包括超额现金在内的企业价值:

- 步骤 4:确定当前资产负债表上的任何超额现金流量。
- 步骤 5:将步骤 4 中发现的超额现金添加到步骤 3 中的金额,可以得到包括超额现金的企业价值。

为获取权益价值,有必要将在第 5 步中得到的包括现金的企业价值减去债务价

---

① 不需要反复讨论这一点,但应该记住,企业价值可以通过运营资本(如存货加应收账款再减去应付账款)、有形资产和无形资产及商誉相加得到,也等于权益加上债务。因此,对股权和负债的任何流动性调整意味着资产负债表的资产一方也相应调整。所以,调整流动性之后的企业价值可以由流动性调整的债务和权益构成。

值,因为那部分企业价值不归属于普通股股东。因此,为了计算权益价值,我们从步骤5开始,进行以下操作:

- 步骤6:估计债务价值。
- 步骤7:将步骤5中的金额减去步骤6中的金额,以获得权益价值。

我们将解释如何估算债务的市场价值。步骤7中得到的权益价值不考虑流动性折扣。给定一个估计的流动性贴现率,流动性调整后的权益价值(liquidity-adjusted equity value)就可以得到确定。

因此,

- 步骤8:估计股权(8a)和债务(8b)的流动性折扣。
- 步骤9:从步骤7中获得的权益价值扣除步骤8a的数值,得到流动性调整后的权益价值,然后从步骤6的值中减去步骤8b的值。

最后,为了得到包括超额现金的流动性调整后的企业价值,必须执行以下步骤:

- 步骤10:从步骤5中减去调整企业价值的步骤8中的金额,包括流动性折扣的超额现金。

确定资产负债表上的任何超额现金 公司需要现金,作为其经营资本的组成部分。然而,私人公司的资产负债表经常出现超额现金积累现象。C公司尤其如此,其超额现金于分配时在股东层面征税。如果公司有一个免征税收的结构——S公司,比如合伙和有限责任公司,就没有额外的税收负担,因此往往这些公司资产负债表上的现金比其对手C公司的资产负债表上的现金要少。[1]

一般来说,当前资产负债表上的任何超额现金都属于普通股股东,应该被包括在权益价值和企业价值中。因此,要得到正确的估值,就要确定是否有多余的现金。在实践中,经常需要基于公司的收入评估现金需求(所需的现金数额)。例如,假设一家公司的现金需求估计占其总收入的5%,本年度的收入为4 526 341美元。因此,运营所需的现金为226 317美元(4 526 341美元×0.05)。当前资产负债表的任何现金和现金等价物超过该数额的就是超额现金。

估计公司的未调整流动性债务价值 公司未调整流动性的权益价值是其估计的企业价值减去债务的价值。因此,要获得公司的权益价值,必须其估算债务的市场价值。这通过以下四个步骤完成:

---

[1] 公司的税收处理在第3章中已有介绍。

- 步骤 1：估计债务的信用等级。
- 步骤 2：估算公司资产负债表上当前债务的到期期限。
- 步骤 3：基于债务到期期限和到期日的信用价差，将给定到期日的无风险利率再加上那个期限的信用价差，作为债务的税前成本。
- 步骤 4：根据步骤 3，将利息支出和本金偿还额在债务期限内进行贴现。

请记住，这个值没有调整流动性。我们将在附录 B 中看到如何用统计模型估算债务信用风险等级，并得到债务的成本。

贴现现金流法的局限性

DCF 法是建立在合理的经济原则基础上的。问题在于如何运用。我们介绍了为获得企业价值和权益价值所需的所有估值。如果输入时发生错误，则估值无法反映合理的公允价值。

对此方法主要的批评与估计未来产生的收益有关，该方法认定公司利用现有资产进行管理，但无法考虑到将来各种机会所带来的管理上的灵活性。有人认为，根据 DCF 计算的估计自由现金流量，低估了未来的收益，因此低估了企业价值和权益价值。解决这个缺点的方法是实物期权方法，后面会简单提到，具体会在第 18 章中详细描述。

市场法

市场法需要找到被估值公司的可比公司（comparable companies）。所以这种方法也被称为可比较方法（method of comparables）。分析中使用的可比公司，也被称为同行公司（peer companies），可以是公开上市的公司，或出于估值目的，可以是接近估值日私下交易的私人公司。与收入法一样，市场法也适用于在第三至第六阶段业务发展的公司。根据 AICPA，处于早期阶段的公司不大好找到具有公允价值的可比公司。

可比较方法可分为两大类：参考上市公司分析和参考交易分析。

参考上市公司分析

可比性是一个程度问题。可比公司中的公司分为两类：克隆公司和参考公司。克隆公司（clone companies）显然是这两种类型中最可取的，通常是那些在资产规模和收入上非常接近,有着接近相同的成本结构,在同一行业提供同等产品和服务,具有同等资本结构(即使用相同比例的债务),并有几乎完全相同的期望收入和利润增长机会的公司。

参考公司(guideline companies)是那些与被估值公司具有几个但不是全部相似特征的公司。实际上,克隆公司并不常见。因此,在进行估值时,必须使用参考公司的数据。给定可比公司中的参考公司,如我们在本章后会解释的,乘数是使用市场法获得公司估值的财务指标。由于乘数基于参考公司普通股的交易,所以该乘数被称为"交易乘数"(trading multiple)。但是,因为是与参考公司交易,而不是克隆公司,如果使用某个金融指标的交易乘数进行估值,需要基于参考公司的信息和被估值私营企业的独特性对估值乘数进行估计。

参考市场法的应用基于一些适当财务比率的乘数。一旦确定适当的财务比率,并根据可比公司的调查结果,这个比率的合理值就确定了,估值也就可以确定。假设一个合适的比率,即乘数(M),由权益价值与自由现金流量之比确定得到。然后,考虑到被估值私人企业的自由现金流,权益价值等于自由现金流乘以 M。请记住,这种简单的乘法不是估值模型,而是比率。换句话说,M 实际上告诉了我们自由现金流和权益价值之间的关系。这是一种"标准化"不同公司权益价值的方法,从而使得它们可以进行比较。一般来说,每个公司的 M 不同,这些差异与多种因素有关。例如,如果公司 1 的 M 大于同一行业公司 2 的 M,这可能意味着自由现金流的预期增长在公司 1 中更大,或公司 1 的风险较小;不管在哪种情况下,投资者都将面临更低的资本成本。

用于乘数的财务比率 很多不同的财务比率都可以作为适当的乘数。当目标是估计权益价值时,对于三种最常见的比率,其分子是权益价值,分母是公司价值的代理量。这些值包括自由现金流,以及第 12 章详细介绍的两个指标——净利润和权益账面价值。即,

$$\frac{股权价值}{净利润}$$

和

$$\frac{股权价值}{权益账面价值}$$

一旦确定 M，权益价值就可通过所使用的用以得到 M 的度量值（自由现金流、净利润或权益账面价值）乘以通过会计度量获得。例如，如果权益价值与净利润之比估计为 5（即 $M=5$）和被估值公司的净利润为 200 万美元，则权益价值是 1 000 万美元（$=5\times200$ 万美元）。

使用上述财务比率估算权益价值的一个问题在于，可比公司很可能在财务杠杆和增长率数值上有很大差异，这就需要调整比率。我们在后面会讨论。

当需要估计的是企业价值时，分子是企业价值。分母是对所有投资者（普通股股东和债权人）的某种价值指标，三个最受欢迎的价值指标是收入、息税前利润（EBIT）、息税折旧摊销前利润（EBITDA）。（后两项指标在第 10 章有所解释。）因此得到以下财务比率：

$$\frac{\text{企业价值}}{\text{收入}}$$

$$\frac{\text{企业价值}}{EBIT}$$

和

$$\frac{\text{企业价值}}{EBITDA}$$

对增长的调整　在进行任何业务估值中都需要明确，企业规模的差异和相关财务指标的数值差异在同一行业非常常见。同一行业的企业往往因其所处业务的生命周期不同，进而各项财务报告指标和财务比率（第 12 章介绍过）也会有很大的不同。除了这些不同，应用市场法时最重要的是，目标公司和可比公司还面临着类似的系统风险。如果是这样，就像对创业公司估值一样，我们可以结合可比公司的多个数据和目标公司的独特性来计算目标公司的"影子"乘数，消息灵通的投资者都会使用这个乘数来估值目标公司。

为了了解如何进行必要的调整，我们采用金融中常用的估值模型，戈登—夏皮罗常数增长模型（Gordon-Shapir constant growth model）。[1]这个模型的公式由式(16.4)

---

[1]　Myron J.Gordon and Eli Shapiro, "Capital Equipment Analysis: The Required Rate of Profit," *Management Science* 3, no.1(October 1956): 102—110, and Myron J.Gordon, *The Investment, Financing, and the Valuation of the Corporation*(Homewood, IL: Richard D.Irwin, 1962).

给出,是未来年金价值的一个应用。应用式(16.4)求戈登—夏皮罗常数增长模型,输入因素如下:

g = 假定的税后净营业利润增长($NOPAT$);

i = 贴现率,在这个模型中是 $WAAC$;

CF = 每年待收金额,在这个模型中是 $NOPAT$;

PV = 企业价值。

代入式(16.4),我们得到

$$企业价值 = \frac{NOPAT(1+g)}{(WACC-g)} \tag{16.6}$$

将式(16.6)的两边同时除以收入,我们可以得到以下将企业价值与收入挂钩的财务指标:

$$\frac{企业价值}{收入} = \frac{NOPAT}{收入(WACC-g)} \times (1+g) \tag{16.7}$$

从式(16.7)可以看出,企业价值除以收入指标的乘数基于目前的 $NOPAT$ 利润率、$NOPAT$ 的预期增长和公司的 $WACC$ 来进行调整。

另外,请注意,一旦有一组可比较的公司可用,式(16.7)还可以用来获得一个隐含的增长率 g,可以通过求解方程得到 g,如下:

$$隐含的\ g = \frac{\left(\dfrac{企业价值}{收入} \times WACC\right) - \dfrac{NOPAT}{收入}}{\dfrac{企业价值}{收入} + \dfrac{NOPAT}{收入}} \tag{16.8}$$

例如,假设对于某些可比公司,式(16.8)的输入因素如下:

$$\frac{企业价值}{收入} = 11.51$$

$$WACC\ 19.12\% = 0.191\,2$$

$$\frac{NOPAT}{收入} = 5.81\% = 0.058\,1$$

将这些值代入式(16.8),我们得到

$$隐含的\ g = \frac{(11.51 \times 0.191\,2) - 0.058\,1}{11.51 + 0.058\,1} = 0.185\,2 = 18.52\%$$

也就是说,对于这个可比公司,得到的隐含增长率是 18.52%。

这实际上意味着什么?请注意,这里反映的增长是在较长时间内的几何平均增长。所以在创业企业中,我们可能期望 NOPAT 在接下来两年的增长将超过每年100%,然后在接下来的 8 年里开始趋平,使这 10 年期的年增长率的几何平均水平为18.52%。当人们得出上市公司长期增长率时,会发现即使在同一行业或者同一行业中同一部门的公司,其隐含增长率也会有很大的不同。这表明,行业和部门分类是必要的,但这绝不是可以充分解释公司估值的因素。在大多数情况下,企业的独特性会使得估值不同。

财务会计调整　除了识别可比公司的复杂性和调整增长的差异以外,还有必要调整一些财务指标,用于分析会计处理上的差异,这一点在第 9、10、11 章中讨论过。

参考交易分析

除了可比上市公司,通过可比公司的交易获得估值乘数,通常能给公司的公允价值分析提供有意义的帮助。不使用市场交易数据的方法被称为参考交易分析或先例交易法,它参考最近发生在类似公司的交易。也就是说,当公司被出售给另一家公司时,由收购公司支付的价格可以用来判断被估值私人企业的价值。

对于这种方法需要注意的是,交易价格可能反映的不是公允价值,而是收购公司的战略价值,如第 13 章所述。但是,参考交易分析提供了两个可以用来估值私人企业的关键信息。它不仅提供关于在初创公司行业中支付的乘数信息,也反映了为获得公司控制权,投资者愿意支付的溢价(称为"控制权溢价")。因此,运用参考交易分析最近的收购,可以得到关于控制权溢价的信息。控制权溢价将导致这种方法得到的乘数通常大于可比公司法得到的交易乘数。

基于期权的方法

使用收入法来评估早期技术公司的一个缺点是,它没有考虑到还没有走向市场(即尚未商业化)的技术平台管理的灵活性。即使对于那些已经实现部分商业化的初创公司来说,收入法也是不合适的,因为它没有考虑风险企业在不同领域发展的机会。基本上,某些技术平台可以通过提供管理灵活性或"期权"来扩展到其他领域。在公司估值中如何量化这种灵活性或期权呢?这可以运用金融学中的方法,称为实物期权估价(real options valuation),它采用期权定价方法。这种对公司进行估值的方法,称为基于期权的估值方法,将在第 18 章中讨论。

预收入和正收益的创业企业的估值

最困难的估值是处于第一和第二阶段的早期公司。这样的创业公司被称为预收入创业公司或盈利前创业公司。如前所述,虽然对此类公司可以采取基于资产的方法,但这通常很难完成。一些学者认为,如果投资者愿意投入必要的时间来分析公司,则其他之前提及的方法也是可以使用的。然而,如天使投资者和风险资本者等提出,可以应用其他估值方法,来估计缺乏财务数据的预收入创业公司的交易前价值。交易前估值指的是公司在一轮融资前的价值。这种估值方法极具创造性,可以弥补财务数据的缺乏,节省其他估值方法中所需的输入因素。

学术界的相关人士提出了预收入创业公司的估值方法,并且投资者在后续进行了改进。同时,一些方法已由著名的天使投资人与风险资本者提出。比较流行的估值预收入创业公司的方法是风险投资法、计分卡法、Berkus 法和风险因子求和法。下面简要地描述每一个方法。最后三种方法纯粹基于分析与创业公司相关的各种风险来分配的美元价值,投资者认为创始人已经排除或减轻在估值日风险。[1]这四种方法都被用作创始人和投资预收入创业公司的投资者(如天使集团、风险资本家)的资本谈判起点。

风险投资法

目前比较流行的评估预收入创业公司的方法是风险投资法。这种做法最初在哈佛大学威廉·萨尔曼(William Sahlman)的个案研究中提出。[2]应用风险投资法的一个重要假设是未来不会再增加股权融资。这里我们只描述基本的模型,不过该方法的修改版本已经提出了对策来处理这种不切实际的假设。

---

① 在附录 B 中,我们解释了应用收入法所需输入的关键因素,即公司的资本成本,我们根据投资者对这些风险的评估,确定了企业评估特定风险并分配权重的类似方法。

② William A. Sahlman, "The Venture Capital Method," *Harvard Business School Case* ♯ 9-288-006, 1987, and William A. Sahlman, "The Basic Venture Capital Formula" *Harvard Business School Note* 9-80-042, revised May 13, 2009.

这种方法的应用始于对未来退出时收入的预测。退出日期可以短至 4 年,也可以长达 8 年。这不是一项简单的预测,它所寻求的是对预收入公司的估值。在退出日分配给预期收入数字后,下一步是估计税后收益率。这个估计可以采用目标公司的行业数据。然后在退出日预测盈利,形式如下:

$$退出日预测收益 = 退出日预测收入 \times 税后利润率$$

既然在退出日有预测收益,我们可以应用市场法,通过识别可比公司或可比交易的方法在退出日获得预测终值。市场法提供了可比公司在收益上的交易乘数。在这种情况下使用的指标是市盈率(PE)。因此,例如,如果一个具有盈利能力的可比上市公司的税后盈利为 1 亿美元,在市场上卖 15 亿美元,市盈率(或乘数)就是 15。如果目标公司在退出日预测盈利,那么目标公司在退出日的预测终值只是通过这个值乘以 PE 比率得到。也就是,

$$退出日预测终值 = 退出日的预测收益 \times 假设的 PE 比率$$

请记住,预测的终值是退出日的值,而不是今天(估值的时间)的值。前文提到,未来收到的价值必须进行贴现。这就是为什么需要介绍货币的时间价值。该货币时间价值的基本原则是,未来金额的价值有一个现值,必须考虑如果从今天开始投资这个数额可以赚多少钱。在我们的分析中,今日终值取决于投资者对投资回报的目标。

例如,假设投资者投资一家初创公司想要 20% 的回报,计划 6 年后退出。计算未来价值时,可以看出,这意味着投资者每投 1 美元在创业公司,这笔金额将增长到 2.986 美元。这适用于任何投资量。另一种说法对我们的讨论更有帮助,预计从现在起 6 年后,每投资 1 美元,投资者能实现 2.986 美元的收益,实现了每年 20% 的投资回报率。

已知退出日的终值,今日终值计算如下:

$$今日终值 = \frac{退出日的预测终值}{每 1 美元的目标投资回报系数} \tag{16.9}$$

目标投资回报系数取决于投资者寻求的投资目标回报,且不超过 1 美元的未来价值。也就是说,目标回报系数是从估值日到退出日,根据目标投资回报率计算的 1 美元增加的部分。例如,下表给出了各种退出日和目标投资回报下 1 美元的目标投资回报系数:[1]

———————————————

[1] 通过使用式(16.9)获得表中的目标投资回报系数。

退出日年份	目标投资回报系数			
	目标投资回报率			
	20%	25%	28%	30%
4	2.074	2.441	2.684	2.856
5	2.488	3.052	3.436	3.713
6	2.986	3.815	4.398	4.827
7	3.583	4.768	5.629	6.275
8	4.300	5.960	7.206	8.157

今天的终值是公司的后货币估值。因此，

$$后货币估值 = \frac{退出日的预测终值}{1美元的目标投资回报系数}$$

例如，如果在退出日的预测终值假定为 6 年后是 597.2 万美元，投资者寻求 20%的投资回报（目标投资回报系数从上表中得是 2.986），那么后货币估值就是

$$后货币估值 = \frac{5\,972\,000\,美元}{2.986} = 200\,万美元$$

基于后货币估值，前货币估值是：

$$前货币估值 = 后货币估值 - 新融资数额$$

在我们的例子中，后货币估值是 200 万美元。假设新的融资所需资金为 150 万美元。那么，前货币估值就是 50 万美元（＝200 万美元－150 万美元）。

请注意，风险投资法依托收入法和市场法两方面的原则。收入法要求将来的任何数额都被转换为当期基于目标回报的金额。在风险投资法中，唯一从未来值转换到现值的是用于假设的一个现金流量：退出日的终值。风险投资法还使用了市场法中的 PE 乘数，用于获得根据预测收益估计的退出日终值。

在我们的例子中，退出日的终值基于预测收入和假设的税后收益率。实际上，投资者只使用了一个预测收入来得到退出日的终值。当这样做时，投资者会寻找可比公司或可比交易，而不是在退出日使用 PE 乘数获得的未来盈利预测终值，投资者可以使用价格/收入乘数来预测退出日的终值。

风险投资法的变体是使用不同的情景来进行前货币估值,为每个情景分配一定的概率。前货币估值就是不同情景的加权平均值。例如,所谓的第一芝加哥法(First Chicago method)①使用三个场景:成功、生存和机会,相应的概率分别为 30％、50％、20％。

计分卡法

又被称为基准法,这一方法由比尔·佩恩(Bill Payne)在其 2006 年关于天使投资融资的专著中提出。②之后在 2008 年被俄亥俄科技天使团体(Ohio TechAngels)修改,随后由其创始人比尔·佩恩在 2010 年"发扬光大"。③该方法从识别目标公司地理区域内,与其发展阶段相同且最近有天使投资的典型初创企业开始。在这种情况下,发展阶段是创收初期,对于可识别的可比初创公司,可以确定其平均的前货币估值。

接下来,使用计分卡法的投资者将影响收益前公司估值的因素与同一地区类似天使投资交易的同一因素进行比较。比尔·佩恩建议的七个因素及其权重是:

因　　素	最大因素权重
管理团队的能力	30％
机会大小	25％
产品/技术	15％
竞争环境	10％
市场/销售渠道/合伙企业	10％
额外投资需求	5％
其　　他	5％

对于目标公司,由投资者评估的价值被分配给每个因素,然后计算因素值的总和。例如,假设对基于天使投资的该地区创业企业进行评估,由投资者分配因素值对

---

① 这一方法由 First Chicago Corporation Venture Capital(a subsidiary of First Chicago Bank)开发。
② William H.Payne, *The Definitive Guide to Raising Money from Angels*(Bedford, MA: Aspatore Books, 2006).
③ 近年来比尔·佩恩关于计分卡法的讨论可参见 Bill Payne, "Valuations 101: Scorecard Valuation Methodology,"blog post, October 20, 2011, http://blog.gust.com/2011/10/20/valuations-101-scorecard-valuation-methodology。

该目标公司评估如下：

因 素	最大因素权重	投资者分配值	因素值
管理团队的能力	30%	80%	24%
机会大小	25%	100%	25%
产品/技术	15%	100%	15%
竞争环境	10%	50%	5%
市场/销售渠道/合伙企业	10%	40%	4%
额外投资需求	5%	100%	5%
其他	5%	80%	4%
总和			12%

　　总因素值是通过求和最后一列得到的，为 82%。然后将这个值乘以所确定公司的平均前货币估值。比如，假设公司的平均前货币价值估值为 180 万美元，目标公司的前货币估值是通过将平均值前货币估值 180 万美元乘以 82%。那么，根据计分卡法得到的前货币估值为 147.6 万美元。

Berkus 法

　　这种法由一位活跃的天使投资者和终身企业家大卫·贝尔库斯(David Berkus)提出，它确定了天使投资者投资创业公司时会遇到的五个降低风险的因素。基于天使投资者认定各风险能相应降低的程度，每个风险降低因素都会被分配一个数值。

　　使用 Berkus 方法，有五个因素可以为寻求天使资金的创业公司早期阶段增加价值。这五个因素都可以帮助减少天使投资者在早期阶段投资的风险。风险降低因素包括：

　　(1) 一个好创意：基本价值，降低产品风险；

　　(2) 产品原型：降低技术风险；

　　(3) 高效管理团队：降低执行风险；

　　(4) 战略关系：降低市场风险和竞争风险；

　　(5) 产品推广或销售：降低财务或生产风险。

　　贝尔库斯建议，给每个风险降低因素分配的值可高达 50 万美元。在 0 到 50 万美元之间具体分配什么值是由天使投资者主观决定的。当然,对于一家预收入公司,最后一个降低风险因素将并不被满足,所以分配零值。

风险因素求和法

类似于计分卡法和 Berkus 法,对于早期的创业公司,投资者可根据自行的主观判断为降低风险的因素赋值。风险因素求和法包含 12 个风险降低因素,由俄亥俄科技天使团体提出:(1)管理;(2)业务阶段;(3)法律或政治风险;(4)制造风险;(5)销售和营销风险;(6)融资或资本风险;(7)竞争风险;(8)技术风险;(9)诉讼风险;(10)国际风险;(11)声誉风险;(12)潜在的获利退出风险。

分配给各个风险因素的美元价值如下:

分值	增加或减少美元价值
++	增加 50 万美元
+	增加 25 万美元
0	0
—	减少 25 万美元
——	减少 50 万美元

流动性不足的折扣

由于私人公司的股权不能在市场上自由交易,所以它的价值因为流动性较差会打折扣。这个折扣被称为流动性折扣(liquidity discount)。术语"市场折扣"(market-ability discount)和"流动性折扣"通常被同义使用,但这在理论上是不正确的。市场折扣是因为限制交易证券的独特性而出现,而流动性不足指的是交易中买卖双方有限的市场。在流动性较好的市场,其下一交易价格与之前的交易价格非常接近,而在流动性不好的市场,按照顺序交易的价格差异可以非常大,一般来说私人公司发行的证券就是这种情况。当一个市场是流动的,这意味着有很多买家和卖家,因此证券可以快速高效地进行买卖。这意味着在流动市场买价和卖价之间的价差很窄。当市场流动性不足时,买卖价差很大,表明当购买证券时,找到下一个买家的成本可能会很高,所以收购方会将这些成本纳入购买的价格。这个成本即用于搜寻和识别买方并完成交易的时间的机会成本。在公开交易市场,流动股票的流动性折扣只是交易价格的一小部分。在私人市场上,这些交易成本要大得多。

遗憾的是,流动性折扣的规模难以衡量,学术和业界有大量关于这方面的文献。折扣价值从低至 6.5％到高达 40％以上不等。还有大量股票销售的折扣,这与销售量较小股票的流动性折扣不同。这些大量销售的股票给予买方控制权,其价值反映了流动性的折扣和控制权的溢价。我们这里重点讨论纯粹的流动性折扣:适用于销售单个或小部分证券的折扣,其销售实际上并未触发控制权的变化。①

表 16.4 总结了关于流动性折扣大小的几个主要研究。从表中可以看出,估计的折扣大小有很大差异。Koeplin-Sarin-Shapiro 研究预测了控制交易的折扣,与其他关注少数人利益的研究形成对比。控制交易的折扣一般比少数交易要大。Emory 和 Dengell 的 Pre-IPO 研究,基于一般不代表控制变更交易的 IPO 数据。然而,报告的平均折扣远远大于由其他研究得到的折扣。Emory-Dengell-Emory 的结果可能夸大了其折扣大小,因为报告结果比较了 IPO 交易前后的私人交易价格。由于在 IPO 日对未来的期望可能比 IPO 前的上市估值日更乐观,这部分的差异也会反映到价差中。所以用 Emory、Dengell 和 Emory 的原始报告结果计算得到的流动性折扣一定会夸大折扣的大小。虽然这个结论经过思索得出,但这依旧表明 Emory-Dengell-Emory 的结果需要进一步审查,才能知道他们对流动性折扣的衡量准确度。总体结果表明,控制交易比少数交易有更大的折扣,但差异似乎不是很大。我们在附录 B 提出的案例研究中,假设流动性不足的折扣为 20％,这与文献中的流动性折扣一致。

表 16.4 平均折扣或折扣范围

研究来自	平均折扣或折扣范围
Emory-Dengell-Emory(pre-IPO)	46％
Silber	14％—40％
Hertzel-Smith	13.5％
Bajaj-Denis-Ferri-Sarin	7.2％
Koeplin-Sarin-Shapiro 关于控制权的交易	20.39％—28.26％
Feldman	17％

---

① 这方面的文献回顾,参见 Stanley J.Feldman, *Principles of Private Firm Valuation* (Hoboken, NJ: John Wiley & Sons, 2005)。

续表

研究来自	平均折扣或折扣范围
Emory 研究的整本平均值	23.36%
不含 Emory 研究的少数股权平均值	18.34%
控股权的平均值	4.38%

注：a. John D. Emory, Sr., F. R. Dengell, and John D. Emory, Jr., "Discounts for Lack of Marketability," *Business Valuation Review* 21(2002): 190—193. b. William Silber, "Discounts on Restricted Stock: The Impact of Illiquidity on Stock Prices," *Financial Analysts Journal* 47, no. 4(1991): 60—64. c. Michael Herzel and Richard L. Smith, "Market Discounts and Shareholder Gains for Placing Equity Privately," *Journal of Finance* 48, no. 2(1993): 459—485. d. Mukesh Bajaj, Dylan C. Shapiro, "The Private Company Discount," *Journal of Applied Corporate Finance* 12, no. 4(2000): 94—101. f. Stanley J. Feldman, *Principles of Private Firm Valua-tion* (Hoboken, NJ: John Wiley & Sons, 2005).

本章要点

- 上市公司有通用的估值模型，而估值一家私人公司要更加复杂，更具挑战性。

- 私人公司估值的挑战是选择价值标准，确定如何根据估值目的调整报告的财务信息，并选择一个适当的估值模型，估计实施估值模型所需的输入因素，还要考虑到估值时出现私人公司因流动性不足而产生的复杂性。

- 不仅需要在筹款时进行估值，还需要根据美国税法第 409a 条进行估价，确定创始人和员工的股票奖励或期权的价值，以减轻产生不利税收后果的风险。

- 对私人公司和上市公司进行估值的两大差异是：(1)私人公司不在交易所交易，因此可用价值很少或根本没有；(2)私人公司通常没有或很少分割其管理权和所有权。

- 与上市公司相比，影响私人公司估值的主要因素如下：(1)假设有假想的交易，其中买卖双方已经充分了解风险的性质和假想交易特征所带来的机会；(2)因为这种假想交易没有发生在有组织的交易市场中，按照定义，买卖双方的数量有限，这就导致了流动性不足；(3)尽管缺乏市场性或流动性降低了私人公司的价值，但从所有者的角度来看，私人公司的所有权价值也为其带来了溢价。

- 除了一些例外，公允市场价值（FMV）是适用于私人公司估值的价值标准。根据美国国税局的规定，FMV 是"有意愿的买家和有意愿的卖家之间愿意交换财产的价格,并且是在买家没有被强制购买,卖家也不受任何强制,双方都对相关的事实有一个合理的认知的情况之下产生"。

- 通常,"公允价值"和"公允市场价值"可互换使用,但是财务会计主管部门往往使用前一个术语,IRS 使用后者。
- 公允价值的概念基于两个无关方之间的交易,一方(买方)支付给另一方(卖方)的物品价格。
- 涉及私人公司发行的金融工具的交易,是指概念上在给定时间点(即估值日期)的假想交易,这个假想交易所产生的价格被称为退出价格。
- 退出价格是基于交易双方通过现有交易工具进行估计的价格信息得到的,而用来定价的信息应该考虑到当前和预期的经济状态、公司经营的行业部门,以及主要用于评估公司风险状况的风险因素。
- 估值中的关键风险因素是公司所需用来吸引投资者的适当资本成本。资本成本又反映了公司的业务风险及其财务风险。
- 除公允价值之外的其他价值标准为有序清算价值、内在价值和投资价值(或战略价值)。
- 清算价值是卖方被迫在合理的时间和有序的市场中处置物品,可能获得的价格。
- 内在价值考虑了货币价值和个人偏好价值。
- 投资价值或战略价值是在独立的基础上超过公允价值的公司价值标准。
- 两个和权益相关的估值是公司的企业价值和权益价值。
- 公司的企业价值是公司的价值;一家公司的权益价值是从普通股股东角度得到的价值。
- 对私人公司进行估值的方法分为四类:基于资产的方法(成本法)、收入法(贴现现金流量法)、市场法(可比较方法)和基于期权的方法。
- 按照基于资产的方法计算的价值是通过资产负债表上每项有形资产和无形资产(不包括商誉)的价值加总得到。
- 确定资产的合计公允价值减去流动负债的公允价值(不含任何短期债务),就得到公司的公允价值。
- 基于资产的方法的基本原则是每个确定的资产都具有独立的价值。根据 AIC-PA,基于资产的方法(使用资产重置成本)主要适用于分类在第一阶段的企业和第二阶段的一些企业,通常公司超出了第二阶段就不再使用该方法。

- 当公司几乎没有财务数据,很难进行任何预测,或者当公司在评估时尽管尚未开发产品但有专利申请待决,那么采用收入法或市场法估值公司的话,可用的信息就会很有限,这时可以采用基于资产的方法。

- 收入法涉及(1)未来价值的贴现值、(2)自由现金流量、(3)资本成本。

- 尽管被称为收入法,但这种方法使用公司的自由现金流量,而不是任何收入指标,因此,在估值过程中,收入法通常也被称为贴现现金流量(DCF)法。

- 根据 AICPA,收入法通常被用于评估后期公司(第三至第六阶段),而不是早期阶段的公司。

- 广义上说,自由现金流是企业的现金流减去用于支持公司经营(即根据需要更换设备)的资本支出,并按照预期的比率增长(这需要增加营运资金)。

- 股东自由现金流(FCFE)是从股东的角度出发,指公司在支付必要的资本支出之后,剩余给公司股东的部分。

- 自由现金流更广泛的一个视角是公司自由现金流(FCFF),通过加上税后利息再减去净额借款得出。

- 使用 FCFF 估值时,产生的估值是公司的企业价值;使用 FCFE 估值时,得到的是公司的权益价值。

- 如果每个估值的输入因素一致,则使用 FCFF 或 FCFE 会产生相同的结果。

- 贴现现金流量(或贴现)的过程涉及将未来现金流转换为现值。

- 未来价值(或简单地称为现值)的现值是今天必须以某种利率投资的金额,以使该金额增长到未来的价值;用于计算该值的利率称为贴现率。

- 现值的两个属性是:(1)在给定年数中,贴现率越高,现值越低;(2)给定贴现率,未来价值收到的时间越久,现值就越低。

- 使用中期法可以调整贴现过程,以反映未来在全年任何时间收到的现金流量,而不只是年底收到的现金流。

- 资本成本是衡量公司预期自由现金流的适当贴现率,这是长期资本投资者(包括公司债权人和股东)要求的回报率。

- 资本成本包括明确的债务利息(即借款)和股东所需的隐性最低回报。

- 资本成本每个组成部分的成本必须反映该公司投资资产的风险。

- 资本成本越高,公司的价值就越低。

- 估计资本成本取决于假定的资本结构(即债务、优先股和普通股的比例),称为加权平均资本成本(WACC)。

- 在估算公司的 WACC 时,考虑到利息的税收优惠,估算债务成本需进行相应调整。

- 估计普通股的成本比估计债务成本更困难,步骤如下:(1)确定投资者投资于公司普通股时,想要得到补偿的风险因素;(2)针对确定的每个风险因素,提供衡量风险因素的财务指标;(3)制定每个风险因素的财务指标,估算公司的风险。

- 在创业公司的估值中,当计算股权成本时,一些用于衡量风险的财务指标所需的市场信息是不存在的。

- 金融理论提出的资产定价模型提出了普通股投资者希望为此得到补偿的风险;投资者想要的预期股权回报率是无风险利率加上对每个风险因素的补偿。

- 使用贴现现金流法估算私人公司的企业价值,包括三个步骤:(1)预计每年自由现金流量;(2)计算每年预计 FCFF 的贴现值,使用 WACC 作为贴现率;(3)汇总预计每年自由现金流量贴现值。

- 在经营企业的价值上加上超额现金就得到调整流动性之前的企业价值。

- 通过确定在当前资产负债表上任何超额的现金流量,得到企业价值中的超额现金。

- 为获得公司权益价值,必须在包括现金的企业价值中减去不属于普通股股东的企业价值(即债务价值)。

- 在确定流动性折扣后,可以确定流动性调整后的权益价值。

- 一般情况下,当前资产负债表中的任何超额现金都属于普通股股东,应该将其纳入权益价值和企业价值。

- 企业的流动性前权益价值是估计的企业价值减去其债务价值。

- DCF 法是基于合理的经济原则,对其的主要批评在于与估计未来产生的收益有关,该方法认定公司利用现有资产进行管理,但无法考虑到将来各种机会所带来的管理上的灵活性。

- 有人认为 DCF 法估计的自由现金流量低估了未来的利益,进而低估了企业价值和权益价值。

- 使用市场法(或可比较法)来评估公司,必须确定与被估值公司可比的公司(即同行公司)。这些公司可能是上市公司,或者为了估值目的,在估值日或估值日附近有交易的私人公司。

- 可比较方法分为两大类:参考上市公司分析和参考交易分析。

- 可比公司分为两类:克隆公司(最理想)和参考公司。

- 克隆公司是资产规模和收入非常接近,有相同的成本结构,在同行业中运作,提供同等产品和服务,具有相同的资本结构(即使用相同的债务百分比),并具有几乎相同的预期收入和利润增长机会的公司。

- 参考公司是和被估值的公司存在几种但不是所有特征都相同的公司。

- 根据从参考公司或一组可比公司获得的信息,公司采用一些合适的财务指标,并使用市场法来得到一家公司的估值。

- 提出了各种财务比率作为估算权益价值的合适乘数。在三个最常见的比例中,分子是权益价值,分母是适用于股权投资者价值观的衡量指标(自由现金流、净额利润和公司账面价值)。

- 在使用财务比率估算权益价值时,应牢记可比公司的杠杆和增长率可能会有很大的差异,比率需要调整。

- 除了识别可比公司和调整增长差异的复杂性外,还有必要调整分析中财务指标的会计处理差异。

- 除了使用市场交易数据进行估值,参考交易分析(也称先例交易方法)还使用在近期类似的公司已发生的交易。

- 使用参考交易分析的确定是交易价格可能没有反映企业的公允价值,而是反映企业的战略价值。

- 使用收入法评估早期技术公司的缺点是,它没有考虑到尚未商业化的平台通过技术管理可能产生的灵活性。即使那些技术平台已经有一些应用,收入法仍然有其不足,因为它没有考虑到企业扩大到不同领域的可能性。

- 考虑到灵活性或管理层拥有的期权,可以运用实物期权估价来量化公司估值,该方法基于金融中的期权理论。

- 有四种估值方法用于衡量没有营业收入和盈利的初创公司,它们是创始人和天使投资者、风险投资家谈判的起点,包括风险投资法、计分卡法、Berkus 法和风险因素求和法。

- 风险投资法,是对盈利前创业公司较为流行的估值方法之一,该方法假设之后不会再发行额外的股权融资。

- 风险投资法的使用涉及预测退出日的收益,然后通过确定可比公司或可比交易,应用市场方法得到退出日预测的终值。

- 由于私人公司的股权不能在市场上自由交易,在对私人公司进行估价时必须考虑流动性折扣。

- 流动性折扣的值从低至 6.5% 开始到高达 40% 以上不等。

延伸阅读

Damodaran, Aswath, *Investment Valuation*: *Tools and Techniques for Determining the Value of Any Asset*, 3rd ed.(Hoboken, NJ: John Wiley & Sons, 2012).

Feldman, Stanley J., "Business Valuation 101: The Five Myths of Valuing a Private Business," http://www.score.org.

Feldman, Stanley J., "A Note on Using Regression Models to Predict the Marketability Discount," *Business Valuation Review*, September 2002, 145—151.

Feldman, Stanley J., "Overcoming IRS Challenges to the Amount of Marketability Discount," *Estate Planning*, January 2005, 33—35.

Feldman, Stanley J., *Principles of Private Firm Valuation*(Hoboken, NJ John Wiley & Sons, 2005).

Feldman, Stanley J., "The Valuation of Private Firms," in *Handbook of Finance*, ed. Frank J.Fabozzi(Hoboken, NJ: John Wiley & Sons, 2008).

Feldman, Stanley J., Tim Sullivan, and Roger Winsby, *What Every Business Owner Should Know about Valuing Their Business*(New York: McGraw-Hill Professional Books, 2002).

Koller, Tim, Marc Goedhart, and David Wessels, *Valuation*: *Measuring and Managing the Value of Companies*, 5th ed.(Hoboken, NJ: John Wiley & Sons, 2010).

Pratt, Shannon, and Roger J.Grabowski, *Cost of Capital*, +*Website*: *Applications and Examples*(Hoboken, NJ: John Wiley & Sons, 2014).

Pratt, Shannon, and John Lifflander, *Analyzing Complex Appraisals for Business Professionals*(New York: McGraw-Hill Education, 2016).

17 资本项目估值

公司的创始人不断评估潜在的投资项目,以确定哪些项目值得进一步追踪,哪些项目从经济角度来看没有吸引力,哪些项目可能会提供有吸引力的回报但应暂时推迟。关于创始人投资项目的决定被称为资本预算决策(capital budgeting decisions)。一部分资本预算决策可能是对初创公司不产生重大影响的常规决策,但仍有相当一部分将会对公司目前的商品和服务产品的未来市场地位,或对其未来扩展的新产品线产生影响。

评估潜在投资项目基于该拟议项目的价值。如何确定项目的潜在价值?正如本章将要呈现的,拟议投资项目的估值应采用与第16章所述的相同原则,使用贴现现金流量(DCF)法对公司进行估值。

如本章所述,使用DCF法估值存在缺点:它可能会低估企业价值和权益价值。对于拟议投资项目的估值也存在此缺点,特别是对于高科技企业。如第16章所述,处理这个问题的方法是使用实物期权法进行估值,我们将在下一章中介绍。这也适用于投资项目的估值。

DCF法和实物期权法只是评估拟议投资项目的几种方法之一。我们将在本章中解释一些其他方法及其局限。

投资项目分类

对投资项目进行分类的方法有以下几种:根据项目的经济寿命(economic life)、项目风险程度、项目与其他项目的关系。①

———————————

① 在下一章讨论实物期权法时,我们将提供另一种法来分类拟议的投资项目。

按经济寿命分类

经济寿命是拟议投资项目的现金流预期持续的时期。这不一定是资产的法定寿命，因为两者有很大的不同。对于工厂或设备等实物资产，经济寿命由产品的物理状态、过时与否或市场竞争程度决定。

资本项目与被认定为流动资产（即流动资金的一部分）的投资之间的区别，是资本项目享有经济寿命。流动资产的预期经济寿命少于一年。

按风险性质分类

投资于任何拟议资本项目都存在风险。然而，风险程度随着资本项目类型的变化而变化。资本项目可分为替代项目、扩建项目、新产品或服务项目。

替代项目类别涉及维修现有资本项目以维持目前运营水平的生产，或以更高效的设备取代现有设备的资本项目。通常情况下，替代项目会使初创公司面临比另外两种项目类型更低的风险。但这并不意味着没有风险，因为即使是替代项目也会使公司面临业务风险，即未来销售或收入将下降的风险，进而导致无法证明支出的正当性。

扩建项目旨在增加创业公司现有产品和服务的市场份额。这种类型的资本项目使公司面临风险，即由于寻求的市场渗透不足以证明支出的合理性，支出无法得到偿还。因此，这类资本项目比替代项目有更大的商业风险。

涉及引进新产品或进入新市场的资本项目风险最大。与替代项目和扩建项目相比，其风险更大是因为创始人在新产品或市场上的经验很少或没有经验。在这类资本项目中，根据新产品或市场与公司当前产品和市场的密切程度，风险可能会有很大差异。

按资本项目与其他项目的关系分类

一家公司拥有资本项目组合。是否采用拟议的资本项目必须考虑到其与现有资本项目和其他拟议资本项目的关系。拟议资本项目可根据其与现存和其他拟议资本项目的关系分为独立项目、互斥项目和补充项目。这种分类取决于拟议资本项目的预计现金流量将如何影响其他资本项目的现金流量。

若拟议资本项目的预计现金流量对其他资本项目没有影响，则被称为独立项目（independent project）。除去资本项目预算金额，在评估独立项目时，决定执行该项目将不影响是否采用其他拟议的资本项目。例如一个拟议的替代项目,该项目包括使用最先进的技术设备替换现有设备。

假设在替代项目的例子中,有三个替代现有设备的拟议资本项目。创始人必须决定应该接受三个中的哪一个(如果有)。也就是说,接受一个拟议的替代项目意味着另外两个将被拒绝。认定一个资本项目意味着拒绝其他拟议的资本项目,这样的拟议资本项目被认为是互斥项目(mutually exclusive projects)。

对于一些资本项目,一个项目的接受增加了其他拟议资本项目的预计现金流量。这些项目被称为补充项目(complementary projects)。

估计资本项目现金流

如第 16 章所述,在对公司进行估值时,有必要对企业预计现金流——自由现金流,以估算企业价值和股东自由现金流,进而估算其权益价值。在评估拟议资本项目时,同样需要考虑相关现金流量的预计变化。因此,估值的相关因素是评估拟议资本项目预计的增量现金流(incremental cash flow)。基本原则是,在没有采用拟议资本项目的情况下,由于目前的业务,公司将产生现金流。一旦采用拟议资本项目,企业的现金流量就将发生变化。这一变化正是在估算拟议资本项目时所涉及的现金流(即增量现金流)的变化。拟议资本项目的价值就是预计的增加现金流的现值。

增量现金流由经营现金流和投资现金流两个部分组成。经营现金流是由于经营活动而对拟议资本项目预计的增量税后现金流。这些现金流由拟议资本项目产生的增量收入与该资本项目相关的增量经营费用的差额得出。

投资现金流是指为获得资本项目并产生经营现金流量,所需的资本性支出。除了资产的成本外,这些支出将包括准备成本、运输成本和安装成本。拟议资本项目可能要求所有现金支出在资本项目投入运行之前进行。随着时间的推移,一些拟议的资本项目可能需要资本支出。有的资本项目在经济寿命结束时可能涉及处置资产的支出。此外,在估计投资现金流时,必须考虑税收。在收购资本项目时,可能存在与采用资本项目相关的税收抵免政策。①当资产最终被处置时,考虑税收也同样重要。

---

① 税收抵免不同于减税,因为税收抵免是指公司的纳税义务以美元减少。有时美国联邦政府提供这种抵免政策以鼓励资本支出来促进经济增长。美国联邦政府在不同时期设立的最常见的税收抵免类型是投资税收抵免。

对投资现金流的影响取决于处置资产时是否存在资本所得。因此,针对任一年度拟议资本项目的预计增量现金流,得出如下计算:

$$预计增量经营现金流量－预计投资现金流$$

现金流模式

随着时间的推移,增量现金流的正负值变化情况因其项目类型而异。例如,普通现金流模式是初始现金流为负数(即支出),接着为正现金流。在最初几年之内可能会出现几种负现金流的原因是开发产品或建造设施可能需要几年时间。表现出这一属性的现金流模式被称为正常现金流模式(normal cash flow pattern)或常规现金流模式(conventional cash flow pattern)。基本上,现金流的符号从负变为正的过程只有一次。

并非所有拟议的资本项目都表现出这种现金流模式。例如,拟议的资本项目可能有几年的负现金流,再是多年的正现金流,然后在过去一年或几年再次出现负现金流。后期的负现金流反映出关闭设施或处置资产的成本。这种模式被称为非正常现金流模式(non-normal cash flow pattern)或非常规现金流模式(unconventional cash flow pattern)。也就是说,在非正常现金流模式下,现金流的正负变化不止一次。

现金流模式在估算拟议资本项目时的重要程度将在本章后面继续讨论。

资本项目评估方法

一旦拟议项目的预计增量现金流得到确定,下一步就是估算候选项目是否值得采纳。有三种评估方法用于此目的:净额现值(net present value method)、内部收益率法和实物期权法。我们先讨论前两种方法,下一章再讨论实物期权法。对于这两种方法,我们讨论关于拟议资本是否应被视为候选,以及基于相对吸引力进行项目排名的一系列规则。

净现值法

净现值法是第16章介绍的 DCF 法的一个应用,用以评估公司价值。步骤如下:
● 步骤1:预计每年拟议资本项目的增量现金流。
● 步骤2:确定计算每年资本项目增量现金流现值的合适贴现率。

● 步骤3:加总整个时期资本项目增量现金流的现值。

在步骤3中计算的值被认为是拟议资本项目的净现值(net present value,简称为NPV)。它被称为"净"现值,因为它考虑了拟议资本项目的投资成本。

例如,让我们考虑一个认定为项目A的拟议资本项目,其增量现金流预计如下(并给出NPV法的第1步):

年份	增量现金流(美元)
0	−10 000 000
1	0
2	2 000 000
3	3 000 000
4	9 000 000

假设该项目的贴现率为10%。现金流的现值如下(NPV法的第2步):①

年份	增量现金流(美元)	以10%贴现的增量现金流(美元)
0	−10 000 000	−10 000 000
1	0	0
2	2 000 000	1 652 893
3	3 000 000	2 253 944
4	9 000 000	6 147 121

添加上表的最后一列给出了53 958美元的净现值(NPV方法中的第3步)。

第二个例子考虑项目B,其具有与项目A相同的感知风险,增量现金流如下:

年份	增量现金流(美元)
0	−10 000 000
1	3 250 000
2	3 250 000
3	3 250 000
4	3 250 000

---

① 请注意,在本章的例子中,我们不使用第16章介绍的中期法。

注意,项目 B 的现金流模式(即现金流的时间安排)与项目 A 的现金流模式(即现金流的时间安排)截然不同。再次假设贴现率为10%,可以看出项目 B 的 NPV 为 302 063 美元。

确定合适的贴现率与确定公司的加权平均资本成本(WACC)的步骤大致相同,如第16章所述。步骤2中使用的贴现率被称为必要收益率(required rate of return,简称为 RRR)或最低资本回报率(hurdle rate)。WACC 是确定一个项目 RRR 指标的起点。这样做的原因是必须考虑拟议资本项目的风险。如果拟议项目与公司风险相同,则可将 WACC 用作贴现增值现金流的 RRR。但是,如果拟议项目的风险较大,那么应该使用大于 WACC 的贴现率。难点在于正确估计风险并对 WACC 作相应调整。

对于是否接受基于 NPV 法的拟议资本项目,其决定原则是 NPV 是否表明项目在增加或降低创始人的价值。也就是说,拟议资本项目如果产生正的 NPV,则意味着根据预计的增量现金流和 RRR,项目应为公司和创始人增加价值。假设没有资本限制(即无限制资本),就应该接受这样的项目。至少,正的 NPV 项目是在忽视其他制约因素下可以被通过的候选项目。拟议资本项目如果产生负的 NPV,就意味着此时项目不应被通过。NPV 为零表示创始人是否采纳拟议资本项目不产生差异。对于项目 A 和项目 B,NPV 都是正的。因此,这两者都将为创始人增加价值,都是可以接受的投资。

关于排序拟议资本项目名单,规则很简单。NPV 越高,拟议资本项目就越有吸引力(忽视其他制约因素)。如果创始人拥有资本支出预算,允许投资于两个资本项目(即0年为2000万美元),假设这两个项目是独立项目,那么创始人将投资两者。如果这两个项目是互斥的,那么有更高 NPV 的项目 B 将因此被选中。如果创始人在第0年的资本支出预算为1000万美元,只有一个资本项目可以选择,即将再次选择项目 B,因为其 NPV 更高。

内部收益率法

考虑了货币时间价值(即贴现预计现金流量)的另一种方法是内部收益率法。拟议资本项目的内部收益率(internal rate of return,简称为 IRR)也称为拟议资本项目的收益率(yield)。拟议资本项目的 IRR 计算如下:

- 步骤1:预计拟议资本项目每年的增量现金流。
- 步骤2:找出将使项目增量现金流量的现值等于零的贴现率。

步骤 2 涉及迭代过程（即试错）。

例如，考虑项目 A，其预计增量现金流较早给出。计算现值的替代贴现率必须通过尝试来获得，进而求得 IRR。如果使用的贴现率为 10.17％，则 NPV 为零，因此 IRR 为 10.17％。对于项目 B，可以得 IRR 为 11.39％。

对于是否通过一个候选拟议资本项目，其决定原则（假定没有其他限制）是基于 IRR 和 RRR 的比较。如果 IRR 超过 RRR，则拟议的资本项目是通过的候选项目；如果 IRR 低于 RRR，则对拟议资本项目应予以拒绝。如果候选项目的 IRR 等于零，则创始人是否接受项目没有区别。在我们的例子中，项目 A 和项目 B 的 IRR 都超过了其 RRR。因此，两者都是可接受的资本项目。

排序规则是，IRR 越高，拟议的资本项目就越有吸引力（忽视其他限制）。项目 B 的 IRR 高于项目 A，因此排序较高。如果项目 A 和项目 B 是互斥的资本项目，则将选择具有较高 IRR 的项目，也就是项目 B。如果没有资本支出预算限制，则可以同时进行这两个项目。在有预算限制的情况下，将选择项目 B。

为什么 NPV 和 IRR 方法可能产生排序冲突　在我们的例子中，项目排序没有冲突。但情况并不总是如此。如果产生冲突，NPV 可能会给予不同于 IRR 的项目排序。我们再次考虑项目 A 和项目 B。假设 RRR 不是 10％，而是 7％。可以看出，在这种情况下，项目 A 的 NPV 超过项目 B。因此，NPV 法将项目 A 排在项目 B 的前面。但是，根据 IRR 法，项目 B 优先于项目 A。因此，两种方法在项目排序方面存在冲突。①在排序冲突的情况下，创始人应采用两种方法的哪一个？ 这两种方法都需要对拟议资本项目的增量现金流进行预测。它们也考虑了所有现金流贴现后的货币时间价值。两者都在评估过程中使用了 RRR。要了解应该使用哪种方法，我们首先必须了解为什么会产生冲突，这将有助于我们了解创始人应该使用哪种方法。

产生冲突的原因有两个。有关中期增量现金流的再投资假设是第一个原因，第二个原因是某些类型的资本项目存在多重 IRR 的可能性。

再投资假设（reinvestment assumption）　虽然我们尚未详细探讨这两种方法，但关于中期现金流的再投资方法有两种众所周知的数学特性。NPV 法假设收到的中期现金流会被公司再拿去投资，以获得 RRR。那么，如果 RRR 为 9％，则这个计算假定中期现金流每年可以再投资 9％。这是个合理的假设。

---

① 事实上，如果 RRR 低于 7.5％，就会有冲突。

相比之下,IRR方法假设收到的中期现金流量可以按计算的IRR再投资。也就是说,如果拟议资本项目的IRR为25%,则计算假设中期现金流量可以再投资,以获得每年25%的回报。这不可能发生,所以是一个不合理的假设。

这种再投资假设对于选择互斥的资本项目会产生一定的影响,在以下情景中可能导致相互矛盾的结果:(1)现金流模式有差异(即现金流的时间安排);(2)项目具有不同的经济寿命;(3)规模(即现金流量大小)存在显著差异。

多重IRR 使用拟议资本项目预计增量现金流和确定的RRR,计算出NPV。一旦拟议资本项目的预计增量现金流被确定,可以计算多少个IRR?答案可能是不止一个。例如,考虑一个拟议资本项目,具有以下增量现金流,创始人的240万美元可以投资一个资本项目,使得在第一年结束时产生正的1 500万美元增量现金流,第二年末产生负的1 500万美元现金流。也就是说,对于这个资本项目,预计增量现金流是:

年份	增量现金流(美元)
0	−2 400 000
1	15 000 000
2	−15 000 000

如果想计算IRR,我们使用25%的贴现率。通过这样做,我们得到以下信息:

年份	增量现金流(美元)	贴现率为25%的增量现金流(美元)
0	−2 400 000	−2 400 000
1	15 000 000	12 000 000
2	−15 000 000	−9 600 000

将最后一列现金流量的现值相加,得出NPV为零。由于IRR是使贴现增量现金流之和等于零的贴现率,因此IRR必须为25%。

让我们再假设贴现率为400%。以下是使用该贴现率的贴现增量现金流:

年份	增量现金流(美元)	贴现率为400%的增量现金流(美元)
0	−2 400 000	−2 400 000
1	15 000 000	3 000 000
2	−15 000 000	−600 000

将最后一列中的值相加,得出 NPV 为零。因此,IRR 是 400%。

这个资本项目的 IRR 是多少? 分别为 25%和 400%。(没有其他解决方案。)假设 RRR 为 28%:根据 IRR 法的决策原则,这个资本项目是否可以接受? 如果使用 25%的较低 IRR,则不能。如果使用较高的 IRR,这是一个可以接受的项目。使用 NPV 是没有问题的,因为对于任何 RRR,只会有一个 NPV。

为什么会出现两种解决方案? 这是因为我们假设的资本项目是一个非正常的现金流模式,如本章前面所述。当现金流的符号有不止一个变化时,可以产生多个 IRR。事实上,从数学上可以看出,可能的 IRR 数量等于现金流正负符号变化的次数。①对于我们假设的资本项目,有两次符号变化(负数到正数再到负数)。在正常现金流模式中,符号只有一次变化(负数到正数),所以只有一个 IRR。这个问题有许多办法解决,但基于再投资假设的限制,没有必要讨论这样的解决办法。

拟议的资本项目也有可能没有 IRR。例如,考虑一个拟议的资本项目,有如下预计增量现金流:

年份	增量现金流(美元)
0	2 800 000
1	−2 400 000
2	+4 000 000

当创始人获得立即提供正现金流的资产,下一年支付(负现金流),然后是正的现金流时,将产生这种现金流模式。如果创始人尝试计算 IRR,他是无法找到的。相反,无论 RRR 如何,NPV 都是正值。

资本限额和 IRR 方法　在前面几次讨论两种方法的决策原则时,我们提到可能存在资本限制,进而影响可以采纳的项目数量。这种限制,称为资本限额(capital rationing),可能会由自身强加,或者由资本市场的可用资金强加。这意味着如果创始人使用 NPV 或 IRR 来确定可接受的所有拟议独立资本项目的清单,若总成本超过资本支出预算,则并非所有这些项目都将被采纳执行。

---

① 这是数学解释。求解 IRR 的数学方程是多项式方程。也就是说,IRR 是多项式方程的解。在数学中,正根(即具有正 IRR 的解)的数量由笛卡尔的符号规则确定。该规则指出,多项式正根的数量等于或小于其非零系数的符号变化的数量。多项式方程中的系数是资本项目的增量现金流。

当存在资本限额时使用 IRR 法对拟议资本项目进行排序会产生一些问题,我们
在此通过使用 NPV 和 IRR 法来对比说明。试看下例,假设 RRR 小于 20%:

拟议项目	资本支出(美元)	NPV(美元)	IRR
1	5 000 000	650 000	20%
2	2 500 000	250 000	21%
3	1 500 000	125 000	22%
4	1 000 000	75 000	23%

注意,按照 NPV 法排列的四个资本项目的次序与按 IRR 法排序的次序相反。如果所
有四个资本项目都被接受,则总资本支出为 1 000 万美元。在没有资本限额的情况
下,所有四个资本项目都被接受,总 NPV 为 1 100 000 美元。

假设创始人的资本支出预算为 500 万美元。如果使用 IRR 法,创始人将选择项
目 2、3 和 4,因为它们具有最高的 NPV,资本支出为 500 万美元。问题是,拟议资本
项目的选择能否为创始人提供以 NPV 来衡量的最大价值。对于项目 2、3 和 4,NPV
总额为 45 万美元。然而,通过选择项目 1,需要资本支出 500 万美元,IRR 最低,创始
人将有可能实现 65 万美元的 NPV,相较于选择其他三个基本项目,可以多实现 20 万
美元的 NPV。

发生这种情况的原因是资本项目的规模不同(以资本支出的金额衡量)。规模差
异扭曲了排名。虽然较大的资本项目 1 的 IRR 低于最小资本项目 4 的资本支出,但
创始人将以 500 万美元的支出获得 20% 的收益,而不是规模为其 1/5 项目的 23%。
为了更好地进行说明,举一个极端的例子:如果创始人选择在一个资本项目上花费
1 000 万美元,IRR 为 20%,假设 RRR 低于 20%,或在一个资本项目上花费 1 万美元,
IRR 为 50%,创始人将从较大的支出中受益。因此,当存在资本限额时,创始人应该
注意 NPV,而不是 IRR。

选择资本项目的其他考虑因素

创始人选择资本项目时还应考虑其他方面。这些方面包括:

- 收回投资费用所需的时间;
- 资本项目风险的混合差异;

● 资本项目提供的管理灵活性。

如果创始人认为,回收资金所用的时间是基于 NPV 法选择资本项目的重要补充因素,则可以采用被称为投资回收期的方法。接下来将对此进行介绍。我们还解释了几种将风险纳入资本项目选择决策的特别操作。下一章将讨论用实物期权法评估资本项目时,资本项目可能提供的管理灵活性。

投资回收期

拟议资本项目的投资回收期(payback period)是增量现金流追回初始资本支出所需的时间。这个计算很简单,即累计资本项目的增量现金流,直到累计增量现金流等于资本项目的初始资本支出。该方法有利于在其增量现金流前期大量投放的资本项目。

再次考虑本章前面给出了增量现金流的项目 A。到第三年底,整个 1 000 万美元没有得到偿还,但到了第四年,累计增量现金流达到(超过)1 000 万美元。因此,项目 A 的投资回收期为三至四年。

关注有限资本的创始人可以利用这一措施来确定资本项目的相对吸引力,而不需补充 NPV 或 IRR 法。投资回收期越短,资本项目的吸引力越大。一些创始人可以将投资回收期视为资本项目风险的指标。这是因为在某些行业,诸如设备等资本项目很快会过时,又或者市场竞争可能会提高未来增量现金流回收的风险。

在候选资本项目中考虑投资回收期有两个问题。第一个问题是它忽略了超出投资回收期的增量现金流。第二个问题是它忽略了货币的时间价值。为了克服第二个问题,创始人可以使用增量现金流量的现值(在 RRR 下贴现),而不是未贴现的现金流量来确定投资回收期。所产生的投资回收期称为贴现回报期(discounted payback period)。

混合风险

创始人在评估拟议资本项目的优劣时,会以各种方式考虑风险。虽然金融理论已经提出了几种考虑风险的理论方法,但这些方法在实践中往往难以应用。然而,创始人可以使用一些简单的工具以了解与拟议资本项目相关的风险。最常见的两个是情景分析(scenario analysis)和蒙特卡洛模拟(Monte Carlo simulation)。

情景分析只需要改变产生增量现金流的各种假设,例如假设收入增长和假设运营成本。基于替代假设（这是情景）可以计算 NPV。通过在不同情景下观察 NPV，创始人可以评估对 NPV 产生影响的关键假设。

更复杂的一个方法是蒙特卡洛模拟。该技术涉及将概率分布分配给所有影响 NPV 的关键变量，基于概率分布为每个关键变量分配数字，绘制随机数以便为每个关键变量赋值，并使用所有值来获得对应的 NPV。模拟的结果是 NPV 的概率分布。蒙特卡洛模拟是一个很好的工具，但由于难以为关键变量生成概率分布，创始人往往很难去操作。

调整 WACC　在描述 NPV 法时，需要计算预期由拟议资本项目所产生的增量现金流量的现值适当贴现率。计算的起点是公司的 WACC，WACC 的计算在第 16 章中有所描述。而 WACC 就是创始人认为拟议资本项目与公司平均风险相当时的适当的 RRR。如果存在比公司平均风险更高的感知风险，则可以通过向 WACC 添加风险溢价以获得 RRR。如何确定风险溢价的方法不同。一些金融理论提出了复杂的分析。一些公司简单地为资本项目创建风险桶（risk buckets），并为每个风险桶分配风险溢价。相应地确定 RRR，然后将其用于拟议资本项目的增量现金流的贴现。

调整增量现金流　调整 WACC 以获得 RRR 的另一种替代方法是调整增量现金流，以反映出拟议资本项目的感知风险。这是通过确定每个增量现金流的确定等价收益来实现的。确定等价收益（certainty equivalent）相当于创始人今后愿意接受的金额，使其免于无法实现增量现金流的风险。

例如，考虑我们在前面例子中的项目 A。在第四年末，预计的增量现金流为 900 万美元。然后，创始人必须确定在第四年底愿意接受多少钱，以承担不能获得 900 万美元的风险。假设创始人愿意在第四年底接受 750 万美元。那么，750 万美元就相当于 900 万美元的确定等价收益。与预计的增量现金流相关的感知风险越大，确定等价收益就越低。

一旦创始人确定了带有风险的增量现金流，就可将其用于计算净额现值。在计算 NPV 时，可以使用 WACC 来对确定等价增量现金流进行贴现。

本章要点

- 资本预算决策涉及对潜在投资项目的评估，以确定该项目是否值得采纳。
- 一些资本预算决策可能对初创公司的潜在成功没有重大影响，但仍有相当一部分决策将会对公司目前的商品和服务产品的未来市场地位,或对其未来扩展的新产品线产生影响。

- 潜在投资项目的经济评估是基于拟议项目的价值。

- 拟议投资项目的估值采用评估私人公司的贴现现金流(DCF)法。

- 使用DCF法评估资本项目的一个缺点是,它倾向于低估企业的价值和权益价值,特别是对于高科技公司而言,这时可能使用实物期权法更为合理。

- 拟议投资项目可根据项目的经济寿命、项目风险和项目与其他项目的关系进行分类。

- 项目的经济寿命是拟议投资项目的现金流量预计将持续的时期。

- 与资本项目有关的风险程度随项目分类而异,具体为:替代项目(较小风险)、扩建项目(中度风险)、新产品或服务项目(更多风险)。

- 替代项目,即维护现有资本项目以维持目前运营水平的生产,或用更高效的设备替换现有设备,这类项目的风险通常低于扩建项目和新产品或服务项目。

- 扩建项目涉及扩大公司现有产品的市场份额,这种类型的资本项目使公司面临风险,即由于寻求的市场渗透不足以证明支出的合理性,支出无法得到偿还。

- 生产新产品或进入新市场使公司面临最大的风险。

- 由于公司有资本项目组合,要决定是否采用拟议的资本项目,必须考虑候选项目与现有资本项目以及和其他拟建项目的关系。

- 拟议资本项目可以根据其与现有和其他拟议资本项目的关系分类为独立项目、互斥项目和补充项目,具体取决于拟议资本项目的预计现金流将如何影响其他资本项目的现金流。

- 对于拟议独立项目的评估,预计现金流对其他资本项目的现金流没有影响,不影响是否采用其他拟议项目。

- 互斥项目是指,接受一个资本项目意味着拒绝其他拟议的资本项目。

- 通过补充项目,接受一个项目可以增加其他拟议项目的预计现金流。

- 评估拟议资本项目时,相关的现金流为拟议资本项目的预计增量现金流。

- 增量现金流由经营现金流和投资现金流两个部分组成。

- 经营现金流是由于经营活动而产生的预计增量税后现金流。

- 投资现金流是为产生经营现金流,资本项目所需的资本性支出。

- 任何一年拟议资本项目的预计增量现金流等于预计的增量经营性现金流与预

计投资现金流之间的差额。

- 正常现金流模式或常规现金流模式是指初始现金流为负数,接着产生正现金流的情况(即符号变化一次)。

- 非正常现金流模式或非常规现金流模式是指拟议资本项目可能具有初期几处的负现金流,随后是多年的正现金流,然后在过去一年或几年中为再次为负现金流的情况(即符号改变不止一次)。

- 一旦估计了拟议项目的预计增量现金流,就有必要对项目进行评估,以确定候选项目是否值得采纳。

- 用于评估候选项目的三种方法:净现值法(NPV)法、内部收益率法和实物期权法。

- NPV法是DCF法的应用,涉及三个步骤:(1)预计每年拟议资本项目的增量现金流;(2)确定每年计算资本项目增量现金流现值的合适贴现率;(3)将所有年份资本项目增量现金流的现值相加,得到项目的NPV。

- 确定合适的贴现率与确定公司的加权平均资本成本(WACC)的步骤大致相同。贴现率在这即必要收益率(RRR)或最低资本回报率。

- 如果拟议项目的风险与公司风险相同,则WACC可以被用作为增量现金流量贴现的RRR。

- 对于具有比公司更大风险的拟议项目,应使用大于WACC的贴现率,产生的难点是正确估计风险并相应调整WACC。

- 拟议项目的NPV是项目被采纳后对公司价值变化的预估。

- NPV法考虑了货币的时间价值。

- 假设没有资本约束存在(即资本是无限制的),应该接受一个具有正NPV结果的项目。

- 拟议项目的负NPV结果意味着该项目目前不应被通过,而NPV为零则意味着创始人是否接受拟议项目没有区别。

- 在使用NPV法列出的拟议项目清单中,NPV越高,拟议资本项目就越有吸引力(忽视其他约束),越应该被考虑。

- 内部收益率(IRR)或收益率是在考虑了货币时间价值的前提下评估项目的另一种方法。

- 拟议项目的IRR计算如下:(1)预测项目每年的增量现金流;(2)使用迭代过程

找出使项目增量现金流的现值等于零的贴现率。

- 关于候选项目是否需要通过的决策原则（假设没有其他约束）是基于 IRR 和 RRR 的比较。

- 如果 IRR 超过 RRR,则拟议的资本项目是可以通过的。如果 IRR 小于 RRR, 则拟议的资本项目应被拒绝。

- 排序规则是,IRR 越高,拟议项目的吸引力越大(忽略其他约束)。

- 在某些情况下,由于(1)对于中期增量现金流的再投资假设,以及(2)某些项目 类型可能出现多重 IRR,NPV 和 IRR 给出的项目排序可能不同。

- 资本限额意味着资本支出预算金额有限制,因此,如果其总体成本超过了资本 支出预算,则不是所有通过了 NPV 法或 IRR 法的独立资本项目都可以被 接受。

- 在进行资本项目选择时必须考虑的其他方面是:(1)收回投资费用所需的时间; (2)项目风险的混合差异;(3)项目提供的管理灵活性。

- 考虑拟议项目的投资回收期,即增量现金流追回初始资本支出所需的时间长 短,可用于补充 NPV 或 IRR 法,以在有资本限额的情况下确定有价值的资本 项目。

- 投资回收期忽略了超出投资回收期的增量现金流,忽略了货币的时间价值。

- 贴现投资回收期通过计算增量现金流的现值得到,因此克服了投资回收期不考 虑货币时间价值的问题。

- 投资人在评估拟议项目的优缺点时,必须以各种方式来考虑风险。

- 将混合风险纳入资本预算分析的两种工具是情景分析和蒙特卡洛模拟。

- 将混合风险纳入资本预算分析的其他方法包括调整 IRR 以反映与拟议资本项 目相关的感知风险,或调整增量现金流。

延伸阅读

Bierman, Harold Jr., and Seymour Smidt, *Advanced Capital Budgeting*：*Refinements in the Economic Analysis of Investment Projects* (New York：Routledge, 2006).

Bierman, Harold Jr., and Seymour Smidt, *The Capital Budgeting Decision*：

Economic Analysis of Investment Projects, 9th ed.(New York: Routledge, 2007).

Pachmanova, Dessislava A., and Frank J. Fabozzi, *Simulation and Optimization in Finance* (Hoboken, NJ: John Wiley & Sons, 2010), chap. 17.

Peterson, Pamela, and Frank J. Fabozzi, *Capital Budgeting: Theory and Practice* (New York: John Wiley & Sons, 2002).

18 实物期权分析

在讨论私人公司的估值和创始人考量资本项目时,我们解释了(1)将风险纳入分析的重要性,以及(2)管理灵活性的价值。虽然第 17 章介绍了两种风险的评估工具,即敏感度分析和模拟分析,但这些工具没有提供关于是否通过或拒绝某拟议资本项目的指导,也没有解决如何对替代方案进行排序的问题。另一种方法是使用决策树,正如前一章中所述,对被估值公司和拟投资项目采用 DCF 法,但这个方法没有考虑管理的灵活性。

能够同时考虑风险和管理灵活性的方法是实物期权法,或称实物期权分析。这种方法的基本原则是,在估计企业价值和权益价值时,公司现有资产组合(其"到位资产")的期权已经创建,为创始人提供了灵活的管理决策来增加公司价值。就拟议的资本项目而言,可能会创建一些期权,在评估项目时应该考虑到这些期权。

公司已经拥有或创始人正考虑投资的资产可能为创始人提供灵活性,包括

- 扩展业务活动;
- 签订业务活动合同;
- 放弃商业活动;
- 参与相关的业务活动实现增长;
- 暂停业务活动,然后在未来重新启动相同的业务活动。

此外,拟议的资本项目不仅可以为创始人提供上述一种或多种灵活性,而且可以灵活地推迟对商业活动的投资。正是这些灵活性使得创始人从未来受益,因此应在估值企业或拟议的资本项目时对这些因素加以考虑。然而,这种管理灵活性不被 DCF 法包含在内。

在实践中,管理层主要通过两种方式来进行实物期权分析。首先是在概念上使用实物期权。也就是说,实物期权分析提供了一种衡量资本项目为创始人提供灵活性的方法,而不需要量化资本项目可能产生的期权价值。有人把这种使用方法称作为实物期权推理(real options reasoning)。第二种方法是试图量化可能从资本项目中创造的实物期权价值。这种使用方法被称为实物期权估值(real options valuation)。

创始团队要创造有价值的期权,然后将价值抽象化,就必须理解何为实物期权,其重点在于区分创始人最终必须在项目上做些什么,以及项目可能实现什么。[1]一旦采用了该项目,创始人就必须执行一些事情,那么从定义上讲,就不存在管理的灵活性。因此,DCF 法是可接受的方法。当创始人可以采取一些行动,并且能够积极地把这些元素作为一种期权来构建时,就可以创造价值。

本章将讨论实物期权方法。尽管本章的主要焦点是实物期权推理,但是在本章的结尾部分将对实物期权估值进行简单的描述。实物期权估值不仅需要大量关于标准期权定价理论的知识,如第 15 章中关于金融期权定价的解释,还需要进行理论修正,以处理与资本项目和公司估值相关的独特性。

科技与实物期权

尽管 DCF 法被广泛使用,但研究人员和业界人士早已认识到了实物期权法的重要性。实物期权的概念可以追溯到斯图尔特·迈尔斯(Stewart Myers),他在 1977 年写道:

> 为了更好地进行说明,将企业看成由两种不同的资产类型组成:(1)具有独立于企业投资战略的市场价值的实物资产;(2)实物期权,即在资产可能的有利条件下的购买机会。[2]

---

[1] 参见 Robert G. Fichman, Mark Keil, and Amrit Tiwana, "Beyond Valuation: 'Options Thinking' in IT Project Management," *California Management Review* 47, no.2(2005): 74—100。虽然这篇文章侧重于 IT 项目,但其基本原理也适用于所有高科技公司。

[2] Stewart C. Myers, "Determinants of Corporate Borrowing," *Journal of Financial Economics* 5 (1977): 163.

迈尔斯继续解释了为什么实物期权可以被视为对实物资产的看涨期权或看跌期权。

就企业估值而言,早期的高科技公司通常只有少量资产。这些资产在公司资产负债表上的价值可能为零,但这些资产在未来可以创造价值或带来管理的灵活性。迈克尔·J.布伦南(Michael J.Brennan)认为,企业估值方法应该考虑到以知识为基础的高科技企业的特征,而不是仅仅依靠已经应用于制造业的传统评估方法。[1]高科技公司具有较高估值的实物期权,因而它们比传统估值方法所获得的估值更高。当风险投资公司投资一家早期公司时,它基于他们所认为的早期公司发展机会,这往往涉及新产品的引入,因此需要有效评估实物期权。

例如,考虑一个早期的研发项目。1988 年,格雷厄姆·R.米切尔(Graham R.Mitchell)和威廉·F.汉密尔顿(William F.Hamilton)指出,由于针对企业战略定位的研发项目使企业能够在行情有利的情况下向市场推出新产品,具备了看跌期权和看涨期权的属性。[2]因此,任何不承认研发方案的投资标准都是有缺陷的。这种观点导致了长期战略研发投资领域中的所谓"技术期权法"。阿维纳什·K.迪希特(Avinash K.Dixit)和罗伯特·S.平狄克(Robert S.Pindyck)进一步发展了这一思路,探讨研发资本项目与金融期权的类同之处。[3]

我们来看看早期研发支出的建议。[4]为了了解如何利用这种拟议的资本项目创造管理灵活性或实物期权,我们可以考察研发项目的各个阶段。新技术每个阶段的结果都决定了下一步是继续、推迟还是放弃新技术的开发。如果没有早期的研发资本支出来减少未来的不确定性,未来的期权就不可能建立起来。

在 20 世纪 90 年代中期,特伦斯·W.福克纳(Terrence W.Faulkner)在考虑柯达公司(Eastman Kodak)的研发项目时解释了实物期权原理的独到之处,并解释了这

[1] Michael J.Brennan, "Corporate Finance over the Past 25 Years," *Financial Management* 24, no.2 (1995):9—22.

[2] Graham R.Mitchell and William F.Hamilton, "Managing R&D as a Strategic Option," *Research Technology Management* 50, no.2(March-April 2007):15—22.

[3] Avinash K.Dixit and Robert S.Pindyck, *Investment Under Uncertainty*(Princeton, NJ: Princeton University Press, 1994), and Avinash K.Dixit and Robert S.Pindyck, "The Options Approach to Capital Investment," *Harvard Business Review* 77(May-June 1995):105—115.

[4] 通过早期研发项目产生未来机会的实物期权,随后投资于新技术区域,有时被称为技术期权。

种方法将如何产生比 DCF 法更高的估值。另外,他还建议修正 DCF 法来识别实物期权。①福克纳建议将研发项目分解为几个阶段。然后,每个阶段都有自己的贴现率来确定预测现金流量的价值——而不是像 DCF 法那样将同一贴现率用于所有现金流——并且,每个阶段的分析都将取决于前一阶段的分析。通过这种方式,研发项目创建的所有期权都必须在每个阶段分别进行考虑。

关于技术估值为何与典型的实物资产或金融资产估值不同,主要理由有三:②

(1) 创新技术是无形资产,在财务上是隐形的。回想一下我们在第 9 章讨论无形资产的财务会计处理时,认为无形资产被注销为支出,因此在资产负债表中它们的价值为零。创新技术的价值在于参与研发项目的科学家和工程师的才能、经验和实验记录。

(2) 技术的价值与其他技术资产和/或有形资产联系紧密。这些联系包括技术过去、现在和将来的发展,技术的权利可能是由公司内部产生的,也可能由公司的客户、供应商或一些不相关的第三方产生。由于这些联系,人们可以将数学术语中的技术资产看作非线性的,并应对其进行估价。相比之下,基于 NPV 等现金流量的分析对新技术的潜在资本项目进行估值分析,是一种线性的估值方法。

(3) 与金融市场中金融资产投资者面临的独特风险不同,投资于研发项目的独特风险要大得多。在投资期权这种高度杠杆化的金融产品时,金融市场面临相当大的独特风险。

波尔(Boer)继续解释这一缺陷,首先是将用于评估技术资产的最低资本回报率和贴现率混淆在一起。正如在第 17 章末所述,通过提高风险较高项目的最低资本回报率(或必要收益率 RRR),风险通常会被纳入评估分析的考虑。通常情况下,企业可以将拟议的资本项目放入不同的风险桶,例如低风险、中风险和高风险,并为每个分类配备一个最小的 RRR。涉及新技术开发的拟议资本项目通常被置于高风险类别,因此需要最高的 RRR。如果以非常高的贴现率贴现,如第 17 章所示,长期现金流变得微不足道。实际上,许多新产品可能需要 10 年(新药研发的时间为 10—15 年)才能产生大额的正现金流量。这就会导致研发项目开发技术资产时,该项目的货币时间

① Terrence W. Faulkner, "Applying 'Options Thinking' to R&D Valuation Options," *Research Management Technology* 39, no.3(1996):50—56.

② 这些原因参见 F.Peter Boer, "Traps, Pitfalls and Snares in the Valuation of Technology," *Research Technology Management* 41, no.5(1998):46.

价值被误用,因为它没有考虑到对研发项目的投资是分阶段进行的,直到关键风险在研发的早期阶段得到更好的评估,才会进行下一步投资。

也就是说,由于研发项目分阶段进行,后期阶段的信息可以揭示早期风险较高的原因,因此 RRR 不应随时间而变化。例如,在研发项目的后期阶段,原型已经被开发出来并且为客户所接受,适当的 RRR 应该接近公司典型商业活动所反映的风险,而不是被赋予一个较高的风险评级,高风险评级只在研发项目的早期阶段适用。

另一个缺陷在于,DCF 法计算的是拟议资本项目的终值。正如第 17 章所述,创始人确定衡量现金流量的运营年数,然后预测未来的剩余年数,假定增长率不变,以获得最终价值。然而,对于技术资产而言,正是那些剩余年数能够产生大多数的现金流收益。传统终端价值的计算和基于不变增长率假设的计算,都不适合依靠技术创新的成长型公司。

波尔还指出,金融分析师和理解技术对于公司重要作用的人,他们对待拟议资本项目的吸引力的看法不同。假设没有资金或其他限制条件,金融分析师将其作为决策标准,接受一系列提议的独立资本项目,以最大化公司的 NPV。相反,技术专家意识到,前面提及的那些复杂联系导致拟议的资本项目不是真正独立,技术确实会产生关联。正如波尔所言:

> 总而言之,金融分析师是分析师——他们很乐意将项目分解到其组成部分中。这是一个狭隘但有用的学科。
>
> 最好的技术人员是合成器。他们的思考有广度,思考的领域没有量化工具,并使用技术的语言。在这个博弈中,对于直觉和未来的把握,以及同技术社区的联系,这三者和技术能力一样重要。[1]

波尔认为,在对拟议新技术创造的期权进行估值时,应该考虑以下四个因素:(1)技术配对;(2)当前和潜在市场的规模;(3)联系强度;(4)联系的两极化。

实物期权法的动机

介绍到这里,要想讨论到位资产或拟议资本项目如何创造提供管理灵活性以增

---

[1] Boer, "Traps, Pitfalls and Snares in the Valuation of Technology," 51.

加价值的期权,仍然非常抽象。为了更好地说明实物期权分析的重要性,我们举一个例子。

考虑一个创始团队,该团队必须决定研发产品 A 的早期研发资本支出。资本支出为 2 100 万美元,以确定产品的技术可行性。为了更好地说明,假设资本项目的时间周期非常短,货币的时间价值可以忽略不计(即可以使用未贴现的现金流)。创始团队估计了产品 A 的成本以及在技术可行的情况下产品 A 的收入。

假设创始团队预计收入为 7 000 万美元或 1.82 亿美元,估计成本预计为 5 000 万美元、1.12 亿美元或 1.68 亿美元。为简化起见,我们假设创始团队认为预测收入的两种情景其发生可能性相同,预测成本也是如此。因此,在分析中,我们可以使用预计收入和成本的平均值。

平均预计收入为 1.26 亿美元,平均预计成本为 1.1 亿美元。使用 DCF 法,净现值(NPV)由下式给出:

$$NPV = 1.26 \text{ 亿美元} - 1.1 \text{ 亿美元} - 2 100 \text{ 万美元} = -500 \text{ 万美元}$$

因此,根据 NPV 的规则,由于 NPV 为负,不应通过早期研发产品 A。

请注意,在上述 NPV 分析案例中,使用的是不确定的收入和成本。我们在这做两个假设。首先,我们假设生产产品 A 的成本是不确定性的主要来源。其次,我们假设,在早期研发上花费的 2 100 万美元将能够提供更多在一年结束时的成本信息。如果确定制造产品 A 的预计成本是三项成本中最大的一项(1.68 亿美元),则创始团队将不承担该假设条件下的研发支出。然后,假定成本下每种情景的利润(即收入减去成本)由下式给出:

利润(如果成本是 5 000 万美元)= 1.26 亿美元 - 5 000 万美元 = 7 600 万美元

利润(如果成本是 1.12 亿美元)= 1.26 亿美元 - 1.12 亿美元 = 1 400 万美元

利润(如果成本是 1.68 亿美元)= 0 美元

注意,上一个成本情景中没有收入和成本,所以利润为零。平均利润为 3 000 万美元,NPV 则为 900 万美元(3 000 万美元 - 2 100 万美元)。由于 NPV 为正数,按照规定,一旦确认不再产生项目的期权价值,就应当通过产品 A。

因此,使用 NPV 法,不应该进行早期的研发资本支出,但是在解决了产品 A 成本的不确定性之后,这笔支出就可以创造价值了。原因在于,为创始团队创造的 2 100 万美元支出可以获得更多关于制造产品 A 的相关成本信息,这是 NPV 分析没有考虑的一个期权。

在我们的例子中,早期的研发支出使创始团队可以避免可能导致损失的情况。另一种解释是,如果在从2 100万美元获得更多信息之后出现不利的成本情况,则创始团队能够放弃(即可以选择放弃)对产品A的开发支出。

我们通过假设时间段较短以使用未贴现的值来简化该例;还有另外一种方法证明实物期权法优于NPV法。回想一下,在NPV法下,通常通过调整NPV来考虑风险。例如,假设正在考虑开发产品A的创始团队将资本项目分为两种风险类别:"高"(要求30%的回报率)和"平均"(要求20%的回报率)。进一步假设20%是公司的加权平均资本成本(WACC),因此20%反映了与公司典型资本项目或商业活动相关的风险。在NPV法下,研发资本支出将所有现金流以30%贴现。然而,通过实物期权分析,在初始投资之后消除了不确定性,这可能导致创始团队将风险重新归类为平均风险,反过来可以证明使用20%的RRR(即公司的WACC)是合理的。

虽然我们的例子侧重于对拟议资本项目进行估值,但适用于到位资产的实物期权估值原则同样适用于对企业价值或权益价值的评估。

在资本预算环境下买入看涨期权的解读

在第15章中,我们解释了金融期权以及看涨期权和看跌期权的买方回报。让我们看看另一种解释金融期权的方法,这对于理解实物期权可能更加有用。

首先考虑一个看涨期权。这个期权使得决策者在将来某时候有权以执行价格购买期权的标的资产。购买成本是期权价格。通过行使看涨期权,决策者有权收取期权标的资产的预期未来现金流。例如,在金融期权的情况下,标的资产可能是普通股的一部分。若行使期权,决策者支付执行价格并有权获得股票的预期未来现金流。若不行使期权,决策者避免支付执行价格,放弃股票的预期未来现金流。无论期权是否被行使,决策者都可以放弃支付的期权价格。

现在我们假设标的资产是一个创始人正在考虑的早期研发资本项目,如同本章前面的例子。在考虑期权的情况下评估该拟议的资本项目,如果创始人决定继续推进项目,则必须投入2 100万美元。用金融期权的术语来讲,2 100万美元是期权价格。在本例中,我们假设创始人必须在从2 100万美元中获得的信息后,决定是否再投资一年。请记住,创始人有权利而非义务去行使期权。如果创始人决定通过开发产品 A 来行使期权,公司就有权收到项目的预期现金流。

医药生物技术公司的实物期权分析与研发过程

实物期权分析最常见的应用之一是制药公司和生物技术公司对新药的研发项目。[①]正如斯图尔特·迈尔斯所指出,"DCF 法对于纯粹的研究和开发根本没有任何帮助。研发的价值几乎都是期权价值"。[②]

这里我们简要说明研发流程,以制药公司或生物技术公司作为发起公司。我们重点关注技术风险,以解释为什么实物期权比标准的金融期权更为复杂。

发起公司测试的每种化合物实质上都是一个资本项目。创新药物上市所面临的风险是技术风险和市场风险。技术风险是科学风险造成的障碍。市场风险是药物进入市场时的商业表现风险。制药业提供的一些重要统计数据对于理解新药的上市风险至关重要,具体如下:[③]

- 开发一种药物需要 10—15 年的时间。
- 研究和开发成功药物的平均成本从 8 亿美元到 10 亿美元不等,其中包括与实验失败相关的成本。
- 每产生 5 000—10 000 种被研究药物的化合物,只有一种能被批准。

研发过程涉及高度规范、固化的研发阶段。在向 FDA(或欧盟欧洲药品管理局)提出监管批准申请之前,研发过程分为两个阶段:预发现阶段和临床试验阶段。每个阶段都有其程序。

预发现阶段包括以下两个阶段:

- 预发现阶段:在这一阶段,目的是要了解需要治疗的疾病,选择制造新药物的主要化合物,确认目标药物可以对疾病起作用,对所识别的主要化合物进行初始测试,并对这些主要化合物的结构进行修改,以改进其性能,从而使其能够有效

---

① 制药公司和生物技术公司的区别在于,前者开发的小分子化合物是基于化学品或植物合成的小分子,而生物技术公司则利用生物技术创造大规模分子药物来治疗特定的疾病或病症。由于重新制造和测试这些药物需要花费时间,因此寻求获得监管批准的生物技术公司的研发过程往往更长。制药公司经常与生物技术公司建立合作关系,以取得获得批准的药物。

② Stewart C.Myers, "Financial Theory and Financial Strategy," *Interfaces* 14(1984): 135.

③ "Drug Discovery and Development: Understanding the R&D Process," Pharma, February 2007, http://www.phrma.org/sites/default/files/pdf/rd_brochure_022307.pdf. The description of the R&D process here draws from this publication.

地按要求发挥疗效,对抗病症。

- 临床前测试阶段:在这个阶段进行实验室测试和动物测试,以确定在药物中使用的候选主要化合物是否足够安全,达到在人体中进行测试的标准。

预发现阶段需要 3—6 年的时间。如果预发现阶段成功,发起公司必须对人类进行临床测试。但是,进入临床试验阶段需要获得监管部门的批准。发起公司必须向监管机构提交研究性新药申请。如果它被监管机构批准,则发起公司会进入临床试验阶段。临床试验阶段分为三个阶段:

- 第一阶段:对 20—100 名健康志愿者进行目标药物的测试,以确定它是如何被人体吸收,以及如何从体内代谢的;识别副作用;确定安全剂量;并通过进一步改变主要化合物的结构来确定是否可以改进药物。

- 第二阶段:对 100—500 名患有该疾病或病症的患者进行目标药物测试。这里的目的是识别潜在的短期副作用和其他医疗风险,评估药物是否按预期发挥作用,并确定药物施用的最佳剂量和时间安排。

- 第三阶段:临床测试的最后阶段成本最高,测试周期最长。将该药物施用于大量患者(1 000—5 000 名),以产生关于该药物的安全性和功效的统计数据。

在临床试验阶段,特别是第三阶段,发起公司将计划大规模生产药物。

在对临床试验数据进行统计分析后,想要销售该药物的发起公司必须向 FDA 提交一份新药申请,并请求批准。然后由 FDA 召集的专家咨询委员会审查这份可能超过 10 万页的申请,以确定药物的安全性和有效性。FDA 的审查过程可能产生三个结果:(1)批准;(2)直到收到更多的信息批准;(3)拒绝批准。

从制药公司必须经历的研发过程中,我们应注意涉及实物期权的以下几点。首先,这个期权不是一个标准的金融期权,而是一个复合期权(更具体地说是一个复合看涨期权)。正如第 15 章所述,复合期权是一系列期权的组合,其中一个期权的行使允许期权买方(管理层)进入另一个期权。

其次,实物期权分析假定资本项目的价值随时间的推移而变化,这取决于一些假定的随机过程。假设随机过程对随机变量表现出高度的波动性,而这些随机变量被认定为可以提高资本项目的价值。如第 15 章所述,对金融期权采用标准期权定价模型的原因是,期权在其生命周期中具有一定的价值。但对于一些资本项目来说,情况并非如此,因为资本项目在某些情况下可能会因某些事件而失去价值,例如一个无法克服的技术问题,或者政府法规使得目标产品或服务无法进入市场。药物研发项目尤其如此。根据第15章,具有这种特征的金融期权被称为敲出期权。如果应用简单的标准期权定价模型就忽略了敲出这一特点,将导致资本项目被高估,所以在这种情况下,实物期权法才是首选。

实物期权的分类

在现有资产和拟议资本项目中创建实物期权。最常用的分类是由托马斯·E.科普兰(Thomas E.Copeland)和菲利普·T.基南(Philip T.Keenan)提出的7S框架。[①]这个分类下有三类实物期权:增长期权、放弃期权和延期期权。各类别各不相同。由现有资产或拟议资本项目创造的实物期权可以进行组合;即复杂期权,例如第15章中复合实物期权和敲出期权等。

增长期权

增长期权分为三类:放大期权(scale-up option)、转换期权和"扩围"期权。由拟议资本项目创造的放大期权能够提供未来增值机会。若拟议资本项目可以让管理层在项目的生命周期内灵活升级技术,以便生产更好的产品或降低生产成本,这被称为转换期权(switch-up option)。若某一行业中专有资产的资本项目使管理层能够以成本效益的方式进入另一个行业,则这个实物期权被称为"扩围"期权(scope-up option)。

放弃(收缩或消除)期权

增长期权为放大、转换和扩展范围提供了管理灵活性,而放弃期权为管理层提供了缩小、关闭和缩减范围的灵活性。

缩小期权(scale-down option)允许管理层关闭一个资本项目或缩小其规模,因为这样做可以获得更多关于项目盈利能力的信息。当拟议的资本项目允许管理层在接受更多信息或市场条件改变(例如投入的相对成本)后转换到更具成本效益的生产方法时,该期权被认为是关闭期权(swith-down option)。最后,由拟议的资本项目创建

---

① Thomas E.Copeland and Philip T.Keenan, "How Much Is Flexibility Worth?," *McKinsey Quarterly* 2(1998):38—49.

一个"缩围"期权(scope-down option),如果拟议的资本项目不能提供进一步的利润潜力,管理层就可以灵活地限制范围或完全放弃项目。

延期期权

延期期权(deferral option)允许管理层延迟投资于资本项目,直到其获得更多信息或获取更多资源。由于这种实物期权可以让管理层在进行后续投资前获得更多的信息,因此也被称为学习期权(learning option)。

执业者使用实物期权分析

斯图尔特·迈尔斯在1977年提出了关于实物期权的论述,当时他认为实物期权表示"有机会以可能有利的条件购买实物资产",随后于1984年扩充了自己的论述。[1]从20世纪90年代起,各类关于大公司使用实物期权分析的出版物开始涌现。早在1993年,安吉林·卡米娜(Angelien Kemna)就撰写了关于壳牌公司使用实物期权法的三个案例研究。[2] 1994年,时任默克首席财务官在《哈佛商业评论》(*Harvard Business Review*)发表的一篇采访中提到了使用实物期权分析。[3]在20世纪90年代的最后五年,研究人员进一步开发了估计实物期权价值的分析方法。

报告指出,壳牌和默克等大型公司正在使用实物期权法,彼得·科伊(Peter Coy)在1999年的《商业周刊》(*Business Week*)中宣称,将发生一个"真正的期权革命",它将主导资本预算决策。托马斯·科普兰和弗拉基米尔·安迪卡洛夫(Vladimir Antikarov)在2001年预言,实物期权法将在21世纪头十年末成为评估资本项目的主要工具。[4]马库斯·哈特曼(Marcus Hartmann)和阿里·哈萨(Ali Hassa)在2004年2月和10月对制药业使用实物期权分析研发来进行决策的一项调查得出,实物期权分析作为一个概念的应用是"受到青睐的,因为它提供了更全面的项目分析,而不必从

---

[1] Myers, "Determinants of Corporate Borrowing" and "Financial Theory and Financial Strategy."

[2] Angelien G.Z. Kemna, "Case Studies on Real Options," *Financial Management*, Autumn 1993, 259—270.

[3] Nancy A. Nichols, "Scientific Management at Merck: An Interview with CFO Judy Lewent," *Harvard Business Review* 72(1994): 89—99.

[4] Peter Coy, "Exploiting Uncertainty: The Real-Options Revolution in Decision Making," *Business Week*, June 7, 1999, 118—124.

根本上改变现有的估值方法"。①尽管有这个发现，并且偶有发表物表示有的大公司会使用实物期权分析②，但是调查研究并没有显示这种方法被广泛接受。③

对实物期权推理的批评是，决策者还不清楚应该做什么。④有些人认为，实物期权法的提倡者在关于为什么应选择该方法而不是具体的实施方法上，其类比是模糊的。⑤因此，一些从业者将实物期权法视为一种理论—学术的建构。

实物期权估值模型

正如本章开头所述，实物期权分析可以通过两种方式进行：实物期权推理和实物期权估值。到目前为止，我们的重点放在前者。接下来将以实物期权估值结束本章。

最初，实物期权估值的倡导者说明了如何使用最流行的金融期权定价模型，即第15章讨论的布莱克—斯科尔斯模型。尽管模型很受欢迎，但该模型下的预设使其不适用于复杂金融期权的估值。如前所述，管理者面临的真实情况更偏向于复杂的金融期权（具有敲出特征的复合期权），而不是标准的金融期权。因此，很少有从业人员使用布莱克—斯科尔斯模型来评估早期公司。

相反，更流行的方法是确定并量化公司现金流，获得估值需要的关键因素。相关的现金流使用统计模型随时间推算得出，这些模型使公司资产在企业估值时具有管

---

① Marcus Hartmann and Ali Hassa, "Application of Real Options Analysis for Pharmaceutical R&D Project Valuation: Empirical Results from a Survey," *Research Policy* 35(2006):343—354.

② Martha Amram, Fanfu Li, and Cheryl A. Perkins, "How Kimberly-Clark Uses Real Options," *Journal of Applied Corporate Finance* 18(2006):40—47.

③ These surveys of companies since 2006 include Fadi Alkaraan and Deryl Northcott, "Strategic Capital Investment Decision-Making: A Role for Emergent Analysis Tools? A Study of Practice in Large UK Manufacturing Companies," *British Accounting Review* 38(2006):149—173, 2006; Stanley Block, "Are 'Real Options' Actually Used in the Real World?" *Engineering Economist* 52(2007): 255—267, and Richard M. Burns and Joe Walker, "Capital Budgeting Surveys: The Future Is Now," Journal of Applied Finance 19(2009):78—90.

④ Ron Adner and Daniel A. Levinthal, "What is Not a Real Option: Considering Boundaries for the Application of Real Options to Business Strategy," *Academy of Management Review* 29(2004): 74—85.

⑤ Michael L. Barnett and Roger L. M. Dunbar, "Making Sense of Real Options Reasoning: An Engine of Choice or Backfires?" in *Handbook of Organization Decision Making*, ed. Gerald P. Hodgkinson and William H. Starbuck(New York: Oxford University Press, 2008), 383—398. Barnett 和 Dunbar 追踪了实物期权推理的发展，并解释了与其应用相关的一些难点。

理上的灵活性,在项目估值时具有对拟议资本项目的管理灵活性估值。该方法要求较高的统计和建模技能。

下面我们为企业估值和资本项目估值提供实物期权估值模型的样本。

早期高科技公司的企业价值评估模型:施瓦茨—穆恩(Schwartz-Moon)模型

2000 年,爱德华多·S.施瓦茨(Eduardo S.Schwartz)和马克.穆恩(Mark Moon)首先运用复杂的实物期权估值模型对互联网公司进行估值,然后将其模型应用于对亚马逊公司(Amazon.com)的估值。[1]此处不会提供互联网企业估值模型的详细信息,但将描述关键的建模方面,以便说明企业价值估值方法的复杂性。

施瓦茨和穆恩从互联网公司估值的关键驱动因素"连续时间模型"开始。连续时间模型通常用于财务模型变量。[2]关键驱动因素是指那些影响被估值公司现金流的变量,如收入和支出(固定和变动,如第 14 章所述)。尽管估值模型是作为连续时间模型制定的,但被估值公司的数据是以离散时间(通常是季度)的形式提供的。因此,施瓦茨和穆恩必须获得一个近似连续时间模型的"离散时间模型"。

为了实施这个模型,他们必须对可能的未来融资以及未来向股东和债券持有人的现金分配做出各种假设。进一步实现估值,就要求基于公司现有数据估算模型中的各项参数。模型中有 20 多个参数。正如施瓦茨和穆恩所指出的那样:"对模型参数的估计可能是分析中最关键的因素,需要依靠大量关于被估值公司及其行业的专业知识。"[3]问题是,对于早期公司,财务信息和经营业绩的有限历史数据意味着模型估计的参数会有相当大的估计误差。对于亚马逊公司而言,施瓦茨和穆恩针对 1996 年 3 月至 2009 年 9 月的 15 个季度,使用季度销售额和成本等相关信息来计算利息、税收、折旧和摊销前利润(EBITDA)。

给定离散时间模型和估计参数,使用蒙特卡洛模拟来获得估值。由于模型的参数会受到估计误差的影响,因此采用对参数进行替代估计的情景分析。在将其估值模型应用于亚马逊网站时,施瓦茨和穆恩发现,两套参数对公司估值的影响显著。一

---

①   Eduardo S.Schwartz and Mark Moon, "Rational Pricing of Internet Companies," *Financial Analysts Journal*, May-June 2000, 62—74.

②   更具体地说,关键变量是用随机微分方程建模的。有关连续时间模型的全面讨论,参见 Robert C.Merton, *Continuous-Time Finance* (New York:Wiley-Blackwell, 1992)。

③   Schwartz and Moon, "Rational Pricing of Internet Companies," 65.

是成本函数的可变部分。二是收入增长率变化的随机过程。

施瓦茨和穆恩的模型中有两点很有趣。首先,尽管他们提出的模型很简单,但对于没有接受过金融建模培训的人来说,这个模型并不简单。它通过对公司进行金融建模(这是第二点)使得创始人专注于公司价值的关键驱动因素。这让我们回到实物期权推理的目的下的实物期权分析。

施瓦茨—穆恩模型适用于在上市互联网公司的估值。由于缺乏足够的经营和财务历史来估算实施一个金融模型所需的参数,所以将其应用于早期高科技公司的估值要困难得多。随后的研究人员提出将实物期权法应用于早期公司。

制药和生物技术公司研发的企业价值评估模型

实物期权法支持者往往会关注制药和生物技术公司开发药物的研发项目。一些研究表明,使用实物期权法进行估值,其效果优于用 DCF 法评估制药行业研发投资战略。①这些研究也说明了如何制定实物期权法来评估研发项目的价值,以防永久性的项目失败。例如,施瓦茨和穆恩开发了一个实物期权模型来评估研发项目,针对可能发生导致项目价值为零的灾难性事件的情况。②丹尼·卡西蒙(Danny Cassimon)、M.德·巴克(M.De Backer)、彼得-扬·格伦(Peter-Jan Engelen)、马丁·凡·乌(Martine Van Wouwe)和 V.约德纳夫(V.Yordanov)将这个问题作为一个复合期权问题来处理,在项目的每个阶段使用不连续的成功和失败概率来反映技术灾难性失败以评估研发项目价值,进而评估研发过程获得制药许可的机会。③

前面描述的用于互联网公司企业估值的施瓦茨—穆恩模型,被用于对早期公司的估值,可以将其描述为"独立"模型。也就是说,通过全面考虑所有的商业机会来对公司估值。另一种方法是通过查看组成业务来评估公司。大卫·凯洛格(David

---

① 参见 Rita Gunther McGrath and Atul Nerkar,"Real Options Reasoning and a New Look at the R&D Investment Strategies of Pharmaceutical Firms," *Strategic Management Journal* 25 (2004):1—21。

② Edwardo S.Schwartz and Mark Moon,"Evaluating R&D Investments," in Michael Brennan and Lenos Trigeorgis(eds), *Project Flexibility*, *Agency and Competition* (Oxford: Oxford University Press, 2000), 85 106.The stochastic process that Schwartz and Moon assume is the Poisson Process.

③ Danny Cassimon, M.De Backer, Peter-Jan Engelen, Martino Van Wouwe, and V.Yordanov,"Incorporating Technical Risk into a Compound Option Model to Value a Pharma R&D Licensing Opportunity," *Research Policy* 40(2011):1200—1216.

▼
350

Kellogg)和约翰·M.查纳斯(John M.Charnes)使用这种方法来评估生物技术公司。[1]他们的目的是建立一个可供普通股分析师使用来评估有望开发一种重量级药物的生物技术公司的模型。估价等于其药物开发项目价值的总和。该模型被应用于阿杰朗制药公司(Agouron Pharmaceuticals),该公司正在开发一种治疗 HIV 阳性患者的药物[奈非那韦(Viracept)]。

凯洛格和查纳斯为估值模型加上了一个增长期权,因为最初新分子实体的发展与购买随后新分子实体价值的看涨期权相似。用于计算阿杰朗制药公司价值的方法是二项式—网格模型,这是一种金融期权估值的常用模型,也是一种允许包含增长期权的模型。

由于阿杰朗制药公司自 1987 年以来就是一家上市公司,因此凯洛格和查纳斯能够将其估值与交易股价进行比较。他们在奈非那韦研发的五个重要日期比较了估值:开始临床前试验(1994 年 6 月),宣布公司将开始一期试验(1994 年 10 月 20 日),1995 年和 1996 年的会计年度结束时,宣布该公司正在申请奈非那韦的新药申请(1996 年 12 月 23 日)。凯洛格和查尔斯发现了以下几点:

> 在对阿杰朗制药公司估值时,发现我们的方法最适用于奈非那韦项目的早期阶段,因为当时完成时间和收入来源的行业平均值更容易得到并被证明。随着奈非那韦的进展,均值不再起作用。关注股票的金融分析师可能会对重要输入因素的后期有更好的估计。而此处的实物期权法能提供更全面的信息,这是对股票分析师分析工具的强大补充。[2]

正在申请专利的高科技公司的实物期权估值

由于投资者面临成功申请专利的不确定性,对早期公司的估值必须有一项是考虑尚未申请到专利的技术,这使估值变得困难。J.巴里·林(J.Barry Lin)和安东尼·F.赫布斯特(Anthony F.Herbst)为正在申请专利的公司估值提出了一个实物期权模型。[3]这

---

[1] David Kellogg and John M.Charnes, "Real-Options Valuation for a Biotechnology Company," *Financial Analysts Journal*, May-June 2000, 76—84.

[2] Kellogg and Charnes, "Real-Options Valuation for a Biotechnology Company," 84.

[3] J.Barry Lin and Anthony F.Herbst, "Valuation of a Startup Business with Pending Patent Using Real Options," January 15, 2003, http://www.usapr.org/Papers_Source/37.pdf.

种估值方法涉及对嵌入式增长期权的估价。林和赫布斯特用一个数值例子说明了如何将实物期权法应用于早期的高科技公司,以解决未决专利的不确定性问题,以及如何正确评估一个经过优化的增长期权。最优执行的情况在评估中至关重要。此外,林和赫布斯特还解释了实物期权资产不确定性的价值演变类型与专利申请不确定性的商业风险类型这两者之间的重要区别。

用于实物期权估值的商业软件模型

一些供应商提供的软件可用于实物期权估值。专门从事实物期权估值的咨询公司采用专有模型。不应盲目使用实物期权估值模型。应仔细评估候选模型的基本假设和框架。这些假设和参数估计对估值至关重要。例如,布莱克—斯科尔斯模型的盲目应用可能会导致产生不切实际的估值。

本章要点

- 由拟议资本项目创建的转换期权使管理层能够在项目生命周期内灵活地升级技术,以便生产出更好的产品或降低生产成本。
- 拟议资本项目在某一行业专有资产中创建"扩围"期权,能够使管理层以具有成本效益的方式进入另一个行业。
- 拟议资本项目中的放弃期权使管理层能够灵活地缩小、关闭和缩减业务范围。
- 若拟议的资本项目中设立一个"缩围"期权,管理层可以关闭一个资本项目,或者缩小资本项目的规模,进而获取更多关于可能影响项目收益因素的信息。
- 拟议资本项目中的切换期权允许管理层在有更多信息可用或市场条件发生变化时,切换到更具成本效益的生产方式。
- 如果拟议的资本项目不能提供进一步的利润潜力,"缩围"期权允许管理层灵活地限制项目范围或完全放弃项目。
- 延迟期权(或学习期权)允许管理层延迟投资项目,直到其获得更多信息或资源。
- 从实施的角度来看,对实物期权推理方法的批评是不清楚决策者应该做什么,在关于为什么应选择该方法而非具体的实施方法上,其类比是模糊的。
- 使用实物期权分析进行企业估值,管理者真正面临的是复杂的金融期权(复合期权具有敲出特征），而不是标准的金融期权。

- 最流行的期权定价模型布莱克—斯科尔斯模型并不适用于估值早期公司的企业价值，该模型的预设使其在实践中难以使用。

- 应用实物期权分析的一个流行方法是确定并量化公司现金流的关键驱动因素，以确定公司的估值。

- 已经提出了几种复杂的实物期权估值模型，用于企业估值。

- 实施实物期权分析模型需要相当多的建模和统计技巧，并对可能的未来融资和向股东及债券持有人的现金分配做出假设。

- 评估制药和生物技术公司开发药物的研发项目一直是实物期权法提倡者的主要关注点。

- 实物期权分析被用于评估早期高科技公司，以解决未决专利的不确定性问题，以及如何正确评估最优执行的增长期权。

- 已经有商业供应商开发出可以用于实物期权估值的软件。

延伸阅读

实物期权推理

Dzyuma, Ulyana, "Real Options Compared to Traditional Company Valuation Methods: Possibilities and Constraints in Their Use," e-Finanse: *Financial Internet Quarterly* 8, no.2(2012):51—68.

Feinstein, Steven P., and Diane M. Lander, "A Better Understanding of Why NPV Undervalues Managerial Flexibility," *Engineering Economist* 47(2002):418—435.

Goldberg, David H., and Michael D. Goldenberg, "Why Entrepreneurs and VCs Disagree in Valuing Start-up Firms: Imputing the Target Rate of Return using DCF vs. Option-Based Approaches," *Journal of Private Equity* 13, no.1(2009):73—79.

Guerrero, Raul, "The Case for Real Options Made Simple," *Journal of Applied Corporate Finance* 19(2007):38—49.

Kester, W.Carl, "Today's Options for Tomorrow's Growth," *Harvard Business Review* 62, no.1(1984):153—160.

Kulatilaka, Nalin, "Operating Flexibilities in Capital Budgeting: Substitutability and Complementarity in Real Options," in *Real Options in Capital Investment: Models, Strategies and Applications*, ed. Lenos Trigeorgis (Westport, CT: Praeger, 1995).

Kulatilaka, Nalin, "The Value of Flexibility: A General Model of Real Options," in Trigeorgis, ed., *Real Options in Capital Investment: Models, Strategies and Applications*.

McGrath, Rita G., "Falling Forward: Real Options Reasoning and Entrepreneurial Failure," *Academy of Management Review* 24, no.2(1999):13—30.

McGrath, Rita G., "A Real Options Logic for Initiating Technology Positioning-Investments," *Academy of Management Review* 22, no.4(1997):974—996.

Mun, Johnathan, *Real Option Analysis: Tools and Techniques for Valuing Strategic Investments and Decisions* (New York: John Wiley & Sons, 2002).

Myers, Stewart, andSaman Majd, "Abandonment Value and Project Life," *Advances in Futures and Options Research* 4(1990):1—21.

van Putten, Alexander B., and Ian C.McMillian, "Making Real Options Really Work," *Harvard Business Review* 82, no.12(2005):134—143.

实物期权的应用

Angelis, Diana I., "Capturing the Option Value of R&D," *Research Technology Management* 43, no.4(2000):31—34.

Benaroch, Michele, Sandeep Shah, and Mark Jeffery, "On the Valuation of Multistage Information Technology Investments Embedding Nested Real Options," *Journal of Management Information Systems* 23, no.1(2006):239—261.

Dai, Qizhi, Robert J.Kauffman, and Salvatore T.March, "Valuing Information Technology Infrastructures: A Growth Options Approach," *Information Technology and Management* 8(2007):1—17.

Hartmann, Marcus, and Ali Hassan, "Application of Real Options Analysis for Pharmaceutical R&D Project Valuation: Empirical Results from a Survey," *Research Policy* 35(2006):343—354.

Lia, Ye, Peter Jan Engelenab, and Clemens Koola, "A Barrier Options Approach to Modeling Project Failure: The Case of Hydrogen Fuel Infrastructure," Tjalling C. Koopmans Research Institute, Discussion Paper Series 13-01, December 2012.

Lint, Onno, and Enrico Pennings, "An Option Approach to the New Product Development Process: A Case Study at Philips Electronics," *R&D Management* 31, no. 2(2001):163—172.

Myneni, Ravi, David P.Newton, and Alan W.Pearson, "Managing Uncertainty in Research and Development," *Technovation* 21(2001):79—90.

Newton, David P., Dean A.Paxson, and Martin Widdicks, "Real R&D Options," *International Journal of Management Reviews* 5/6, no.2(2004):113—130.

Newton, David P., and Alan W.Pearson, "Application of Option Pricing Theory to R&D," *R&D Management* 24(1994):83—89.

Pachamanova, Dessislava A., and Frank J.Fabozzi, *Simulation and Optimization in Finance*(Hoboken, NJ: John Wiley & Sons, 2010), chap.18.

Sereno, Luigi, "Real Options Valuation of Pharmaceutical Patents: A Case Study," *SSRN Electronic Journal*, 2/2010, doi: 10.2139/ssrn.1547185.

Shockley, Richard L., Staci Curtis, Jonathan Jafari, and Kristopher Tibbs, "The Option Value of an Early-Stage Biotechnology Investment," *Journal of Applied Corporate Finance* 15, no.2(2003):44—55.

附录 A

案例: 优步 (Uber, 2014)*

在 2010 年,StumbleUpon[加勒特·坎普(Garrett Camp)]和 Red Swoosh[特拉维斯·卡兰尼克(Travis Kalanick)]的创始人通过他们的下列事迹革新了拼车和出租车行业:优步(Uber),一家交通相关的创业公司,通过移动应用程序将乘客与附近司机连结起来。创始人们首先明确了一个问题:在旧金山几乎不可能打到一辆出租车。他们希望找到一种能够提供"时尚、舒适和便利"的解决方案。因此,优步成为一家共享时间的专车服务公司,使用手机应用程序按需在旧金山附近运送客户。优步在第三年创造了 1.25 亿美元的年收入。

然而,这种按需的交通服务并未面临来自一些竞争对手和客户的最热烈的欢迎。优步一直是许多诉讼中的被告,除了公共抗议之外,还有很多来自出租车工会、优步司机和软件使用过程中的受害者的反对。它还面临价格激增的冲击,因此目前在许多城市都被禁止使用。

尽管出现了这些延缓增速的情况,但优步仍然预期每月增长 20%,每周增加近 8 万个新用户。截至 2014 年 5 月,优步在超过 100 个城市开展业务。它还提供了多种子品牌,如 UberX 和 UberTaxi,使得它可以吸引所有价格范围内的用户。此外,其管

---

* 作为普林斯顿大学创业金融(Entrepreneurial Finance)课程项目的一部分,Dalia Katan, Joseph Saitta, Thomas Hopkins, David Coneway, Joseph Cloud, Amanda Bird 和 Brett Geren 于 2014 年 5 月编写了此案。随后,合作者之一 Joseph Saitta 加入优步,并获得该公司的许可,继续作为共同作者。

理层似乎并没有考虑停止扩张。根据优步首席执行官特拉维斯·卡兰尼克的说法，除了出租车行业之外，还有更多的领域可以运营。例如，截至 2014 年 5 月，优步测试了其他形式的交通工具，如纽约市与纽约州长岛的汉普顿之间的直升机。

在这个案例研究中，我们将描述优步的商业模式、它在成为当今国际大品牌的道路上所取得的里程碑，以及它在创业周期不同阶段的融资。

公司背景

凭借 2009 年开发的原型和 2010 年 1 月的第一次测试，优步已准备好于 2010 年 6 月在旧金山正式推出。到 2010 年 8 月，优步的第一任首席执行官瑞恩·格雷夫斯（Ryan Graves）上任，公司此时已经吸引了客户、竞争对手和投资者的眼球。打车或打电话给调度员的时代已经过去了，因为通过尊享的预约专车服务，优步已经找到了一种"永久修理坏的士"①的方法。

坎普和卡兰尼克从一开始就认定有机会发现商机。在许多方面，旧金山都是推出优步的理想孵化器。旧金山不仅因其糟糕的出租车服务而闻名，还以其大型技术社区而出名，该社区"不断寻找可改善其生活质量的新工具和服务"，并随时准备讨论这些问题。②用户喜欢优步的简单性：iPhone 和 Android 用户只需下载应用程序，输入他们的付款信息并申请一辆专车即可。通过优步对当地技术活动和免费叫车的赞助，这个技术社区很快就对完全改变他们通勤方法的新应用展开了讨论。在旧金山取得成功之后，优步于次年扩张至近十个城市，并于 2012 年 4 月在芝加哥推出了服务，当时新任首席执行官卡兰尼克赶上了该市较高车载能力（人均高于纽约市 50％）③和价格低廉的时机。坎普和卡兰尼克也迅速抓住客户的需求，在 2012 年夏季推出从优惠的冰淇淋卡车（优步冰淇淋）到 7 月自纽约市搭乘直升机到汉普顿的各种促销活动。

资金也很快到来，2010 年底由硅谷的超级天使投资者提供风险投资，并在 2011 年获得超过 1 150 万美元的 A 轮融资。不久之后，优步再次从几家公司中筹集了 3 200 万

---

① 参见网页 http://www.businessinsider.com/uber-has-changed-my-life-and-as-god-is-my-witness-i-will-never-take-ataxi-again-where-available-2014-1。

② 参见网页 http://growthhackers.com/companies/uber。

③ 参见网页 http://techcrunch.com/2012/04/18/uber-experiments-with-lower-priced-taxis-in-chicago-through-newlylaunched-labs-group-garage。

美元,其中包括高盛、门罗风投和贝佐斯探险。截至 2013 年 8 月,优步在其最新一轮融资中收入 3.612 亿美元,其中近 2.68 亿美元来自谷歌风险投资公司,投前估值为 37.6 亿美元。

商业模式

亚历山大·奥斯特瓦德和伊夫·皮尼厄在《商业模式新生代》中讨论商业模式时写道:"商业模式描述了一个组织如何创造、交付和获取价值的基本原理。"[1]他们列出了九个构成商业模块的组成部分,并将这九个元素组合在一起形成商业模式画布。优步的商业模式将使用这个已建立的模板进行讨论。

商业模式画布的第一部分是公司的主要合作伙伴。优步的主要合作伙伴是当地的豪华轿车公司。优步与当地许多豪华轿车公司合作,在其经营的每个城市都有稳定的司机团队。这些司机能够保留约 80% 的款价,而优步则获得另外 20% 的款价。[2]除了与当地豪华轿车公司合作之外,优步于 2014 年 5 月与谷歌达成合作。2014 年 5 月 6 日,谷歌更新了谷歌地图应用程序,以包含优步。借助这项新功能,谷歌地图的用户可以在地图上搜索位置时迅速租用优步汽车。[3]最后,谷歌还与 NFL 运动员协会合作,鼓励用户在夜晚出去时使用优步车。[4]

下一个部分是关键活动。优步商业模式的第一个关键活动是移动应用程序的创建和维护。优步是一款在智能手机上运行的应用程序,该应用程序必须保持使用优步时不会出现问题。优步商业模式中的第二个关键活动是招募司机。如前所述,优步与当地豪华轿车公司签订合同,保持每个城市的司机稳定供应。

下一个重要的构件是价值主张。价值主张描述了公司为客户提供的独特益处。优步的价值主张很简单:该服务允许用户远程呼叫优步,保证干净、专业、安全、准时的旅程。[5]在大城市里,从街上扬招出租车往往非常困难,优步提供价格合理且便利

---

[1] Alexander Osterwalder and Yves Pigneur, *Business Model Generation*(Hoboken,NJ:John Wiley & Sons,2010).有关商业模式画布的进一步说明,请参见本书第 2 章。

[2] 参见网页 http://www.huffingtonpost.com/david-fagin/life-as-an-uber-driver-b-4698299.html。

[3] 参见网页 http://techcrunch.com/2014/05/06/google-maps-on-mobile-gets-uber-integration-and-more。

[4] 参见网页 http://techcrunch.com/2013/09/04/uber-inks-its-first-sports-deal-partners-with-the-nfl-to-promote-saferides-for-pro-footballers。

[5] 参见网页 http://www.businessinsider.com/uber-has-changed-my-life-and-as-god-is-my-witness-i-will-never-take-ataxi-again-where-available-2014-1。

的约车,并通过点击电话按钮就可以将用户与可靠的运输来源连接起来。

　　商业模式画布中的另一个模块是客户关系。对优步而言,这是该公司商业模式中最重要的部分之一。优步通过个人协助建立与客户的关系。一名优步员工直接接上顾客并将他们带到目的地。它还通过自动化服务与用户互动,因为优步用户通过移动应用程序订购他们的行程。为了建立积极的客户关系,优步必须做两件事。首先,它必须确保其自动化服务(移动应用程序)正常运行。其次,必须确保客户得到其承诺的清洁、专业、安全和及时的旅程。这两个方面是根据其商业计划捕捉优步客户关系的核心。

　　商业模式画布的下一部分是客户细分。优步在大众交通市场为消费者创造价值。任何拥有智能手机的人都可以使用优步提供的乘车服务,其费用与大多数出租车服务相当。由于易用性和价格与出租车类似,优步可以覆盖大客户群并增加其收入来源。

　　关键资源是下一个模块。优步有两个关键资源:其司机和移动应用程序。客户开始行程和增加公司收入都需要应用程序和优步司机。

　　商业模式画布的下一个模块是分销渠道。同样,优步通过两个主要分销渠道到达客户。第一个渠道是优步的移动应用程序。如前所述,优步客户使用移动应用程序安排和支付他们的行程。第二个渠道是优步员工对客户的实际驱动。这是客户通过移动应用获得付款价值的渠道。

　　另一个模块是成本结构。优步采用成本驱动的成本结构。它通过不拥有司机所使用的车辆来降低其成本。正因为如此,优步不需要为汽车车队的前期费用或与汽车拥有权相关的任何额外维护费用提供资金。优步的唯一费用是支付给优步司机的所有乘车费用的固定百分比,以及与优步移动应用程序的构建和维护相关的所有费用,包括客户服务、管理费用等。

　　商业模式画布中的最后一个模块是收入流。这将在本案例研究的后面进行更详细的讨论。优步的收入来自优步司机收取的票价。如前所述,优步收取所有票价的20%左右,余下的支付给优步司机。①它还推出了一种通过增加价格来提高收入的方法。优步发现,即使价格上涨,高峰时段的运输需求依然存在。②因此,优步现在在一天中最繁忙的时段收取更高的费用。除了高峰时段增加费用外,它还针对保险公司

---

① 参见网页 http://www.huffingtonpost.com/david-fagin/life-as-an-uber-driver-b-4698299.html。
② 参见网页 http://pando.com/2013/12/17/the-problem-with-ubers-surge-pricing-isnt-the-money-its-anincreasinglack-of-trust。

的批评引入了安全费用。①这种增加的费用是另一个收入来源,用于抵御优步必须支付的监管费用。

扩张、创新和融资

在撰写本文时,优步在全球 100 多个城市和城镇开展业务。自 2010 年公司正式启动以来,优步的快速增长使其能够规范和简化其扩张流程。在开发的每个新城市中,它首先在官方推出前一个月左右对"潜在发布"进行测试。

这些秘密扩张的原因有三个。首先,优步测试其在该城市的软件和车辆,让司机熟悉该地区。优步的博客解释说,每个城市在交通难点、密度、交通方式和交通文化方面都是独一无二的。其次,优步的"秘密"车辆通过在人口稠密的地区驾驶,同时推广优步品牌,就像移动营销代理一样。这种营销技巧是通过第一波使用"头号骑手",优步所服务的城市中利用名人车手(电视名人、奥运选手等)来促进业务。再次,优步利用这个机会完成了与市政府机构的立法义务。

为了进一步扩张,优步开始在美国城市采用亏损领先的战略,以吸引包括早期使用者在内的新客户群。到目前为止,优步已经宣布它将为辛辛那提、克利夫兰、安娜堡和孟菲斯的居民提供两周的免费乘车。

里程碑

为了更好地理解优步自创立以来的成长历程,我们将其自 2010 年以来所取得的里程碑分为三类:扩张里程碑、创新里程碑和融资里程碑。这三个类别的事件讲述了这个技术/交通创业公司取得巨大成功背后的故事。

扩张里程碑   自公司于 2010 年 6 月在旧金山成立并首次推出以来,优步已扩张到全球大部分主要大城市。以下是该公司为增加其收入来源和知名度而推出的一系列国际扩张里程碑:

- 2011 年 12 月 7 日:优步推出 UberEurope 和 UberParis 品牌,向欧洲居民开放优步应用软件和运输服务。
- 2012 年 11 月 29 日:优步在澳大利亚启动,第一个城市是悉尼。

---

① 参见网页 http://www.bizjournals.com/cincinnati/news/2014/04/21/uber-adds-new-fee-to-cover-safetycosts.html。

- 2013 年 2 月 22 日:优步在其第一个亚洲地区——新加坡启动。
- 2013 年 8 月 2 日:优步宣布首次在台北、首尔和墨西哥城等多城市推出。自那时起,优步在其他七个多城市集聚推出,从两个到四个不等。
- 2013 年 8 月 7 日:优步在约翰内斯堡推出,作为其首个非洲城市。
- 2013 年 8 月 27 日:优步在首个中东城市迪拜推出。
- 2013 年 10 月 24 日:优步在首个南美城市波哥大推出。
- 2014 年 4 月 23 日:优步在 100 多个城市提供通用服务和软件平台。

创新里程碑 优步迅速多元化了其产品和服务,以扩大和占领多个运输行业。随着每一个财务里程碑的到来,该公司已经迅速创新其营销策略,与其他进入科技/运输行业的参与者相比具有竞争优势。以下是优步最受欢迎的创新之一:

- UberX:2013 年 10 月 30 日,优步在俄克拉荷马城推出了低端共享乘车 UberX 服务。UberX 服务是标准优步服务的低成本版本,即当地司机与优步服务合作。通过将本地驾驶员与优步软件平台相结合,这项共享乘车计划有效利用了“超级”城市中的现有汽车。优步声称,这种服务的好处包括减少道路上的汽车(有助于缓解城市的交通和环境压力)以及增加当地司机的就业机会。申请司机需要经过严格的筛选过程,其中包括(1)严格的背景检查、(2)驾驶记录检查、(3)亲自面试、(4)城市知识考试,以及(5)一系列持续进行的质量控制评估。[1]

- UberBLACK:UberBLACK 是与低成本 UberX 同时推行的高级服务。在优步服务的这种豪华版本中,司机由黑色豪华轿车或 SUV 中的持牌司机担任。与UberX 计划一样,司机需要经过全面的筛选程序,并获得 100 万美元的责任保险。[2]

- UberRUSH:UberRUSH 代表了优步对邮递行业的占领。目前在曼哈顿运营的 UberRUSH 允许在预定的交付部门内实现快速信使接送和即时交付邮件。关于优步送货服务的定价,该公司称:“价格是根据区域定价计算的。如果交付

---

[1] "Ridesharing: A Slam Dunk for the 'Big Friendly,'" blog post, October 30, 2013, http://blog.uber.com/LaunchOKC.

[2] Steven Gursten, "What's the Difference between Uber Black and UberX, and What Are My Rights If I Am Injured in an Uber Car Crash?," Detroit Legal Examiner, Detroit Michigan Personal Injury Lawyer, 2014, http://detroit.legalexaminer.com/automobile-accidents/uber-black-uberx-rights-if-injured.

在同一区域内开始并结束,则价格为 15 美元。交付期间每个跨区域都是额外的 5 美元。额外的站点可能会导致更高的价格。"①

融资里程碑　据 CrunchBase 报道:优步在创业周期的各个阶段都实现了巨大的融资成功。②

- 种子融资:凭借工作软件原型的概念,2009 年 8 月,优步联合创始人加勒特·坎普和特拉维斯·卡兰尼克筹集了 20 万美元的种子资金,以启动旧金山的 UberCab 出租车服务。③

- 天使融资:在 UberCab 于 2010 年 10 月以公司名称建立之后,优步团队在由 First Round Capital 和"超级天使"投资人克里斯·萨卡(Chris Sacca)领投的天使投资轮融资中筹集了 125 万美元。④

- 风险投资(A 轮):旨在将优步扩展到旧金山以外地区的融资活动中,该公司在 2011 年 2 月获得了由 Benchmark Capital 领投的 1 100 万美元投资,该公司的投前估值为 4 900 万美元(投后估值 6 000 万美元)。⑤

- B 轮:为了资助 2011 年 12 月的欧洲扩张计划,优步从一系列知名投资者手中筹集了 3 200 万美元 B 轮融资。新投资者包括门罗风投、高盛和贝佐斯探险。其他重要参与投资者包括 Benchmark Capital 和 Lowercase Capital。⑥

- C 轮:2013 年 8 月,谷歌通过其风险投资部门为优步发起了大规模融资。凭借这一轮融资,优步获得了 2.58 亿美元,公司估值约 35 亿美元。随着优步成为下一个大型科技 IPO 的猜测,谷歌的大量投资不仅受到优步的潜力的激励,也受到两家公司在项目合作上的潜力的推动。策划投资的谷歌风投合伙人戴维·克兰(David Krane)提到,涉及谷歌软件(即谷歌地图)和谷歌自动驾驶汽车的项目是两家科技公司未来合作的项目之一。⑦

---

① "A Reliable Ride for Your Deliveries," blog post, April 7, 2014, http://blog.uber.com/RUSH.

② CrunchBase, "Company Overview: Uber," CrunchBase.com, http://www.crunchbase.com/organization/uber.网上的信息由另外一名作者编写。

③ First Round Capital, "Uber—Capital," FirstRound.com, http://firstround.com/company/uber.

④ First Round Capital, "Uber—Capital."

⑤ Michael Arrington, "Huge Vote of Confidence: Uber Raises $11 Million from Benchmark Capital," TechCrunch, February.

⑥ Arrington, "Huge Vote of Confidence."

⑦ Marcus Wohlsen, "What Uber Will Do with All That Money from Google," Wired, January 3, 2014, http://www.wired.com/2014/01/uber-travis-kalanick.

附录 B

案例：Tentex 的估值*

在第 16 章中，我们介绍了四种评估方法。在本章中，我们将两种方法（收入法和市场法）应用于一家私人公司 Tentex 的估值，以估计其企业价值和权益价值。显而易见的是，实际应用需要大量的假设并使用必须估计参数/输入因素的金融模型。估值日期为 2006 年底。

关于 Tentex

Tentex 是一家 C 公司，也是一家位于美国中西部的家族企业。在估值时，Tentex 已经运营了十多年。该公司成立的宗旨是开发紫外线（UV）技术，如市政水处理厂所用，用于个人便携式设备，可在任何地方为用户提供安全的饮用水。该公司的旗舰产品 Tester 使用紫外线净化水，并在几秒钟内破坏病毒、细菌和原生动物，包括贾第虫和隐孢子虫。该产品可以净化水源，例如清澈的溪流或酒店水龙头。Tentex 是北美工业标准分类系统（NAICS）333319（其他商业和服务行业机械制造）运营的第六阶段公司。① 由于该公司在估值时处于其生命周期的第六阶段，因此，正如 AICPA 所建议的那样，我们不会使用基于资产的方法。

---

* 本附录为作者与 Axiom Valuation Solutions 的主席斯坦利·杰伊·费尔德曼共同撰写。

① 根据 AICPA 实践指南，第六阶段公司意味着"企业具有盈利经营或产生正现金流的既定财务历史。这个阶段也可能发生 IPO"。

损益表和必要的调整

Tentex 公布的息税前利润(EBIT)为正数且相对较小。进行所需调整后的现金流显著为正。为达到估值目的的现金流,对 Tentex 报告的损益表进行了几项调整。为了展示这些调整,我们从表 B.1 开始,它显示了 Tentex 的最新损益表。表中标有"报告价值"的一栏显示 Tentex 在其最近一年报告了正 EBIT,我们称其为第 0 年。经过调整后,Tentex 调整后的 EBIT 显著增加至高于其报告水平。对报告的损益表做出的调整分为两种:(1)与对所有者相关的高级职员和其他人员的报酬相关的调整;(2)与酌情开支或费用有关的调整。

表 B.1　Tentex 在第 0 年的损益表以及调整后的损益表　　单位:美元

	项　　目	报告价值	基准价值	总花费调整	调整后价值
1	总收入减回报和津贴	4 526 341.00	N/A	0	4 526 341
2	销售成本	2 444 000.00	N/A	2 444 000	
3	折旧	300 000.00	N/A	0	300 000.00
4	所有者/管理人员的薪酬	740 000.00	258 574	(481 426)	258 574
5	所有者/管理人员的薪酬 1	370 000.00	129 287	(240 713)	129 287
6	所有者/管理人员的薪酬 2	370 000.00	129 287	(240 713)	129 287
7	工资和薪水	350 000.00	268 810	(81 190)	268 810
8	簿记职员(妻子)	50 000.00	28 650	(21 350)	28 650
9	秘书(儿子)	45 000.00	26 390	(18 610)	26 390
10	产品业务员(兄弟)	55 000.00	25 360	(29 640)	25 360
11	机械师(女儿)	45 000.00	33 410	(11 590)	33 410
12	其他	155 000.00	N/A	0	155 000
13	维修费用	250 000.00	N/A	0	250 000
14	租金	67 000.00	N/A	0	67 000
15	利息	55 800.00	N/A	0	55 800
16	其他减少	175 000.00	48 622	(126 378)	48 622
17	旅行费用	75 000.00	28 009	(46 991)	28 009
18	家庭旅行	25 000.00			
19	超级碗旅行	10 000.00			
20	家庭汽车	35 000.00			
21	油费	5 000.00			
22	娱乐费用	45 000.00	3 331	(41 669)	3 331
23	公司聚餐	20 000.00			

续表

项　目	报告价值	基准价值	总花费调整	调整后价值
24　电视	15 000.00			
25　运动队季票	10 000.00			
26　食物花费	50 000.00	13 534	(36 466)	13 534
27　家庭晚餐	35 000.00			
28　销售晚餐	15 000.00			
29　俱乐部花费	5 000.00	3 748	(1 252)	3 748
30　营业收入	144 541.00			833 535
31　EBIT	200 341.00			899 335
32　税率	40%			40%
33　NOPAT	120 205.00			533 601

　　调整每个所有者/管理人员报告的 370 000 美元薪酬在概念上可以分为两个部分：(1)工资；(2)每个所有者/管理人员收到的等值股息。为了估计真正的劳动力成本，有必要确定公司为获得每个所有者/管理人员目前提供的相同服务而必须支付的市场工资(包括福利)。薪酬减去市场工资(包括福利)等于每个所有者/管理人员收到的等价股息。

　　表 B.1 还显示了表中每个所有者/管理人员的"基准工资"，标记为"基准值"。该基准基于公司的行业、资产规模等级和地理位置，如表 B.2 所示。Tentex 的资产规模为 500 万美元，公司位于伊利诺斯州。每个所有者/管理人员的基准工资(按州)为 129 287 美元。每个所有者/管理人员支付的报酬与此基准工资之间的差额为 240 713 美元。这笔相当于 240 713 美元的股息被重新计入报告的 EBIT。计入后的总回报是 481 426 美元。

表 B.2　基准值输入　　　　　　　　　单位：美元

A：NAICS 的基准值——管理人员薪酬

	资产规模					
	100 000	500 000	1 000 000	5 000 000	25 000 000	25 000 000
全美国	59 870	97 870	133 818	133 818	182 970	299 103
伊利诺斯州	57 843	94 556	129 287	129 287	176 774	288 974

B：NAICS 的基准价值——酌情开支

费用	费用基准（总收入的百分比）
旅行	0.618 8
娱乐	0.073 6
食物	0.299 0
俱乐部花费	0.082 8

C：基准值——美国劳工统计局对工人报酬

职业	价值（美元）
簿记职员	28 650
秘书	26 390
产品业务员	25 360
机械师	33 410

资料来源：Axiom Valuation Solutions Compensation Database（panel A），Axiom Valuation Solutions Discretinary Expense Database（panel B），Bureau of Labor Statistics（panel C）。

对公司雇主的家庭成员进行与对所有者/管理人进行的相同调整。如果公司雇用技能同等熟练的第三方从事同样的工作，那么所有者对家庭成员的补偿将超过公司支付的报酬，这种情况并不少见。与管理人员的薪酬一样，职业工资水平因行业和地理位置而异。根据劳工统计局的数据，Tentex 向所有者的家庭成员支付了近两倍的市场工资。根据这些调整，报告的 EBIT 增加了 81 190 美元。

酌情开支对于企业的正常运作不是必需的。使用按行业分配的酌情支出百分比数据库。表 B.2 中的面板 B 显示了适用于 Tentex 的酌情开支比率。酌情开支基准是通过将每项酌情开支比率乘以 Tentex 的总收入而获得的。然后将这些基准值与实际酌情开支进行比较，EBIT 调整如下：

- 如果实际费用超过基准，则成本会减少差额的量，调整后的 EBIT 也会相应增加。

- 如果公司在特定类别中的支出不足，则费用水平会提高，调整后的 EBIT 下降。

投资者应根据适当的基准调整报告值。至少应根据所评估企业的特点和具体情况制定标准，并在可能的情况下采用数据，为如何调整报告值提供指导。

税后净营业利润（NOPAT）等于 EBIT 乘以（1－联合边际美国联邦、州和地方税率）。对于 Tentex，计算中假设税率为 40%。据报道，Tentex 的 NOPAT 为 120 205

美元。调整后的 NOPAT 为 533 601 美元。

因此,表 B.1 的最后一列表明,调整后的值显著大于报告值,与没有做出调整相比,这产生了更高的企业价值和股权价值。细节在以下内容中讨论。

对于上述对 Tentex 的所有调整,我们依靠行业基准值来计算管理人员薪酬对收入的影响,这是 Axiom Valuation Solution 数据库的一部分,该数据库同时使用美国劳工统计局和美国经济分析局的薪酬和相关费用数据。虽然我们在估值时并未使用 Robert Morris Associates 的数据,但它们仍然是行业人员薪酬数据的另一个来源。[①]分析涉及将管理人员薪酬与收入的比率乘以被估值公司的收入。如果报告的薪酬与这个基准薪酬值之间的差额是正值(负值),被视为超额(短缺)补偿,这意味着该管理人员的薪酬应该向下(向上)调整。从表 B.1 可以看出,调整值显著大于报告值。如下所示,调整导致公司的估值较高。

计算自由现金流

表 B.3 显示了如何根据 6 年的数据逐步计算 Tentex 的自由现金流。第 1 年是当年(第 0 年),当年以后有 6 年。最后一列代表第 6 年以后所有年份的总和。第 0 年的信息摘自 Tentex 公司的损益表"调整值"一栏(见表 B.1)。经调整的 EBIT(889 335 美元)和调整后的 NOPAT(533 601 美元)分别见表 B.3 第 3 行和第 6 行。

第 8—12 行提供了基于资产负债表的信息,并涵盖了净固定资本和净营运资本的变化。净固定资本和净营运资本的变化是对 NOPAT 进行的调整,以获得自由现金流(FCF)。为了获得 FCF,有必要通过减去净固定资本和净营运资本的变化来调整 NOPAT,因为需要增加这些资本来支持公司的增长。

表 B.4 显示了 Tentex 在第 0 年的资产负债表。净固定资本通过将第 8 行工厂和设备总额 6 789 512 美元以及第 9 行累计折旧 5 513 731 美元相加得出。表 B.3 的第 9 行显示了第 0 年 1 275 781 美元的固定资本净额。净营运资本等于流动资产减流动负债。Tentex 的流动资产包括现金、应收账款、存货和其他流动资产,如表 B.4 所示。应该对资产负债表上的数值进行一些调整,以获得计算自由现金流所需的数字。更具体地说,就现金而言,需要进行调整,因为私人公司在资产负债表上存在过量的现金并不少见。对于 C 公司来说尤其如此,如果多余的现金被分配,C 公司的超

---

① Robert Morris Associates, *Annual Statement Studies* (Philadelphia: RMA, 2006).

单位：美元

表 B.3　Tentex 的自由现金流的计算

输入因素：
永续增长率＝2%
WACC＝25.25%

项目	0	1	2	3	4	5	6	永续价值
				时　间				
1　收入	4 526 341	5 205 292	5 829 927	4 354 621	6 799 444	7 003 427	7 213 530	
2　收入增长		15%	12%	9%	7%	3%	3%	
3　EBIT	899 335	1 004 949	1 105 443	1 271 260	1 398 384	1 482 288	1 526 757	
4　EBIT增长		13%	10%	15%	10%	6%	3%	
5　40%的税率	355 734	401 979	442 177	508 504	559 354	592 915	610 703	
6　NOPAT	533 601	602 969	663 266	762 756	839 031	889 373	916 054	
7　NOPAT增长		13%	10%	15%	10%	6%	3%	
8　净资本支出增长		7%	7%	7%	7%	7%	7%	
9　净固定资本	1 275 781	1 365 086	1 460 642	1 562 887	1 672 289	1 789 349	1 914 603	
10　净固定资本的变化	89 305	95 556	102 245	109 402	117 060	125 254		
11　净营运资本	677 536	724 964	775 711	830 011	888 111	950 279	1 016 799	
12　净营运资本的变化	47 428	50 747	54 300	58 101	62 168	66 520		
13　自由现金流	466 237	516 963	606 211	671 528	710 145	724 280		4 018 818

额现金将在股东层面征税。有多种方法可以确定经营公司所需的适当现金水平,并在此后进行调整。对于 Tentex,超过收入 5% 的现金被认为过高。以第 0 年为例,如表 B.1 所示,第 0 年的收入为 4 526 341 美元。根据这个假设,226 317 美元(5%×4 526 341 美元)就足够 Tentex 公司运营了。这一数额如表 B.4 第 2 行所示,并将其用于计算调整后的流动资产。还必须对流动负债进行调整。经调整的流动负债仅包括经营业务产生的负债。短期债务和长期债务的当期部分是整体债务水平的一部分。因此不被包括在调整后的流动负债中。Tentex 的第 0 年调整后流动负债不包括表 B.4 第 12 行所示的 20 万美元短期债务和长期债务的当期部分。对于第 0 年的 Tentex,677 536 美元调整后的流动资本等于 1 850 536 美元调整后的流动资产减去 1 173 000 美元调整后流动负债,如表 B.4 第 22 行所示。

表 B.4 Tantex 的资产负债表与其第 0 年净固定资本和净营运资本的计算

单位:美元

项 目	第 0 年
资产:	
1　现金	400 000
2　营运所需现金	266 317
3　超额现金	173 683
4　应收账款	452 634
5　存货	1 131 585
6　其他流动资产	40 000
7　总流动资产	2 024 219
8　工厂和设备总额	6 789 512
9　累计折旧	(5 513 731)
10　净固定资本	1 275 781
11　总资产	3 300 000
负债和所有者权益:	
12　短期负债和长期负债的当期部分	200 000
13　应付账款	1 123 000
14　应计负债	50 000
15　总流动负债	1 373 000
16　长期负债	490 000
17　其他长期负债	0
18　递延所得税	0

	项　　　目	第 0 年
		续表
19	总股东权益	1 437 000
20	总负债和权益	3 300 000
21	净固定资本	1 275 781
22	净营运资本：(R7：R3)－(R15－R12)	677 536
23	负债/权益的账面净值	48％

对于第 1 年到第 6 年，分析中做出以下假设：

● 每年的收入增长；

● 每年净固定资本和净营运资本的增长。

接下来解释第 1 年净固定资本和净营运资本变化的计算。假设净固定资本和净营运资本从第 0 年到第 1 年增长 7％。第 0 年净固定资本为 1 275 781 美元，基于表 B.4。第 1 年的净固定资本计算为 1 365 086 美元[1 275 781 美元×(1＋7％)]。净固定资本的变动金额等于 89 305 美元(1 365 086 美元—1 275 781 美元)。它是表 B.3 第 10 行所示的数额。进行类似的计算以获得第 1 年的净营运资本变动(47 428 美元)。第 1 年的自由现金流(466 237 美元)是从第 1 年的 NOPAT(602 969 美元)中扣除净固定资本(89 305 美元)和净营运资本(47 428 美元)的变化而得到的，其结果如表 B.3 第 13 行所示。未来 5 年的自由现金流计算遵循相同的程序。

要确定的最终自由现金流是永续或终值。该值是第 6 年以后所有未来现金流量的现值。计算终值是基于戈登—夏皮罗不变增长模型，详见第 16 章。在应用戈登—夏皮罗不变增长估值模型时，除第 6 年以外，假设永续增长率为 2％，因为 Tentex 不再具有可持续的竞争优势；资本成本(WACC，加权平均资本成本)为 25.25％；净固定资本和净营运资本都没有进一步的变化。

计算 WACC

鉴于 Tentex 的自由现金流如表 B.3 第 13 行所示，贴现这些自由现金流需要确定公司的资本成本 WACC。WACC 等于权益和债务成本的总和。权益成本部分是通过将权益占总资本的比例与权益成本相乘来计算的。债务成本部分是通过将债务占总资本的比例与债务的税后成本相乘来计算的。

WACC 的计算需要假设预期资本结构是什么样的。Tentex 在估值时的资本结构为 67.56% 的权益和 32.44% 的债务。该资本结构被用于计算 Tentex 的 WACC。[1] 后面将描述用于确定权益成本的权益模型。权益模型基于四个风险因素:商业风险、财务风险、规模风险和公司特定风险。基于权益模型的权益成本估计为 33.79%。债务计算成本在本附录后面的财务模型部分进行了解释。基于统计模型,债务的税前成本估计为 12.46%。考虑假定税率为 40%,扣除利息税后调整后的税后债务成本为 7.48%[12.46%×(1−40%)]。

$$\text{Tentex 的 } WACC = 67.56\% \times 33.79\% + 32.44\% \times 7.48\% = 25.25\%$$

Tentex 的 25.25%WACC 将被用于贴现自由现金流。

债务的市场价值

为获得 Tentex 的权益价值而必须估计的另一个价值是债务的市场价值。如前所述,权益价值是企业价值减去债务的市场价值。Tentex 的债务市值采用下述四个步骤计算。

步骤 1:估计债务的信用评级。统计信用评分模型将在稍后解释并应用于 Tentex。基于统计模型的 Tentex 的信用评级是 B3/B−。这个 B3/B− 的评级可以被用来确定 Tentex 的信用利差。

步骤 2:估计公司资产负债表上当期债务的到期日。Tentex 债务的债务加权平均期限为 6 年。

步骤 3:根据债务到期日以及 Tentex 在估值日对应的信用评级,债务的税前成本估计为给定到期日的无风险利率加上该到期日的信用利差。6 年期无风险利率为 4.71%,对于 B3/B− 级信用评级,6 年期债务的信用利差为 7.75%。因此,债务的税前成本为 12.46%(4.71%+7.75%)。[2]

步骤 4:根据步骤 3 中 12.46% 的税前债务成本,贴现债务到期时的利息支出和本金还款。对于 Tentex 而言,估值日的债务账面价值为 690 000 美元。利息支出为每 6 个月 27 900 美元。债务的市场价值是债务现金流的现值(贴现)。现金流为第 6 年的

---

[1] 对公司进行估值时使用公司的最优资本结构。尽管有针对其的计算方法,但通常认为公共企业可比公司集合的平均或中值资本结构接近最优资本结构。在这种情况下,事实和情况使这种经验法则不合适。

[2] 6—10 年的价差在 7.25%—7.75% 之间变化。我们在这里使用了更高的价差来反映 Tentex 是一家小公司的事实,并且价差可能比 6 年期价差更高。

12 次半年利息支付(27 000 美元)和本金偿还(690 000 美元)。用于确定现金流现值的贴现率为 12.46％的税前债务成本。表 B.5 显示了债务市场价值的计算。

表 B.5　Tentex 的债务市场价值的计算　　　　　　　　单位:美元

年份	现金流的未来价值	1 美元的现值(12.46％的利率)	现金流的现值
0.0	0	1.000 0	0
0.5	27 900	0.943 0	26 309
1.0	27 900	0.889 2	24 809
1.5	27 900	0.838 5	23 394
2.0	27 900	0.790 7	22 060
2.5	27 900	0.745 6	20 802
3.0	27 900	0.703 1	19 616
3.5	27 900	0.663 0	18 497
4.0	27 900	0.625 2	17 443
4.5	27 900	0.589 5	16 448
5.0	27 900	0.555 9	15 510
5.5	27 900	0.524 2	14 626
6.0	717 900	0.494 3	354 875
		总计	574 389

使用收入法估算 Tentex 的企业价值

给出表 B.3 第 13 行所示 Tentex 的自由现金流和贴现率(25.25％WACC),可以估计企业价值。第 16 章表 16.1 说明了如何计算一系列未来价值的现值,表 B.3 中显示了自由现金流。该表中所用的两种贴现率之一是 Tentex 的 WACC 25.25％。第 16 章表 16.2 给出的现值。

通过中期法计算。因此,表 16.2 最后一栏所示的现值总和为 3 068 848 美元为企业价值。

Tentex 的潜在买家也将收到前面讨论如何调整资产负债表上报告的营运资本的超额现金 173 683 美元(表 B.4 第 3 行)。该金额必须被添加到企业价值中。因此,拥有超额现金的企业价值为 3 242 531 美元(3 068 848 美元＋173 683 美元)。

Tentex 的权益价值是通过含超额现金的企业价值减去 574 389 美元的债务市场价值来实现的。计算的权益价值为 2 668 142 美元(3 242 531 美元－574 389 美元)。

最后,如第 16 章所述,对流动性不足进行调整。假设流动性折扣率为 20％。若权益价值的流动性折扣为 20%,则流动性折扣的美元价值为 533 628 美元。从 2 668 142 美元的权益价值中扣除这种流动性折扣后,流动性调整的权益价值为 2 134 514 美元。

总而言之,

单位:美元

	企业价值(自由现金流的现值总和)3 068 848
+	超额现金 173 683
=	企业价值,包括超额现金,3 242 531
—	债务的市场价值 574 389
=	权益价值 2 668 142
—	流动性折扣(20%)533 628
=	流动性调整的权益价值 2 134 514

包括超额现金在内的流动性调整后企业价值为 2 708 903 美元(3 242 531 — 533 628 美元),通过从企业价值中扣除包括超额现金在内的流动性折扣得出。[①]

利用市场法评估 Tentex:参考上市公司分析

在第 16 章中,我们解释了如何使用收入法,更具体地说,使用贴现现金流法来评估 Tentex。Tentex 的管理层发现了两家为直接竞争对手的上市公司。虽然有几家私人企业与 Tentex 竞争,但 Tentex 所处行业中近期并没有私人公司交易,无法用作参考交易分析的估值可比对象。尽管在分析前一年发生多次交易,但经济和行业状况已经发生变化,足以表明这些交易不具有评估 Tentex 的可比性。因此,我们只使用可比的上市公司,并对估值指标进行调整,以解决管理层认定的两家公司与 Tentex 之间的差异。

表 B.6 显示了与 Tentex 相当的两家上市公司的数据。两家公司均在 Tentex 的所属行业运营。Basin Water 的规模远远大于 Tentex,Seychelle 环境技术公司则远远小于 Tentex,并且 NOPAT 利润率为负。看起来,在影响公司价值的许多重要维度上,Tentex 并没有与许多选定的同行公司完全可比。因此,同行公司倍数不能被直接

[①] 如果这里假定超额现金没有被分配,则超额就会受到流动性折扣限制。当公司以股票的形式出售时,超额现金在交易前被分配给股东,因此流动性调整后的权益价值不包括超额现金。

用于 Tentex。

表 B.6　同行公司比较

维　度	Basin Water	Seychelle 环境技术公司	Tentex
收入（美元）	12 231 000	684 000	4 526 341
NOPAT/收入	5.81%	−91.18%	11.79%
债务/收入	62.19%	71.05%	15.24%
债务/权益	0.057	0.042	0.48
WACC	19.12%	29.99%	25.25%
企业价值/收入	11.51×	17.46×	—

正如前面关于评估方法的讨论中所指出的那样，即使在同一行业内，公司规模和公司间相关财务变量的价值往往也有很大差异。可以使用第 16 章式（16.6）给出的戈登—夏皮罗不变增长模型来推导企业价值与收入比的"影子"倍数，如第 16 章中的式（16.7）所示。

由于 Seychelle 环境技术公司的 NOPAT 利润率为负值，因此将其从分析中删除。计算 Basin Water 的 WACC，并使用第 16 章式（16.8）求解增长率 g（NOPAT 中的隐含增长）。根据计算，Basin Water 的隐含增长率 g 为 18.52%。假设 Tentex 的增长潜力等于计算得到的 Basin Water 的增长率 g，则计算 Tentex 的隐含倍数。Basin Water 的信息与前面用于说明第 16 章中式（16.8）的计算结果相同。

在本分析使用的戈登—夏皮罗模型中，g 表示 NOPAT 中的平均长期增长率。这个 g 是长期预测的 NOPAT 增长率的几何平均值，如距估值日的 10 年。因此，g 包含近期增长，而 NOPAT 增长预计会相当高，并且在永久期内表现出更温和的增长。对于 Tentex 而言，使用戈登—夏皮罗模型结合市场对增长率的隐含假设以及 Tentex 在计算隐含目标交易倍数时的独特特征。当进行这种类型的分析时，可以采用来自同行公司的多于一个的隐含增长率。计算每个可比上市公司的隐含 g 值，并使用所有增长率的中值计算目标公司的隐含交易倍数。在某些情况下，同行公司的增长率中值可能太大或太小，需要进行一些调整以反映这些判断。

由于这个倍数对 g 的变化高度敏感，因此任何相对于同类群体的中值的调整都应基于反映目标公司市场细分的动态或管理层战略考虑的知识库。就 Tentex 而言，其在估值日的预期长期增长为 8%，远低于 Basin Water 的隐含增长率 18.52%。主要原因是 Tentex 服务区域市场，而后者服务全国市场。由于预计市场买家将以与当前所有权大致相同的方式管理公司,因此用于计算交易倍数的增长率预计远低于 Basin Water。

NOPAT/收入比等于 11.79(533 601 美元/4 526 341 美元),WACC 等于 25.25%。将这些值代入第 16 章的式(16.7),即可得到

$$\frac{\text{企业价值}}{\text{收入}} = \frac{0.117\,9 \times (1+g)}{0.252\,5 - g}$$

由于 Tentex 在分析时的预期增长率为 8%,因此将其代入上述等式,得出以下结果:

$$\frac{\text{企业价值}}{\text{收入}} = \frac{0.117\,9 \times (1.08)}{0.252\,5 - 0.08} = 0.74$$

将这个估计的交易倍数 0.74 乘以 Tentex 的收入 4 526 341 美元,根据交易倍数得出的 Tentex 的企业价值 3 340 806 美元(0.74×4 526 341 美元)。正如第 16 章所解释的,必须加上 TenTex 的超额现金 173 683 美元。基于计算得到的交易倍数,TenTex 的企业价值,包括超额现金,是 3 514 489 美元(3 340 806 美元+173 683 美元)。

结合贴现现金流与参考上市公司分析的估值　通常使用两种估值方法的信息来获得一个企业价值评估,可以对每种方法的企业价值加以权重来获得加权平均企业价值。这些权重是主观基于一个事实的,即对于被估值的公司而言,相较于市场法,贴现现金流(DCF)法往往包含更准确的信息。正如史蒂文·N.卡普兰(Steven N. Kaplan)和理查德·鲁巴克(Richard Ruback)所指出的,当可比公司不是被估值目标公司的翻版时,DCF 法比同业比较法得到的估值更为精确。[①]

假设 DCF 法的估值权重为 70%,市场法的权重为 30%。如第 16 章所解释的,使用 DCF 法时,包括超额现金在内的企业价值估计为 3 242 531 美元。如本附录所示,使用市场法时,包括超额现金在内的企业价值估计为 3 514 489 美元。

包括超额现金在内的加权企业价值 = 70%×3 242 531 美元+30%×3 514 489 美元
= 3 324 118 美元

根据包括超额现金的加权企业价值和之前所提供的信息,权益价值可计算如下:

---

① Steven N. Kaplan and Richard Ruback, "The Market Pricing of Cash Flow Forecasts: Discounted Cash Flows vs. The Method of Comparables," *Journal of Applied Corporate Finance* 8, no. 4 (1996):45—60.

> 权益价值＝包括超额现金在内的加权企业价值－债务的市场价值
>
> ＝3 324 118 美元－574 389 美元
>
> ＝2 749 729 美元

如第 16 章所示,应用相同的 20% 流动性折扣。对上述权益价值,流动性折扣为 549 946 美元。基于此加权方法,流动性调整的权益价值为 2 199 784 美元。

估算 WACC 的财务模型

债务成本和权益成本是从财务模型中估算出来的。关于 Tentex 案例的讨论以对上述两个模型的描述结尾。

估计权益成本 各种财务模型都被用来估算权益成本。两种常用模型,即资本资产定价模型和因子模型,将在下面进行讨论。

资本资产定价模型 资本资产定价模型(CAPM)是一种常用的估计权益成本的定价模型。其假设是所有投资者将拥有两种资产的组合:一个多元化的投资组合,包含市场中的资产和无风险资产。市场中所有资产的多元化投资组合被称为市场组合。市场组合是理论上的投资组合,包括全球金融市场上可用的各类资产,每个资产按其在市场中的总量比例加权。市场组合的预期收益与市场整体预期收益一致。因为一个完全多样化的投资组合只暴露于系统性风险(影响整体市场的风险),而不是非系统或不可分散的风险(不能通过多元化分散的风险)。在实践中,市场组合的替代指标(应该包括所有资产)通常是股票市场指数,例如标准普尔 500 指数。无风险资产被假定为长期国债在美国国债市场所能获得的收益,比如 20 年期国债的利率。

CAPM 中的所有资产都有独特的风险。然而,根据理论,投资者唯一定价的风险是市场风险,因为投资者持有市场组合,即所有交易资产的组合,每个资产的独特风险都被多元化组合分散了,因此这些资产的回报对应的是其不可分散的特征,也就是其市场风险或不可分散的风险。换一种说法就是,CAPM 理论得出的结论是,企业特有的风险是真实的,但并没有得到市场回报,因为投资者可以通过拥有市场组合并完全分散化而给予其补偿来保护自己。所以,市场不会因投资者承担了他们不必承担的风险而给予其补偿。就多元化而言,市场组合是投资者可以期望构建的风险最小的投资组合。假设投资者持有多元化的投资组合(近似市场组合),他们面临的唯一风险就是不可分散的风险。

还有其他术语可用来描述不可分散的风险或市场风险。因为每一种资产都有一定程度的市场风险,目前市场风险是系统性的,所以不可分散的风险,市场风险常被称为系统风险。相反,可以被分散的风险被称为非系统性风险。用于描述可分散风险的其他术语有公司特有的风险、特质风险和独特的风险。非系统性风险是存在特定于公司自身处境的风险,比如诉讼和工人罢工的风险,它并不是市场中所有资产风险的一部分。

衡量资产回报对市场回报敏感性(对应"承受市场风险")的指标被称为资产的贝塔,用希腊字母 β 表示。计算这个贝塔并不是本节的重点。简言之,计算 β 涉及回归分析的统计工具的应用。对于上市公司,有提供这种信息的互联网资源(即雅虎财经)。

一般来说,贝塔是资产预期收益率相对于由市场组合实现的回报的近似百分比变化。贝塔为1意味着如果市场投资组合的回报增加了1%,资产预期回报将增加1%。贝塔大于1的资产意味着相对于市场具有更大的预期收益波动性。小于1的贝塔意味着资产的波动性相对市场波动性小。

根据 CAPM,公司的权益成本可以根据下式进行估计(已知贝塔):

$$权益成本 = 无风险利率 + \beta \times (预期市场回报 - 无风险利率)$$

为了应用上面所示的 CAPM 模型,除了贝塔之外,两个附加的信息是无风险利率和预期市场回报。CAPM 模型为选择无风险利率提供了参考。在实践中,一般使用国库券利率。一个更具挑战性的任务是估计预期的市场回报率。有研究所(例如:Ibboston Associates)每年将提供预期的市场回报。CAPM 模型是从一组假定的反映市场的假设中派生出来的。大量的实证研究试图验证 CAPM。虽然 CAPM 在估值应用中经常被用于实践,但在实证中支持 CAPM 的仍然较少。

风险因子模型　实证研究表明,简单的 CAPM 模型没有充分解释股票收益。因此,学者和业界人士已经发展了一系列风险因子模型,它们在解释股票收益方面更为成功。这些风险因子模型以一系列风险因子取代 CAPM 的"市场组合"概念,这些风险因子更好地解释了股票收益。①这些因子通常包括除了其他变量之外的如标普 500

---

① CAPM 通常被称为单因素模型,市场组合是其中的一个因素。风险因子模型是通过实证分析获得的,第一步是识别风险因素。当风险因子模型仅使用一个因素,即一般股票市场指数时,它被认为是"单一因素模型"或"单一指数市场模型"。

这样的多元化投资组合。在这个情景中，和简单的 CAPM 一样，这些确定的因子是系统性的。这些变量的主要特征是它们反映的风险会在某一个或另一个方面影响所有风险资产，因此它们不能被移除，或者，在金融的语境中，风险资产的投资者不能避开（即分散）这些风险。虽然风险可以最小化，但不能被完全分散。由于风险无法被消除，投资者需要因承担每个识别风险的增量回报。所需的增量回报被称为已确定风险的风险溢价或市场风险溢价。在简单的 CAPM 中，风险溢价被测量为市场组合的预期收益率与无风险利率之间的差异。在一个风险因子模型中，每一个识别的风险，被表示为其贝塔（资产回报率对系统风险因素变化的敏感性），乘以其风险溢价，也称为风险价格。

重要的是要了解这些风险因子模型，虽然相比于简单的 CAPM 更稳健，但它们也不太透明，因为没有指定风险因素，但这能作为一个更好的问题留给实证研究人员来确定。CAPM 的特点在于简单性和对市场组合的依赖性。因为构建理论上确定的市场组合实际上是不可能的，因此没有办法简单地测试简单 CAPM 理论的严谨程度，研究者选择了可以实际实施的模型，但他们这样做的代价是不能指定可以增加股票收益的独特因素。因此，一些风险因子模型已经被开发出来并得到测试，包括多种版本的多因子 CAPM。详细描述这些模型超出了本书的范围。

在方程形式中，风险因子模型表示为下式：

$$预期权益回报 = 无风险利率 + \beta_1(风险因子 1 的市场风险溢价)$$
$$+ \cdots \beta_K(风险因子 K 的市场风险溢价)$$

其中 β_i 是股票收益率相对于风险因子 i 的敏感性，K 是风险因素的数量。市场风险溢价是承担所识别的因素的风险得到的补偿。

来看一个基本因子模型的例子，即我们在 Tentex 案例研究中使用的一个例子，它用到了以下四个风险因素及其相关的风险溢价：商业风险、财务风险、规模风险和公司特定风险。虽然公司的具体风险不是系统性的，但根据上面提到的原因，我们将解释为什么它作为一个风险因素被纳入我们的案例研究。这些风险因素中的每一个方面都需要度量，我们将解释如何做到这一点。

对公司业务产生影响的核心系统性风险被称为其经营风险。这种风险通过衡量公司普通股收益对总体股票市场收益率变化的敏感性来量化，后者被表示为广泛多元化的股票市场指数，如标准普尔 500 指数。这也被称为市场风险。为了解释公司资本结构的差异,我们做了另一个调整。这种调整反映了公司的财务风险。财务杠杆越高,公司相对于股本使用的债务越多,因此风险越大,公司的股东持有过多的杠杆。最终的系统性风险是规模风险。实证研究表明,当两个公司在其他方面都是等价的,但大小规模不一样时投资者会要求增量回报来补偿他们投资较小的资产,而没有投资更大的公司。市值用来衡量公司的规模。

公司特定风险是企业特有的风险。理论上,这种独特的风险可以通过向行业内的竞争对手和行业外的公司分配资金来完全分散。私有企业的投资者,例如公司所有者,通常拥有大量的财富被束缚在企业中,因此他们的财富进行多样化的能力是有限的。即使是私人公司的大型机构投资者,也希望对企业特有的风险得到适当的补偿。

所有风险因素的衡量都适用于私营企业,除了不带杠杆的贝塔,它是衡量企业系统性风险的指标,我们只描述计算不带杠杆的 β 的步骤。这些步骤总结如下:

(1) 选择一组在行业、产品或服务提供,以及一般商业模式与私营公司等价的参考上市公司。

(2) 计算每个公司的月度股票收益和最近的 60 个月的标准普尔 500 指数。[1]

(3) 使用回归分析的统计工具,公司收益率对指数收益率回归。这个回归的斜率系数是杠杆 β。

(4) 对于每一个公司,使用下面的公式来计算 β,以得到无杠杆 β。[2]

$$无杠杆\ \beta = \frac{估计杠杆\ \beta}{\{[1+(债务\ /\ 权益)] \times (1-边际税率)\}}$$

(5) 从参考公司中计算无杠杆 β 的中位数,并用它作为私人公司的 β。

以上述讨论为指导,使用四个风险溢价可以计算出私营企业的权益成本:

$$权益成本 = 无风险利率 + 无杠杆\ \beta \times 商业风险溢价 + 财务风险溢价$$
$$+ 规模溢价 + 公司特定风险溢价$$

其中,

---

[1] 虽然 5 年是典型的,但在企业特征发生变化的情况下(例如,通过在被估值企业主导产业之外进行收购而获得价值),所使用的数据集应该只反映了被估值企业和同行足够类似的时期。

[2] 公式由 Robert S. Hamada, "The Effect of the Firm's Capital Structure on the Systematic Risk of Common Stocks," *Journal of Finance* 27(1972):435—452 提出。

财务风险溢价＝无杠杆 β×（债务／权益）×（1－边际税率）×商业风险溢价

注意，在标准的金融理论中，资本的权益成本并不反映企业特定风险，因为假定公司特有的风险可以通过多样化进行分散。因此，如果投资者不必承担独特的风险，那么金融市场将不会因为投资者承担这样的风险而有所补偿。在估算私人企业的权益资本成本时，一般认为可能购买该公司或该企业股权的所有者和市场参与者将不能分散公司的独特风险，因此他们会要求一笔溢价来反映这一事实。如果收购者是像私募股权公司这样的大型机构投资者，那么公司特定风险的风险溢价在概念上不那么受重视，因为这些收购者可以或多或少地通过多元化分散这个风险。然而，一项研究表明，风险投资的风险规模异常大，这表明这些投资者需要额外的回报才能接受企业特定风险。

下面我们将解释 Tentex 权益成本的各个组成部分。

- 无风险利率：无风险利率是 10 年期国债利率。这些信息从美国联邦储备委员会的公开信息中获得。估值时这个比率是 4.71%。

- 边际税率：假定税率为 40%。

- 债务／权益：根据 Tentex 的资产负债表，债务/权益比率为 0.4 802。[1]

- 无杠杆贝塔：基于参考公司估计的平均无杠杆贝塔是 1.562。

- 杠杆贝塔：鉴于平均无杠杆贝塔，Tentex 的杠杆贝塔为：

无杠杆贝塔＝估计杠杆贝塔／{[1＋（债务/权益）]×（1－边际税率）}

估计杠杆贝塔＝无杠杆贝塔×[1＋（债务/权益）]×（1－边际税率）

因此，Tentex 的估计杠杆贝塔是：

$$＝1.562×[1＋0.482×（1－0.40）]＝2.012\ 7$$

- 业务风险溢价：它等于无杠杆贝塔 1.562×7.08%（市场风险溢价）＝11.06%。

- 金融风险溢价：它基于无杠杆贝塔，其债务／权益比率为 0.480 2，边际税率为 40%，市场风险溢价为 7.08%。[2]

---

[1] 一般而言，可比公司的债务权益比率的平均值被假定为将用于目标融资公司资产基础的资本结构。在这种情况下，根据公司所面临的事实和情况，得出的结论是，考虑购买该公司的市场参与者将在 Tentex 的资本结构中这样做。

[2] 根据计算方式的不同，会有四舍五入造成的细小差异。我们已经以 14.25% 为基准，并使组成部分加入这个总数。

金融风险溢价＝无杠杆贝塔×[(债务／权益)×(1－边际税率)]×市场风险溢价

$$=1.562\times0.482\times(1-0.4)\times7.08\%=3.20\%$$

商业风险溢价＋金融风险溢价＝杠杆贝塔×市场风险溢价

$$=11.05\%+3.20\%=2.017\times7.08\%=14.25\%$$

- 市场风险溢价：使用的市场溢价为 7.08%，这是由 Ibbotson Associates 确定的数字，[1]并反映了系统性风险的历史数据，即多元化股票组合的回报超过长期国债收益率的部分。一些金融经济学家认为市场风险溢价相对于假定的市场参与者风险规避度量而言太大。[2]

- 规模溢价：9.83% 也是由 Ibbotson Associates 确定的数字。[3]

- 公司特定风险溢价：表 B.7 显示了当评估公司特定风险的大小时通常考虑的因素，在这个例子中，高风险、适中风险和低风险分别分配 5 分、3 分和 1 分。赋予每个因素的权重是任意的，尽管它们的相对值一般符合对私营企业的预期业绩影响最大的因素的相对重要性。根据表 B.7 所示的分析，Tentex 的特定风险溢价为 5%。

基于以上所述，Tentex 的权益成本为

权益成本＝无风险利率＋金融风险溢价＋规模溢价＋公司特定风险溢价

$$=4.71\%+14.25\%+9.83\%+5.00\%=33.79\%$$

Tentex 的权益成本超过 30%，这主要是由两部分组成：规模溢价和公司特定风险的溢价。规模溢价出现的原因是在所有其他条件相同的情况下，小企业的资本成本高于大企业。资本成本的增加和规模的减少呈现非线性相关。市值低于 5 000 万美元的公司的溢价非常大。第二个组成部分是公司特定风险的溢价。

---

[1] 表 5.6 见 Ibbotson Associates, *Stocks, Bonds, Bills and Inflation：Valuation Edition*(Chicago：Ibbotson Associates, 2006)。

[2] 一些金融经济学家认为，市场风险溢价相对于假定的市场参与者的风险规避度而言太大了。例如，参见 Jeremy Siegel and Richard Thaler, "Anomalies：The Equity Risk Premium Puzzle," *Journal of Economic Perspectives* 11, no.1(1997)：191—200。在前面的基础上，使用历史市场风险溢价假设多次扩张将继续，并且一些投资者认为没有什么根据预期这种情况不会发生。遗憾的是，解决这个问题的复杂性超出了本书的范围，但研究确实表明，使用历史风险溢价作为衡量接受商业风险预期的增量回报的一个指标将导致资本成本太高，其他条件都保持不变。尽管如此，对大多数私人公司而言，股权风险溢价的差异虽然很重要，但并不是造成资本权益成本最大的因素。

[3] 表 7.7 参见 Ibbotson Associates, *Stocks, Bonds, Bills and Inflation*。

分数与公司特定风险溢价的大小之间的关系是基于研究和投资者判断。作为一个实践问题,在对一家公司进行估值时,投资者可能有一个规则,即如果总分大于4,那么该公司特定风险溢价为5%。如果积分总数在3.1和3.9之间,那么风险溢价就会被设置为4%,依此类推。要想知道公司特定风险溢价的大小,可以查看风险投资基金的收益。风险投资家从多元化的投资者处筹集资金,支付符合投资系统性风险的回报,并获得由此产生的超额回报。这个额外的回报是风险资本家接受在其基金中企业的公司特有风险的条件。这些超额收益的一部分将反映大量的风险溢价,所以它们不等同于传统的基于CAPM阿尔法的金融理论的溢价,但对衡量规模溢价仍然具有意义。

保罗·A.冈珀斯(Paul A.Gompers)和乔希·勒纳(Josh Lerner)计算了一家私募股权集团从1972年到1997年的回报。[1]使用一种CAPM模型,他们发现相对于CAPM回报率的超额回报率高于8%。约翰·H.科克伦(John H.Cochrane)研究了所有风险投资从1987年到2000年6月的在Venture One数据库中的投资轮次。[2]在根据选择偏差调整了数据之后,他估计了年化的算术平均值是59%,算术标准差为119%。阿尔法,即超过CAPM预测的回报率是32%。正如科克伦指出的那样,阿尔法反映了风险投资的规模和非流动性,因此它不是在CAPM的意义下纯粹的阿尔法。然而,如果这个值依据规模(9%,基于Ibbotson Associates研究)和非流动性(13%,基于Axiom Valuation Solutions研究)减小,由此产生调整后的阿尔法值在10%左右,这与冈珀斯和勒纳报告的值更接近。尽管很难确定合适的公司特定风险溢价的大小,但在计算私人公司的资本成本时需要考虑它的估计。在Tentex案例中,公司特定风险被确定为5%。[3]

估计债务成本有多种方法来估计债务成本。在金融建模时,已经提出了各种统计模型,我们在这里描述并应用于Tentex案例研究的统计模型就是线性判别模型。这个统计模型试图找出相对重要的风险因素,这些因素可以被用来得出信用评分或相当于对该公司发行债务的信用评级。

---

[1]　Paul A. Gompers and Josh Lerner, "Risk Reward and Private Equity Investments: The Challenge of Performance Assessment," *Journal of Private Equity* 1(1997):5—12.

[2]　John H.Cochrane, "The Risk and Return of Venture Capital," *Journal of Financial Economics* 75(2005):3—52.

[3]　请注意,5%不一定是公司特定风险溢价的最大值,正如文中的评论所指出的那样。但是,对于有经营历史的公司来说,这是一个很好的初步近似。对于初创公司而言,公司特定风险可能大于5%。

表 B.7　计算 Tentex 的公司特定风险

风险概念	公司特定风险矩阵				
	度　　量	评估	因子权重	加权评估
经营稳定性	公司盈利的时长？1—3 年——高风险,5 分;4—6 年——适度风险,3 分;超过 6 年——低风险,1 分	高风险:5 分	10	0.50
经营透明度	公司是否至少每年出具审计的财务报表？是——低风险,－1 分;不是——高风险,－5 分	高风险:5 分	10	0.50
顾客专注度	公司 30％的收入是否来自少于 5 个大客户？是——高风险,－5 分;不是——低风险－1 分	高风险:5 分	25	1.25
供应商依赖度	公司可以改变供应商而不影响产品和服务质量吗？是——低风险－1 分;不是——高风险－5 分	高风险:5 分	10	0.50
关键人员依赖	公司经营的成功依赖关键人物,且不能被替代吗？是——高风险,－5 分,不是——低风险,－1 分	高风险:5 分	20	1.00
竞争强度	公司竞争的强度如何？非常强——高风险,－5 分;适度强——中等风险,－3 分;不是很强——低风险,－1 分	高风险:5 分	25	1.24
总　分			100％	5.00

　　信用评分中使用的最流行的线性判别模型是由爱德华·I.奥尔特曼（Edward I. Altman）开发,并被称为 z 评分模型。[1]使用这个模型确定一家私人公司的债务成本的步骤如下：

- 步骤 1:使用该模型估计公司的 z 分数。
- 步骤 2:将 z 分数转换为信用评级。
- 步骤 3:将特定期限的债务成本确定为同期限国库券的利率加上与信用评级相关的预期收益差。

　　制造商、非制造业工业和新兴市场信用的 z 分数模型,奥尔特曼[2]估计如下：

---

[1] 原始模型参见 Edward I. Altman, "Financial Ratios, Discriminant Analysis and the Prediction of Corporate Bankruptcy," *Journal of Finance*, 1968, 189—209。

[2] 模型的改进版本见 Edward I. Altman, "Predicting Financial Stress of Companies: Revisiting the Z Score and Zeta Models," Stern School of Business Working Paper, 2000。

$$Z = 0.717 \times X_1 + 0.847 \times X_2 + 3.107 \times X_3 + 0.42 \times X_4 + 0.998 \times X_5$$

其中,

$X_1 = $(流动资产 − 流动负债)/ 总资产

$X_2 = $留存收益 / 总资产

$X_3 = EBIT /$ 总资产

$X_4 = $权益账面价值 / 负债总额

$X_5 = $销售额 / 总资产

奥尔特曼认为,上述模型适用于计算私人公司的信用风险。这些财务会计处理和财务比率在第 12 章中有所描述。

z 评分模型比较了违约的公司及其财务特征和没有违约的类似公司之间的区别。上述方程中的系数与每个财务指标的大小及其对 z 分数的贡献有关。公司的 z 分数越高,信用风险就越低。z 分数和标准普尔信用评级之间的联系由奥尔特曼提出。Axiom 使用路透金融价差数据提出了每个信用评级的信用利差。

表 B.8 显示了企业的债务评级与按债券到期日 z 分数之间的关系,债务到期日与前面讨论的 Tentex 中的到期日几乎一致。首先,表中第一列显示了信用评级机构使用的信用评级。第二列显示了对应于第一列中信用评级的 z 分数。最后七列对应于债务的到期日以及具有这种期限结构的国库券要加上的信用利差。

表 B.8　z 分数和债务到期日的信用评级的关系

		类似期限国债的信用利差:基点						
信用评级	z 分数	1	2	3	5	7	10	30
Aaa/AAA	8.15	5	10	15	22	27	30	55
Aa1/AA+	7.60	10	15	20	32	37	40	60
Aa2/AA	7.30	15	25	30	37	44	50	65
Aa3/AA−	7.00	20	30	35	45	54	60	70
A1/A+	6.85	30	40	45	60	65	70	85
A2/A	6.65	40	50	57	67	75	82	89
A3/A−	6.40	50	65	70	80	90	96	116
Baa1/BBB+	6.25	60	75	90	100	105	114	135
Baa2/BBB	5.85	75	90	105	115	120	129	155
Baa3/BBB−	5.65	85	100	115	125	133	139	175
Ba1/BB+	5.25	300	300	275	250	275	225	250

		类似期限国债的信用利差：基点						
信用评级	z 分数	1	2	3	5	7	10	30
Ba2/BB	4.95	325	400	425	375	325	300	300
Ba3/BB−	4.75	350	450	475	400	350	325	400
B1/B+	4.50	500	525	600	425	425	375	450
B2/B	4.15	525	550	600	500	450	450	725
B3/B−	3.75	725	800	775	750	725	775	850
Caa/CCC	2.50	1 500	1 600	1 550	1 400	1 300	1 375	1 500

现在我们来看看如何使用上面的线性判别模型来估计 Tentex 的债务成本。对于 Tentex，z 分数模型中的变量值由下式给出：

$$X_1 = （流动资产 － 流动负债）/ 总资产 = 0.20$$

$$X_2 = 留存收益 / 总资产 = 0.44$$

$$X_3 = EBIT / 总资产 = 0.27$$

$$X_4 = 权益账面价值 / 总负债 = 0.77$$

$$X_5 = 销售额 / 总资产 = 1.37$$

将这些值代入线性判别模型，我们得到：

$$z = 0.717 \times 0.20 + 0.847 \times 0.44 + 3.107 \times 0.27 + 0.42 \times 0.77 + 0.998 \times 137 = 3.04$$

下表表明，3.04 的 z 分数在 B3/B− 和 CCC 之间。基于估值和 Tentex 业务表现的事实和情况，我们得出的结论是，其信用评级比 CCC 更接近 B−，并且得出结论，适当的利差是 775 个基点或 7.75%。

信用评级	z 分数
Aaa/AAA	8.15
Aa1/AA+	7.60
Aa2/AA	7.30
Aa3/AA−	7.00
A1/A+	6.85
A2/A	6.65

信用评级	z 分数
A3/A−	6.40
Baa1/BBB+	6.25
Baa2/BBB	5.85
Baa3/BBB−	5.65
Ba1/BB+	5.25
Ba2/BB	4.95
Ba3/BB−	4.75
B1/B+	4.50
B2/B	4.15
B3/B−	3.75
Caa/CCC	2.50

已知信用评级和债务的平均期限,债务成本为无风险利率加适当的信用利差的总和。无风险利率是美国国债的收益率,其到期日近似 Tentex 的债务的到期日。对于这个练习来说,使用了 10 年期国库券利率,因为该债券交易活跃且流动性强,因此是无风险利率资产收益率的更好的衡量标准。基于以上,Tentex 的债务成本估计为 12.46%:

	无风险利率	4.71%
+	基于 z 分数的信用利差	7.75%
=	税前的债务成本	12.46%

这是案例研究中使用的利率,然后根据利息费用中的税收扣除进行调整。回想一下,这个估计并不假设债务是有商业或个人资产抵押的。如果公司所有者个人全部或部分担保企业债务,那么这些金融负债的利率会比这里显示的要低。

Entrepreneurial Finance and Accounting for High-tech Companies
By Frank J.Fabozzi

上海市版权局著作权合同登记号　图字 09-2017-153

图书在版编目(CIP)数据

高科技创业公司金融与会计/(美)弗兰克·J.法博
齐著;邱志刚,董琦,陈贞竹译.—上海:格致出版
社:上海人民出版社,2019.9
ISBN 978 - 7 - 5432 - 3014 - 9

Ⅰ.①高… Ⅱ.①弗… ②邱… ③董… ④陈… Ⅲ.
①高技术企业-企业会计-研究 Ⅳ.①F276.44

中国版本图书馆 CIP 数据核字(2019)第 080924 号

责任编辑　程筠函
装帧设计　路　静

高科技创业公司金融与会计

[美]弗兰克·J.法博齐　著

邱志刚　董琦　陈贞竹　译

出　　版　格致出版社
　　　　　上海人民出版社
　　　　　(200001　上海福建中路 193 号)
发　　行　上海人民出版社发行中心
印　　刷　常熟市新骅印刷有限公司
开　　本　720×1000　1/16
印　　张　25.25
插　　页　2
字　　数　431,000
版　　次　2019 年 9 月第 1 版
印　　次　2019 年 9 月第 1 次印刷
ISBN 978 - 7 - 5432 - 3014 - 9/F·1228
定　　价　88.00 元